南漳古山寨志

南漳县档案馆
南漳县史志研究中心 编
南漳县古山寨申遗办

方志出版社
Publishing House of Local Records

图书在版编目（CIP）数据

南漳古山寨志 / 南漳县档案馆，南漳县史志研究中心，南漳县古山寨申遗办编. -- 北京 : 方志出版社，2023. 12. -- ISBN 978-7-5144-6235-7

Ⅰ. K296.35

中国国家版本馆 CIP 数据核字第 20241B3X29 号

责任编辑：李静
责任校对：张玉霞
责任印制：梅中英
出 版 者：方志出版社
地　　址：北京市朝阳区潘家园东里 9 号（国家方志馆 4 层）
邮　　编：100021
网　　址：http://www.zgfzcb.cn
发　　行：方志出版社图书营销中心（010-67110500）
印　　刷：老河口市锦羽教育印务有限公司
开　　本：889 毫米×1194 毫米　1/16
印　　张：22.25
字　　数：711 千字
版　　次：2023 年 12 月第 1 版
印　　次：2023 年 12 月第 1 次印刷
定　　价：486.00 元

《南漳古山寨志》编纂委员会

名誉主任	罗兴斌					
主任委员	陈　栋					
副主任委员	杜　琛	黄　伟	李采明	朱杰春	刘彩峰	柏遵国
委　　员	孙万军	郑昌俊	蒋曼曼	郭集东	李文余	吴存文
	李东贞	别志新	朱　翔	余燕华	徐小敏	邓玉厅
	包明陈	任宝柱	李临伶	颜莆帑	王族东	曾祥波
	闫正慧					

《南漳古山寨志》编辑部

主　　编	庹先沮					
编　　辑	王红玲	王安钧	叶光玉	叶经房	刘成莺	刘剑波
	闫光照	闫泽东	李茂林	邱玉荣	张　坚	张　瑞
	张宗泽	张顺信	张崇岭	张道雄	陈克禄	陈宝林
	周献华	柳德功	查银秋	秦　华	敖少华	敖光义
	康　帅	彭　平	雷声国	廖远瑞		
图片拍摄	王安军	叶经房	闫光照	安富斌	李仕国	李建林
	宋兴中	张崇岭	陈忠诚	敖光义	陶和典	庹先沮
	雷声国					

编　　审	李东贞	吴存文			
副 编 审	张红梅	曾　伟	彭俊杰	山玉民	伍乔平
封面题字	胡　嵚				
封面设计	魏贵方				

序

为山川立言，是人类为大自然讴歌；为古寨撰志，是今人为“金南漳”存史。南漳档案史志同仁经多年努力编纂的《南漳古山寨志》正式出版，它既是荆山山水传奇的佳话，也是全县文史领域的盛事，对保护古山寨、开发古山寨、宣传古山寨具有重大现实意义。

南漳现存古山寨遗址1000多处，其数量之多、规模之大、文化之厚、景色之美，国内罕见，世界瞩目，被誉为“中国古山寨文化之乡”“东方的马丘比丘”。第三次全国文物普查时，南漳县古山寨群入选“全国百大新发现”。从表现形态和种类上看，可以分为三类：第一类是石寨，因山而立，就地取材，外郭内城，功能齐全；第二类是洞寨，因山而生，因洞而成，坚实牢固，易守难攻；第三类是土寨，地处平原，无险可守，夯土筑城，用于防御。

南漳古山寨群建筑历史久远。据专家考证，它萌芽于史前，成型于楚汉，繁荣于明清，至民国尚在完善，现今仍在使用。历经两千多年，这些由先民以族姓领修、村自结盟、历代接力完成的寨堡，广泛用于战争和百姓避难。它体现了冷兵器时代的战争特征，见证了社会发展的变迁过程，反映了古人的聪明才智和艺术水平，在军事学、社会学、建筑学、宗教学、经济学等领域都有较高研究价值。

南漳县委、县政府始终高度重视古山寨保护利用工作，用心用情做好古山寨文化传承文章，坚定不移推动古山寨保护性修复和科学化利用，累计修缮古山寨250多座，抢救性修复7座。2007年，386座保存较为完好的古山寨遗址被收入第三次文物普查名录；2008年，有18座被列入省级文物保护单位；2009年，成功引进武汉三特索道公司开发春秋寨，并将其打造成国家AAAA级旅游景区；2013年，以卧牛寨、春秋寨、张家寨、樊家寨、青龙寨和尖峰岭寨为代表的古山寨群，被列为第七批全国重点文物保护单位；2015年，南漳县被中国民间文艺家协会授予全国唯一的“中国古山寨文化之乡”称号；2020年，南漳县成立古山寨申遗办公室，目前申遗工作已取得实质性进展。今年，襄阳市人大常委会正在拟定《襄阳古山寨保护条例》，将为南漳县古山寨保护提供法律遵循。

如今，古山寨已成为南漳文化旅游的一张“金名片”，但遗憾的是，现存的清朝同治版、民国版、新中国成立后出版的首部《南漳县志》（1989年版）仅记载了部分山寨的名称，《襄阳府志》和《湖北通志》也仅有只言片语。为了全面、真实、准确地记载古山寨的历史和现状，县史志研究中心与相关单位通力协作，攻坚克难，跋山涉水，拍照片、测海拔、绘图纸、拓碑刻、访老者，为保存较为完好的古山寨建档造册、“树碑立传”，进一步传承山寨历史文化。这部特色鲜明、资料翔实的《南漳古山寨志》，全书版面字数共71.1

万字，收录了全县 500 余座山寨的基本情况，填补了全省乃至全国古山寨类地方特色志书的空白。

古山寨是不可再生的历史遗产，我们要正确处理好高质量发展和高水平保护的关系，用好古山寨这一文化资源“金饭碗”，将“绿水青山”生态优势转化为“金山银山”发展胜势，让沉睡的历史文化“活”起来，加快建设美丽南漳，打造襄阳都市圈绿色发展示范区。

中共南漳县委书记

2023 年 9 月 1 日

凡 例

一、本志以马克思列宁主义、毛泽东思想、邓小平理论、“三个代表”重要思想、科学发展观、习近平新时代中国特色社会主义思想为指导，坚持辩证唯物主义和历史唯物主义的立场、观点和方法。

二、本志共收录古山寨遗址 501 座，按照文物标准实录，内容包括文物本体地理位置、现状描述、自然与人居环境、人文历史等。同时，重要遗址与保存较好的遗址，附有碑刻文字和部分遗址图片。

三、本志所收古山寨遗址涵盖石寨、洞寨及土城（碉堡、营子），共三种类型。按镇级行政区划归集，以方便读者查找。

四、本志所收古山寨遗址，大多参照了第三次文物普查所收录的内容，也有近两年新收录的遗址，由于年限跨度长达 15 年，有些遗址本体已发生了变化，所在位置区划有变更的，书中除新收遗址，仍保留了原有数据和区划名称。

五、古寨名称丰富多彩，不少古寨一寨多名，本书选用当地常用的或者由政府认可的名称。同时其他名称由来有说法的一律予以说明。同一个镇（区）中出现山寨同名时，本书会在寨名后括注所在村名加以区分。

六、遗址描述中的用字，以规范简化汉字为准，不取异体字与繁体字，但有些地名如“严家冲”末尾字用了同音替代字。

七、书中所附录的古碑刻除未断句外，有规范简化字的一律简化，部分原样照录还保留少量繁体字、异体字，请读者阅读时甄别。本书附录的古碑文因漫漶难以辨认或破损残缺的便以“□”代替，若缺损字数不详以“( )”标示并附文字说明。

八、书中年代除石碑刻外，中华人民共和国成立前采用历史纪年并括注公元纪年，中华人民共和国成立后一律采用公元纪年。

九、书中数字用法、标点符号用法分别采用国家标准《出版物上数字用法》（GB/T15835-2011）、《标点符号用法》（GB/T15834-2011），计量单位采用国家技术监督局 1993 年 12 月发布的《量和单位》系列国家标准。

十、书中照片除署名者以外，其余均为南漳县第三次全国文物普查办公室提供。

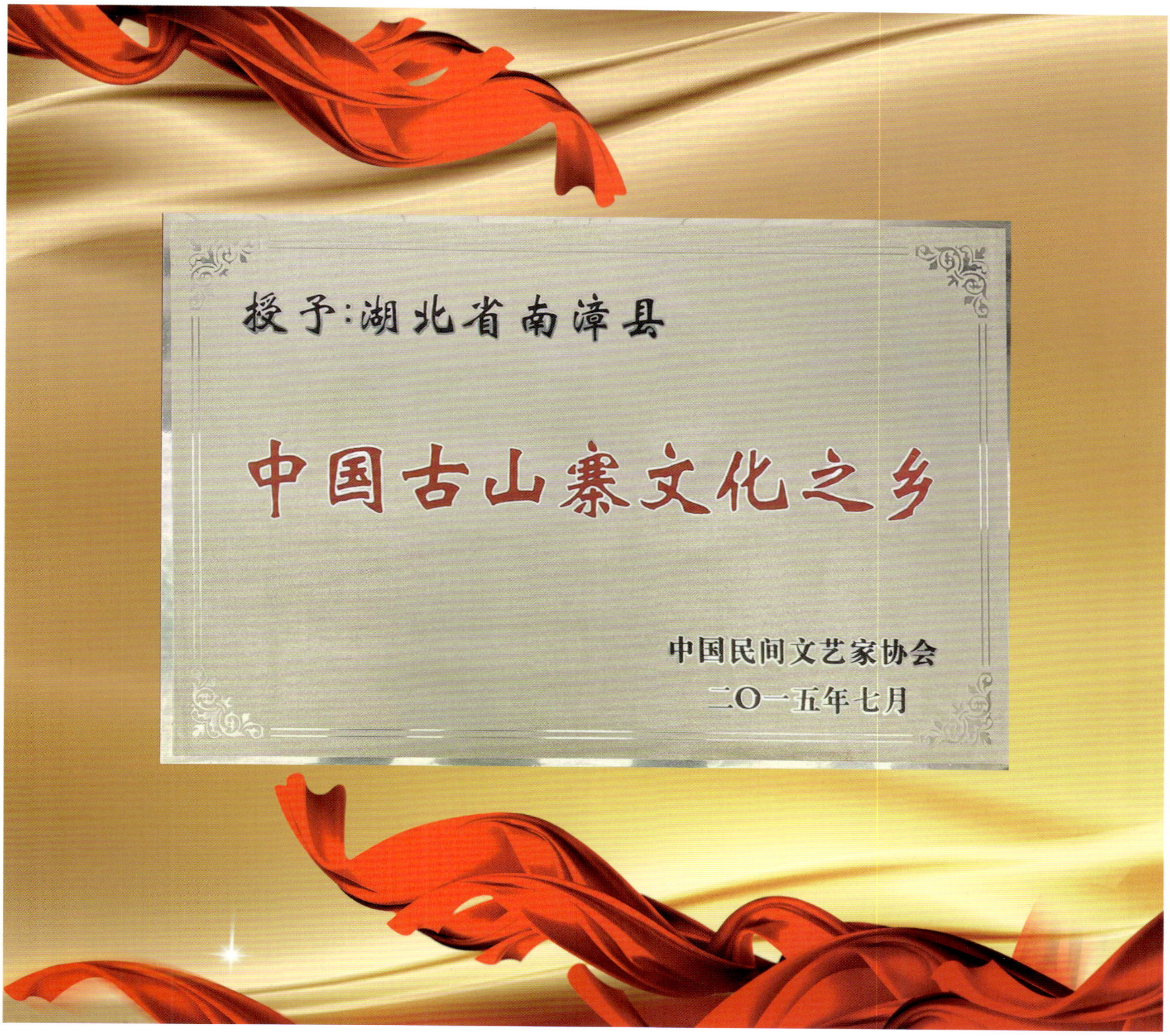

2015年7月，中国民间文艺家协会授予湖北省南漳县“中国古山寨文化之乡”称号　（古山寨申遗办 供）

在寨文章上，我们突出“三好”：

一是护好古山寨遗址。三年来共修缮古山寨 250 多座，抢救性修复 7 座，古山寨群申遗工作已取得实质性进展。市委、市政府高度重视南漳古山寨保护工作，市人大常委会正在拟定《襄阳古山寨保护条例》，将为我县古山寨保护提供法律遵循。

二是讲好古山寨故事。在县博物馆设古山寨文化展厅，通过数字化手段再现历史场景，让游客获得沉浸式体验。在春秋寨景区建成古山寨文化博物专馆，填补了国内外此类博物馆的空白。我们将以更大

东巩镇上泉坪村阎家寨（宋兴中 摄）

力度宣传古山寨文化，让沉睡的历史文化“活”起来。

三是用好古山寨资源。目前打造了“华夏第一寨”春秋寨，已成功创建AAAA级景区。下一步，我们将深挖古山寨历史文化价值，以春秋寨景区为龙头，大力引进国有、民间资本开发古山寨，促进古山寨文化和旅游产业融合发展，同时推进申遗目标快实现，把古山寨打造成我县文化旅游“金名片”。

——2023年8月11日中共南漳县委书记罗兴斌在全市县处级领导干部专题培训班上的汇报摘要

2021 年 8 月 19 日，湖北省文化和旅游厅厅长雷文洁（左二）、襄阳市委宣传部部长陈剑（左四）在南漳县委书记罗兴斌（左三）陪同下到南漳县调研古山寨

2023 年 7 月 14 日，襄阳市人大常委会党组书记、主任吕义斌（中）在南漳县委副书记、县长陈栋（右三）陪同下到南漳县考察春秋寨

考察调研

2022 年 10 月 13 日，湖北省政协副主席张维国（前排中）在南漳县委书记罗兴斌（前排右）陪同下到南漳县考察春秋寨

2023 年 3 月 29 日，南漳县人大常委会主持召开襄阳山寨群立法专题研讨会

东巩镇陆坪村春秋寨全貌（宋兴中 1990 年摄）

东巩镇陆坪村春秋寨寨墙（宋兴中 1998 年摄）

全国重点文物保护单位
——春秋寨

东巩镇陆坪村春秋寨雪景（宋兴中 1995 年摄）

东巩镇陆坪村春秋寨秋色（2018 年摄）

东巩镇陆坪村春秋寨春望（2019 年摄）

东巩镇桂竹园村卧牛寨鸟瞰（宋兴中 2003 年摄）

东巩镇桂竹园村卧牛寨一角（宋兴中 2003 年摄）

全国重点文物保护单位
——卧牛寨

东巩镇桂竹园村卧牛寨寨墙（2020 年摄）

东巩镇桂竹园村卧牛寨残垣（2021 年摄）

东巩镇桂竹园村卧牛寨寨门（2016 年摄）

东巩镇上泉坪村张家寨全貌（2009 年摄）

东巩镇上泉坪村张家寨西门秋色（2006 年摄）

全国重点文物保护单位
——张家寨

东巩镇上泉坪村张家寨西门春晓（宋兴中 1997 年摄）

东巩镇上泉坪村张家寨浴雪（宋兴中 1997 年摄）

东巩镇上泉坪村张家寨寨墙一角（2021 年摄）

板桥镇青龙寨村青龙寨远眺（2022 年摄）

板桥镇青龙寨村青龙寨碉楼（2009 年摄）

板桥镇青龙寨村青龙寨寨门（2020 年摄）

全国重点文物保护单位
——青龙寨

板桥镇青龙寨村青龙寨寨内探访（2021 年摄）

板桥镇青龙寨村青龙寨寨墙耸立（2022 年摄）

板桥镇双龙寺村樊家寨全貌（2022 年摄）

板桥镇双龙寺村樊家寨东寨墙（2021 年摄）

全国重点文物保护单位
——樊家寨

板桥镇双龙寺村樊家寨远眺（2017 年摄）

板桥镇双龙寺村樊家寨东寨门（宋兴中 2001 年摄）

板桥镇双龙寺村樊家寨雪景（2023 年摄）

肖堰镇柏树岗村尖峰岭寨全貌（2020 年摄）

肖堰镇柏树岗村尖峰岭寨北寨门（ 2022 年摄）

全国重点文物保护单位
——尖峰岭寨

肖堰镇柏树岗村尖峰岭寨寨墙林立（2021 年摄）

肖堰镇柏树岗村尖峰岭寨俯瞰（2021 年摄）

东巩镇上泉坪村阎家寨（宋兴中 2015 年摄）

板桥镇任家庄村点子寨（2022 年摄）

湖北省文物保护单位

板桥镇灵观垭村山家寨（2010 年摄）

城关镇水镜庄（2022 年摄）

东巩镇杜家坪村关帝寨（宋兴中 2001 年摄）

东巩镇苍坪村雷公寨（2023 年摄）

东巩镇王家畈村黄林寨（2023 年摄）

东巩镇杜家坪村新寨（2022 年摄）

巡检镇胎坪村虎洞寨（2015 年摄）

板桥镇九龙观村九龙山寨（2022 年摄）

巡检镇不二坪村沉坡寨（2009 年摄）

巡检镇不二坪村不二寨（2016 年摄）

武安镇洪山寺村罗国城遗址（2020 年摄）

板桥镇河口村河口碉楼（2011 年摄）

板桥镇新集村板桥乡公所碉楼（2016年摄）

板桥镇晏山村晏山碉楼（2011年摄）

板桥镇天鹅池村九泉寨（2023 年摄）

板桥镇雷坪村摩天垭寨（2022 年摄）

板桥镇宋家坪村红岩寨（2022 年摄）

板桥镇任家庄村毛垭寨（2022 年摄）

特色山寨

东巩镇石峡坪村大包寨（2023 年摄）

肖堰镇幸家坪村黄龙寨（2021 年摄）

肖堰镇观音堂村七星寨（2023 年摄）

肖堰镇观音岩村观音寨（2021 年摄）

东巩镇双坪村十姑洞寨（2022 年摄）

肖堰镇斑竹坪村卢家寨（2020 年摄）

肖堰镇四垭村龙凤观寨（2023 年摄）

东巩镇大道村黑烟寨（2022 年摄）

巡检镇凤山村天宝寨（2022 年摄）

薛坪镇龙王冲村大鱼泉洞寨（2023 年摄）

巡检镇甘河村简家洞寨（2022 年摄）

板桥镇竹坪村马家寨（2023 年摄）

目　录

石　寨

洞　寨

五 肖堰镇

六 李庙镇

七 薛坪镇

土城（碉堡、营子）

附　录

概　述

南漳是“中国古山寨文化之乡”。南漳古山寨数量多，分布广，但历来默默无闻，直到2000年秋县文化局扶贫工作队发现卧牛山寨以后才引起世人关注。2007年开始的第三次文物普查收录保存较为完好的386座古山寨遗址。后经复查，在全县3859平方千米的土地上分布着上千座古山寨遗址，遗址面积达800多万平方米，入选第三次全国文物普查“百大新发现”，其中20座山寨先后被省政府公布为省级文物保护单位；2013年，以6座山寨为代表的古山寨群被国务院公布为全国重点文物保护单位。

“襄西之屏障，巴蜀之咽喉”的重要地理位置，以及发生在南漳及周边的众多农民起义成就了举世无双的南漳古寨堡群。

南漳的古山寨萌芽于史前、成型于楚汉、繁荣于明清，特别是清嘉庆年间，民国尚在完善，至今还在发挥作用。其类型可分为石寨、洞寨和土城；大多为线形布局，也有口字形、回字形或不规则矩形，还有欧洲城堡形。体量最大的上百万乃至五百万平方米，如卧牛寨被誉为“华夏第一大寨”。樊家寨是国内罕见的欧洲城堡式山寨。这些山寨不仅历史悠久，而且保存基本完好。

南漳的古山寨因山而立、因村而兴，大多位于山顶上、古道旁、关隘处，许多山寨历史上经过兵寨到民寨的多次演变，明清以来逐渐发展为家寨。

南漳的古山寨具有很高的科学、历史、艺术价值，其特点主要反映在“四性”上：

一、层累性。南漳的古山寨跟中国的长城一样带有历史的层累性。今天看到的南漳古山寨大多为明清复修或扩建，但部分山寨的始建年代目前尚没有定论。例如众多古寨现存的明、清石刻开宗明义:“此乃古寨也，屡毁屡建……”东巩镇的廖家寨，其东西纵向数公里，由老寨和新寨两部分组成。新寨建于清嘉庆五年（1800），老寨尚不能确定修建的年代，但可以确定这两部分并非同一时期修建，即使从现存老寨墙体的风化程度来看，老寨也并非同一时期修建，而是经过多次整修、扩建。东巩镇新盛寨寨内的记事碑刻记载：“康熙初年，吴逆之叛接连南漳，远祖彭斗南团练乡村……后百余年遗址仅存。越嘉庆初，……而修理之。道光廿……为之修补。咸丰二年，……于是募众捐资，鸠工筑石……不匝月而正砦之规模已就……”由此可见新盛寨经过了长期的多次修缮、重建。肖堰镇的佛爷洞寨内现存众多石碑，上面记载的碑刻时间从明正德元年（1506）一直到清末。从寨体、寨墙长达数千米的廖家寨、卧牛寨、沉坡寨来看绝非一朝一代修成！上述这些古寨建筑遗迹和众多碑刻记载充分体现了古山寨文化的层累性。

二、集约性。山寨数量众多。全县1000多座山寨，集中在不到4000平方千米的众多山峰上、河谷里。县西南、西北及低山镇都在百座左右，有的村有10多座，可以说有山有村即有寨。从襄阳到宜昌、荆门经南漳的古道两侧，古山寨如一串珍珠遍布古道两侧险要山上。如此大规模的山寨群，在全省、全国乃至全世界都罕见。它与众多的古民居、古墓葬、古造纸作坊等构成了南漳的“民间文化遗产廊道”。

央视的众多频道、新华网、《半月谈》、《新华每日电讯报》、《旅行家》、《中国国家地理》等媒体都曾予以宣传介绍。

三、多样性。古山寨不仅数量多，分布广，而且类型多样。从质地种类上分，有普通山寨（石寨）还有洞寨和土城等。普通山寨，即用天然的或打磨过的石头筑成的城堡，这一类数量较多，有的内城外郭，或附有月城（也叫瓮城），一般筑于高山之巅；洞寨，即利用天然溶洞，经过改造，内有石砌或夯筑的建筑，不少还存有石刻碑文，外筑寨墙、寨门，附有栈道、哨卡；土城（营子、土堡）是山寨的别类，分布在蛮河、清凉河、潍河两岸，因无山可依，无险可守，遂夯土为城，人们称之为"营""堡""土城""寨"，具有山寨的功能和作用。从形态上分，有线形（一字形）、圆形、方形、回字形和不规则形状等。线形的建筑物一字排开，沿中轴线两侧布局；回字形即两道寨墙，双重石门；更多的是因形就势的不规则形状，根据地势的形状和走向建筑而成。

四、独特性。南漳的古山寨不仅以数量规模闻名于世，更以建筑艺术质量见长。它选址注重风水，选材讲究，建筑注重艺术。如春秋寨三面环水，形成天然的山水太极图，是罕见的山水奇观；团山寺（卧牛山寨）被誉为"华夏第一大寨""中国最大的古山寨"；廖家寨连接 5 个山头，筑有 5 座碉楼，长达数千米；东坑寨占地 5 平方千米，至今尚有十多户村民居住其中；樊家寨为国内罕见的欧洲城堡式建筑；十姑洞寨，长达数千米，可容纳数万人，水陆两通；天台山寨、卧牛山寨、闫家寨、关帝寨（杜家老寨）集文学、书法艺术、雕刻艺术于一体的碑刻如林。这些都世所罕见。

南漳的古山寨是石头铸就的史诗。它是军事防御的工事，山寨的军事防御功能俱全，有坚固的城墙，最长达近 4 千米，高耸的碉楼、哨卡、巡道、炮台、箭垛一应俱全，为研究古代攻防体系提供了活的标本。它是社会动荡时避难的场所，其规模的大小、建造的年代可为研究社会的发展史包括人类学提供依据。它是建筑艺术的殿堂，山寨建筑讲究布局、注重选址、技艺精湛，如门上过梁除了横过梁外还有拱券式、叠涩式。不少山寨碑刻如林，这些碑刻本身即是综合艺术的博物馆，集文学、书法、雕刻、美术、绘画于一体。它也是古代宗教活动的场所，南漳的大型山寨一般寨庙合一。山寨一般都有传统的庙会，不少庙会一直延续至今。它还是荆山农民革命的摇篮。从东汉末年的黄巾军起义，到元、明、清时期红巾军起义、太平天国运动、流民起义及白莲教都利用过山寨抵抗朝廷，到现代，中国共产党领导的工农革命军也有效地运用过山寨，贺龙的红三军曾在山寨里创造过可歌可泣的业绩；国共洞里国共两党的武装力量都曾先后在此创造出抗日的佳话。南漳古山寨还是观赏游览的胜地，这些山寨地处风光如画的荆山和沮漳河沿岸，"江汉沮漳、楚之望也"，"昔我先王熊绎，辟在荆山，筚路蓝缕"，这里人文历史和自然生态交相辉映，古老沧桑的建筑景观与丰富多彩的自然生态融为一体，每一座古山寨都是一道亮丽的风景线，具有很高的旅游开发价值。

南漳的古寨堡自发现之日即轰动世界，被众多主流新闻媒体高度关注，向国内外推介并给予高度评价。央视科教频道《地理·中国》栏目播出《南漳古堡》上、下集，引起了巨大轰动。节目中介绍："其实南漳这些荒废的古堡，最大的价值，就是反映出了中国古代在长江流域一段不为常人所熟知的防御战争史。古人利用天险绝壁和特殊岩体，修建了一片颇具规模和战略纵深的立体防御工事。在古时候，这保卫的江汉平原，在今天留下了叹为观止的建筑遗存。从某种意义上来说，南漳古堡群堪比北方的万里长城。"

大事记

2000 年

秋 南漳县文化局扶贫工作队队长庹先沮，队员杨志国、叶经房等人在东巩镇团山寺村发现团山寺寨（又名卧牛寨、乌牛山寨、太平寨）。后经媒体宣传，引起国内外主流新闻媒体及文物界的广泛关注，被誉为“华夏第一大寨”。

2001 年

春 南漳县委副书记、县长刘友明，县委常委严高喜主持召开旅游工作专题会议。县文化局扶贫工作队队长庹先沮汇报卧牛寨发现经过，引起与会领导的高度重视，会议要求进一步摸清此寨资源，抓好宣传，做好保护利用工作。会后县委常委、常务副县长王小平专程到东巩镇考察卧牛寨。

2002 年

6 月 21 日 《襄樊晚报》大篇幅报道《南漳惊现古城堡》，这是主流媒体首次登载南漳古山寨发现经过。

10 月 10 日至 11 日 应南漳县文化局邀请，中国历史文化名城保护专家罗亚蒙在襄樊市文化局文物科科长毕克忠等人的陪同下，考察南漳县东巩镇卧牛寨和春秋寨。

10 月 19 日 中国历史文化名域保护专家罗亚蒙在《人民日报》海外版发表《南漳发现中国最大的古山寨》，这是中央权威媒体首次向世界公开报道南漳古山寨。

11 月 7 日 湖北省人民政府批准卧牛寨、春秋寨、青龙寨为省级文物保护单位。

2006 年

11 月 第 11 期《中国国家地理》刊登《南漳古山寨》专题，全文共 12 页。这是有关襄阳历史地理的题材首次在《中国国家地理》专业杂志上刊载。

2007 年

春 襄阳拾穗者民间文化工作群致函南漳县人民政府，提出 6 条保护研究古山寨的意见。南漳县人民政府迅速反应，并邀请其成员出席南漳古山寨保护实施方案座谈会。

3 月 26 日 南漳县政府办公室印发《南漳县古山寨保护工作实施方案》。

本年 第三次全国文物普查启动，历时 5 年，收录保存较好的南漳古山寨 386 座，历经复查，发现全县古山寨（堡）遗址达千座之多。

2008 年

3 月 樊家寨、张家寨、九龙山寨、山家寨、点子寨、黄林寨、阎家寨、关帝寨、雷公寨、新寨、虎洞寨、沉坡寨、不二寨、罗国城遗址、水镜庄、河口碉楼、晏山碉楼、板桥乡公所碉楼 18 座古山寨遗址被省政府批准公布为第五批省级重点文物保护单位。

5 月 新华社湖北分社冯诚社长及副主编周甲禄、高级记者田建军两次到南漳调研古山寨。

6 月 14 日 新华网刊发的《湖北南漳发现聚集数以百计文物的遗产廊道》一文中提到“湖北省文物普查人员不久前在襄樊市南漳县，发现了一条民间文化遗产廊道——在不到 4000 平方公里的深山狭谷间，聚集了数以百计的古民居、古山寨、古墓葬等，其数量之多，文物点之集中，令人惊叹！”

8 月 22 日 湖北省人民政府副省长张岱梨考察板桥古民居、古山寨。

11 月 在襄阳拾穗者民间文化工作群的争取下，中国民俗摄影协会将东巩古山寨群定为该会创作采风基地，这是该会在湖北省的第二个创作采风基地。

本年 新华网为南漳专门制作了“新华社记者走近南漳民间文化遗存”的网页，春秋寨被作为网页首页予以展示。

2009 年

1 月 南漳县文联与县邮政局联合印制的《古山寨之乡——金南漳》邮册正式出版，并被省邮政部门称为全省设计水平较高的地方邮册。

4月7日至9日 南漳县文联与市文联联合举办了全市文艺家“访山寨 看民居”文艺创作采风活动。全市38名摄影、美术、书法、文学、民间文化等门类的文艺家，先后在青龙寨、樊家寨、虎洞寨、春秋寨、鸡公寨等古山寨，以及冯氏民居、陶氏民居创作采风，一批文艺作品在多家媒体发表。

夏 湖北卫视专题组深入南漳采访，制作了介绍南漳古山寨的视频，在全国多家卫视联播。

6月9日 央视军事农业频道《乡土》栏目记者拍摄的《南漳行》专题片（37分钟）向国内外介绍包括古山寨在内的南漳文化遗产。

9月 经南漳县委、县人民政府批准，由县委宣传部牵头，县文联具体负责，以《中国古山寨之乡》专题画册拍摄印制和古山寨文化之乡申报为重点的古山寨文化品牌打造正式启动。

秋 电视剧《邱少云》在春秋寨开拍。

本年 著名导演宁海强、制片主任陈建功到南漳古山寨考察采风。国家旅游杂志《旅行家》以30多页篇幅介绍南漳的古山寨、古民居、古墓葬。在湖北荆楚文化学会年会及2011“灵秀湖北”学术研讨会上，南漳县文化学者庹先沮撰写的论文《南漳古山寨探秘》在大会交流并入选年会论文集，该论文全面论述了古山寨的分布范围、类别、起因、沿革、功用等。

2010年

10月21日至22日 南漳县首届古山寨文化论坛在东巩镇举行。来自全国的50多名专家学者参加会议，共收到论文50多篇。

10月22日 南漳三特古山寨公司春秋寨景区举行开工剪彩仪式。

2011年

5月16日 经县委批准，南漳县古山寨之乡申报领导专班和工作专班正式成立。确定先申报省级古山寨文化之乡，在省级授牌的基础上再申报“中国古山寨文化之乡”，并制定了具体的申报方案。

9月8日 央视《古卞国探考》专题组到春秋寨及玉印岩考察采风。

2012年

春 南漳古寨堡群入选第三次全国文物普查“百大新发现”。

4月27日 湖北省三国文化学会与南漳县委、县人民政府联合，在县财苑宾馆举办南漳古山寨文化论坛。

5月27日 中共中央宣传部秘书长官锦辉一行到南漳考察春秋寨。

5 月底 《中国古山寨之乡》专题画册正式出版。

夏 南漳古山寨形象大使评选活动圆满举行。

6 月上旬 湖北省民间文学艺术家协会“湖北省古山寨之乡”专家评审团对南漳县古山寨群进行实地考察评审。

6 月 17 日 时任湖北省委常委、襄阳市委书记范锐平到春秋寨景区考察。

8 月 18 日 内蒙古自治区原党委书记王群，湖北省人大常委会原副主任谢培栋，武汉市委原副书记、顾问白元初一行到春秋寨景区考察。

9 月 1 日 首届“三特索道杯”全国徒步穿越接力大赛在春秋寨景区举行。

秋 长沙电视台到南漳拍摄《古寨迷踪》专题片并在该台播放。

10 月 4 日 全国政协原副主席罗豪才考察位于武安镇洪山寺村的罗国城遗址。

2013 年

3 月 5 日 南漳县春秋寨、卧牛寨、张家寨、青龙寨、樊家寨以及尖峰岭寨山寨群，被国务院公布为第七批国家重点文物保护单位。

4 月 15 日 中国古村落保护与发展委员会会长、国家民委司长黄忠彩、副会长齐欣（《人民日报》海外版主编）、张安蒙、赵琛带领“中国襄阳漫云景观村落保护性建设研讨会”与会专家、学者 46 人考察春秋寨；凤凰网记者高俊、张金华、史黍华 3 人到南漳拍摄春秋寨、白马洞及峡口小三峡洞寨，制作了《生态南漳、古寨之乡》的短视频，在凤凰网、搜狐网等众多权威网站宣传推介南漳古山寨群。

4 月下旬 武汉三特南漳旅游公司投资打造的重大文化景观——春秋寨景区，被国家旅游局评为 AAAA 级旅游景区。

4 月 20 日 法国驻武汉总领事馆文化专员葛蕾到春秋寨景区参观考察。

4 月 21 日 湖北省民间文学艺术家协会专家一行 30 余人到春秋寨采风。

6 月 19 日 南漳县古山寨文化荣获湖北省第二届“一县一品”文化品牌“创建特别奖”。

7 月 8 日 湖北省民间文学艺术家协会发文正式授予南漳县“湖北省古山寨之乡”称号。

7 月 25 日 湖北省文物局文物处在襄阳举办南漳古山寨保护与利用论证会，省、市、县相关领导与专家 15 人参会。

8 月 7 日 中国易学文化研究会会长、北京师范大学中国易学文化研究院院长、博导张涛教授考察春秋寨。

9 月 5 日 农业部原党组成员、中国海峡两岸农业交流协会会长于永维到春秋寨考察。

10 月 6 日 南漳县文联编著的《古寨探源》一书由中国文化出版社出版。

10 月 10 日 《文化湖北》杂志执行主编、湖北省民间文学艺术家协会主席、知名作家博广典一行 4 人到春秋寨、卧牛寨考察采风，撰写系列文章在该刊发表。

10 月中旬 湖北大学博导马勇教授一行考察春秋寨。

10 月 24 日 东北大学知名古建筑专家、硕士生导师、中国古村落保护与发展委员会副会长赵琛教授考察卧牛寨和春秋寨，启动南漳县古山寨群的保护规划工作。

12 月 春秋寨景区在首都机场“美丽中国”长廊广告宣传活动启动。

2014 年

1 月 25 日 湖北经视在春秋寨景区拍摄鄂西北团年饭及高跷表演，并于春节期间在湖北广播电视台多次播放。

4 月 16 日 湖北省政协原副主席李宗柏一行到春秋寨考察。

4 月 20 日 南漳县制作的古山寨文化产业园视频宣传片及展台在中国广州世界文博会展示，受到参会代表的好评。

4 月 22 日 襄阳市史志办主办的《史话襄阳》专刊刊文配图介绍春秋寨景区，在全国交流发行。

5 月 13 日至 14 日 南京广播电视台《美丽村镇》采访组采访春秋寨及漫云村，并通过现场直播向听众介绍上述景区。

9 月 19 日 中南地区最大的财神文化广场在春秋寨景区落成剪彩；中国日报网总裁章克一行考察春秋寨。

9 月下旬 南漳县民间文学艺术家协会主席庹先沮撰写的《春秋寨，石头铸就的史诗》一文及景区图片在中国日报网、中国记忆网及“最美中国符号”网登载。

2015 年

4 月 5 日至 8 日 中国民间文学艺术家协会“中国古山寨文化之乡”评审组专家深入南漳樊家寨、春秋寨等古山寨群，现场开展评审认定。

4 月 10 日 南漳县史志办、县民协与南漳古山寨公司联合编纂的《南漳县古山寨志》启动。

4 月 21 日 湖北省记者协会主席文成国在光明日报驻襄阳分社社长涂玉国陪同下到春秋寨采风、考察。

5 月 13 日 湖北省文联党组书记、常务副主席、中国书协理事刘永泽，省民协驻会常务副主席鄢维新一行到春秋寨考察调研。

7 月 9 日 中国民间文艺家协会正式批准命名南漳县为“中国古山寨文化之乡”。

10 月下旬 湖北省委宣传部《湖北古镇》采编组实地采访春秋寨景区，并将其收录进《湖北古镇》。

11 月 10 日 “中国南漳 · 古山寨文化博物馆”布展大纲评审会在南漳峥嵘大酒店举行。

2017 年

3 月 8 日 中国·南漳古山寨文化博物馆在春秋寨景区正式落成。中国民间文艺家协会副主席刘华为其揭牌，填补了此类博物馆的空白。

3 月 28 日 原开国大将罗瑞卿之长子罗箭将军考察武安镇洪山寺村的罗国土城遗址。

4 月 12 日 湖北省政协常务副主席陈天会考察古山寨文化博物馆。

6 月 19 日至 20 日 中视科教频道《地理中国》栏目播出《南漳古堡》纪录片。

9 月 29 日 深圳卫视《探秘时刻》播出《南漳古山寨》专集。

11 月 13 日 深圳卫视《探秘时刻》播出《南漳古寨传奇》专集。

2018 年

4 月 原湖北电影制片厂厂长王原平带领的湖北省音乐家协会文艺小分队深入南漳县创作采风，为南漳创作歌曲 15 首，其中以古山寨为主题创作《中国古山寨》《春秋寨》和《千年一梦》3 首歌曲。

5 月 6 日 湖北省文联主席、荣获茅盾文学奖作品《张居正传》的作者熊召政，在中共襄阳市委常委、宣传部部长胡和平的陪同下，到春秋寨景区考察。

6 月 30 日 陕西西安美术学院院长等 15 名艺术家到春秋寨景区考察采风。

9 月 13 日 审计署驻深圳广州特派员卢家辉及原《人民日报》记者胡爱民到春秋寨景区考察。

11 月 23 日 央视科教频道《地理中国》栏目《凸缘铁城》剧组在市外宣办负责人陪同下，到春秋寨景区考察。

12 月 4 日 原国防大学政治委员、上将刘亚洲一行到春秋寨景区考察；湖北省作家协会主席刘醒龙在市县领导陪同下，到春秋寨景区考察采风。

2019 年

5 月 8 日至 9 日 原中央委员、中央人民政府驻澳门代表、全国政协华侨委主任白志健一行到春秋寨景区考察。

10 月 4 日 襄阳市人民政府市长郄英才到春秋寨景区考察指导工作。

2020 年

10 月 21 日 央视发现之旅频道《揽胜神州》纪录片在春秋寨景区拍摄取景。

11 月 南漳县古山寨群申报世界文化遗产领导小组办公室正式成立，并分别在县城和春秋寨景区挂牌，标志着南漳县古山寨群申报世界文化遗产工作正式启动。

2021 年

4 月 21 日 援鄂抗疫辽宁、宁夏、福建三省医务人员应邀回襄到春秋寨考察疗养。

5 月 18 日 南漳县新博物馆暨古山寨文化陈列馆开业。

8 月 19 日 湖北省文旅厅厅长雷文洁一行到春秋寨景区调研灾后重建及疫情防控工作。

8 月 31 日 央视亚非中心记者用印第安语等多种语言在现场通过直播向海内外推介春秋寨景区。

10 月 7 日 央视财经频道主办的大型融媒体活动《百年百城》在春秋寨景区取景。

2022 年

3 月 10 日 湖北省政协副主席、襄阳市委书记马旭明到春秋寨景区调研。

6 月 22 至 26 日 原中国文联副主席、中国作协副主席廖奔率领 10 位名作家到春秋寨景区和周家洞寨采风，并撰写多篇作品在主流媒体及著名期刊发表。

8 月 25 日 襄阳市委副书记、市长王太晖到春秋寨景区调研。

8 月 31 日 襄阳市副市长王芳到春秋寨景区调研。

10 月 8 日 海南省人大常委会副主任孙大海到春秋寨考察。

10 月 13 日 湖北省政协副主席张维国到春秋寨景区与十姑洞寨调研。

2023 年

2 月 18 日 中国经济日报社原副社长林跃然一行到春秋寨景区考察采风。

3 月 12 日 襄阳市人大常委会党组副书记、副主任朱守疆一行到东巩镇卧牛寨与肖堰镇龙凤观寨考察调研。

3 月 20 日 湖北省中华诗词学会授予春秋寨景区“中华诗词特色景区”称号。

5 月 23 日至 24 日 襄阳市人大常委会副秘书长胡松一行到南漳县开展《襄阳市古山寨保护条例（草案）》立法调研，实地察看了小三峡洞寨、春秋寨、鸡公寨、十姑洞寨等古山寨，并在春秋寨景区会议室召开了座谈会。

6 月 15 日 湖北省人大常委会副主任胡志强一行到春秋寨景区考察调研。

6 月 28 至 29 日 襄阳市人大常委会第九次会议对《襄阳市古山寨保护条例（草案）》进行审议。会议邀请南漳县古山寨申遗办公室常务副主任庹先沮做《南漳古山寨探源及其保护利用》专题讲座。

7月14日 襄阳市人大常委会党组书记、主任吕义斌一行到南漳实地考察春秋寨项目建设，市人大常委会秘书长雷钧参加调研。

9月19日 湖北省政协原主席王生铁一行在县委书记罗兴斌陪同下考察南漳县罗国古城遗址。

11月22日 南漳县举行古山寨珍贵资料赠送仪式，中国历史文化名城保护专家罗亚蒙向南漳县博物馆赠送3件珍贵资料。

12月20日 襄阳市人民代表大会常务委员会公布《襄阳市古山寨保护条例》，条例自2024年3月1日起施行。这是全国范围内专门规范古山寨保护的首部地方性法规，意味着襄阳市独有的重要文化资源保护工作将迈入有法可依的新时期。

12月21日 央视财经频道《欢乐大猜想》栏目剧组到东巩镇春秋寨拍摄专题片。

12月 南漳古山寨群由湖北省人民政府推荐到国家文物局候选世界文化遗产预备名录。

石 寨

石寨，在南漳的山寨群里其数量最多，本书收录有357座，可谓有山有村即有寨。它们一般如长城列城居于高山之巅，大多就地取材，由经筛选过的石材建筑而成。这些石材有的还经过打制雕琢，形状多样，有一字形、口字形、回字形，还有井字形、圆形和不规则矩形。石房大多沿中轴线对称布局。它们因地制宜，因形就势。石寨里大多寨庙合一。大型山寨功能分区明显，一般分为防御区、生活居住区、祭祀区，绝大多数建有碉楼，寨墙上有雉堞（箭垛），在寨门和祭祀区竖有碑刻一至两块，最多可达数十块。有些在住房门楣上也有石刻文字。也有少数建在山腰或山脚的，此类一般为兵寨，民国以前驻有塘兵或朝廷的其他士兵，它们一般建在两河口、关隘处、栈道边，以守卫附近的水陆交通要道。

一 东巩镇

春秋寨

春秋寨地处北纬31° 22'6"、东经111° 52'42"，海拔高度280米，面积2.75万平方米。

春秋寨又名陆坪寨、青云寨，位于东巩镇陆坪村鲤鱼山上，坐北朝南，现存南北两座三层碉楼。北大门保存较好，寨体南北长505米，东西宽10～50米。古寨南大门两侧及北门西北侧缓坡地带建有石寨墙。寨墙长1150米，高4～5米，厚度在1～2米，部分寨墙上雉堞尚存，其余已损毁。未建寨墙的偏北寨体东西侧均为百米以上的悬崖峭壁，以岩代墙。寨内有石屋遗址160余间，这些石屋小者5～6平方米，大的达20多平方米。石房除屋顶不存在外，其他部分保存较好。其中30多间房屋还用三合泥勾缝。石房大门及其门楣、窗框以及墙体上的瞭望孔，大多保存较好。门框和门楣均由整块石条打制而成，个别为木制，已朽。古寨房沿山脊排列，宽敞处沿中轴线对称布局。这些房屋大多为两层，少数建筑还有围墙。

东巩镇陆坪村春秋寨 （2007年摄）

古寨所在的鲤鱼山与笔架山相连，东、西、北三面环水，且东、西两面为百米高的绝壁，鲤鱼山山嘴与望月山山嘴状如鱼头，在月亮湾里际会、盘绕，形成天然的山水太极图，为世上罕见的山水奇观。古寨具有雄、险、秀、奇四大特点，被众多专家誉为“中国乃至世界最美的古山寨”。以春秋寨为代表的南漳古山寨群，入选第三次全国文物普查百大新发现。《中国国家地理》、央视军事农业频道《乡土》栏目、《旅行家》、《半月谈》对此寨都有大篇幅报道，新华网为南漳文物制作的网页以此寨为首页。

“河作青罗带，山如碧玉簪”。山寨脚下的茅坪河，碧绿的河水流至寨的东侧后形成一个“U”形，在寨前大拐弯，曼妙温柔地热吻着绕过山寨，从寨西依依不舍地缓缓流走。蓝天白云，秀水苍崖，城楼古堡，漫山红叶，交相辉映，美不胜收。其美可与泰山天街、华山北峰比肩。寨脚下当年是一条通往东巩进而到宜昌的古驿道。驿道边的茅坪河，系《左传》哀公六年“江汉沮漳，楚之望也”中提到的漳河的重要支流。周围文化景观众多，有忠义寨、仙人洞寨、飞石洞寨、戴家垛子洞寨等。附近人烟稠密，交通便利，250 省道穿境而过，寨下的陆坪村已成集镇，商贸网点较多。春秋寨景区开发后，极大地带动了周边第三产业的繁荣。村民大多家境殷实，生活富裕。

古山寨内保存着春秋楼与关帝庙遗址，还有民国以前石碑。另有私塾学堂遗址两处、古蓄水井一口。碑刻中记载春秋寨为古寨，现有建筑为明清建筑。清朝乾隆年间曾重建五层春秋楼，民国 16 年（1927）又续修春秋寨。

2009 年，武汉三特公司与县政府签订协议，已对此寨进行保护性开发利用。公司根据文物法规对山寨进行了局部修复，目前此寨已打造成南漳县及襄阳市的重大文化景观，系国家 AAAA 级旅游景区。2013 年 3 月，春秋寨被国务院列为全国重点文物保护单位。

碑刻　春秋楼八德碑文（残余）

关圣帝君八德迭字吟歌降于民国二十五年岁次
丙子六月十五日青云寨经［堂］内分列八段勒
诸贞珉奉劝世人万古永垂
孝孝须行莫暴百行原万事窍昏定肯勤晨省周到
菽水养亲心言色报劬劳王祥卧冰出鲤卢氏护姑
挡盗堂上忤逆自有报檐下滴沥不差毫
弟弟勿忘须记虽分形实连气隅坐随行联欢宴序
言语务和顺行动勿触抵杨津敬兄堪效温公笃爱
须体莫学太宗诛元吉万古逆名难涤洗
忠忠造化神功蛮［狛］行夷狄通光耀化日气贯长虹
携托既承命人我当交融诸葛鞠躬志概武穆报国
高风勿效曹操纯奸雄世世为犬不放松
信信车軏官印有则存无即殒言重诚实行贵镇定
欺人乃欺己亲诈乃亲佽成王剪桐封弟商君徙木
赏赈圣人列此入五伦千言万语诲谆谆
礼礼城阁［伊是］人类规圣贤砥文明归宿进化阶陛
□□须效张湛矜严

卧牛寨

卧牛寨地处北纬 31° 17'24"、东经 111° 55'13"，海拔高度 620.55 米，面积 93 万平方米。

卧牛寨，又名团山寺寨、太平寨。山寨位于东巩镇桂竹园村卧牛山上，卧牛山属荆山山脉余脉九里岗终端，山脉呈南北走向。山寨寨墙依山势而建，跨越三座山峰，蜿蜒起伏，周长约 3500 米，南北长约 1400 米，东西宽约 550 米，墙高 3 ～ 5 米，厚 1 ～ 1.5 米；掩体 85 个、瞭望台 7 个、炮台 20 个，分布在 27 个区段，寨设大东门、小东门、大西门、小西门及南门 5 个寨门，每个寨门都直接通往山下的小村庄。寨内有圆形和长方形演兵场各 1 块，单个面积达 5000 平方米。还有碾米用的石碾盘 2 个，石碓窝、水井等生活用具一应俱全。寨内部分房屋已被完全拆除，现存房屋有 100 多间，多为三五间以上的排屋，相对集中建于大东门、小东门、大西门附近。

东巩镇桂竹园村卧牛寨一角

（2021 年摄）

卧牛寨所处地属北亚热带季风性气候区，气候温和，四季分明，夏热冬温，雨热同期，日照充足，雨量充沛。山寨四周群峰逶迤，山上万木葱茏，而卧牛山则如一头犍牛自西向东呈爬坡状向西顾首耸肩半卧半立。

250 省道连接南北，251 省道横贯东西，村村通公路，户户都有电。山寨下四周有农户，但人员稀少，产业主要是煤炭、林木、土特产、种植、运输、养殖、旅游。附近有数十座山寨，山上远古是战场，山下平川是粮仓。

山寨内有 8 间房屋上有建房者刻写的简单的碑记或题记，如大东门门口一小碑上刻有“原藉（籍）安陆府钟祥县麻铺人氏，姓郑（名）先陵，字西泉，因天下大乱，□完至此，见太平寨山高崎岖，修瓦房三间，万古为记”。山寨体量庞大，同时寨寺合一，寨中心曾建有一座寺庙，名为“团山寺”，塑有关公像，面积达 400 多平方米，历史上香火旺盛。寨内过去碑刻林立，现存残碑 20 多块，其中有明朝碑刻，十分珍贵。其中一块清朝碑刻上，有碑文“山疑关圣人收周仓处也”。此寨传说故事众多，如“关公收周仓”“九十九个和尚”的故事都在此地广为流传。此寨为 21 世纪初县文化局扶贫工作队所发现、宣传，轰动华夏，被众多专家誉为“华夏第一大寨”。2013 年 3 月，卧牛寨被国务院列为全国重点文物保护单位。

碑刻　重修团山寺功德碑记

盖闻南漳县南百余里有山团聚高耸寺寨故号曰［团山寺］明及清兴举未克惟嘉庆初贼匪压境有八世空乃高升后殿今岁夏余经宿其寺僧隆海言前师兴义一修后师世空二修今大师又升前殿则为虽盛弗传修寺者亦观之前后而已寺庙宇下理则团而观矣爰历序之以刊于碑云

团山寺住持兴定　徒侄隆海　隆渊　隆淮　隆怀

大清道光二十二年菊月十五日立

张家寨

张家寨地处北纬 31° 23'52"、东经 111° 46'20"，海拔高度 538 米，面积 8500 平方米。

张家寨位于东巩镇上泉坪村的一座山顶上。寨依山势而建，建筑沿山脊布局，平面呈不规则梯形分布，东宽西窄，长642.5米。北部寨墙内侧有巡道，下设瞭望孔，东墙中部有上巡道的石阶，墙宽1.5米，其余都在0.7米左右，墙高1.2～3.5米，设东、西门。寨西南部有50多间房屋遗址，保存较好。大门内外有数十级台阶，沿台阶上20多米右侧有一座30多平方米的关帝庙，庙身由打制过的条石筑成，除房顶外，墙体保存较完整。关帝庙坐北朝南，石门槛外卧一石碑，西边建筑雄伟规整，墙体保存较好，其中一门楣上刻有“坐以待清”的匾额。古寨西部450米处，有座两层碉楼，碉楼一层大门上方有石匾一块，上书“险赛函关”，极有气势。进寨东门原为高大碉楼，上立匾牌，现已损毁过半，残余寨墙依然高耸，门口有石匾额一块，上书“紫云楼”，阴刻楷书，苍劲有力。西门外有一座数百平方米的演兵场，外有条石包墙。

东巩镇上泉坪村张家寨“坐以待清”石门楣 （2007年摄）

古寨高居山顶，它东临洞沟，西望廖家寨，脚下为杜溪沟，北眺圆通寺。四周群峰争秀，寨内外灌木杂树成林，荆棘丛生，是野猪、小鹿、獾子的乐园，每逢秋季漫山红叶。

东巩镇上泉坪村张家寨 （2007年摄）

古寨虽地处连绵山峰之中，但周围人文景观荟萃，古寨脚下的杜溪沟里遍布乡土建筑遗址，虽损毁不少，但老屋构件如石柱础、门窗、砖雕、木雕和其他石雕散落在各处，周围山头古寨林立，古寺庙遗址依稀可见。

2013年3月，张家寨被国务院列为全国重点文物保护单位。该寨重建于清代，是古代村民为躲避匪难而修建的庇身之所。

黄林寨

黄林寨地处北纬31° 35'43"、东经111° 41'49"，海拔高度468米，面积3500平方米。

黄林寨位于东巩镇王家畈村山顶之上，坐东朝西，西部略高于东部，东西长48米，南北宽35米，寨墙、房屋均由石块垒砌，寨内有20余间房屋。黄林寨寨墙及石房选材质地较好，历经数百年风雨剥蚀，仅局部受损，现在依然寨墙高耸，雄伟壮观。2008年4月，

东巩镇王家畈村黄林寨东门 （2015年摄）

黄林寨被湖北省人民政府列为湖北省文物保护单位。

山寨地处高山密林之中，周围植被茂密；地属亚热带季风气候，雨量充沛。山下人口稀少，交通不便，但周边古堡遗址多，环境优美。

阎家寨

阎家寨地处北纬 31° 35'33"、东经 111° 51'38"，海拔高度 469 米，面积 1500 平方米。

阎家寨又名忠义寨、保安寨。山寨位于东巩镇上泉坪村寨坪山顶上。寨依山而建，横跨两座山峰，呈椭圆形，腰盆状，南宽北窄，东南角依仗悬崖绝壁天然屏障，设有北门和南门。寨内有隆起的小土包。此寨整体保存较好，寨墙高大雄伟，高为 4 ～ 8 米，墙体厚约 2 ～ 3 米，长近 500 米，寨墙设计科学合理，上有雉堞，下有女儿墙，东南边还有两层巡道，设有数级踏步与巡道相连。寨内石房依山就势而建，布局合理，十分规整。现有石房遗址 70 余间，位于寨中央的三合院建造艺术精湛，门框由整块条石打制而成，门楣上刻有匾额。寨北端还建有二进的四合院，规模较大。

东巩镇上泉坪村阎家寨　　（2007 年摄）

寨坪山东为豹子沟，西临冷水河，北接沈家老屋，南为双河口，寨内外荆棘杂树密布。寨坪周围零零星星分布有居民点，村民以种植水稻、玉米、小麦等农作物为主。古寨与春秋寨为姊妹寨，周边山寨遍布。

寨内文化底蕴深厚，现有碑刻 10 余块，集书法、文学、美术、绘画、雕刻艺术于一体，堪称小型艺术博物馆。该寨从碑文反映为阎氏与信氏所建，现为湖北省人民政府公布的文物保护单位。

关帝寨

关帝寨地处北纬 31° 24'18"、东经 111° 50'12"，海拔高度 586 米，面积约 5000 平方米。

关帝寨又名凌霄寨（当地俗称老寨），位于东巩镇杜家坪村以西 3 千米处与肖堰镇交界的太和山顶之上，依山势以石砌筑成寨，形状呈不规则长方形。北接长岭岗，南邻茅坪河，和新寨隔河相望。东、南、北分别置有寨门，西部一段寨墙已坍塌。南门设有门楼并和寨墙内侧巡道相连，门外有山间小路连接山下村道，沿小路有哨卡房屋遗迹 5 间。寨墙长千米有余，高 3 ～ 7 米，厚 1.5 米以上。向东沿山寨南墙建有房屋 14 间，布局规整，且中间有走道相通直至东门，房屋石材经过打制，经数百年风雨，房屋墙体仍无损毁。该山寨地处鄂西北山区，四季分明。周围诸峰连脉，群山环抱，山下小河缠绕。

东巩镇杜家坪村关帝寨远景　　（2001 年摄）

山寨与250省道及村庄相距大约5千米，交通十分不便，只有一条山间小路同外界相通。周围村民当年以种植玉米、小麦为主要农作物。现直径2千米范围内的村民已全部迁走，废弃的自然村随处可见。

山寨内西高东低，最高处建有关帝庙一座，墙体保存完好，门窗镂空雕刻，非常精美，庙内存有“重修关庙”及“重修圣宫”两座碑。据两通碑文记载，寨内关庙曾于清代光绪元年（1875）及民国十年（1921）进行过重修，由此推断此寨建寨早于清朝。关帝寨现为湖北省人民政府公布的文物保护单位。

雷公寨

雷公寨地处北纬31°23'37"、东经111°34'08"，海拔高度336米，面积3500平方米。

雷公寨又名隆兴寨，位于东巩镇苍坪村东南部的山顶，山寨依山而建，坐北朝南。寨形椭圆，地势较平缓，有东、南、北3个大门。寨墙用打制石条错缝垒砌成双层，内层建有巡道。寨内残存数十间房屋遗迹，房屋大多为土木石结构，一般有石条奠基，上部多为干打垒土筑墙或土坯墙。

东巩镇苍坪村雷公寨残垣　（2022年摄）

寨子山势呈南北走向，山顶较为平缓，山上林木稀疏，西部山下为南北走向的槐树坪，古寨北为茅坪河，南为漳河，两河在古寨东部汇合，形成两河口。

周围村庄不少，人口密度较大。田野肥沃，阡陌纵横。251省道从山寨脚下经过，交通便利。

寨内有石碑刻一通。据碑刻记载和调查得知，此寨重建于清代中晚期。雷公寨现为湖北省人民政府公布的文物保护单位。

新寨

新寨地处北纬31°24'19"、东经111°50'58"，海拔高度340米，面积约4000平方米，其中月城面积892平方米。

新寨位于东巩镇杜家坪村五泉山山脊上，五泉山除东侧稍缓外，其他三面为悬崖绝壁。山寨依山势而建，平面呈不规则凹形，石块垒砌的寨墙长800米，寨体宽30～50米，寨墙墙体宽1～1.5米，残高1.5～5米；沿寨墙内侧修有兵道，局部有垛口，北寨墙处建有碉堡，寨内分布有6间房屋，设南、北寨门。新寨建于清晚期，它与南边山上遥遥相对的老寨同属杜家坪的杜姓大户为躲避匪患所建，因老寨山高路险难以攀登，后又修建新寨。

东巩镇杜家坪村新寨远景　（2007年摄）

新寨地势险峻，易守难攻，其北临长岗岭，南望老寨，东眺绵羊寨，山南脚下是茅坪河。山上林木葱郁，风景优美。

山寨南门外有一条山间小路可通往杜家坪村，250省道从村中经过。新寨现为湖北省人民政府公布的文物保护单位。

绵羊寨

绵羊寨地处北纬31°44'18"、东经111°33'23"，海拔高度480米，东北高，西南低。面积约800平方米。

山寨位于东巩镇杜家坪村境内的峰岭山上。山顶地势相对平缓，寨依山势，平面呈椭圆形，寨墙高约4米、宽近1米，设有北门和西门，门上原有过桥已毁。

峰岭四周是绵延不绝的高山峻岭，多股泉水注入山脚下的红鱼河，寨内外松柏苍翠，荆棘杂树丛生，空气湿润，土地肥沃。峰岭山一带民风淳朴，生活富裕，村村通公路，寨脚下500米外即为250省道。

该寨是清代村子里李、王两大姓氏为首联合众姓村民捐资修建的，以作战乱时乡民藏身之处。

插旗寨

插旗寨地处北纬31°16'14"、东经111°47'15"，海拔高度329米，面积1110平方米。

插旗寨位于东巩镇口泉村磨盘沟西部的山顶上。山寨依山势而建，呈条形布局，除北边与寨湾山梁相连，其他三面均为悬崖绝壁。东、西两端有寨墙，东门寨墙南侧有两个掩体和两米长的壕沟，寨内的房屋依地势建在逐级抬高的平地上，制高点有瞭望哨位遗址。

插旗寨地势险峻，东眺毛儿垴，西望长岭山，山下是蜿蜒流淌的漳河，与宜昌远安隔河相望。该地区属北亚热带季风气候，四季分明。山上植被丰厚，林木葱郁。

插旗寨距磨盘沟两千米，寨东门有一条小路直通山下，磨盘沟有五户人家，以种田、种植香菇为生。251省道从山寨中经过。

山寨中心位置有一个葫芦形的石构件，上刻“首人蔡之任　刘世江……”等楷书字样。此寨是清晚期当地村民为躲避土匪而修建。寨内原有一座寺庙，于民国2年（1913）重修，现尚存遗址。

缸盖寨

缸盖寨地处北纬31°16'25"、东经111°48'43"，海拔高度365米，面积1.2万平方米。

缸盖寨位于东巩镇口泉村西部一座无名山峰上，四周群山环绕，因寨堡形似缸盖，故名缸盖寨。山寨呈圆角长条形。设西、南两个寨门，山寨东西通长约380米，西北宽15～30米。寨墙建在陡峭岩壁上，因石料红砂石易风化，因而保存较差，残墙最高处仅存2米，部分寨墙依巨石作为屏障。在山寨中部突起部位建有石房10余间，中为关帝庙，已损毁，关帝庙周围尚存石碾、石碓、石磨盘，已嵌入墙中。在山寨东北角有数十间寨房遗址，离寨墙约12米处有一间保存较好的石房，旁边一间房屋较大，仅剩土墙基，高出地面1米左右。临崖寨墙高5米，残存百余米。山

东巩镇口泉村缸盖寨寨门残垣　（2007年摄）

寨西门保存较好，现存门墙长 6 米，宽 3 米，门框与墙基全为打磨过的巨型条石，其中一块规格为长 2.8 米，宽 0.6 米，厚 0.29 米。

山寨北眺张家湾、夹子沟，南眺口泉袁家自然村，西与深垭寨相望，坡陡路险，四面环山。山上广生栗木、栎木、松木和油茶树，植被茂盛。寨内外百年老树居多，山寨已无路径，进寨出寨十分不易。

该寨山脚下为夹子沟煤矿，一条矿山公路可通村里，山谷间遍植农作物，环境舒适，民风淳朴。周围蔡家老屋为省级文物保护单位，还有楝树坪汉朝前古遗址。缸盖寨很大，建造时间在明朝以前，从石磨盘嵌入墙中可知，山寨曾维修过。

廖家寨

廖家寨地处北纬 31° 41'35"、东经 111° 28'44"，海拔高度 526 米，面积 3 万平方米。

廖家寨位于东巩镇上泉坪村西约 5 千米处的峨眉山连绵的山峰上。山寨大门及碉楼保存较好，寨门上方门楣处嵌有嘉庆五年（1800）制作的石匾，上书“虹映东关”四个大字，楷书阴刻，大门碉楼建在山嘴，高大巍峨，进门需上 11 级台阶，门后筑有 39 级踏步。山寨规模宏大，长约 1500 米，依山就势将东、西五个山头用寨墙连为一体，西南高，东北低，有多级台阶，远观犹如古长城。寨墙残高 2～3 米，宽 0.8～4 米，局部有箭垛，设有五个碉楼（大门），大多保存较好。寨内建筑沿山脊布局，每级台地集中建寨房，寨房遗迹上百间，寨墙石料为就地取材。

东巩镇上泉坪村廖家寨　（2007 年摄）

寨内山势陡峭，山峰连绵，灌木丛生，乔木成林，下有开阔的沟壑，上有崇山峻岭，寨内外动物如野猪、野羊、小麂活动频繁。

寨山下通乡村公路，山间小路可达山寨大门，村民以种植小麦、玉米为生，东门山脚住有 3 户人家，还有明清时期的石榨油坊遗址，五六件巨大的石质构件横卧在遗址内。

古寨内有两块石碑，当年建有关帝庙一座，至今保存较好。廖家寨为老寨，清朝时期由当地廖姓大户牵头重新修筑。

观沟寨

观沟寨地处北纬 31° 17'13"、东经 111° 53'13"，海拔高度 295 米，面积 5500 平方米。

观沟寨位于东巩镇桂竹园村境内的观沟，山寨东临观沟水库，南为马廊坪，西距渡槽约 300 米。山寨依山势而建，东西走向，平面近圆形。大部寨墙因修水库而拆毁，仅剩少部分寨墙，寨内只有 3 间石屋，此外无其他遗迹。

观沟寨地处鄂西北的荆山余脉，山势平缓，水源充沛，土壤肥沃，适宜种植多种经济林木和农作物。寨东为观沟水库，可灌溉千亩良田，村民以种植水稻、小麦为主，兼种油菜、培育香菇等经济作物。交通便利，村级公路可连通荆门。农民比较富裕。周围山头山寨遗址较多。

历史上观沟山上有座道观，寨因之得名观沟寨。此寨建于清朝，目的是躲避战乱。

烽火寨

烽火寨地处北纬 31° 13'02"、东经 111° 55'16"，海拔高度 581 米，面积 5000 平方米。

烽火寨位于东巩镇桂竹园村境内的烽火山主峰上，因战时烽火报信而得名。山寨东临皇陵沟，南距卸甲垭 500 米，西面为天坑，北望大堡寨。寨依山势而建，东低西高，平面近长方形。寨墙用天然石块垒砌，大部分坍塌，设有东门和南门，西部墙体建有堡。寨内只有一个碑座，碑已下落不明。

东巩镇桂竹园村烽火寨残垣 （2007 年摄）

烽火山主峰山不高但险。山上植被茂盛，灌木杂树丛生。气候适中，四季分明。

山下住有四户罗姓村民，以种植小麦、玉米、油菜为主。山下采石场生意红火，交通便利，村级公路直通村中。周围古寨堡较多。

火堡寨

火堡寨地处北纬 31° 15'04"、东经 111° 54'18"，海拔高度 587 米，面积 600 平方米。

火堡寨位于东巩镇桂竹园村境内的烽火山西北部，与烽火寨隔山相望。寨依山势而建，西高东低，平面近长方形。山寨有东、西两个大门，寨墙用天然石块垒砌，大部分已经坍塌，只剩下几处残垣断壁。

东巩镇桂竹园村火堡寨残垣 （2007 年摄）

火堡寨所处山峰气候适宜，四季分明，周围植被茂盛，灌木丛生。山下住有几户张姓村民，以种植小麦、玉米、油菜为主。村级公路直通村中，交通便利。

八宝寨

八宝寨地处北纬 31° 19'27"、东经 111° 53'47"，海拔高度 325 米，面积 3000 平方米。

八宝寨位于东巩镇店子河村任家湾境内的乱石垭主峰。寨依山势而建，呈东西走向，平面近椭圆形。一周寨墙尚存，墙体全用石块垒砌，墙宽 1.8 米，内侧有 0.9 米的巡道。部分墙头上还留存原始箭垛。东门旁边向外伸出一个堡式建筑，厚重坚固，内设四个瞭望孔。寨内凹凸不平，有房屋数间。

八宝寨位于乱石垭主峰，山势险峻，在低矮群山间孤峰突起。其东北与大堡寨相望，东南远眺太平寨（卧牛寨），北临山冲（山间的平地，后同），自然环境秀丽迷人。气候适宜，四季分明。土地肥沃，林木茂密。南边山下住有十余户村民，主产稻米、小麦，生活较富裕，交通相对便利。

八宝寨建于清代，又名八家寨，是当时山下八户何姓居民为躲避匪患、藏匿家眷而合资修建的避难之所。

东巩镇店子河村八宝寨残垣　（2007 年摄）

葫芦包寨

葫芦包寨地处北纬 31° 18'47"、东经 111° 52'48"，海拔高度 346 米，面积 2000 平方米。

葫芦包寨位于东巩镇店子河村境内的慢坡山上，山寨所处的山顶呈馒头状，寨居山顶呈椭圆形。一周寨墙大部保存，均用石条垒砌，设有东门和南门，局部墙体因村民建房和修路而拆毁。寨中有一棵百年老树，见证着山寨的兴衰。寨中原有碑，已毁，其他遗迹不存。

葫芦包寨位于较缓山顶。茅坪河、沙坎河环绕，自然环境清新。气候适宜，土壤肥沃，山上植被茂密，灌木杂树丛生。

山下住有几户村民，种植小麦、玉米、水稻。交通相对便利，251 省道在西山脚下蜿蜒伸展，乡村公路通往村中。周围古寨遗址较多。

东巩镇店子河村葫芦包寨东门　（2007 年摄）

何家寨

何家寨地处北纬 31° 19'42"、东经 111° 54'56"，海拔高度 496 米，面积 1000 平方米。

何家寨位于东巩镇店子河村东南与荆门接壤的大堡山上。西为带甲垭，北临观沟。山寨依山就势而建，东西走向，平面呈圆形。寨墙用条石砌就，部分石条被村民拆毁建房。寨内地势东高西低，石屋仅剩房基遗迹。

古寨地处大堡山主峰，地理位置和自然环境较好。气候适中，四季分明，土壤肥沃，植被茂盛，常有野猪、野兔等野生动物出没。

寨周围住有数户村民，主要种植小麦、玉米、油菜等。出行方便，村级公路直通山腰。古寨周围人文底蕴深厚，古建遗址众多，古桥、古村落尚存。

寨内未发现记载山寨情况的石碑，据山下村民介绍，此寨是清代为抗击匪寇由村民捐资兴建。

鸡公寨

鸡公寨地处北纬 31° 27'48"、东经 111° 47'53"，海拔高度 381 米，面积 2381 平方米。

鸡公寨位于东巩镇石峡坪村伍家嘴鸡公岭上，山岭呈东西走向，东高西低，落差约 15 米。古寨依山就势用大石块垒砌，平面呈半圆形，南北最长 65 米，东西最宽 38 米，墙体厚 1.6 米。用条石垒砌的寨墙上半节为双层，内层为 0.8 米宽的人行道，外侧为雉堞，局部有垛口。东门上建有门楼并设置多处瞭望孔和射击口，寨内分布房屋 19 间，在制高点的一座房屋有瞭望孔和射击口，其门口处的墙壁上嵌立石碑一块，另一块嵌立在寨门内侧的墙壁上。

东巩镇石峡坪村鸡公寨　（2023 年摄）

鸡公寨所处的鸡公岭东临七节登山，南面千石坡，西为伙田村，北从寺沟可至五四矿。鸡公岭西北险峻，东南较平缓，远处眺望鸡公寨，巍然屹立，雄伟挺拔。山上灌木丛生，植被茂密，山脚下寺沟河自东向西流淌。

鸡公岭下人口聚居较为密集，东 500 米处村级公路通往省级公路。周围文物较多，除古民居、古山寨外，尚存 20 世纪 70 年代国防建设的三线厂遗址。

据碑文记载，咸丰三年（1853），伍万钟、伍万鹏因“闽越起事”而重修鸡公寨，咸丰十一年（1861）秦家和伍万鹏又复修此寨，后有人在此避难达六年之久。据史料记载，清康熙年间襄阳总兵杨来嘉策应吴三桂率叛军曾据守过此寨，由此推测鸡公寨应始建于清康熙年以前。

大包寨

大包寨地处北纬 31° 26'37"、东经 111° 49'08"，海拔高度 460 米，面积 3500 平方米。

大包寨位于东巩镇石峡坪村的大包山上，东邻九里岗，南邻麻城河，西与秦王寨遥遥相望，北邻邓家坑。山寨依山势呈东西向分布，整体为椭圆形，东西两端较窄中部宽阔。山寨设东西寨门，门上有碉楼、巡道、雉堞和瞭望孔，保存较完整。寨内有房屋 20 间，分布于四周寨墙附近，寨房只剩墙体或墙基。

山寨处于亚热带季风气候的鄂西北地区，四季景色秀丽，气候宜人。寨内地势平缓，灌木杂树丛生。地理位置独特，邻近山上山寨林立，古寨分别与附近的秦王寨、李家山洞寨、塔巴寨、大岭寨等山寨遥相呼应。

大包寨是清代中叶当地群众为抵御匪寇而建的避难之所。山寨北部有一条村级公路通往山外，路旁村庄居住有十多户人家，以种植小麦、玉米为主。

东巩镇石峡坪村大包寨 （2023 年摄）

秦王寨

秦王寨地处北纬 31° 26'54"、东经 111° 48'22"，海拔高度 512 米，面积 3200 平方米。

秦王寨位于东巩镇石峡坪村南约 1 千米的高山上，山寨依山就势而建。整个山寨呈“L”字形，坐西朝东。山寨由东门进入，在较窄的空间向西北方向行走 80 多米到达山寨“L”字转折处，其间建水池两个、寨房 10 间，房屋面朝东北。在“L”字转折点建有寨堡一处，视野开阔，起扼制三方的重要作用。往西约 70 米，有一寨堡，之间有寨房 22 间，分左右而建，其中几间石房内墙嵌有石碑，记载了当年居住者的情况。山寨为加强防御功能，在西堡前较平坦处围建月城，长 18 米宽 9 米。寨房大部分由天然石块简易垒砌，部分石墙灌注有灰浆或糯米汁等粘合剂。

东巩镇石峡坪村秦王寨碉楼 （2023 年摄）

该寨地处悬崖峭壁之上，四面环山，山上植被茂密，刘家河自西向东经山北流过。此地属北亚热带季风气候，四季分明，景色宜人。山寨之上远看石峡坪村庄楼房成片，田间小麦、油菜郁郁葱葱，一条省道穿境而过。

寨内有嘉庆、咸丰、同治、光绪年间的多通石碑。最早的为清嘉庆三年（1798），据碑文记载，山寨为古寨，清朝时由秦、王二姓为抵抗匪患捐资重新修缮，故名“秦王寨”。最晚的为光绪三十一年（1905）重修碑记。由此可知，秦王寨历史上经过多次修缮。

碑刻　秦王寨碑文

德覆群生

秦王寨由来久矣刘家洞名亦旧焉二处俱系上古避乱之所于兹躬逢盛世四海风清万民乐业不意川匪作乱扰民无常自湖豫陕川诸省无不各修寨洞以为卫生之计盖因滋楚境已非一次众姓惶恐无所匿避协同保正首人山主重修古寨新建庙宇补葺墙垣众姓避乱于斯可谓出入相久于望□□以备不虞耳于兹功程报竣勒石计名足以垂千古不朽云

大清嘉庆三年十二月初二日

狼头寨

狼头寨地处北纬 31° 44'23"、东经 111° 53'46"，海拔高度 760 米，面积 1500 平方米。

狼头寨位于东巩镇陆坪村六组，寨子始建于明代，呈南北走向，南面陡峭，寨墙长 150 米，宽 40 米，石垒房屋 53 间。狼头寨依山取势，布局严谨，高低错落，井然有序，集雄、险、奇、秀于一体。

山寨下沟渠密布。立于山寨，只见蓝天白云，秀水苍崖，碉楼古堡，漫山红叶，交相辉映，美不胜收，人文景观和自然景观完美融合，明丽壮观。

山寨周围人口较为密集，自然村庄较多，250 省道从不远处通过，交通便利。人文景观较多。村民生活富裕。据寨内碑刻记载，此乃古寨，清乾隆年间以及民国年间曾经续修。

东巩镇陆坪村狼头寨残垣　　　　（2007 年摄）

天台山寨

天台山寨地处北纬 31° 40'23"、东经 111° 46'21"，海拔高度 612 米，面积 1.5 万平方米。

天台山寨，又称偏头山寨，位于东巩镇石佛寺村与武安镇董家河村交界的张家岗东侧一条南北走向的山脊上。山寨全系石构，由老寨和新寨组成，跨越三座山峰，新寨居东北，老寨居西南。新寨高出老寨近 200 米。在老寨与新寨的垭口上建有东西寨门，寨墙蜿蜒盘绕，将老寨与新寨融为一体，全长 800 米以上，平均宽度 25 米。寨门宽大厚实，平面呈瓮形，上部已垮塌。寨墙较为低矮，多处已经倒塌。

老寨和新寨内的峰顶上分别建有一座寺庙。老寨称关帝庙，庙宇由前殿后殿组成，坐北朝南，宽 12 米、长 14 米，上部已损毁，尚存清道光年间功德碑三通，两通立于前殿内东北角，另一通已缺，倒置于山墙下。新寨为天台山寺，仅存庙房两间，并向排列，坐西朝东，上部均已倒塌，殿前倒置石碑五通，全为功德碑，殿南立单檐五镶碑一通，为重修天台山记事碑，对了解该寨的历史有一定的参考价值。

古寨位于鄂西北山区荆山余脉，地势高峻，气候温暖湿润，其地高山围绕，原始植被保存较好，许多野生动物在此栖息。

古寨周围人烟稀少，零星分布有居民点，村民以种植玉米、小麦等农作物为主，栽种木耳、香菇为致富途径。交通十分不便，仅有一条羊肠小道可以通行。山脚下董家河水库波光粼粼。

山寨不仅寨寺合一，规模宏大，碑刻众多，在新寨偏东北一侧的台地上，当年还辟有戏台一处，实属少见！

老鸭山寨

老鸭山寨地处北纬 31° 27'57" 东经 111° 34'47"，海拔高度 679 米，面积 2500 平方米。

老鸭山寨位于东巩镇石佛寺村寨垭山上，东接峨眉山山脉，南北与沙坡山相连，老鸭山寨建在沙坡顶峰上。寨依山势呈半圆形，南北长 121 米、东西宽 20 米；寨墙用条石垒砌，内侧一周行道，墙厚 0.5 ～ 1.5 米，残高 0.5 ～ 1 米，东南角设一寨门，寨内房屋两处，北寨墙设两个瞭望口。老鸭山寨为清晚期百姓集资修建。

古寨所在的坡山为南北走向，地势平缓，山上林木茂密，东部山脚下有一大峡谷。附近古寨及乡土建筑分布不少，还有寺庙遗址。

东巩镇石佛寺村老鸭山寨残垣　　（2007 年摄）

天鹅池寨

天鹅池寨地处北纬 31° 48'17"、东经 111° 35'24"，海拔高度 597.3 米，山寨面积约 5000 平方米。

天鹅池寨位于东巩镇石佛寺村的水池（原来的水池村，此处分为五池：水池、天鹅池、炮楼池、干池、茄子池）。山寨现有房屋 15 间，损毁严重，只有垮塌遗址，山寨城墙长约 300 米，基本垮塌，只留下极少部分城墙保存完好。山寨内有寺庙一处，有碑文 4 块，其中山寨西大门门口，立有功德碑，时间为清咸丰十一年（1861）十月初一日；庙门外左边处立有一块记事和功德碑，时间为民国 19 年（1930）；庙

东巩镇石佛寺村天鹅池寨残垣　（2007 年摄）

内立有两块碑，分别立在庙内左边和右边约 1 米高墙中，立碑时间均为清咸丰四年（1854）冬月二十日。

天鹅池山寨为长方形，山寨城墙高 3 ~ 6 米，宽约 2 米，城墙全部为石垒墙。山寨只有一个西北门，门宽 1.2 米、高 2 米，门墙厚 0.5 米，城墙厚 3.7 米、高 3.5 米。山寨内有寺庙房屋一处，面积 30 平方米，进深 4.9 米，开间 6.1 米，高约 5.5 米，庙前墙高 2.9 米、山墙高 2.6 米。寺庙坐东朝西，大门两边各有一小窗，庙内有一个长方形供台，大门右边墙已垮塌，只有下半部墙是完好的，寺庙后墙基本保存完好，庙内两块碑文镶在山墙内，碑文保存完好，字迹清晰。

山寨由于长年无人管理，年久失修。周围自然环境很好，植被生长茂盛；交通环境差，从水泥路到山寨脚下，大约有 2.5 千米土路，上寨的路约 200 米，已经长满杂枝，无法行走，需要清障才能到山寨。山寨所在的山峰连绵，南部即为省道，周围有零星的村舍，古山寨、古民居存量不少。

三姨寨

三姨寨地处北纬 31° 43'38"、东经 111° 25'41"，海拔高度 653 米，面积 600 平方米。

三姨寨当地又称寨岭寨，位于东巩镇昌集村北峪河的山岭上。山寨依山就势，平面呈不规则几何图形。南侧依托悬崖绝壁为天然屏障，其他三面用石块垒砌寨墙，寨内西南高、东北低，南边墙体内侧有一周巡道，西、南侧分别设有寨门，西门北边险要位置有堡垒一样的建筑物，已垮掉。寨内房屋已损毁。

山寨所处位置不高，但自然环境较好，其西连长岭，东临北峪河，南北面冲。空气湿润，土地肥沃，寨内荆棘杂树间生，寨外松树、栎树成林，常有野猪、野兔等野生动物出没。

寨外有十多户村民居住，地势宽敞，村民以种植小麦为主，兼种烟叶和木耳，新修的土石路从山寨旁通过。

玉龙观寨

玉龙观寨地处北纬 31° 52'03"、东经 111° 18'22"，海拔高度 643 米，面积 2600 平方米。

玉龙观寨位于东巩镇祝家湾村山岭上，西连长岭，东临小河。山寨依山就势而建，寨内西南高、东北低，有西、南两个寨门，西门附近有一座寨堡遗址。寨墙用天然石块垒砌，形状规整，南边墙体内侧有一周巡道。山寨为寨观合一，寨内西北部尚存玉龙观遗址，当年立有多块碑刻，现大多损毁。

东巩镇祝家湾村玉龙观寨局部寨墙　（2007 年摄）

寨内荆棘杂树间生，寨外松树、栎树成林，周围气候适宜，土地肥沃，常有野猪、野兔等动物出没，自然环境较好。寨山下居住有十多户村民，以种植小麦为主，兼种烟叶和木耳。附近还建有茶场。

五龙寨

五龙寨地处北纬 31° 25'37"、东经 111° 28'13"，海拔高度 746 米，面积 1000 平方米。

五龙寨位于东巩镇祝家湾村境内的峰岭山上。山顶地势相对平缓，寨依山势，平面呈椭圆形，寨墙高约 4 米、宽近 1 米，设有北门和西门，门上原有过桥已垮塌，寨内东北高，西南低。

东巩镇祝家湾村五龙寨　（2007 年摄）

山寨四周是绵延不绝的高山峻岭，多股泉水从山上注入山脚下的红鱼河，寨内外松柏苍翠，荆棘杂树丛生，山上景色壮观，空气湿润，土地肥沃，适合多种植物生长。

山寨附近的寨岭茶场闻名南漳，附近民风淳朴，生活富裕，村村通公路，村民出行便利。

该寨是清代村子里李、王两大姓氏为首联合捐资修建的防御设施，目的是在将来发生变乱时，为乡民提供一个藏身之所。此寨寨观合一，现寨内存五龙观遗址。

林子寨

林子寨地处北纬 31° 24'09"、东经 111° 54'26"，海拔高度 481 米，面积 1260 平方米。

林子寨位于东巩镇双坪村林子寨山顶上。寨依山势而建，平面呈不规则三角形，北宽南窄，中部凸起，南北两侧均为悬崖绝壁；设有东西寨门，东门上建有瞭望哨位，寨墙上有垛口，内侧有行道，寨墙高约 3 米，宽约 2 米；西南角有凸出的三角形掩体，掩体上有射击孔及小型藏兵洞。寨内分布着较密集的房屋 23 间，整个山寨由当地就地取材并经过打磨的较好石条建造而成。古寨为乾隆年间为躲避土匪由双坪村陈姓大户人家所修建。

东巩镇双坪村林子寨石碑刻　（2023 年摄）

林子寨东临小李湾，西为茅草坪，南望周谷冲，北眺跑马岗。山林茂密，气候适宜。寨西南俯视着长约两千米的周谷冲，山下仅住七户人家，以种田、养香菇为生。有一条村道通往山外的省道。

吴家坑寨

吴家坑寨地处北纬 31° 54'38"、东经 111° 27'21"，海拔高度 789 米，面积 1000 平方米。

吴家坑寨位于东巩镇信家沟村境内的峰岭山上。山顶地势相对平缓，寨依山势，平面呈椭圆形，寨墙高约 4 米、宽近 1 米，设有北门和西门，门上原有过桥已垮塌，寨内东北高，西南低。

寨内外松柏苍翠，荆棘杂树丛生，山上景色壮观，空气湿润，土地肥沃，适合各类植物生长。寨山下村民生活富裕，民风淳朴，交通便利。

东巩镇信家沟村吴家坑寨　　（2007 年摄）

龙泉观寨

龙泉观寨地处北纬 31° 20'45"、东经 111° 33'26"，海拔高度 469 米，面积 1500 平方米。

龙泉观寨位于东巩镇王家畈村山顶之上，坐东朝西，西部略高于东部，东西长 58 米，南北宽 26 米，寨墙、房屋均由石块垒砌而成，墙体上部外侧有城垛，城垛内侧有环寨巡道，寨内有 9 间房屋，2 条东西向行道将其分为 3 排。寨墙宽厚达 2.8 米，加上居高临下，易守难攻，实为防范盗匪的极佳场所。由于寨内长满杂草、杂树，出入极为不便。

寨址坐落在群山环绕的山顶，山上树木、杂草茂密，尤以灌木为多，属亚热带季风气候，雨量充沛，环境优美。寨址周围人烟稀少。文化遗址如古寨、乡土建筑遍布。

东巩镇王家畈村龙泉观寨水井　　（2007 年摄）

东巩镇王家畈村龙泉观寨东门　（2007 年摄）

阎王寨

阎王寨地处北纬 31° 28'34"、东经 111° 45'32"，海拔高度 759 米，面积 1800 平方米。

阎王寨位于东巩镇莲花池村村南十字冲高山上，山寨依山就势而建，寨子为阎、王两姓合修，故名阎王寨。山寨为南北走向，呈不规则长方形，南北长约 150 米，东西宽 20 ～ 30 米。寨墙由条石垒砌而成，现保存较好。寨房大部分由石块简易垒砌，部分石墙灌注有灰浆或糯米汁。

东巩镇莲花池村阎王寨残垣（2007 年摄）

该寨地处悬崖峭壁之上，四面环山，山上植被茂密，刘河自西向东经山北流过。此地四季分明，景色宜人。

寨内几间房的内墙上嵌有嘉庆、咸丰、同治、光绪年间的多通石碑，记载了当年居住者的情况，最早的为清嘉庆五年（1800）。据碑文记载，山寨为抵抗匪患捐资修建。此寨经过多次修缮。

碑刻　南漳东巩莲花池村阎王寨碑文

尝闻窃思当今国运隆平逆匪嘉庆元年

起叛今六载到治道虽期籍非砦堡难民何以

藏身以故同众遍观惟取青龙岭崇峻耸峙高

望远引于是齐众协力磊石为垣纵有贼寇犯境而众

志成城亦可以保全家室而无处契天保砦何逊让焉

庚申年寨首我人等各修捐修砦城六年重修寺

庙以为万古不朽援笔而为之记并书诸位名讳功果

钱文开列于左（略）

王祥云

闫金祥

王葵相

皇上嘉庆六年孟秋月谷日

李家山寨

李家山寨地处北纬 31° 30'01"、东经 111° 49'43"，海拔高度 524 米，面积 512 平方米。

李家山寨位于东巩镇莲花池村板凳岗后的李家山上。山寨平面呈圆形，寨墙整体轮廓尚在，除东寨门以外未见其他建筑遗迹。寨墙局部存有雉堞巡道，墙体最高处约 3 米，最厚处约 2 米。

李家山寨顶部平缓，寨内有松树和丛生的灌木杂树，时有野猪出没。

东巩镇莲花池村李家山寨（2007 年摄）

该寨为清代前期由当地大户捐资就地取材修建，用以躲避土匪的骚扰。山寨北面为孙家寨，南为板凳岗，山脚下有一条从肖堰镇至莲花池村的村级道路，村民以种植小麦、玉米主要农作物为生。

莲花寨

莲花寨地处北纬 31° 36'43"、东经 111° 27'38"，海拔高度 768 米，面积 1600 平方米。

莲花寨位于东巩镇莲花池村委会东南方向的高山上，与信家沟村交界。山寨依山就势而建，呈东西走向，东西长约 70 米，南北宽约 15 ～ 25 米，现存寨房遗址 10 多间，寨墙由条石垒砌而成。寨墙与寨房有部分损毁。其中几间房内石墙嵌有石碑，记载了当年居住者的情况。为加强防御功能，在古堡前较平坦地建有月城，长 18 米宽 9 米，面积约 200 平方米。

东巩镇莲花池村莲花寨 （2007 年摄）

该寨地处悬崖峭壁之上，四面环山，山上植被茂密，刘河自西向东经山北流过。此地四季分明，景色宜人。山下村民以种植小麦、玉米为主，村庄建在寨脚周围，人口相对集中，一条村道通往山外。

大岭寨

大岭寨地处北纬 31° 29'42"、东经 111° 51'55"，海拔高度 585 米，面积 1250 平方米。

大岭寨位于东巩镇东北方向的莲花池村，其东北为吴家山，西为朱家山，山寨平面呈椭圆形。山寨整体保存一般，东、西分别设寨门，东门原应为门楼，现在仅剩南边山墙，门楼上开有瞭望孔。西门保存较差，北部靠近西门的寨墙严重垮塌。寨墙上局部还有雉堞痕迹。寨内有寨房四间，其中两间仅剩墙基，另外两间坐落于山寨中央部位，房墙均在。

东巩镇莲花池村大岭寨 （2007 年摄）

山寨坐落于鄂西北山林地区，空气湿度较大，因此大岭山及寨内杂树丛生，间或有花栎树和少量的松树，山寨掩映其中。

山寨的西北方向距莲花池村级公路约 3 千米，大岭山下居住着三五户人家，以种植小麦、玉米为主。一条崎岖山路与村道相通，交通较为便利。

寨房内墙有民国石碑三通，其中一通已残。东门通道一侧立清嘉庆辛酉年（1801）石碑一通，曰“大岭寨碑”，碑文记载了建寨的缘由以及捐款人。从寨内遗存的三通石碑可知，大岭寨始建于清嘉庆初年（1796），历经民国 7 年（1918）和 29 年（1940）两次修葺至今。

白虎寨

白虎寨地处北纬 31° 29'05"、东经 111° 27'43"，海拔高度 784 米，面积 2000 平方米。

白虎寨位于东巩镇莲花池村境内的一座山岭上，地理位置十分险要，古寨坐西朝东，主要由寨墙、大门、房屋三部分组成，寨墙大部分坍塌，大门保存较完整。

东巩镇莲花池村白虎寨 （2007 年摄）

该寨坐落在山岭之上，南依高耸山峰，气势雄伟，景奇地险。土地贫瘠，荆棘丛生。

山寨人迹罕至，交通极为不便，几乎无路通往山寨，寨南相距两千米处村民在此种植烟叶，寨北山下为河端自然村，住有二十余户人家，种植玉米、小麦，有一条乡村公路通往山外。

此寨建于清嘉庆年间，是当时王姓大户人家为躲匪避难而建。门内有碑，记述了建寨缘由及建寨人。有 4 间房屋仅剩墙体，中间小房内墙也有一块碑，刻有“庇生有所，可防不虞，谢有春建。咸丰七年吉日立”，由此可见，寨内房屋非同一时期修建。

塔巴寨

塔巴寨地处北纬 31° 38'36"、东经 111° 26'40"，海拔高度 780 米，面积 1500 平方米。

塔巴寨位于东巩镇莲花池村境内的一座山岭上。古寨坐西朝东，主要由寨墙、大门、房屋三部分组成，寨墙局部坍塌，房屋近 10 间，仅剩墙体，大门保存较为完整，门内有一块碑，记述为何建寨及建寨人。

东巩镇莲花池村塔巴寨 （2007 年摄）

该寨人迹罕至，交通极为不便，寨南不远处有村民在此种植烟叶，寨北山下为村庄，住有十余户人家，种植玉米、小麦，有一条乡村公路通往山外。

山寨坐落在山岭上，南依高耸山峰，气势雄伟，景奇地险，土地贫瘠，荆棘丛生，乔木成林。

此寨建于清嘉庆年间，是当地人家为躲匪避难而迁居山中藏身而建，从碑文中了解到寨内房屋并非同一时期修建。

黄家寨

黄家寨地处北纬 31° 25'01"、东经 111° 50'45"，海拔高度 424 米，面积 4120 平方米。

黄家寨位于东巩镇太坪村西南寨坡山冈上，东望六台山，东南为赤家观，北眺赵家湾，山因寨而得名寨坡山。山寨坐西朝东，东、南、西三面均为陡峭的山崖，唯北侧山势较缓，山寨依山就势建于山顶略平坦处，平面呈不规则椭圆形。寨的东西两端设寨门，东门是山民上寨的主门，保存较好，门侧有通道，由此可登上寨墙巡道。西门仅剩残迹。寨墙大部保存，南墙与北墙垮塌严重，北墙上有瞭望孔，下部有掩体，寨中心靠北处有一石碾盘。

山寨风景如画，寨内灌木丛生，松树、花栎树高耸入云，生机盎然。麻城河水自北向南由山寨西侧流过，四季不断，水声潺潺。

据村民介绍，此寨是祖辈们为躲避匪患而集资修建的。山寨周围的山坡被村民开垦为层层梯田，春夏之交的田野里，金黄的油菜花和碧绿的麦田相映生辉、相得益彰。小河旁的一条道路通向外面的公路，交通较为方便。

永禁岩寨

永禁岩寨地处北纬 31° 25'19"、东经 111° 49'04"，海拔高度 433 米，面积 5184 平方米。

永禁岩寨位于东巩镇太坪村的凤凰岭上，古寨所在的凤凰岭因形似一只展翅飞翔的凤凰，又名凤凰寨。寨依山势而建，呈不规则长条形分布，中间低，两端高，寨东南有一瞭望平台，现有东门、西门，寨墙残高 2 ～ 5 米，宽 0.8 ～ 1.2 米，寨内有 15 间石屋。

东巩镇太坪村永禁岩寨东门　（2007 年摄）

永禁岩寨地势险峻，三面为悬崖绝壁，山上杂木丛生，风景秀丽，麻城河从东南山脚下缓缓流过。

东北山脚下住有几户村民，四周有零星的梯田。村道穿境而过。麻城河人口密集，古树名木、老屋遗迹众多，是远近闻名的古村落，现已被命名为“中国景观村落”“中国传统村落”。

寨西北的一间石屋墙壁上有一通石碑，据碑文记载，该寨建于嘉庆二年（1797），由当地秦氏族人领修，是为抵御外敌和躲避土匪。

碑刻　永禁岩（凤凰）寨碑文

常闻建国以来沼际生乱世之有也今逢圣天子嘉庆二年岁在丁巳偶遇邪贼生端至于人民惊恐老幼惶惧愚民未醒怎奈自作恶愆不孝不悌有获罪于穹仓从降世无由而至众姓各发处心重修关圣伏魔大帝祖师神殿庄严金容妙像蒙神有感一方清泰万古不朽矣

领修乡绅 秦充实 曾志远 易大福（计 130 余人）

永禁岩寨

喜施盖瓦六千且有众姓同心修城池万古千秋东西南北四门离城一丈永不许砍伐开挖万世之表也

择期阴阳　陈宇明　石匠　任之国　木匠　李殿廷　砌匠　但正明

大清嘉庆二年孟冬月朔五日立

岩明寨

岩明寨地处北纬 31° 27'02"、东经 111° 50'58"，海拔高度 467 米，面积 1912 平方米。

岩明寨位于东巩镇水坑村的岩明山上。岩明山是一座独立的山峰，三面悬崖绝壁，西望信家沟。寨依山势而建，呈不规则长方形，北宽南窄，仅北门可出入，易守难攻。墙体宽 0.8 ～ 1 米，残高 2 ～ 4 米，寨内分布有 17 间石屋。

东巩镇水坑村岩明寨　（2007 年摄）

山寨掩映在群山之中，寨内杂木成林，秋色幽美恬静，景色迷人。邻近山寨的东部有十几户人家，山脚下零星的梯田里种植有小麦、玉米。一条村道通往 3 千米外的县道。

寨门东侧嵌有一通石碑。据碑文可知，嘉庆五年（1800）由当地士绅张守约牵头，朱万若等人共同出资修建门楼，嘉庆六年（1801）时门楼倒塌又重修一次。推测该寨始建于嘉庆五年（1800）以前修筑。

碑刻　东巩水坑村岩明寨碑文

永垂不朽

五年修造门楼一道待到六年风雨大作崩坏众姓公议补修

总领士首

张守约　二百五

朱万若　二百五

杨世发　二百五

贺应祖　二百五

大清嘉庆六年六月十九日大吉良旦

观音寨

观音寨地处北纬 31° 26'54"、东经 111° 52'11"，海拔高度 432 米，面积 2000 平方米。

观音寨位于东巩镇水坑村的五台山上，山脉因五座山峰自东向北排列，故称五台山。古寨建在其中的一座山上，且寨内建有观音殿，故名五台山观音寨。古寨东北高，西南低，依山势而建，从半山的悬崖处用石块层层向上垒砌寨墙和房屋，寨子中部凸起，整体不规则。寨内林木杂树遮挡严重，可见的房屋仅 15 间，东南寨墙内侧有巡道，南部设碉堡，墙体大多设瞭望孔，北门、西北门上分别有哨卡，局部有垛口，防御设施齐备。寨墙高 2 ～ 8 米，宽 1 ～ 1.5 米。

五台山观音寨地处群山连绵的一峰之巅，地势险要，地层反复皱褶使得岩石极易风化，四周为斜坡陡岩，冬冷夏热，水土流失严重，寨内灌木杂树丛生，野生动物时常在此出没。

山下西侧为水坑村委会所在地，山谷间散居着水坑村村民，村级公路从山腰中盘旋而过，村民大多以种植水稻、玉米、小麦、银杏和发展养殖业为生。

寨内曾有石碑，据碑文记载，清嘉庆年间为防范山洪当地刘、秦大户人家捐资而建此寨，后人又在寨内修造观音像以求保佑山寨周围村民平安。

腰盆寨

腰盆寨地处北纬 31° 28'31"、东经 111° 51'52"，海拔高度 600 米，面积 544 平方米。

腰盆寨位于东巩镇莲花池村狮子山半山腰处。古寨依山势而建，坐东朝西，两端宽、中间窄，形似腰盆，寨因此而得名。东、西两端设寨门，寨墙和寨门上有瞭望窗和箭垛、射击孔，墙内侧有一周巡道，依寨墙一周建有 11 间房屋。

东巩镇莲花池村腰盆寨东门　（2007 年摄）

腰盆寨东临大坑，西望庙垭，南邻井坡，北为朱家垭。山寨三面是悬崖绝壁，地形险要，有“一夫当关、万夫莫开”之势。此地视野开阔，山水交融，景色优美。寨下朱家垭仅住几户村民，有一条村级公路通过，村民以种植小麦、玉米等农作物为生。

房屋的墙上镶有一通民国 25 年（1936）的石刻，从碑文可知寨内的房屋是为躲避土匪而修建，山寨为清代以前的建筑遗址。

盘龙新寨

盘龙新寨地处北纬 31° 17'41"、东经 111° 49'38"，海拔高度 349 米，面积 2500 平方米。

盘龙新寨位于东巩镇盘龙村的一座山冈上。寨依山势而建，东北高，西南较为平坦，呈不规则梨形，西、南墙各设一寨门，寨墙残高 1 ～ 5 米，未发现其他遗迹。

东巩镇盘龙村盘龙新寨残垣　（2007 年摄）

寨内外杂草丛生，树木成林，风景秀丽，气候宜人，但难以通行。

西北山脚下有一条村级公路，路边仅住几户人家，村民以种植小麦、玉米等农作物为主。

据当地村民李士乐介绍，此寨是为了抵抗匪患而建，为清代时期遗址。

福保寨

福保寨地处北纬 31° 21'51"、东经 111° 55'20"，海拔高度 511 米，面积 3248 平方米。

福保寨位于东巩镇碑垭村山顶上，山寨地势东高西低，平面呈椭圆形。西端和南侧设有带门楼的寨门，寨墙最宽处 2.8 米，最高处 3.1 米，寨内分布有 27 间房屋。

福保寨地处山顶，山峰连绵不断，四周植被茂盛，以花栎木、马尾松为主，气候适宜，雨量充沛。寨北山下是响水寺自然村，当地村民以种植水稻、香菇为主，一条村路通往 250 省道。

南门内 10 米处有一石碑。由碑可知该寨建于清咸丰元年（1851），是村民为躲避匪患而修筑。抗日战争时期老百姓曾在此躲避过日本侵略者。

东巩镇碑垭村福保寨南门　　（2007 年摄）

天眼寨

天眼寨地处北纬 31° 27'43"、东经 111° 41'32"，海拔高度 759 米，面积 1500 平方米。

天眼寨位于东巩镇碑垭村北侧的寨坡山上，因寨包高耸，如入云天，故称其为天眼寨。山寨依山就势而建，东高西低，呈椭圆形分布，东西两端分别有寨门，南墙内侧有巡道，墙体宽 1 ～ 1.5 米，寨内距东寨门约 5 米处有石房屋一座。山寨为清晚期大户修筑。

寨坡顶上西望山村，东北山头林立，山寨处于群山环抱之中。植被茂密，寨内荆棘丛生，时而有野生动物在此出没。

山下散布居民点，村级公路从山下通过，村民们以种植小麦、油菜为主，农闲时外出打工。

东巩镇碑垭村天眼寨残垣　　（2007 年摄）

深涯寨

深涯寨地处北纬 31° 28'34"、东经 111° 46'32"，海拔高度 702 米，面积 760 平方米。

深涯寨位于东巩镇雨淋台村魏家湾深垭尖山冈上，远看山冈似一条平躺的鲤鱼，南侧为悬崖绝壁。山寨依山势而建，呈不规则形状，两端高，中间低平，有西、北两个寨门，墙体宽约 1 米，残高 1 ～ 3.5 米，西北一段寨墙内侧有兵道，北门内不远处有一个面积约 10 平方米的水塘，现仍有积水，东部制高点上有一处残破的石屋。

深涯寨南临过风垭，北靠潘家崖，从东眺望，东巩镇尽收眼底，四周山峦叠翠，林木葱郁，灌木丛生。山寨地处偏僻的高山，人迹罕至，山脚下，一条村道由此通过。

东巩镇雨淋台村深涯寨 （2007年摄）

东巩镇雨淋台村深涯寨寨墙 （2007年摄）

黄岭寨

黄岭寨地处北纬31°28'34"、东经111°46'32"，海拔高度764米，面积2000平方米。

黄岭寨位于东巩镇雨淋台村寨坡山上。山寨依山就势而建，东高西低，呈椭圆形分布，东西两端分别有寨门，南墙内侧有巡道，墙体宽1～1.5米，寨内东寨门处有石房屋一座。山寨为清晚期当地大户修建。

寨坡顶上西望古村，东北山头林立，山寨处于群山环抱之中，植被茂密，寨内荆棘丛生，时而有野生动物在此出没。

东巩镇雨淋台村黄岭寨 （2007年摄）

山下分布居民点，村级公路从山下通过，村民们以种植小麦、油菜为主，农闲时外出打工，生活较为富裕。

东巩镇苍坪村斑鸠池寨东门 （2007年摄）

斑鸠池寨

斑鸠池寨地处北纬31°16'09"、东经111°51'54"，海拔高度226米，面积1696平方米。

斑鸠池寨位于东巩镇苍坪村斑鸠池后山山顶上。山寨呈椭圆形，东、西两侧设寨门，东门墙上有外窄内宽1.8米长的掩体。寨墙用石块垒砌，墙体宽0.6～1米，残高1.5～2.6米，寨内有两处土包是原房屋遗迹。该寨为清晚期防御匪患而修建。

斑鸠池寨东临土渡河，南为古粮仓，北为崖子冲，西为大堰湾冲，系两冲夹一山。远眺连绵起伏的群峰，树木茂盛，灌木丛生。山下斑鸠池曾因斑鸠成群而得名。寨东门处有一条小路可通向斑鸠池，山下仅有 3 户人家。

垄子寨

垄子寨地处北纬 31° 16'13"、东经 111° 50'34"，海拔高度 508 米，面积 3836 平方米。

垄子寨又名新盛寨，位于东巩镇苍坪村西南的一座山垭处。山垭地势平坦，寨依山势而建，西高东低，西宽东窄。寨分为两部分，西寨呈椭圆形，设北门和东门；东为月城，呈不规则条形，设南门，两寨落差约 25 米，从西寨的东门处有多级台阶可下到月城。寨墙宽 1 ～ 1.8 米，残高 1.5 米。寨外西侧有两口大堰约 180 平方米，为寨内取水所用。

垄子寨山东临小寨湾，西面大寨湾，北靠白莲岗。山寨下清澈见底的茅坪河穿行而过，山上植被保持了原始状态，林木茂密，环境清幽。

山寨南门有条小路可通往山下，苍坪村住着 20 多户人家，这里所产稻米历来供应官府，素有“官米”之称，251 省道穿村而过，交通便利。周围古寨、古民居、古渠古河堰与红色遗址遗存多，保存较好。

西寨中间有一石屋，石屋的墙上嵌有石碑一通。碑文详细记述了新盛寨的始建、兴衰、复修以及新增月城的历史缘由及过程。

老寨

老寨地处北纬 31° 22'59"、东经 111° 48'22"，海拔高度 725 米，面积 1500 平方米。

老寨位于东巩镇大道村的山顶上。寨依山势而建，平面呈不规则梯形分布，东宽西窄，北部寨墙内侧有巡道，下设瞭望孔，东墙中部有上巡道的石阶。墙宽 0.7 ～ 1.5 米，高 1.2 ～ 3.5 米，设西、北门。寨西南部有 1 间房屋遗迹。老寨建于清代，是古代村民为躲避匪难而修建的庇身之所。

东巩镇大道村老寨　（2007 年摄）

老寨高居山顶，东临洞沟，南望新寨，西面水马沟，北眺圆通寺。四周群峰争秀，走进山寨如在景中行，寨内外灌木杂树成林，荆棘丛生，是野猪、小麂、獾子等野生动物的乐园。

老寨偏居山峦一隅，几乎无路通往山寨，距离最近的张家老屋也有 5 千米山路，附近古寨、古寺庙遗址不少。

双和古寨

双和古寨地处北纬 31° 22'30"、东经 111° 48'21"，海拔高度 535 米，面积 2270 平方米。

双和古寨位于东巩镇大道村捉马沟自然村旁的新寨坪山顶上，亦叫新寨，东眺峨眉山，北邻捉马沟，南隔岩谷包与庙儿岗相望。周围山势险峻，寨内地势相对平缓。

山寨整体保存较好，寨墙寨门俱在，墙上巡道雉堞大部完好。寨内现存寨房 45 间，均不见房顶。大部分寨房为单层单间，山寨的中间有两栋较高的房屋遗迹，从石墙上的石孔可以看出它们是双层建筑，应该是当年山寨主的寝宫。在此房门口倒卧一块石碑，曰“双和古砦”，碑文详细记载清咸丰初年建筑此寨的原因以及周边山寨名称，并叙述了以地利、人和而称此寨为“双和古砦”的缘由。

山寨四季分明，空气潮湿，适宜原始植被生长。山寨四周群山环抱，山下洞沟河环绕而过，寨内密林里常有野猪、獾子和锦鸡等出没。

山寨下的捉马沟村庄，有 4 户人家。村民以种植玉米、油菜和小麦为主，以培植花菇为主要经济作物。村庄旁一条山路直通 251 省道，交通便利。周围遗存有众多古寺庙、古寨遗址。

碑刻　双和古砦碑文

砦者垒也累石为城以避乱也我砦何以双和名以地利言之南望黄林团山两砦西邻龙泉玉珍两砦东迎神峰砦青云砦咫尺相接北距峨眉为势山压万仞壑长数里盖不啻瑯琊崤函之险金城汤池之固焉以人和言之老者典型足式壮者渊相劝强者不忮弱者不求人尚浑扑偌敦古处虽礼陶乐淑之区让耕让畔之乡不是过焉此双和之所由名咸丰二年之所重修也

地利人和而得其宜倘有变难同聚砦所共保无虞庶几老幼妻孥无流离逃亡之苦家人妇子有相聚生安乐也哉爰舆碑志以示不朽云耳

首人　郭世德

监生　叶如泰　叶斋勤（数百名捐者略）

石匠　郭大文

大清咸丰三年九月十三日

黑烟寨

黑烟寨地处北纬 31° 35'58"、东经 111° 47'41"，海拔高度 401 米，面积 260 平方米。

黑烟寨位于东巩镇大道村闫家垭的黑沟山坡上，东接峨眉山，南北与沙坡山相连。寨呈南北走向，长约 21 米，最宽处约 12 米。寨墙多处坍塌，仅北墙较为完整，墙内侧设一条巡道，墙厚 0.5 ～ 1.5 米。寨北墙设两个瞭望口，寨门设于古寨南角。黑烟寨为清朝时当地大户牵头修建，原有碑已毁。

该寨三面环山一面临路，山上灌木丛生，植被茂盛。低山丛岭，四季分明。该寨东门一条小路直通郑家沟，山麓谷地遍植水稻、小麦、油菜。多种经营蓬勃发展。周边古寨林立。

东巩镇大道村黑烟寨寨墙（2007 年摄）

黑沟寨

黑沟寨地处北纬 31° 22'42"、东经 111° 47'12"，海拔高度 658 米，面积 440 平方米。

黑沟寨位于东巩镇大道村峨眉沟，东接峨眉山圆通寺，南临阴坡长岭，西为小凉河峡谷。黑沟寨建在沙坡顶峰上。寨依山势呈南北走向，南北长 40 米、东西宽 14 米；寨墙用条石垒砌，内侧一周行道，墙厚 0.5 ～ 1.5 米，残高 0.5 ～ 1 米，东南角设一寨门，寨内有两处房屋，北寨墙设两个瞭望口。黑沟寨为清晚期当地大户修建。

黑沟寨所在的沙坡山为南北走向，地势平缓，山上林木茂密，东部山脚下有一大峡谷。山寨东山脚下有一条通往峨眉山沟的村路，西 500 米处仅住一户叶姓人家，离集镇较远。

东巩镇大道村黑沟寨残垣　　（2007 年摄）

圆通寺寨

圆通寺寨地处北纬 31° 42'37"、东经 111° 39'45"，海拔高度 856.5 米，面积 1760 平方米。

圆通寺寨坐落在荆山山脉东麓的峨眉山上，位于东巩镇大道村与上泉坪交界处，又与肖堰镇冷水沟接壤，距东巩集镇 10 千米。峨眉山山脉呈南北走向，山势挺拔，气势恢宏，风光独特，俯瞰遥远，因为“乃与蜀嘉州之名山之名寺并传弗朽矣”号称峨眉山，为东巩第一高山。

圆通寺寨为寺寨合一的遗址。外筑寨墙，现损毁严重，仅存西部一段 30 余米弧形墙体。寺庙为四进院落，左侧有耳房 8 间，第四层神龛上供奉佛祖神像，从第四层的耳房后门出去，有一个小场院，是供寺庙里的僧人练功的地方。

山顶寺庙大门门楣上三个石刻的“峨眉山”大字和一副对联“盛德流行江河在地，神光普照日月径天”。寨内圆通寺系释氏净土派寺庙，寺内残存的清廷吏部翰林院士所撰碑文记载“峨眉山耸拔尊严，高插霄汉，西北枕漳水，东南环茅坪河，山麓多灵泉，而上泉下泉灌溉沃壤，尤其著也”，“诸山环绕，诚所谓众峰罗列似儿孙者。山旧有寺，仅悉其名为圆通，碑残字蚀未详始于何代”。由于年久失修，寺庙已经坍塌，仅剩残垣断壁，唯有“峨眉山”之庙门昂首屹立山巅。寺庙内现存有明清时期残碑十块，大多为功德记事碑，内容多为赞叹峨眉风光，如“五岳探山，九华访异，始聘间德，方舒壮思，此山突兀，共说名邑，庙貌新鲜，相传胜地，噫斯地也峨嵋也。君不见斯山高矗，直接烟云，荆襄坐镇，吴蜀平分与荆山兮，并著偕沮兮同分”，“西望紫山玉印岩如

东巩镇大道村圆通寺寨大门　　（2007 年摄）

在目前，南望沮漳之水蜿蜒蟠绕相眷恋，北望荆山而下和抱璞之处，犹可挹其山辉……”。

峨眉山圆通寺寨历史上虽是附近村民避难场所，但更以其佛教圣地而闻名，与周围的如珠寺、团山寺、铁佛寺、石佛寺、响水寺遥相辉映，形成当地一道亮丽的风景线。

遗址地处高山丛林，人烟稀少。周围山峰连绵，植被茂盛，多灌木杂草，间有稀疏乔木，野生动物种类众多，活动频繁。

凤凰寨

凤凰寨地处北纬 31° 43'38"、东经 111° 47'28"，海拔高度 590 米，面积 2500 平方米。

凤凰寨位于东巩镇石佛寺村村东高山上，山寨坐落的山峰四周沟壑纵横，山下一条小路蜿蜒与省道相连。山形东高西低，山势挺拔。寨墙依山形而建，蜿蜒曲折矗立于高山之巅。平面为东南至西北走向，呈狭长袋状，西北部狭窄而似袋底，留有一门，东南较阔为袋口，抹角处建有两道门。山寨通长 100 余米、平均宽 25 米，寨墙最高 6 米。

东巩镇石佛寺村凤凰寨寨墙（2007 年摄）

该寨四面环山，山上广生栎树与松树，植被茂盛，山势陡峭，风景宜人，物产丰富。

山寨的南部是省道，通向村镇。山麓下有零星的村舍。山谷平地遍植小麦、油菜，环境舒适，民风淳朴。周围山头大多存有古寨堡遗址。

寨内东部突兀地段建有山神庙，庙内有碑，碑身断裂但碑文可见，庙顶坍塌，保存较差。寨墙外东南部建有房屋，用途不明。据碑文记载，山寨建于清咸丰年间，山民捐资为避匪患而建。

高垭寨

高垭寨地处北纬 31° 26'50"、东经 111° 48'21"，海拔 498 米，面积 2700 平方米。

高垭寨位于东巩镇石峡坪村高家垭高家屋场背后的山顶上。山寨依山势而建，呈椭圆状。山寨上有石房屋 20 余间，为明清时期高姓家族躲避战乱而建。后损毁严重，几乎趋于平地，只留下寨墙墙基。

东巩镇石峡坪村高垭寨残墙（2007 年摄）

周围山峰连绵，植被茂盛，多灌木杂草，间有稀疏乔木，野生动物种类众多，活动频繁。遗址地处中山丛林，离集镇虽远，但山脚下村庄环绕，人口较密集。道路四通八达，省道相距不远，交通便利。附近山头寨堡高耸。

青龙观寨

青龙观寨地处北纬 31° 17'40"、东经 111° 48'25"，海拔高度 420 米，面积 760 平方米。

青龙观寨位于东巩镇盘龙村盘龙岗的山尖上。寨墙周长 230 米，高 1.5 米，石房均已拆除，目前只剩墙基，大多为残垣断壁。寨墙高低参差不一。

周围山峰连绵，植被茂盛，多灌木杂草，间有稀疏乔木，野生动物种类众多，活动频繁。遗址地处低山丛林，离集镇较近，人口密集，交通便利。寨脚下良田沃野，阡陌纵横。村民务农、打工和经商。

东巩镇盘龙村青龙观寨残墙　　（2007 年摄）

新盛寨

新盛寨地处北纬 31° 09'37"、东经 111° 30'06"，海拔 417 米，面积约 2000 平方米。

新盛寨，又名彭家寨，位于南漳县东巩镇苍坪村一组周家河对面的半山坡。山寨为圆形，四周寨墙垮塌严重，山寨中央原有庙宇一座，现存残垣断壁，历史上建有寨房，现已不存，寨内碑文记载山寨重建于清咸丰四年（1854）。山寨西边与后山相连，地势平坦，北边为 4 ～ 5 米高的沙坡，东边为一条约 50 厘米宽的山路，南边存 2 ～ 3 米山寨墙体，山寨东面顺山脊往下行约 50 米的地方有一个南门，宽 1.8 米，高 1.9 米，墙厚 1.5 米，保存很好。南门与山下河流直线距离约 400 米。山寨内西南和西北边长满乔木和灌木，东边长满了毛竹，基本无法行走。山寨内庙的面积约 20 平方米，宽 4.2 米，长 4.8 米，存有一块神案和一只石狮。寨内石碑保存完好，高 89 厘米，宽 46 厘米，厚 18 厘米。碑文记载，该寨历史悠久，屡毁屡建，多次修缮。

据原苍坪村财经委员周兴国介绍，山寨内 20 世纪 70 年代还在种田，当时山寨墙已垮塌，但庙宇房子还好，20 世纪 80 年代末田地荒芜，房子才大部损毁。

关垭寨

关垭寨地处北纬 31° 25'21"、东经 111° 40'10"，海拔高度 491 米，面积 1.2 万平方米。

关垭寨位于东巩镇铁家垭村杨家坪后山顶上，其西可俯视 251 省道，西南眺望小漳河。南漳乃至楚国的母亲河——漳河从寨脚下流过。

该寨平面呈椭圆形，通长约 270 米，宽 30 ～ 50 米。寨墙大部保存完好，巡道依然可辨，雉堞大多不存。寨墙宽 2 ～ 3 米，高 3 ～ 4 米，残存两处房屋，靠近边墙的一间房仅剩墙基，中部方形小屋后壁砌神台，据传嵌石碑一通，碑文记载修寨堡原因，修筑时间为清以前。该寨还是红色遗址。寨脚下的杨家坪曾是20世纪30年代初贺龙领导的红三军协理处所在地，红军曾在山寨内从事革命活动。

该寨山环水绕，山脚下的杨家坪阡陌纵横，环境优美。

东巩镇铁家垭村关垭寨　　　　（2022年摄）

南漳县古山寨群东巩镇石寨遗址一览表

表1

序号	名称	海拔（米）	面积（平方米）	时代	地址
1	春秋寨	280	27500	清	陆坪村
2	卧牛寨	620.55	930000	清	桂竹园村
3	张家寨	538	8500	清	上泉坪村
4	黄林寨	468	3500	清	王家畈村
5	阎家寨	469	1500	清	上泉坪村
6	关帝寨	586	5000	清	杜家坪村
7	雷公寨	336	3500	清	苍坪村
8	新寨	340	4000	清	杜家坪村
9	绵羊寨	480	800	清	杜家坪村
10	插旗寨	329	1110	清	口泉村
11	缸盖寨	365	12000	明代前	口泉村
12	廖家寨	526	30000	清	上泉坪村
13	观沟寨	295	5500	清	桂竹园村
14	烽火寨	581	5000	—	桂竹园村
15	火堡寨	587	600	—	桂竹园村
16	八宝寨	325	3000	清	店子河村
17	葫芦包寨	346	2000	—	店子河村
18	何家寨	496	1000	清	店子河村
19	鸡公寨	381	2381	清	石峡坪村

续表 1

序号	名称	海拔（米）	面积（平方米）	时代	地址
20	大包寨	460	3500	清	石峡坪村
21	秦王寨	512	3200	清	石峡坪村
22	狼头寨	760	1500	—	陆坪村
23	天台山寨	612	15000	—	石佛寺村
24	老鸭山寨	679	2500	清	石佛寺村
25	天鹅池寨	597.3	5000	清	石佛寺村
26	三姨寨	653	600	—	昌集村
27	玉龙观寨	643	2600	—	祝家湾村
28	五龙寨	746	1000	清	祝家湾村
29	林子寨	481	1260	清乾隆	双坪村
30	吴家坑寨	789	1000	清	信家沟村
31	龙泉观寨	469	1500	清	王家畈村
32	阎王寨	759	1800	清	莲花池村
33	李家山寨	524	512	清	莲花池村
34	莲花寨	768	1600	—	莲花池村
35	大岭寨	585	1250	清嘉庆	莲花池村
36	白虎寨	784	2000	清嘉庆	莲花池村
37	塔巴寨	780	1500	清嘉庆	莲花池村
38	黄家寨	424	4120	清代前	太坪村
39	永禁岩寨	433	5184	清嘉庆二年（1797）	太坪村
40	岩明寨	467	1912	清嘉庆五年（1800）	水坑村
41	观音寨	432	2000	清嘉庆	水坑村
42	腰盆寨	600	544	清代前	莲花池村
43	盘龙新寨	349	2500	清	盘龙村
44	福保寨	511	3248	清咸丰元年（1851）	碑垭村
45	天眼寨	759	1500	清	碑垭村
46	深涯寨	702	760	清	雨淋台村
47	黄岭寨	764	2000	清	雨淋台村
48	斑鸠池寨	226	1696	清	苍坪村
49	垄子寨	508	3836	清康熙	苍坪村
50	老寨	725	1500	清	大道村
51	双和古寨	535	2270	清咸丰	大道村
52	黑烟寨	401	260	清	大道村
53	黑沟寨	658	440	清	大道村
54	圆通寺寨	856.5	1760	—	大道村

续表 1

序号	名称	海拔（米）	面积（平方米）	时代	地址
55	凤凰寨	590	2500	清	石佛寺村
56	高垭寨	498	2700	—	石峡坪村
57	青龙观寨	420	760	—	盘龙村
58	新盛寨	417	2000	清康熙	苍坪村
59	关垭寨	491	12000	清代前	铁家垭村

二　板桥镇

青龙寨

青龙寨地处北纬 31° 07'12"、东经 111° 08'25"，海拔高度 875 米，面积 3810 平方米。

青龙寨位于板桥镇青龙寨村二组，呈东西走向，东西长 127 米，南北宽 20 ～ 40 米，设有东门、西门，石垒房屋 32 间，各房间均有观察窗或射击孔，中间是通道，呈梯形状，山寨的寨门、寨墙保存完整，仅局部墙体和石房顶部因自然灾害以及人类活动造成歪斜和损坏，山寨内的掩体设施保存完好。

板桥镇青龙寨村青龙寨（2021 年摄）

青龙寨所处地属北亚热带季风性气候，四季分明，夏热冬温，雨热同期，雨量充沛。年平均气温 13℃左右。地处荆山山脉，西侧山谷间猛洞河由北向南穿越而过，周边山涧遍布马尾松树和野生杂树灌木。本区地貌主要为石灰、泥质岩，山冲地为砂土层，属喀斯特地貌。峡谷、峰丛、溶洞皆有发育。此地群峰连绵，峡谷纵横交错，猛洞河峡谷尤为奇险。地势自东向西，一山比一山高而险，“上山云里站，下山到深涧，隔山叫得应，靠拢要半天”，印证了对这一环境的描述。

青龙寨地处高大的山区间，地势险峻，东依陈家岭山，紧靠小北公路，主峰海拔 874.5 米，北、西、南三面均为悬崖峭壁，山下有猛洞河环绕，一条古道由西向东从山寨东北侧穿过直达南漳县城。周围乡土建筑和古寨众多。

青龙寨始建于清嘉庆元年（1796）。历史上曾是兵寨，驻扎过塘兵。山寨依山取势，布局严谨，高低错落，井然有序，集雄、险、奇、秀于一体，是城堡建筑与中国传统建筑风格的完美结合。2013 年 3 月，青龙寨被国务院列为全国重点文物保护单位。

樊家寨

樊家寨地处北纬 31° 28'03"、东经 111° 29'12"，海拔高度 1240 米，面积 5160 平方米。

板桥镇双龙寺村樊家寨　　（2007 年摄）

樊家寨位于板桥镇双龙寺村村委会住所北一座山峰的顶部，地势较为险峻，顶部相对平缓浑厚。山寨坐西朝东，平面呈长方形横向分布，主城面阔 79.4 米，纵深 36.5 米，设有东西大门，门上建有城楼，门内侧设有阶梯。正面南北两端分别建有视野开阔的碉楼、箭道和枪眼，可有效防御东、南、北三面来敌。碉楼下部两侧开有射击孔互为照应，以确保寨堡的安全。堡墙高耸，现存高度平均约 6 米，墙厚 1.5 米。墙头内侧设宽 1.05 米贯穿全堡的巡道，外沿的挡墙上设有垛口及瞭望口，现多已残损。寨外南边有月城，周围建有护墙等防御设施。

寨堡地处鄂西北山区，周围群山环绕，西靠树林，东为寨垭，山地多石少土，多栎树、毛竹及杂树灌木，常有野猪、山兔出没。

寨堡东部有通往巡检镇的村级道路，北面山脚下居有散落人家，西面为峡谷，与保康县店垭镇遥遥相对。周围人文景观众多，刘氏古民居及张氏等多座逻围（古墓葬，后同）为湖北省人民政府公布的文物保护单位。

寨堡建于清代前，系当地民众集资修建的一座石构城堡式建筑。20 世纪 70 年代原樊家寨村曾将此地作为小学、卫生室、粮食加工及办公场所，村部迁建后，村民将堡内房屋及设施拆除，辟为耕地。

该寨堡布局合理，坚固森严，是记录历史的有力物证，有很高的研究和观赏价值。国务院将其公布为第七批全国重点文物保护单位。《新华每日电讯》《半月谈》都曾刊登文章介绍过樊家寨。

九龙山寨

九龙山寨地处北纬 31° 31'36"、东经 111° 36'25"，海拔高度 1134 米，面积 5024 平方米。

九龙山寨位于板桥镇九龙观村东南，周围群山连绵起伏，形似一条条腾飞的巨龙，山寨坐落在九龙山之首的山巅之上，恰似一条巨龙的龙头高高在上。在九龙山的南部有一条东西向的盆地，盆地周围 48 座横卧着状似金元宝的山峰竞相争秀，为此寨锦上添花，山寨现状呈不规则圆形，内城外郭，有内外两道寨墙，外寨按方位各有一个寨门，内寨有南北两个寨门，寨内残存石房 12 间，外寨石墙长 380 米，残高 3 ～ 5 米，内寨石墙长 210 米，残高 2 ～ 3 米。

板桥镇九龙观村九龙山寨正门（2007 年摄）

山寨位于南漳西南群山之间，后靠摩天岭，前临百龙池，山形奇特，“旱船驮宝”，环境优美。寨内新建的道观和寨下新建的佛寺及关帝庙香火颇盛，方圆几十里亦可见寨墙和复建的道观。山脚下即是宽阔的板桥坪，两侧一条盘山公路直通板桥镇新集村，南麓的村级公路直通东西邻村。

据内寨南门东侧碑文所记，内寨寨墙由当地张、冯两家牵头，王、刘、李、杨姓人参与，重建于嘉庆二年（1797）九月，费时十多天建成，嘉庆四年（1799）又请匠人重新加高。据外寨西门碑文记载，在内寨的外围，于嘉庆八年（1803）又修建了外寨墙，费时两年建成。碑文还介绍了九龙山为张家人所有，张家在山上建有上、中、下三庙，现均已毁坏，后于1994年在寨内重建了九龙观，又称“中武当”。在山的西麓原有一座佛寺，损毁严重，于1994年重修，内有碑三通，寺西约100米的山峰上有一关帝庙，存记事碑一通。

山寨正中有一座重修的道观，当年为张永山家庙，香火旺盛，延绵至今。此寨现已成为善男信女们朝拜祈福之地，每年“三月三”都会举办盛大庙会。周围冯氏古民居众多，冯氏古墓群保存完整。古山寨遗址遍布周围山头。九龙山寨现为湖北省人民政府公布的文物保护单位。

碑刻　九龙观寨碑文

嘉庆二年九月十六日重修众军齐心天公人巧旬日告竣但大势虽立而城尚不高于四年间请匠整冀邀天眷长覩明良之日共乐太平之秋众捐资财特勒石以志之

张正纲1两　冯思均1两　张正强1两　张移正　王子金　冯思久　张世奉　朱应林1两　周炳1两　冯曰才　刘张（以下略）

住持僧　心乘

大清嘉庆四年秋七月吉旦

山家寨

山家寨地处北纬31° 25'24"、东经111° 35'31"，海拔高度813米，面积850平方米。

山家寨位于板桥镇灵观垭村寨坡山顶。古寨东边是连绵起伏的山脉，西北可瞭望磨盘寨，山寨整体呈圆形。寨内地势平坦，寨墙、寨门俱在，寨墙由墙体、箭垛和两层巡道组成，寨中心有高矮不等的自然山石，靠近正门（东）方向有人工砌痕。在西向有后（西）寨门，寨门上方2米处有人工雕琢的圆形石穿孔，该寨门应是安全通道，正门前有一条崎岖小道通往山下自然村，山寨设计科学合理，雉堞墙体大门保存完好。除寨墙、寨门保存完好外，寨内其他建筑物如石屋、寺庙无存。除长期荒废、风化等自然因素，人为在此放牧以及年久失修是损毁的主要因素。

山寨四面环山，寨内中心处有自然山体自成一景，灌木杂草丛生。

寨下是湾坑子自然村，当地村民以耕田、畜牧为生，寨脚下有一条通往村镇的乡道。附近段家坪有

板桥镇灵观垭村山家寨内视一角　　（2010年摄）

板桥镇灵观垭村山家寨远眺　　（2007年摄）

多处古民居，还有古寺庙、古墓葬遗址。

据村民沈连山介绍，此寨重建于嘉庆年间，是山家族人为抵御匪患而建。2008 年，山家寨被湖北省人民政府列为湖北省文物保护单位。

点子寨

点子寨地处北纬 31° 29'25"、东经 111° 38'23"，海拔高度 781 米，面积 780 平方米。

点子寨位于板桥镇任家庄村小寨槽山的顶上，通往寨内要经过一处仅 2 ～ 3 米宽的山脊，十分险要。寨依山势而建，呈不规则半圆形，因西北为悬崖峭壁，仅在东南修了一段约 28 米长、1 米宽的寨墙。沿山脊建起的台阶、房屋和南、北两端的寨门把两座山峰连为一体，沿途建有掩体等防御设施，形成两重防御体系，利用山上的平地建有 21 间房屋。

点子寨四周群山环抱，西侧山下刘家河自西向东流过，站立山顶，极目远眺满山皆翠。寨距任家庄 1.5 千米，因处深山交通不便，仅有个别村民上山砍伐时在此歇息。

寨内有当地村民重修此寨时所立碑刻一块，时间为清朝中期。2008 年，点子寨被湖北省人民政府列入湖北省文物保护单位。

板桥镇任家庄村点子寨　（2022 年摄）

边家寨

边家寨地处北纬 31° 24'21"、东经 111° 10'55"，海拔高度 1020 米，面积约 2000 平方米。

边家寨位于板桥镇古井村北的一座独山峰顶，西面隔河与虎山寨遥遥相望，东南距周家坑自然村庄 500 余米，北眺小坑，山寨平面呈椭圆形。该寨坐西朝东，长 85 米，宽 27 米，寨内地势中间凸起四面低缓，寨门、寨墙俱在。寨墙最高处 3.7 米，最厚处 1.8 米，局部残破，北墙存有少许雉堞，西墙损坏较严重。东西各有一门，西门顶部已毁，两侧墙体有部分损坏，东门保存较完整，左侧墙体嵌有一瞭望孔。

板桥镇古井村边家寨一角　（2007 年摄）

该寨地处手扳岩山顶，山势连绵，寨内

山石密布，凹凸不平，灌木丛生，西边山脚下为洛浴河，河水自西向东而流，距黑河交汇处 700 余米。

该寨东边山洼为周家坑自然村，有 5 户人家在此居住，以种植玉米、小麦、油菜为生，有一条山间小道可通往村级公路，交通不便。

磨盘寨（灵观垭村）

磨盘寨地处北纬 31° 25'35"、东经 111° 34'57"，海拔高度 764 米，面积约 1180 平方米。

磨盘寨位于板桥镇灵观垭村段家坪自然村境内的青龙观山顶上，东、北两侧为峭壁，西南处有一低洼，山寨呈磨盘状。该寨坐东朝西，山寨西部围建半圆月城。寨内中部有一巨石，其上有道观、寨房等建筑，寨墙最宽处 2.1 米，最高处 4.2 米，月城墙最宽处 1.7 米，最高处 3.5 米。寨内分布有 8 间房屋遗迹，其中 7 间坐落于寨内的天然巨石上，一间依附于寨墙。巨石正中有一间小道观面积约 3 平方米，观内有一座仅剩头部的石像以及多根雕刻成型的石柱，寨墙西南方向的墙体已塌陷。

板桥镇灵观垭村磨盘寨大门 （2007 年摄）

该寨位于山顶，四周山势延绵，气候适宜，雨水充足，灌木杂草丛生。东边山下是段家坪自然村，当地村民以种植玉米为主，有一条村道通往县级公路，交通便利。

山寨及月城各有一门，寨门上半部已残毁，月城门两侧各嵌一块石碑，文字为阴刻小楷，右侧为记事碑，记载了嘉庆元年（1796）建寨的情况与经过，左侧为功德碑，记载了捐款人名及数额。据村民王国权介绍，此寨内道观名为“青龙观”，每年农历初一到十五都有人在此烧香许愿。

白龙观寨

白龙观寨地处北纬 31° 32'29"、东经 111° 32'23"，海拔高度 1190 米，面积约 900 平方米。

白龙观寨位于板桥镇断河坪村南部，又称白灵观，其南临马银山，西望白龙滩，四周群山环绕，林木茂盛，有一条羊肠小道通往山顶。白龙观寨依山势而建，东西长 49 米，南北宽 9～22 米，两端较窄，中间较宽，呈不规则长方形，东、南、北各有一寨门，现存东、南门，出入多由东门。寨墙宽 2 米，多已残，为石块堆砌建筑。白龙观建在寨内中部靠北处，坐南朝北，长 8.8 米，宽 3.8 米，目前只剩三面石墙，已废弃。

白龙观寨山脚下住有几户人家，村民们在山腰开垦梯田和放牧。

板桥镇断河坪村白龙观寨一角 （2007 年摄）

白龙观门口有石碑两块，风化严重。其一残高 0.30 米、宽 0.40 米、厚 0.09 米，嘉庆六年（1801）立；其二高 0.96 米、宽 0.44 米、厚 0.15 米，据碑文记载，嘉庆年间为防盗匪修此寨堡，道光七年（1827）重装补修，“焕然一新，不啻当年之始建也”。

夹马寨

夹马寨地处北纬 31° 33'44"、东经 111° 34'04"，海拔高度 666 米，面积约 1.45 万平方米。

夹马寨位于板桥镇冯家湾村鸡冠石山的山脊之上。山寨依山势而建，两边为高数百米的悬崖峭壁，极为险要。寨内房屋呈南北走向的带状分布，寨门设在北端，中段多处垒砌有护坡石，南部有两处掩体。

板桥镇冯家湾村夹马寨南门（2007 年摄）

夹马寨所在的鸡冠石山四周群山环抱，山脚下为漳河源的支流汇入夹马寨河。鸡冠石山上灌木杂草丛生，四季分明，雨水充沛。

夹马寨与北边的靳家寨遥相呼应，鸡冠石山的底部在 20 世纪中叶修建了人工水渠，为山下的小水电站提供水源，当地产业以种植业、养殖业为主。寨脚东部为一小水库，水源为泉眼，生长有大鲵等珍贵水生动物。寨西部有王氏古民居，保存完整，夹马寨河上下有多处土法造纸作坊遗址。

据冯家湾 78 岁的老人冯祖训介绍，寨内原有石碑记载了山寨为冯家先祖进山修建，为避难之所。后因战乱，石碑已毁。

靳家寨

靳家寨地处北纬 31° 33'28"、东经 111° 34'07"，海拔高度 1001 米，面积 518 平方米。

靳家寨位于板桥镇冯家湾村境内的一座山岭上，地理位置十分险要。山寨坐西朝东，主要由寨墙、大门、房屋三部分组成，寨墙大部分坍塌，大门保存较完整，有 4 间房屋仅剩墙体。

板桥镇冯家湾村靳家寨大门内一角（2007 年摄）

靳家寨坐落在无名山岭上，与秤钩子寨遥相呼应，南依高耸山峰，气势雄伟，景奇地险。土地贫瘠，荆棘丛生，寨北山下有夹马河流淌。

靳家寨人迹罕至，交通极为不便，几乎无路通往山寨，寨南相距两千米处村民在此种植烟叶，寨北山下为河埫自然村，住有二十余户人家，种植玉米、小麦，有一条乡村公路通往河埫。

山寨大门内有碑刻，记述了当时靳姓人家为躲匪避难迁居山中藏身而建此寨。

秤钩子寨

秤钩子寨地处北纬 31° 33'14"、东经 111° 24'44"，海拔高度 1030 米，面积 950 平方米。

秤钩子寨位于板桥镇冯家湾村官埫东北的阴坡山上，顶部为东西走向陡峭的长山脊，南北两侧为险峻的峭壁，下为深涧。秤钩子寨依山就势修建在山脊上。山寨呈东西向，椭圆形，由石块垒筑，长 69.2 米，宽 7 ～ 16 米，寨墙高 0.5 ～ 2.5 米，从东到西呈梯状，依次可分为 1、2、3、4 院，4 院之间有门相通。寨内北部有房 3 间，第 4 院门洞内刻有“上城关” 3 字，院内还有石碾盘、石磙各 1 个。寨墙部分坍塌，西面、南面寨墙上有射击孔。

板桥镇冯家湾村秤钩子寨 （2007 年摄）

山寨坐落在荆山山脉东麓，昼夜温差大，暖湿空气交汇，雨热同期，四季分明，杨家河自西向东由寨北山下流过，水源充足。

山寨地处官埫自然村东北，当地村民在山上开垦梯田，农作物以玉米、小麦为主。周围有省保文物单位古民居冯家老屋，还有众多的古山寨、古墓葬遗址。

因山寨形似秤钩，故称作秤钩子寨，重建于清，是为抵御匪患所修，寨内墙壁上嵌有石碑一块，刻有“咸丰七年彭道重修岩屋”字样。

大寨

大寨地处北纬 31° 29'36"、东经 111° 38'27"，海拔高度 811 米，面积 1624 平方米。

大寨位于板桥镇任家庄村寨湾西南的一座南北走向的高山上。东西两侧为陡峭的绝壁，大寨依山势呈带状分布在蜿蜒起伏的山脊上。寨墙长 58 米，墙体高 4.9 米、厚 1.6 ～ 3 米，在寨东南、北、西各设一寨卡，寨南有一掩体。寨内现存房屋 5 间，寨外房屋 2 间，南侧设寨门。

大寨山因寨而得名，四周群山环绕，属荆山山脉东北段。刘家河自西向东从寨北山下流过，站在山顶极目远眺，满山皆翠，树木高大，灌木丛生，环境优美。

山寨下住有几户人家，开垦着层层梯田，村级公路直通板桥镇。周围民风淳朴，古寨、古民居、古庙宇遗址尚存。

大寨寨门处存有断碑一通，文字已漫漶不清，依稀可辨该寨为古寨，起始年代不详，后由陈姓人家主导、王姓人家参与并重修于清嘉庆八年（1803）。

板桥镇任家庄村大寨 （2007 年摄）

毛垭寨

毛垭寨地处北纬 31° 28'08"、东经 111° 40'16"，海拔高度 712 米，面积 912 平方米。

毛垭寨位于板桥镇任家庄村毛垭山顶之上，坐东朝西，西部略高于东部，东西长 38 米，南北宽 24 米，寨墙、房屋均由石块垒砌而成，墙体上部外侧有城垛，城垛内侧有环寨巡道，寨内有 19 间房屋，2 条东西向行道将其分为 3 排。寨墙宽厚达 2.8 米，加上居高临下，易守难攻，实为一处坚固的保存相对完好的防御堡垒、冷兵器时代防范盗匪的极佳场所。

板桥镇任家庄村毛垭寨　（2007 年摄）

寨址坐落在群山环绕的毛垭山山顶，山上树木、杂草茂密，尤以灌木为多，环境优美。

寨址南部山下为姚湾，有一条通往板桥镇的公路从此经过，西北部山下为任家庄，山间遍布梯田，种植多种农作物，交通便利。周围古寨遗址较多，如省保文物单位点子寨等，还有较多古寺观遗址。

据寨内房屋所嵌石碑上文字记载，“咸丰七年尹德亨”及“咸丰七年王永兵明亮合铺”，推断该寨修建于此时或者更早。

兴龙寨

兴龙寨地处北纬 31° 01'05"、东经 111° 07'02"，海拔高度 531 米，面积 608 平方米。

兴龙寨位于板桥镇任家庄村周家河山顶上，山寨所处山顶低于周围群山而独立，周围山峦起伏群山逶迤，形成众星捧月之状。因山脚下的周家河在东、北山脚相吻而过，故当地村民也称山寨为周家河寨。兴龙寨平面呈椭圆形，南北长约 36 米，东西宽约 15 米。山寨东墙外的山势较缓，而西墙外山壁陡峭，易守难攻，西南与村级公路相望。村级公路到山寨之间仅一条崎岖山路相连，因多年无人行走，隐约可见的小径已经被茂密的灌木所遮掩。

板桥镇任家庄村兴龙寨南门　（2007 年摄）

兴龙寨整体保存一般，由南门、北门、寨墙及寨房组成，寨墙最厚处 2 米，最高处 6 米。寨内地势南高北低。寨门、寨墙均由大小不等的石块垒砌，南门两侧各有一掩体，上留瞭望口，右侧寨墙局部塌垮呈豁口，北门保存较差，门口墙石已松动，有塌垮的危险。寨墙依山就势而建，东墙蜿蜒曲折，中间多处塌垮，特别在靠近北门处寨墙无存，石料向外散于山坡；西部寨墙保存较好，墙上雉堞巡道依稀可见。寨内建有大小不等的多间石房，房屋均依附于两侧寨墙，中间成巷道南北贯穿，多数房屋因年久失修而仅剩残垣断壁。与南漳境内其他山寨有所不同的是，在寨墙外东部靠近南门的地方也建有一间石屋，三面墙体依附于寨墙，寨墙留石门与寨内相连，石房阔 4.5 米、深 2.8 米，可容纳多人，石屋南可以观察上寨之路，东能监视较缓的山坡，应该是兴龙寨的瞭望哨位。

山寨四周群山环抱，四季分明，风光宜人。山寨西周家河由北向南顺势而下。寨南门和北门均有山路，寨内及山上长满灌木杂树，没有可耕种的山地。周围人烟稀少，文物和景点众多。

在南门内左侧立有一通清代石刻，为方额削肩结构，因年代久远，碑面有局部残痕，保存一般。碑额楷书阳刻“万古千秋”四字。碑文记载了嘉庆元年（1796），“众姓公议，同修秦、周二姓公山一座，名为兴龙寨，以为避难之所”，以及捐款人姓名。碑文序言两行共 56 字，阴刻小楷，其中嘉庆的“嘉”字以“加”字代替。后续镌刻了山主秦绍周和周盛虎率吴、周、刘、都、朱、罗、任、秦等近六十人“捐资工数月”而完成山寨的建设经过。

磨儿湾寨

磨儿湾寨地处北纬 31° 28'02"、东经 111° 39'32"，海拔高度 651 米，面积 760 平方米。

磨儿湾寨位于板桥镇任家庄村磨儿湾自然村境内，山寨依山形而建，形状不太规则，中心位置海拔高度为 651 米。山寨现有建筑仅存寨墙和 6 间房屋遗迹，北门和西门保存较好，寨墙宽厚高耸，最宽处 2 米多，最高处 4 米多，有垛口和巡道。寨内依地势砌有三道围墙，结构紧凑，每层落差高度 1 ～ 3 米。该寨保存相对完好，寨墙高耸，雉堞尚存，巍峨壮观，是山下村民为躲匪难于嘉庆年间重建。

板桥镇任家庄村磨儿湾寨 （2007 年摄）

磨儿湾寨依山而建，其东临杨家沟与陡峰山相望，西为青龙嘴山，南垭和北垭将其夹在中间，相互衔接，是低山向高山过渡地区，风景优美。

磨儿湾寨山下是磨儿湾自然村，村民大多从事种桑养蚕、培育香菇。224 省道绕山脚通过，交通较为便利。周围人文景观荟萃，山下即为中国景观村落漫云村，山上有省级文物保护单位点子寨和都氏古墓葬。还有众多古寺庙、石房等建筑遗址。

毛家寨

毛家寨地处北纬 31° 33'11"、东经 111° 30'42"，海拔高度 1060 米，面积 1010 平方米。

毛家寨位于板桥镇木桥村境内一座山岭之上，山峰中心海拔 1060 米。山寨整体呈不规则椭圆形，坐北朝南，寨内地势较平坦。寨依山而建，三面悬崖，一面依山，寨墙保存完好，高在 2 米以上，最高达 3.5 米，南门宽大高耸，雄伟壮观。寨内分三层台地，每层落差自上而下为 0.8 米和 1.2 米，最高处还残存房屋 3 间，四周墙体尚存，西边有一宽 0.7 米、高 0.9 米的窄门，可能是安全通道。

板桥镇木桥村毛家寨　（2007 年摄）

寨内制高点有一座寺庙遗址。此寨为老寨，后由毛姓大户牵头于清嘉庆年间重新修建。

毛家寨位于群山环抱之中，其南连寨岭，与南山坡相望，东为王家岭山，东北为东岭山，山势险峻，自然环境优美，东、西、北皆为陡峭山崖，只有南面与东岭有一条小道，四周林木茂盛，景色宜人，适宜耕种放牧。

毛家寨山下为毛家垭自然村，人口较为稠密，山寨中寺庙虽然有垮塌，但前来烧香膜拜之人络绎不绝。山民勤劳朴实，民风淳朴，发展耕种养殖等多种经营，生活相对富裕。

白家寨（又名马蹄寨）

白家寨地处北纬 31° 28'42"、东经 111° 38'27"，海拔高度 1320 米，面积 1100 平方米。

白家寨位于板桥镇双龙寺村长岭岗峰顶上，古寨由多家村民集资建成，状若马蹄，寨因此得名。山寨位居岩顶，地势十分险要。南临百丈深渊，其他三面地势较缓处用石块垒砌寨墙，高 2 ～ 3 米，设有东、西门。山寨是清前期村民为躲避匪患集资修建的藏身之所。

板桥镇双龙寺村白家寨（马蹄寨）　（2007 年摄）

白家寨位于孤峰耸立的山顶上，东侧面向西标湖，西望仙家顶。群山环绕，沟壑纵横，因为此地多岩石山体，土地贫瘠，植被较差，寨内以荆棘杂草为主。道士沟山泉从山下潺潺流过，清澈见底。

山寨北侧 20 世纪 60 ～ 70 年代兴建的梯田延伸至沟底，附近有四五户人家，一条羊肠小道通往林中，留守的老人以种植玉米、小麦为生，兼种木耳、香菇。

梁家寨

梁家寨地处北纬 31° 31'53"、东经 111° 34'35"，海拔高度 927 米，面积 1500 平方米。

梁家寨位于板桥镇政府所在地新集村街道“丁”字路旁的寨坡顶上，山顶地势相对平缓。寨依山势而建，平面呈不规则椭圆形。寨墙残高 1.8 ～ 3.7 米、厚 0.45 ～ 0.6 米，残存有东门和南门。在寨的南部还有两层寨墙，其他遗迹无存。寨墙有几处垮塌，月城南寨墙已毁。

梁家寨四周群山环绕，地面多为岩石，寨内栽有松柏，寨外荆棘丛生。四季分明，雨热同期。

梁家寨地处新集镇中心，山下东、南、北三面被经商住户围绕，人口密集，商业活动频繁，寨西山下为包家垴自然村，住有十余户人家，主要种植玉米、小麦。224 省道从寨坡山下通过，交通发达，山下为三岔路口。周围人文荟萃，文物众多，如冯氏民居和古墓葬是省、市、县级文物保护单位。

梁家寨建于清代以前，是梁姓人家为躲避匪难而建的庇身之所。后因清廷徐总兵率众抵御白莲教在此寨激战而出名，因此又称“总兵寨”。

板桥镇新集村梁家寨一角　（2007年摄）

红岩寨

红岩寨地处北纬31° 28'33"、东经111° 34'16"，海拔高度1150米，面积2100平方米。

红岩寨位于板桥镇宋家坪村王家湾寨坡岭上。山寨为椭圆形，由石块依山势叠砌而成，坐西朝东，寨墙高耸，寨门屹立，寨墙高达5～6.5米，厚1.8～3米，墙上的巡道和雉堞保存完好。寨内有27间房屋遗迹，东西排列为三行两巷，房屋墙体较好，房顶无存，山寨整体保存较好。

板桥镇宋家坪村红岩寨　（2007年摄）

王家湾寨坡岭地处荆山山脉，温暖潮湿，土地贫瘠，地面多为岩石，灌木杂草丛生，常有野猪、野羊出没。

红岩寨的西南为王家湾村，住有二十余户人家，村民以种植玉米、小麦为主，红薯、山芋为辅，以及种桑养蚕和放牧，有两条乡间公路从寨坡岭下通过，交通相对便利。周围寨堡遗址较多，分布有较多的古建筑、古寺庙和古墓葬。

红岩寨重建于清代，是山下村民为防匪患而兴建的藏身之处。当年红军曾在此地与国民党武装浴血奋战，血洒山岩，当地村民因此称之为“红岩寨”。

白岩寨

白岩寨地处北纬31° 25'28"、东经111° 34'10"，海拔高度899米，面积1000平方米。

白岩寨位于板桥镇宋家坪村白岩山上。山寨位居山顶，南临百丈深渊，东、西、北三面陡峭。寨依山顶地势构筑，呈不规则形状，东西长约60米，南北宽8～20米。山寨全系石构，东、西、北三面垒砌垛堞状寨墙，高2～3米，东、西分设双层堡门。寨内西部建有9间房屋，寨墙、房屋多处垮塌，东、西门仅存遗迹，整体保存一般。山寨在清代末期由地方村民重修，作为乱世中躲避匪患的藏身之所。

西湾寨

西湾寨地处北纬 31° 30'06"、东经 111° 31'59"，海拔高度 1221 米，面积 600 平方米。

西湾寨位于板桥镇宋家坪村守祖坪自然村境内，因山寨下的小山庄叫西湾，故名为“西湾寨”。山寨坐落在平缓的山顶之上，结构较为简单。西湾寨四周寨墙已不完整，寨东门和北门均遭到不同程度的毁坏，寨中除一堆乱石外，已无任何遗迹可寻。据村民刘昌国介绍，西湾寨建于清代前，是当时村民躲匪避难之所。

西湾寨地处高山，东临古井村，西眺秋绵冲沟，南接竹马岭，北为冲地，寨内荆棘丛生，寨外松柏成林，常有野猪出没。

西湾寨寨内空旷，寨下西湾村住有十余户人家，当地产业以种植玉米、小麦、土豆为主，养蚕为辅。交通不便，仅有一条乡间小路通往西湾，但周围古山寨、古民居、老井及古墓葬遗址分布较多，民风淳朴。

八宝寨

八宝寨地处北纬 31° 30'03"、东经 111° 34'07"，海拔高度 1249 米，面积 2550 平方米。

八宝寨位于西南高山区域的板桥镇宋家坪村境内的大风垭山顶上，山顶地势相对平缓，寨依山而建。因山寨周围有八个山头，状如元宝，因此而得名八宝寨。寨居山顶，坐北朝南，寨体呈长方形，大寨长约 80 米，宽在 30 ～ 40 米，设有东、南两座寨门，现存一周寨墙，墙高 2 ～ 3.5 米，厚 2.5 米，南门保存较好，东门已倒塌，寨内靠近南门有一处方形石台，当年建有寺庙，此外无其他遗迹。八宝寨建于清代以前，是周围村民为防战乱和土匪捐资兴建的。

板桥镇宋家坪村八宝寨　（2007 年摄）

八宝寨地处高山，周围群山环绕，东临杨家沟，西与杨家岭相连，南眺三家坪，北望杨家湾，自然环境优美，空气潮湿，寨内宽敞明亮，寨外林木茂盛。

前往八宝寨交通不便，仅有一条羊肠小道通往山寨，寨内虽无人居住，但常年有人进寨烧香。寨外南、北住有二十余户人家，主要种植小麦、玉米，培育香菇，并养牛牧羊。

青龙观寨

青龙观寨地处北纬 31° 31'02"、东经 111° 29'05"，海拔高度 1109 米，面积 484 平方米。

青龙观寨位于板桥镇樊家河村境内，山寨依山势而建，坐东朝西，寨体呈条形分布，东西长 34 米，南北宽 8 ～ 16 米，西临徐家坡，南北均是峡谷。寨东、西面各留一门，有山路直达山麓。在寨内紧靠东墙处建有石房，现坍塌严重，房前有现代建筑一间，是在原址上重建的青龙观。寨墙和寨门毁坏严重，仅西门和西寨墙北段保存较好，寨墙残高 6 米，宽 2 米，西门两侧寨墙内各建有一藏兵洞，内有瞭望、射击孔，其他部位寨墙宽窄不均。

此寨地势险要，易守难攻，风景秀丽。寨西 1000 米处是徐家坡，住有几户人家，以种植玉米、小麦为生。

此地有一箭楼，据村民陶樊礼介绍，徐家人先在此建箭楼（带堡的住房），后才修建青龙观寨。

据寨内嘉庆六年（1801）所刻碑文记载，此寨是嘉庆元年（1796）为了躲避匪患，由徐朝凤、徐文昌主持，徐朝刚领修，经数月建成。

板桥镇樊家河村青龙观寨　　（2007 年摄）

九泉寨

九泉寨地处北纬 31° 29'22"、东经 111° 35'51"，海拔高度 1113 米，面积 1180 平方米。

九泉寨位于板桥镇天鹅池村瓦子岭山顶，山寨整体形状呈椭圆形，东北两侧为峭壁，西部略微平缓，南边山下是瓦子岭自然村。寨内地势平坦，寨门寨墙俱在，大多数垛堞完整，寨墙最宽处 3.85 米，寨内依寨墙建有 9 间房屋，仅存墙体，寨门楼为 2 层，二楼山墙上仍可见安放木枋的洞口，山寨内南部有一碓窝，山墙南门前 10 米处设有较大石房寨卡，建筑达 30 多平方米，扼制着唯一一条上寨之路。山寨北门前 50 米山腰上建有小寨卡。

该寨四周群山竞秀，连峰接脉，脊如刀削，蜿蜒曲折。寨内灌木杂草丛生，上寨之路仅一条。

九泉山下是瓦子岭自然村，有 12 家住户，张姓为主，村民以耕田、畜牧为生，有村级公路，交通便利。周围乡土建筑、古寨堡及古墓葬遗址众多，民风淳朴。

九泉寨因寨周围泉水众多而得名。寨门内有一块断碑，碑上文字依稀可辨，大意为此寨重建于清嘉庆三年（1798），是当时瓦子岭张家和边家湾边姓、江姓居民为配合官方防匪难而建。解放战争时期新四军曾以此寨为据点，在此活动较长时间。

板桥镇天鹅池村九泉寨　　（2010 年摄）

野猪池寨

野猪池寨地处北纬 31° 34'01"、东经 111° 23'47"，海拔高度 1239 米，面积 260 平方米。

野猪池寨位于板桥镇龙坳村龙背凤山峰，东为冯家湾村潮水河，西与保康县的两峪相望，南为牛家山段河坪，北面山下为山冲，与对面保康县龙坪相邻。该寨坐东朝西，寨内地势南低北高，寨门及大部寨墙都已残破不堪，西门仅剩局部墙体。

该寨地处槽子山顶，四面环山，山上植被茂密，以花栎树为主，松柏次之。东边山脚下为后河，冬春季河道干枯，河底布满山石，夏季溪水潺潺。

该寨西边山脚下为孙家老屋场，有 8 户人家在此居住，以种植玉米、小麦为生，有一条山间小路可通往村级公路。

山寨过去是村民躲避兵匪的地方，后来附近的放牛娃把寨掀垮，只剩现在的残垣断壁。寨山龙背凤一说是因为周围山脉形似一条巨龙盘旋而下，而塔宝山脊像一只附龙之凤，因此从古至今人们以龙背凤名之，村庄旁有一凼，叫作龙池，是这一传说的佐证。

马家寨

马家寨地处北纬 31° 29'14"、东经 111° 31'13"，海拔高度 1216 米，面积 1400 平方米。

马家寨位于板桥镇竹坪村马家湾西北一座东西走向的高山上，寨坐西朝东，建于山顶平坦处，由石块垒筑而成，呈长方形，长 44 米、宽 30 米，寨墙高 5.1 米、厚 1.4 米。寨墙外侧建有高高的垛口，内侧为环寨巡道，供哨兵巡逻行走。寨墙四角建有向外凸出的圆角碉堡，分上下两层，寨墙上下亦有枪口，可以交叉射击火力封住大门。马家寨为城堡建筑方式，寨内残存房屋 1 间，东、西寨门 2 个。寨体高大雄伟，寨、堡结合，设计合理，易守难攻。

板桥镇竹坪村马家湾马家寨　（2023 年摄）

山因寨而得名寨坡，属荆山山脉北段，地势险峻，山脚下与椿树垭之间有一条南北向的山冲。四季分明，日照充分。每到深秋，在寨墙上极目远眺，附近山峰松柏高大，灌木丛生，红栌、绿叶相映，美不胜收。

山寨东为老虎岗，南为南垭，西为椿树垭，北为阴坡，东南 0.75 千米处是马家湾自然村，当地村民多在山上开垦梯田，以种植小麦、油菜为主。山下有南北向村级道路，交通较为便利。周围古民居、古山寨遗址尚存。

清朝时期，为了防御散兵游勇和土匪的攻击，马家寨由马姓人家牵头进行重建。

摩天垭寨（又名摩云观寨）

摩天垭寨地处北纬 31° 25'04"、东经 111° 31'09"，海拔高度 936 米，面积 820 平方米。

摩天垭寨位于板桥镇雷坪村与巡检镇胎坪村交界处群峰屹立的白云观山脊上，南依高耸的武峰山，北望白石岩，西眺摩天崖，东隔鹰子洞湾与龟山相对，山势险峻，易守难攻。该寨依山而建，四周寨墙保存较好，南寨墙高达 12 米，寨墙设有巡道，寨墙宽 0.7 米，墙体上保存有完好的垛口及瞭望口，东

板桥镇雷坪村与巡检镇胎坪村交界处摩天垭寨内石碑 （2022年摄）

板桥镇雷坪村与巡检镇胎坪村交界处摩天垭寨 （2022年摄）

门和南门均已坍塌，寨内有11间房屋，墙体保存较好。

摩天垭寨雄踞白云观山之巅，地面多为岩石，土地贫乏，寨内杂草丛生，寨外灌木杂草如林，常有野猪出没。

白云观山北为双庙自然村，山南为周家湾自然村，两村住有四十余户人家，村民以种植玉米、小麦，培育香菇，养蚕、养猪、养牛为主要收入来源，生活相对富裕。周边交通便利，有一条乡间公路从山北通过。

寨内北部平缓地段较大的两间房原为道观，建于明万历九年（1581，观内有碑明示），明万历年间称此观为武峰山白云观。现存殿墙为民国8年（1919）周、胡两姓村民捐资重修，其余9间应和山寨同时修建。摩天垭寨重建于清代，是当时村民为防范匪患侵害而修建的藏身之所。

寄母寨

寄母寨地处北纬31° 30'38"、东经111° 39'09"，海拔高度828米，面积约840平方米。

寄母寨位于板桥镇河口村寄母岭上，又称借母寨。山寨呈东西走向，三面环水，一面连山，内有两级台地。山寨西门不远处有一石龛，原供奉有石刻猪菩萨像，当地人称猪老爷洞。寨门为拱券形式，券已毁，寨门处有门房。关帝庙建在山寨最高位置，坐东朝西，原供奉有木雕关帝像，当地及周边群众常来此拜关帝、游玩。关帝庙西侧原有生活用房数间，现仅存基址，东侧30米、大门上方高差43米处残存生活用房1间，往西经过长52米、宽1.2米窄路，可到寄母岭第二台地登高望远。

板桥镇河口村寄母寨远视 （2007年摄）

寄母寨地处鄂西北山地，四季分明，光能充足，山上杂林灌木丛生，东部过漳河为肖堰镇高峰村，西部有小路通往河口村，北边系漳河南岸，刘家河从山下由西向东流过，在寄母岭东与漳河交汇，形成三面环水、一面连山的独特环境。

寄母寨的西面为河口村，产业以种植玉米、红薯、山芋为主，圈养猪羊为辅，交通不便，人烟稀少。

寄母寨是明清时山下村民为躲避匪患而捐资修建，寄母岭风水极好，加之山势险要，易守难攻，村民于是依山就势在此建寨，寨中修庙。刚巧山下村民到边关当兵，将母亲寄放在庙中，当地人供奉关帝时，住持也将祭品分母亲一份，寄母寨因此得名。

小寨子寨

小寨子寨地处北纬 31° 31'35"、东经 111° 38'18"，海拔高度 531 米，面积约 359 平方米。

小寨子寨位于板桥镇河口村苏家湾马鬃岭向西延伸的山脊顶上，山脊两侧是陡峭的悬崖绝壁，脊上一条宽 1.5 ～ 2 米、长百余米的小径通往山寨，小寨依山就势呈束腰形分布，寨墙宽约 1 米，残高 2.5 米。南端设有寨门，寨内有两处石屋遗迹。寨内原有一块石碑记载了小寨子寨于清嘉庆年间为抵御匪患而重新修建。

山寨地处漳河峡谷地带，东望马鬃岭，北邻龙潭沟，周围群山环抱，山间数条溪流直下，山清水秀，景色宜人。因地处深山，交通十分不便，村民逐步外迁，山寨已无人问津，仅有个别狩猎人在此歇息。

背坡寨

背坡寨地处北纬 31° 34'18"、东经 111° 33'01"，海拔高度 747 米，面积约 450 平方米。

背坡寨位于板桥镇冯家湾村背坡山，坐北朝南，南北走向。南北长约 25 米，东西宽 18 米。内有石垒房屋，每间房均有观察窗或射击孔，呈梯形状分布。山寨依山势而建，布局严谨，高低错落，井然有序。由于年代久远，加上人为损坏，仅余残垣断壁。

板桥镇冯家湾村背坡寨残存的房屋（2007 年摄）

背坡寨建在一个独立的山头上，前面是潮水河，三面环水，后面是天然屏障背坡，通往该寨只有一条小路，俗称马脖子。寨子三面陡峭，易守难攻，周围长满灌木丛。

与寨子相隔不到百米，有一座土地庙，周围还有其他古寨遗址和众多明清老屋，多处老屋已被湖北省人民政府列入湖北省文物保护单位。

观音寨

观音寨地处北纬 31° 34'28"、东经 111° 31'42"，海拔高度 868 米，面积约 2250 平方米。

观音寨位于板桥镇冯家湾村手板河，坐东朝西走向。山寨依山势而建，布局严谨，高低错落，井然有序。该寨东西长约 125 米，南北宽约 18 米，三层寨墙，内有石垒房屋。每间房均有观察窗或射击孔，呈梯形状分布。共有东、西、北三个大门，西门为正门。门楼设计独特，保存较完整，墙体厚 1.5 米，第一圈围墙现存一半寨墙，二圈围墙损坏严重，三圈有部分完整。历史上寨内建有观音殿，寺寨合一，后毁坏。后来村民又复建了一个观音庙，善男信女在此烧香拜佛，香火旺盛。古寨选址好，居高临下，一夫当关，万夫莫开，手板河从山下流过。寨内有石碓，表明当时村民在上面生活过。寨墙由于风雨侵蚀、人为破坏等原因损坏荒废。

观音寨周围树木成林，满目青翠。小型动物成群，活动频繁。气候适宜，雨量充沛，适宜农作物生产。

观音寨距板桥集镇不远，交通方便，山寨附近住户不少，村民既务农，又经商。周围古寨遗址不少，文化底蕴深厚，古墓保存较好，特别是老屋遗存丰富，其中有6栋老屋已被湖北省人民政府列入湖北省文物保护单位。

板桥镇冯家湾村观音寨坚固的正西门 （2007年摄）

板桥镇冯家湾村观音寨残存的寨墙 （2007年摄）

陶家寨

陶家寨地处北纬31° 27'45"、东经111° 33'10"，海拔高度1122米，面积约2700平方米。

板桥镇老湾村陶家寨 （2007年摄）

陶家寨位于板桥镇老湾村寨坡山顶，坐东朝西走向。东西长约150米，南北宽约18米。该寨有两层寨墙，内有石垒房屋，各房间均有观察窗或射击孔，布局呈梯形状。山寨依山势而建，布局严谨，高低错落，井然有序。有东、西两个大门，东门为正门。门楼设计独特，墙体厚2米，轮廓尚在，门楼两旁有10余间寨房，一层的建筑基础尚存，二层的建筑基本损毁。陶家寨周围群山起伏连绵，山寨所在山峰突起如金鸡独立，傲视群峰。山寨边灌木杂草丛生，乔木成林，多为松树、栎树、柏树、楸树，时常有小动物出没。

古寨周围分布有好几个自然村，交通便利，有一条村道直通县道。周围文化荟萃，陶家是清代当地的名门望族，陶氏老屋有10多栋，古祠堂及陶氏古墓群大多保存较好，陶氏祠堂及周边的数栋民居系湖北省人民政府公布的文物保护单位。

小寨

小寨地处北纬31° 30'30"、东经111° 37'16"，海拔高度905米，面积297平方米。

小寨位于板桥镇青龙寨村瓦屋自然村，坐北朝南，南北长27米，东西宽11米。内有石垒房屋，每间房均有观察窗或射击孔，呈梯形状分布。山寨依山取势，布局严谨，高低错落，井然有序。由于年代久远，加上人为损坏，绝大部分寨墙已经倒塌，石块大多被搬走。小寨与全国重点文物保护单位青龙寨相隔不到千米，遥相呼应。小寨地处独立的山包，地势险峻，东依陈家岭山，紧靠小北公路，山下有猛洞河环绕，北、西、南三面均为悬崖峭壁，古道石板路由东向西从山寨东北侧穿过。连接南漳与板桥。

山寨周围植被茂密，乔木成林，多栎树、松树、柏树、楸树，山下一条小河，流水潺潺，景色优美。交通便利，500米外即是县道。附近分布有3个自然村，所在青龙寨村古遗址较多。

五龙观寨

五龙观寨地处北纬31° 28'25"、东经111° 35'28"，海拔高度1035米，面积约880平方米。

五龙观寨位于板桥镇董家台村五峰山顶，坐东朝西，东边连绵起伏的山脉直达巡检漫云村，西北可眺望董家台村。山寨整体呈圆形，东西长约55米，南北宽约16米。寨内地势平坦，寨门残存，部分寨墙尚在，寨墙由墙体、箭垛组成，墙上有观察窗和射击孔。历史上寨观合一，现在寨中心仍有道观建筑，比较完整，里面供奉有神像，当地人逢年过节前去膜拜。寨门上方2米处有人工雕琢的圆形石穿孔，应是安全通道，正门前有一条崎岖小道，仅容1人通过。寨子尚存一块民国时期碑刻。

板桥镇董家台村五龙观寨寨墙一角　（2007年摄）

五龙观寨地处偏远高山，周围山峰环绕，气候凉爽，野生动植物种类多，动物时常出没。附近人烟稀少，距村庄较远，交通不便，经济发展滞后。古民居、古寺庙、古山寨分布较多。

西垭寨

西垭寨地处北纬31° 31'41"、东经111° 33'18"，海拔高度1095米，面积约1600平方米。

西垭寨位于板桥镇晏山村西垭山顶，山寨坐北朝南，南临廖家岭，西望四沟，北邻新集村槐树自然村。四周群山环绕，风景秀丽，一条羊肠小道通往山顶。西垭寨依山势而建，东西长68米，南北宽9～22米，两端较窄，中间较宽，呈椭圆形。南北各有一寨门，保存完好。人们出入多由南门。寨墙厚2米，大部分寨墙完整，雉堞尚存。西垭山寨为石砌建筑，做工精美，现存东、西、北三面石墙，南边寨墙已被人

板桥镇晏山村西垭寨正门 （2007 年摄）

板桥镇晏山村西垭寨寨墙 （2007 年摄）

为损坏，现存寨墙长 60 多米。

周围山峰连绵，山坡上多生松树、柏树、杉树、楸树、栎树和泡桐树。古树名木众多，灌木杂草丛生，小型动物经常出没。

柏油公路穿境而过，村民出行便捷。周边古寨遗址不少，还有民国时碉堡与众多乡土建筑以及古墓葬，凸显了深厚的文化底蕴，特别是 20 世纪农业学大寨时留下的长达千米的层层梯田，成了该寨周围靓丽的风景线。

西垭寨建于嘉庆六年（1801），为防盗、防匪而修筑。该寨面积不大，小巧玲珑，建筑精美，保存也相对较好。

还家寨

还家寨地处北纬 31° 29'38"、东经 111° 38'08"，海拔高度 692 米，面积约 100 平方米。

还家寨位于板桥镇河口村三组寨山顶，山寨坐南朝北，内城外廓，四周群山环绕，风景秀丽，山势陡峭。寨子建在独立的主峰上，主峰三面是陡峭的悬崖。连接刘家河山脉的山冈状如“马脖子”，一条羊肠小道通往山顶。道路在陡峭的悬崖上，攀爬十分困难。还家寨南北长 25 米，东西仅宽 4 米左右，呈椭圆形，历史上南、北各建一寨门，现仅存残损的北门，南门和大部分寨墙已被人为损坏。两道寨墙围绕山势地形建造，里面的寨墙厚而牢实，外围寨墙较为薄弱。寨墙厚 1.5 米，有残存垛口。

板桥镇河口村还家寨残存的寨墙 （2007 年摄）

山寨南临刘家河，西望马草坑，北邻狗耳朵垭。古寨周围系喀斯特地貌，山势陡峭，漏斗（天坑）溶洞不少。树木成林，其中不乏古树名木，周围全为旱田，小动物种类多，时常出没。

周围古寨遗址众多，大多保存较好，乡土建筑随处可见，清朝前的古墓碑刻尚存，分布密集。地处偏僻，交通不便。村民外出务工多。

该寨建于嘉庆年间，有一块小碑记载，建此寨是为防匪用，碑现已残损。

磨盘寨（晏山村）

磨盘寨地处北纬 31° 33'01"、东经 111° 32'08"，海拔高度 921 米，面积约 1000 平方米。

磨盘寨位于板桥镇晏山村四组的山峰上，因山寨近似圆形，状如农村磨面的磨盘，故名“磨盘寨”。山寨坐东朝西，依山势而建，东西长48米，南北宽15～20米，山寨坐落在平缓的山顶之上，平面呈椭圆形，结构较为简单。四周寨墙已不完整，寨东门和西门已毁坏，寨中建筑已毁。寨子的南面陡峭，人不能攀越，其余三面较为平缓。该寨有两层寨墙，寨墙厚约2米，里面的第二层完全毁坏。除寨中有堆乱石外，无其他遗迹可寻。周围山峰连绵，山坡上多生松树、柏树、杉树、楸树、栎树和泡桐树，古树名木众多，灌木杂草丛生，小型动物经常出没。

板桥镇晏山村磨盘寨残存的寨墙　　（2007年摄）

柏油公路穿境而过，村民出行便捷。周边古寨遗址不少，民国时碉堡与众多乡土建筑以及古墓葬较多。磨盘寨建于清代，是当时村民躲匪避难之所。

伏龙岭寨

伏龙岭寨地处北纬31° 31'22"、东经111° 30'52"，海拔高度1269米，面积约1350平方米。

伏龙岭寨位于板桥镇白云庵村祖师山山巅之上，祖师山三面绝壁，难以攀越，只有一条山道可以通行，利于防守。山寨坐北朝南，东西长约75米，南北宽约18米。寨墙大多依山势而建，布局严谨，高低错落，井然有序。共有东、西两个大门，西门为正门，建筑基本损毁，现尚存几段寨墙。

板桥镇白云庵村伏龙岭寨残存的部分寨墙　（2007年摄）

山寨周围草木繁茂，动植物种类繁多。附近人文荟萃，文化景点众多，村民民风淳朴。

历史上此寨为寨观合一，古道观早年损毁。后来村民在伏龙岭山巅修复了真武大帝庙，供奉真武大帝神像，当地村民在此烧香拜佛，香火旺盛。该寨海拔高于其他山脉近百米，居高临下，位置非常重要，历史上曾有村民在上面躲避战难。山寨和山岩中的观音洞寨、干洞寨构成一体，三个寨子相隔近百米，相互支援，构成坚固的防御体系。

南漳县古山寨群板桥镇石寨遗址一览表

表2

序号	名称	海拔（米）	面积（平方米）	时代	地址
1	青龙寨	875	3810	清嘉庆元年（1796）	青龙寨村
2	樊家寨	1240	5160	清代前	双龙寺村
3	九龙山寨	1134	5024	清嘉庆二年（1797）	九龙观村

续表 2

序号	名称	海拔（米）	面积（平方米）	时代	地址
4	山家寨	813	850	清嘉庆	灵观垭村
5	点子寨	781	780	清	任家庄村
6	边家寨	1020	2000	—	古井村
7	磨盘寨	764	1180	清嘉庆元年（1796）	灵观垭村
8	白龙观寨	1190	900	清嘉庆	断河坪村
9	夹马寨	666	14500	—	冯家湾村
10	靳家寨	1001	518	清	冯家湾村
11	秤钩子寨	1030	950	清	冯家湾村
12	大寨	811	1624	清嘉庆八年（1803）	任家庄村
13	毛垭寨	712	912	清	任家庄村
14	兴龙寨	531	608	清嘉庆	任家庄村
15	磨儿湾寨	651	760	清嘉庆	任家庄村
16	毛家寨	1060	1010	清嘉庆	木桥村
17	白家寨	1320	1100	清	双龙寺村
18	梁家寨	927	1500	清代前	新集村
19	红岩寨	1150	2100	清	宋家坪村
20	白岩寨	899	1000	清	宋家坪村
21	西湾寨	1221	600	清代前	宋家坪村
22	八宝寨	1249	2550	清代前	宋家坪村
23	青龙观寨	1109	484	清嘉庆元年（1796）	樊家河村
24	九泉寨	1113	1180	清嘉庆三年（1798）	天鹅池村
25	野猪池寨	1239	260	—	龙埫村
26	马家寨	1216	1400	清	竹坪村
27	摩天垭寨（摩云观寨）	936	820	明万历九年（1581）	雷坪村
28	寄母寨	828	840	—	河口村
29	小寨子寨	531	359	清嘉庆	河口村
30	背坡寨	747	450	—	冯家湾村
31	观音寨	868	2250	—	冯家湾村
32	陶家寨	1122	2700	清	老湾村
33	小寨	905	297	—	青龙寨村
34	五龙观寨	1035	880	—	董家台村
35	西垭寨	1095	1600	清嘉庆六年（1801）	晏山村
36	还家寨	692	100	清嘉庆	河口村
37	磨盘寨	921	1000	清	晏山村
38	伏龙岭寨	1269	1350	—	白云庵村

三 巡检镇

沉坡寨

沉坡寨地处北纬 31° 26'58"、东经 111° 29'55"，海拔高度 1302 米，面积 4400 平方米。

沉坡寨位于巡检镇不二坪村祠堂湾东部的沉坡山脊及峰顶上。山为南北走向，北高南低，峰险路陡，壁立千仞，有施家大沟环绕。寨依山势而建，从北部小路可盘绕登寨，该寨具有很强的防御性，石块垒墙，坚固而雄浑。西门设于南部山腰，顺山脊西沿修建一条寨墙，往北蜿蜒约 160 米至峰顶与东沿合围，整体呈束腰形，另设南门。寨墙的内侧修有巡道，外沿挡护墙上每间距 2 ～ 3 米，依次留置垛口。

巡检镇不二坪村沉坡寨残垣　（2007 年摄）

巡检镇不二坪村沉坡寨洞寨碑刻　（2007 年摄）

山寨地处鄂西北山区，四周山重水复。早晚温差大，山地植被茂密，常有野猪出没。山下施家大沟在当地较为著名，沟壑纵横，常有猴群活动。

山寨西北约 500 米为不二坪村级公路，并可眺望祠堂湾民户。村民居住条件一般，小麦、玉米为主要口粮，培植香菇、木耳成了村民的生财之源。周围人文资源雄厚，有众多的古山寨（包括洞寨），如樊家寨和不二寨分别为国家级、省级文物保护单位，还有古祠堂和古墓群遗址。

该寨与境内其他有碑记的山寨大同小异，构造基本相同，应为明清时代地方民众为防御匪患而筑。山寨脚下有一巨型洞寨，保存完好，内有台阶、水井和清朝碑刻。沉坡寨为湖北省人民政府公布的文物保护单位。

不二寨

不二寨地处北纬 31° 36'33"、东经 111° 28'52"，海拔高度 1187 米，面积 930 平方米。

不二寨位于巡检镇不二坪村不二庵北侧大山峰顶上，依山势呈东西向分布，平面呈长方形，通长 38.9 米、宽 19 米，墙体厚 1.0 ～ 1.1 米，残存高度 3 ～ 5 米。寨墙修筑规整，顺寨墙修筑的大小房屋有 15 间，

巡检镇不二坪村不二寨西门　（2016 年摄）

布局井然有序。山寨设东、西拱顶过道式门楼，其形制相同，寨墙上部设一周贯通巡道，宽 0.55 ～ 0.65 米，巡道外侧立有防护墙，上设垛口及瞭望孔。

不二寨地处鄂西北山区，早晚温差大，同时峰高路险，群山环绕。不二坪村属国家公益林重点保护区，山寨周围林木较为茂盛，以花栎木和松木为主。

山寨北垭有数户人家，西部山腰处为不二坪村的村级公路。周围文化底蕴深厚，有众多古山寨，如沉坡寨、樊家寨，还有众多保存较好的逻围群，如坎上杨氏逻围、竹杖坡逻围，还有不少祠堂遗址。该寨为 2008 年湖北省人民政府公布的文物保护单位。

不二寨建于清代前，是地方百姓为躲避战乱及流匪集资修建，其建筑材料大多为打磨过的规整石块。古寨整体保存完整。

马鬃岭寨

马鬃岭寨地处北纬 31° 28'20"、东经 111° 42'07"，海拔高度 649 米，面积 6666 平方米。

马鬃岭寨位于巡检镇漫云村马鬃岭山顶上，东望花柳池，南俯漳河，西南俯视漫云自然村，北为偏头山。山寨坐北朝南，西高东低，长达 200 多米，宽约 33 米，寨子门、墙均在。寨内北高南低，灌木丛生，山腰险要处迂回圈围。寨墙选材较为讲究，构筑十分坚固，寨墙巡道大部仍在，而雉堞所剩无几。寨门由打制石块建造，构造坚固，造型美观，门内两侧有杠孔。在寨内走道南北依山就势建筑寨房 50 余间，制高点上有一规整石屋为关帝庙，有无字碑一块。山寨的建造时间为清中晚期。

山寨地处鄂西北山林地区，三面为陡峭的岩壁，一面与山峰相连，东南面漳河如同青罗带蜿蜒而去，这里四季分明，空气湿润，山林植被茂密地生长，寨内以及周围山体主要生长着黄栌、松树和少量的花栎树。

山寨西山脚下是漫云自然村，居住在此的村民以种植玉米、小麦为主要农作物，以养殖香菇为主要的经济作物。一条村道连接甘溪公路直达甘溪街，交通较为便利。漫云村周围有着众多的山寨、洞寨和古造纸作坊，还有众多庙宇遗址和古墓群，文化遗存十分丰厚，古农耕文化元素保存完整，是荆山深处的一个传统村落。漫云村先后被授予“中国传统村落”“中国景观村落”和“中国历史文化名村”等称号。

巡检镇漫云村马鬃岭寨残垣　　（2007 年摄）

牛寨

牛寨地处北纬 31° 28'47"、东经 111° 42'12"，海拔高度 460 米，面积 350 平方米。

牛寨位于巡检镇漫云自然村庄旁一颗珠山顶，周围山峦起伏，崇山峻岭，独山寨所处的一颗珠山低于周围山峰而像一颗璀璨的明珠，被偏头山、打鼓台、马鬃岭、鼠山和马家岗山岭围绕，并与五保寨、马鬃岭山寨与洞寨以及耙头寨构成遥相呼应的古山寨网络。漳河从山下环绕而过，山寨平面呈椭圆形。

巡检镇漫云村牛寨残垣　（2007年摄）

牛寨坐东朝西，寨内地势平坦，寨门寨墙俱在，西门面朝漫云村庄，是山寨的正门，其寨墙有局部垮塌保存较差。寨墙上的巡道尚在，雉堞无存，寨内无其他设施遗迹。南部寨墙有部分塌垮，寨墙最高3.3米，最宽处近3米。山寨脚下是漳河与大林河的交汇处，东南方隔漳河与狮子山相望。狮子山酷似一只回眸一望的狮子，而牛寨所处的山形似一只绣球，所以被当地人称为“狮子抢绣球”。山寨内以及周围生长有茂密的灌木杂树。

现在的漫云，山坡上保留着历史上各个时期建造的层层梯田，是农耕文化的活化石，村民们种植玉米、小麦和油菜等农作物。山间小道可迂回连接马鬃岭山下的村级道路，直达甘溪街，交通便利。

九家寺寨

九家寺寨地处北纬31° 26'35"、东经111° 37'05"，海拔高度523米，面积1000平方米。

九家寺寨位于巡检镇三里岗村寨坡山顶上，东俯柏家河，南望九家寺，西临寨湾子，北眺孟家庄。山寨平面呈椭圆形。该寨坐东朝西，寨内地势西高东低，寨墙寨门俱在，寨东西两端分别设置寨门，西门外绕寨墙设石阶回旋而上。寨门两侧均有石孔，是当年加固寨门之用。寨墙上巡道雉堞仍在，多处留有瞭望孔、射击孔。寨内有寨房遗迹5间，此外无其他遗迹。

巡检镇三里岗村九家寺寨残墙一角　（2007年摄）

该寨坐落在鄂西北山林地区，山林植被茂密，山寨内外灌木杂树丛生，山下的柏家河在枯水期河床暴露。寨坡山体稍低于周围山峦，站在西寨墙可眺望九家寺遗址。

山寨西北方向是寨湾子自然村庄，村民以种植玉米、小麦为主要农作物，以培植香菇为主要经济作物。一条村道连接025县道，交通方便。周围山头古寨林立。

九家寺寨因九家寺而得名。九家寺过去是座寺院，在清代中叶直到清末民国初，香火都十分旺盛，有僧侣99人。现在的九家寺已经是一片冲地，只闻其名不见其貌。

寨坡寨

寨坡寨地处北纬 31° 28'26"、东经 111° 28'26"，海拔高度 522 米，面积 1580 平方米。

寨坡寨位于巡检镇三里岗村宋家垴寨坡山顶上，东为向龙山，南连万银坡，西为大路坡，北望李山沟，山寨平面呈圆形。山寨坐北朝南，寨墙寨门俱在，东、南寨门相距不远，寨门保存一般，门口内侧均有杠门的石穿孔。寨墙整体保存完整，巡道雉堞俱在，最高处 4.5 米左右，最宽处达 2 米。在南门内靠近寨房的地方有石碾，左侧有一碓窝。寨内地势北高南低，且寨中心山体凸起，寨房坐落在山体的周围或其上，大部寨房保存较好，山体上的房屋仅剩房基，西北部的房屋利用山体的凹陷部位建造而成。

该寨地处寨坡山顶，视野开阔气候宜人。山林植被茂密，以阔叶冬青树、松树和花栎树为主。

山寨北面的山腰处为金家垭自然村，过去居住于此的村民已经迁走，只剩多栋闲置的房屋。村子旁有一条山间小路通往三里岗村级公路，交通方便。

此寨是清代中晚期为抗击匪寇滋扰，由当地乡绅带领山民捐资修建的避难之所。

歪尖子寨

歪尖子寨地处北纬 31° 24'26"、东经 111° 24'26"，海拔高度 922 米，面积 1000 平方米。

歪尖子寨位于巡检镇通城河村羊角山的一座山峰上，因山尖歪斜而得名。寨呈椭圆形，依山势而建，由寨门进入依次垒砌三层台阶，最高处原建有山神庙，寨为清代避匪难而建。

巡检镇通城河村歪尖子寨残垣　（2007 年摄）

该寨地处低山丛岭，四季分明。三面环山，山上广生栎木、栗木与松木，东门一条小路直通郑家沟，山麓谷地遍植水稻、小麦、油菜。多种经营蓬勃发展。周围文化底蕴深厚，山头古寨林立。

刘家寨

刘家寨地处北纬 31° 20'43"、东经 111° 26'55"，海拔高度 762 米，面积约 610 平方米。

刘家寨位于巡检镇文家垭村境内的刘家山。此地山势险峻，山顶较为平缓，寨依山势而筑，平面略呈方形。一周寨墙尚存，通长约 260 米，墙基宽约 2.6 米，最高处约 3.2 米，仅设南门，现已倒塌，寨内无其他建筑及遗迹。

古寨坐落山脊，四周群山环抱，诸峰争秀，相映生辉，东眺郑家寨，西望北云观，南俯乱泥冲，气候适宜，四季分明，早晚温差大，适宜多种植物生长。

山寨外原种植过茶叶，山下土地肥沃，村民富裕，以种植水稻、养蚕为主要产业，交通便利，村级公路从山下通过。周围有杜氏古民居、白云观寨。

山寨建于清代以前，是当地刘姓家族为防御匪患而建造的避难之所。

砂锅寨

砂锅寨地处北纬 31° 24'18"、东经 111° 35'28"，海拔高度 714 米，面积约 1620 平方米。

巡检镇凤山村砂锅寨　　（2007 年摄）

砂锅寨位于巡检镇凤山村寨坡山顶之上，依山而建，略呈长方形。墙宽 1.2 ～ 2 米，残墙高约 3.5 米，设有东北 2 个寨门，保存较好，北寨门上部设两个瞭望口，寨墙内侧设宽约 1.2 米的巡道，寨内有房屋数间，呈长方形，顶已坍塌，只存墙基，山寨全由石块垒砌。

寨四周群山环绕，向东远眺鹰子咀，北览铺子街，西望大山坡，南为寨湾。早晚温差大，气候湿润，山林葱郁。

该寨东北门分别有山间小道通往山下铺子街。周围住户较为密集，村民以种田养蚕为业，兼营商业。村内古山寨、古寺庙与古墓葬遗存众多，其中胡氏古墓群为省级文物保护单位。

此寨为古寨，由山姓人家为躲避匪患而建，现存建筑为清代重修。

陶家寨

陶家寨地处北纬 31° 22'02"、东经 111° 27'24"，海拔高度 837 米，面积约 1100 平方米。

陶家寨位于巡检镇文家垭村刘家山境内山顶上，西边山势平缓，东、南、北三面险峻，山寨依山势而建，平面呈鞋底状，一周寨墙尚存，墙内设有巡道，西门高大，墙体厚实，残墙高约 2 米，厚 1.5 ～ 1.8 米，寨内西高东低，北墙终端垒有两间石房。

古寨南面为横冲，北临驴子峡，东望大峡，西对旧湾山，山清水秀，气候适宜，寨内外除少量松树外，多为杂木。村民辛勤劳作，主要种植水稻，兼种油菜、玉米，放牧牛羊、生活较为富足。仅有一条乡间土路通往寨坡山脚。

该寨建于清代以前，为陶姓家族兴建，用于躲避战乱和土匪。周围文化厚重，有杜氏古民居、白云观寨。附近流传的民间音乐沮漳呜音，已列入国家级非物质文化遗产保护名录。

巡检镇文家垭村陶家寨西门　　（2007 年摄）

钟家寨

钟家寨地处北纬 31° 20'11"、东经 111° 25'46"，海拔高度 884 米，面积约 1200 平方米。

钟家寨又称白岩寨，位于巡检镇文家垭村白岩石山顶，依山势而建。寨呈长方形，东、北、南三面寨墙保存较好，西临悬崖。东南寨墙设有寨门，修筑规整，山寨材料为就地取用的白岩石，墙顶设有垛口、瞭望孔，寨墙厚达 1 米以上，墙内设有巡道，宽约 0.5 米。

巡检镇文家垭村钟家寨寨墙　（2007 年摄）

该寨北望北云观，西眺远安县，东南为文家垭山村，寨内杂草丛生，野猪时常出没，四季分明。山下文家垭茶厂茶林层层叠叠，一条小路通往山寨，村民以种茶和种植玉米、小麦为主业。

山寨为明清时地方村民为躲避战乱防御匪患而建，牵头人为钟姓大户。

青岩寨

青岩寨地处北纬 31° 18'58"、东经 111° 27'01"，海拔高度 744 米，面积约 810 平方米。

青岩寨位于巡检镇黄家坡村东约两千米的一座山脊上，山呈南北走向，西北两侧为绝壁，东侧陡峭，南部较缓。寨坐北朝南，由块石垒筑，平面呈椭圆形，长 33 米，宽 25 米，现存寨墙高约 4.8 米，厚 0.8 米，内城外郭，由内、外城两部分组成。内城南门距离外城南门约 6 米，内城沿山脊环城一周，寨内 10 余间房屋，排列为三排，房屋墙壁上留有瞭望孔。房屋之间设有环寨巡道，内城的南门顶部有碉楼，留有垛口及射击孔。山寨由青石垒砌，故称青岩寨，于明清时期为防御匪患而建。

巡检镇黄家坡村青岩寨寨墙　（2007 年摄）

该寨地处荆山余脉，两侧低洼，尤显山体高耸。山寨内外防御设施兼备，易守难攻，寨内外栎树成林、灌木丛生。四季温差分明。

山寨地处偏远，周围分布数户人家，柏家河由北向南流经山脚。周围古山寨、古寺庙与古墓葬遗存众多。

郑家寨

郑家寨地处北纬 31° 20'51"、东经 111° 27'35"，海拔高度 645 米，面积 1100 平方米。

郑家寨位于巡检镇黄家坡村郑家湾自然村北部老虎山山顶，山为东西走向。寨子依山取势而建，平面呈三角形。寨墙宽 1 ～ 1.8 米，一周墙体保存完好，并设有巡道和垛口，巡道较窄，用石较差，墙体不太规整，寨子大门高耸，寨内不见其他建筑遗迹，距寨约100米处砌有一道横墙，墙体部分已经垮塌，设有大门，保存完整。

寨坐东向西，西望刘家山，东眺峡口电站，地势开阔，东、西、北被文家垭公路环绕，环山面水，寨内生长有松树、栎树，荆棘丛生。村内古山寨、古寺庙与古墓葬遗存众多。

巡检镇黄家坡村郑家寨　（2007年摄）

该寨居老虎山东端，东临通城河，西有丁家湾、郑家湾、杨家湾等自然村，人口较为稠密，村民以种植水稻、油菜、玉米为主业，交通便利。

此寨为明清时郑姓人为避匪难而建。寨内原立有碑一通，现去向不明。

白马山寨

白马山寨地处北纬31°20'07"、东经111°27'15"，海拔高度782米，面积900平方米。

白马山寨位于巡检镇黄家坡村，因山形像马，当地人称白马寨，山寨依山就势建在白马山最高点的一块台地上，整个山寨呈圆形，东西长27米，南北宽29米。寨内南高北低。寨墙保存较好，外侧高5～8米，内侧高0.5～1.5米，墙体宽约1.8米，内侧一周巡道。

巡检镇黄家坡村白马山寨寨墙　（2007年摄）

白马山寨与白岩寨遥相呼应，可远眺白云观，山下小型水库星罗棋布。空气湿润，植被茂盛，野猪时常在此出没。

白马山寨西山下是廖家垭，南面是李家湾，东是黄家坡，山寨正面是一条村级公路，从西至东连接通城河水库与峡口。周围山头古寨林立。

寨门内右侧墙上有石碑，碑碎成若干块，但从残碑中可以看出，修此寨是为躲避土匪。

侯家寨

侯家寨地处北纬31°27'39"、东经111°37'01"，海拔高度698米，面积750平方米。

侯家寨位于巡检镇松树沟村一山顶上，东北方山坳处为侯家老屋，西南山下为尖沙湾，山寨平面呈椭圆形。该寨坐南朝北，寨内地势平坦，寨门寨墙俱在，寨墙最高处约4.5

巡检镇松树沟村侯家寨寨墙　（2007年摄）

米，最宽处约 2.5 米。寨墙的巡道雉堞大部分保存较好，西面有部分损毁，寨墙南北端分别设置寨门，北门保存较差。靠近西墙分布有 4 间寨房遗迹。此寨是清代以前当地民众为抗击匪患和避难的场所。山寨地处鄂西北山林地区，四季分明气候宜人。山寨内以及周围植被茂密，主要生长松树，还有其他杂树。

山寨西南山脚下为尖沙湾自然村，十余户村民居住于此，以种植小麦、玉米为主。南面山下是一条水泥铺设的村级道路，顺山路而下直达巡检镇，交通十分便利。此地还大面积出土过大量“孙氏南漳龙”海洋水生爬行动物化石，震惊国内外地质界，现属荆山地质公园核心辖区。

野猫寨

野猫寨地处北纬 31° 23'43"、东经 111° 43'45"，海拔高度 607 米，面积 2500 平方米。

野猫寨又叫永和寨，因寨周围野猫成群，当地人又称野猫子寨，位于巡检镇小漳河村九泉山上。山寨依山势由北向南逐渐抬升，呈不规则形状，北窄南宽，南、北两端设寨门，寨门呈“八”字形，石质门楣和门槛，门上方碉楼设有瞭望哨所和垛口，西南墙内侧有巡道，东西两侧及进寨门处现存用打磨规整的石条垒砌的台阶。

巡检镇小漳河村野猫寨残垣　　（2007 年摄）

山寨的东、西两侧均为悬崖绝壁，南北两端为缓坡，这里四季交替分明，气候适宜。寨内外马尾松、灌木杂草茂密，植被丰厚。

山寨南侧仅住一户村民，种植有农作物；东侧的山麓下为通往巡检镇的公路。周围古山寨、乡土建筑存量大。

碑刻镶嵌于南门内侧，由碑文可知，山寨重修于清光绪三十二年（1906），原名“永和寨”。

南塘寨

南塘寨地处北纬 31° 23'59"、东经 111° 42'43"，海拔高度 389 米，面积约 1290 平方米。

南塘寨位于巡检镇高河清村的南塘村西侧，山寨略呈长方形，依山势用青石块垒筑，平均长约 56 米，宽约 22 米。山的东、西侧为悬崖，寨墙紧贴悬崖，南北为缓坡，寨门分别设置在南北两端，存在不同程度的坍塌，周围散落大量的石块，其中南侧寨门附近有一块较为完整的门楣。为了提升山寨防御功能，东侧的寨墙中央设有一座倒“八”字登寨台阶，供人自由上下寨墙。根据寨墙筑造形式和垮塌程度推测山寨在清代以前建造而成。

山寨四周被丛山包围，南有九泉山，西有大岭山，两山夹有一峡谷，峡谷溪水长流，被当地人称为甘沟。由于此地雨水充沛，四季分明，植被十分茂盛，山寨及周围生长大量的马尾松和低矮的灌木植被。

山寨以东为小漳河村，原名为南塘村，因此山寨被当地人们称为南塘山寨，村中有住户二十多户。东北为青龙湾，青龙湾内住有一户人家，较为偏僻。寨西有一村级公路由高河清村通往小漳河村的 251 省道，周围老屋、古寨遗址遍布。

宝山寨

宝山寨地处北纬 31° 24'02"、东经 111° 41'48"，海拔高度 488 米，面积约 3500 平方米。

宝山寨位于巡检镇高河清村宝山顶部，因此得名“宝山寨”，山寨围绕宝山主峰依势而建，近似圆形，寨墙用青石垒筑而成，长约254米，高2米，厚0.6米。寨门分别设置在山寨的东北和西南，垮塌严重。历史上寨庙合一，寨中心有关帝庙一座，后损毁。根据现有建筑垒砌形式推测山寨建造时间应为清代以前。近年来当地村民用寨墙上的石块在宝山山顶重修了一座小型庙宇，供奉关公。移动公司在寨内主峰修建发射塔及发射塔所用的设备房一间。

宝山寨东临高河清村，可见巍巍大岭山，北面可俯瞰黄家沟，西与龚家坪村相望，山南为农田。寨内种植有柏树和自然生长的灌木植被。宝山寨南侧有一条人工挖凿的小路，由山下的柏树垭直达山顶，宝山东麓的堰塘边为进山的村级公路。周围老屋、古井、古寨及古墓群遗迹较多。

春浴沟寨

春浴沟寨地处北纬31° 25'53"、东经111° 42'09"，海拔高度426米，面积1056平方米。

春浴沟寨位于巡检镇高河清村春峪沟的一座山上。从寨外测量，寨墙平均高度约3.5米，由于常年泥土淤积，站在寨内几乎见不到寨墙。山寨破坏严重，原来的墙垛已不存在，寨墙与寨内的地平面基本平行。山寨北高南低，寨墙依山势用石块垒筑，呈椭圆形，因墙体垮塌严重，无法辨认寨门设置在何处。山寨北坡上有建筑物的痕迹，但被乱石堆包围，无法辨别建筑物的分布情况。石堆周围散落大量小青瓦，面积不小于6平方米。山寨东南部一段长约7米的寨墙高出山寨平面约有1.5米。整座山寨外侧用体积较大的石块垒筑，内侧垒筑石块体积较小，中间则填充碎石渣和黄土。

巡检镇高河清村春浴沟寨寨墙　　（2007年摄）

山寨所处位置雨水充沛，四季交替分明，山寨内植被十分茂盛，生长着大量的松树和一些灌木。四周为陡坡，坡度达70度。

山寨西侧有一条河流通过，东侧为春浴沟，沟内种植农作物，南与甘溪村相连，北为张家沟，与小漳河相距约6千米，南侧山麓有2户村民从事香菇种植，并有一条通往板桥镇的村级公路，公路下为河流，自北向南流淌，站在山寨向西可俯瞰洞岩山。山寨周围各个山头古寨密布，明清时期的老屋、古墓、寺庙遗迹不少。

付家寨

付家寨地处北纬31° 23'38"、东经111° 33'25"，海拔高度789米，面积约1920平方米。

付家寨位于巡检镇凤山村付家山境内。山寨依山而建，东西两侧为绝壁，南、北有两个寨门可通往山下，山势略为险峻。山寨为长方形，鞋底状，北高南低。古寨墙厚约2米，残高2米左右。北面制高点处设有瞭望台，长7.2米，宽1.9米，瞭望台中部、西部有两个台基，可拾级而上。寨内建筑尚存，有大小房屋14间，呈南北走向分布，多数为长方形，分布在高低不等的台阶上，建筑之间上下有台基相连，房顶大多已坍塌，仅见部分墙基。在山寨南端建有一间比较大的长形房屋，长 9 米，宽 5.3 米，东西两边分别有台基可进入房内，用途不明。山寨中部有一通碑，记载光绪十二年（1886）众姓重修古寨，古寨原为躲避红巾军而修。

付家寨四周群峰叠翠，山峦起伏。东为北岩洞，南面寨下为白鹤船村，北对铁杨树岗与山寨紧紧相连。山势险峻，地势险要，易守难攻。南、北门有两条山间小道通往山下，交通不太便利。但周围古寨分布多，老屋不少，古逻围（墓葬）建筑质量高，保存完好，其中胡氏逻围群为湖北省人民政府公布的文物保护单位。

寨湾寨

寨湾寨地处北纬 31° 23'18"、东经 111° 35'27"，海拔高度 536 米，面积 3500 平方米。

寨湾寨位于巡检镇凤山村杨家湾自然村，山寨所在山体当地人称“寨湾”，山寨始建年代不详，自西向东依山势而建。现存寨墙 300 多米，用条石垒筑而成，高 2 ～ 3 米，宽 0.8 ～ 1.2 米。山寨原有门楼，现已不存，仅存门洞。寨墙上原有雉堞，因寨墙倒塌，多处损毁。

山寨位于崇山峻岭之间，西临付家山，东部紧邻杨家湾。山体植被多以马尾松、花栎木为主。山寨东、南部的山冲内种有农作物，主要以小麦为主。

杨家湾人口较少，交通较为便利，西临 075 县道，南 900 米为邢家沟。清朝前古民居规模宏大，保存较好。

该寨建于清代中期，是当地人为防止匪患袭扰而建。山寨的发现为研究清代中晚期当地社会形式提供了参考依据。

巡检镇凤山村寨湾寨东门　（2007 年摄）

天宝寨

天宝寨地处北纬 31° 23'29"、东经 111° 34'59"，海拔高度 702 米，面积约为 4900 平方米。

天宝寨位于巡检镇凤山村杨家湾以西的一座高山之上，依山势而建，以石砌筑成寨，坐北朝南，形状呈不规则圆形。南北各有一座寨门，寨墙高 4 ～ 6 米，宽 1.2 ～ 2 米，设有箭垛，内有环寨防御巡道。寨内地势较平，沿东西向并排建有 2 排房屋，南北向建有 5 排房屋，共 34 间，且有走廊相通，有些房屋门框上方刻有“亢永”“中永”“杰永”“高明”等文字。在西侧内靠寨墙处建有厕所两间。整个建筑排列有序，层次分明，根据现有建筑推测为明清时躲避战乱和防匪患所修筑。

该山寨地处两冲地之间，除西北侧较缓以外，东南两侧十分陡峭，其西北为杨家湾，南为茅草坡，西为大山坡，东接东崖，远处高山林立，山峦起伏，山体被茂密的灌木覆盖，景色宜人。

山寨距巡检镇到板桥镇的县级公路约 3 千米，并有村级公路和杨家湾相通，交通便利，山脚下杨家湾居住人口较集中，主要以种植和养殖业为生。

老寨

老寨地处北纬 31° 21'35"、东经 111° 33'57"，海拔高度 667 米，面积约 2100 平方米。

老寨位于巡检镇白鹤船村东北部高山上，此寨群山环绕，山寨地势较高，寨下为一处洼地。老寨依山势而建，平面呈不规则长方形，南宽北窄，寨墙宽 0.3 ～ 1 米，分别在东北及南墙设寨门。早年为防匪患，将洼地处作为放牧牛羊场地。

老寨与牛城寨相距约 500 米，落差高 60 米，两寨相望，相互照应，是当地早年防匪的避难场所。四周群山环绕，形成高山峡口，气候宜人，景色如画。

老寨东距白鹤船村约 600 米，西南邻省级公路，公路上下人口居住较密集，山下村民以种植小麦、玉米、香菇为主。这里文化遗产较多，不但有众多古山寨、古民居、古墓葬，还有新四军的被服厂和枪械所，还出土过震惊地质界的“南漳湖北鳄”化石。

牛城寨（白鹤船村）

牛城寨地处北纬 31° 21'37"、东经 111° 33'13"，海拔高度 711 米，面积 2700 平方米。

牛城寨位于巡检镇白鹤船村东北部高山上。此寨四周悬崖，依山势而建，东临赵湾，西临曾家湾，北连白鹤船山脉，南邻溪冲峡谷。寨坐南向北，呈弧形，南北长 45 ～ 60 米，残墙厚 1.2 米左右，仅有残角一个。整个寨城全用不规则石头砌垒而成，部分寨墙坍塌严重。

此寨群山环绕，牛城寨与老寨相距约 500 米，两寨之间为洼地，气候宜人，风景如画，一条新修的省级公路直通巡检镇，为当地村民的出行带来便利。

古寨西邻省级公路，村级公路交叉贯通，公路上下居住有数十户人家。居民以种植小麦、玉米、油菜为主。周围曾出土过轰动华夏的“南漳湖北鳄”化石，还有保存较好的杨氏古民居和古墓群。

此寨位于“牛城”之上，而“牛城”因乡民早年为躲避匪患，在此寨下面约 100 米处的山洼地放养牛羊而得名。

寨子山寨

寨子山寨地处北纬 31° 23'38"、东经 111° 33'26"，海拔高度 809 米，面积约 7200 平方米。

寨子山寨位于巡检镇白鹤船村。此寨依山势而建，位于群山之间，东邻三架沟（三架沟与山寨之间有一条县级公路通过），南邻白鹤船，西邻井沟，北邻福架山。此寨坐北朝南，呈不规则长方形，南北各有一个寨门，寨门保存较为完整，南北门上分别建有过道和瞭望窗等设施。寨内残留石房 8 间，房子的石墙保存较为完整。寨墙残高 2 ～ 8 米，宽 0.8 ～ 1 米，紧靠东、西寨墙内侧各建有一圈巡道，宽 1.2 ～ 1.5 米。

此寨位于群山之间，周围杂木丛生，有一条自然蜿蜒的羊肠小道可以下山，气候宜人，风景优美。此寨东北山脚下有一条县级公路通过，路两边零星住有几户人家，东北 1000 米处是白鹤船村村委会所在地，交通便利，此地农作物以小麦、玉米为主。寨周边多有古寨、老屋、古墓分布，文物点众多。

寨内一石房处遗留有一通石碑，据碑文记载，此寨由寨主杨永盛牵头，重修于光绪十二年（1886），历史上修此寨是为了抵抗红巾军和土匪。

魏家山寨

魏家山寨地处北纬 31° 27'23"、东经 111° 28'01"，海拔高度 1137 米，面积 400 平方米。

魏家山寨位于巡检镇不二坪村魏家山，当地俗称寨上。寨子地处一座独立的小山峰之上，东瞰王家坪，北望峡峪河，地势险峻，西南部山势较为低缓。寨为东西向分布，平面呈长方形，垒筑规整，结构简洁，长 28 米、宽 13.2 米，现存高度 3.9 米，东、西墙厚 1.6 米，南、北墙厚 1.45 米。设有东、西门，西为主门，门上为长方形拱顶，通高 2.4 米、宽 1.3 米。

山寨地处鄂西北山地，气候适中，山上植被茂密，以花栎木、松树为主，常有野猪出没。山寨地处山林，地僻人稀，交通封闭，西南部曾有一户人家已外迁，一条向南的山间小道为主要出入要道。周围山头遍布古寨，古寺庙、古祠堂遗址不少，周围的杨氏逻围群和竹杖坡逻围群为湖北省人民政府公布的文物保护单位。

山寨建于清代以前，主要为躲避战乱及匪患而建，遇到危险情况，村民便会迅速将牲畜、粮食及贵重物品转移入寨，并加强防御。

安家寨

安家寨地处北纬 31° 23'28"、东经 111° 24'09"，海拔高度 987 米，面积约 1000 平方米。

安家寨位于巡检镇安山村杨家湾寨坡山山顶，东、西、北三面险峭，南面较缓，寨墙依山取势而建，平面近似椭圆形。东北较宽，西南略窄，寨内地势平缓，场地开阔，除西南角寨门、寨墙及其内一间房屋较好外，其余基本坍塌，寨墙宽为 0.8 米，残高 2.5 米。寨子的中部现建有一座移动通信机站。

巡检镇安山村安家寨残墙 （2007 年摄）

山寨所在地海拔较高，温差较大，周围山峰林立，山峦起伏，植被茂密，灌木丛生。

山寨附近散居着奠坪、杨家湾、安山村民，人口较为集中，以种植小麦、玉米为主业，兼育香菇、木耳等经济作物。周边地区文物古迹众多，祠堂、老屋、古寨保存较好。

鹰嘴寨

鹰嘴寨地处北纬 31 ° 24'27"、东经 111° 27'37"，海拔高度 848 米，面积 520 平方米。

鹰嘴寨位于巡检镇安山村的鹰嘴崖山顶上，依山势石砌成寨，东西分布，呈椭圆状，山寨东、北两侧为陡峭的绝壁，西、南两侧地势较缓。寨门位于山寨南端，现已坍塌，部分寨墙保存较好，墙宽 0.6 ～ 1.2 米，残高约 2 米，寨内地势较平，已无其他遗迹。

鹰嘴崖海拔较高，昼夜温差较大，是南北走向的山梁，南望通城河，北邻寨湾，东邻安山奠坪，西为窑湾，四周高山林立，山峦起伏，被茂密的灌木覆盖，景色宜人。

山寨距安山村约 3 千米，村级公路在山脚下通过，交通便利，山下人口比较集中，村民主要依靠种植业和养殖业发家致富。周围的乡土建筑如陈氏、陶氏民居保存较好，清朝以前的古墓葬众多。

唐家寨

唐家寨地处北纬 31° 22'52"、东经 111° 30'20"，海拔高度 684 米，面积为 2800 平方米。

唐家寨位于巡检镇胎坪村，屹立于突兀的寨坡山峰之巅，东北为陡峭的岩石，人口密集，西南稍缓，但人烟稀少，离行道甚远。东北建有月城，至今尚存弧形寨墙 30 多米，内寨坐北朝南，设南北二门，因北有月城，故北门较为简易，现已损毁。南门当年建有门楼，门楼建于寨墙之上，下设木制板梯，上有五级石台阶，台阶及两边门洞均由打磨过的石条建成，现门楼虽已坍塌，但每条台阶两端都有方形柱窝，原有方形石栏及扶手，现已不存。门口阶梯上现存一长 1 米多、厚 15 厘米的精美石构件，系雕饰有如意吉祥纹的门楣，旁边堆有打磨过的石条石柱。整座古寨呈椭圆形，内寨墙长 200 多米，东高西低，残高 2 ～ 5 米，寨墙宽在 1 米左右，因石块巨大，保存较好。寨内地势平坦，地面建筑已损毁，古寨在清朝以前建筑而成。

巡检镇胎坪村唐家寨南门　　(2007 年摄)

此寨东临沈家沟，西通椒垭，北为严家冲，南为南峡、天鹅池，周边群山起伏，山峦叠翠，梯田连绵。石寨、洞寨密集，老井、老屋不少，祠堂、庙宇遗址较多。民风淳朴，尊师重教之风浓厚。村道直通各屋场，交通便捷。

山寨位置偏僻，村落稀疏，村民们以种植香菇、木耳、稻麦、玉米等农作物为生。因系当地唐姓族民牵头建成，故名唐家寨，其他如王姓、庹姓、李姓、邱姓、郑姓、张姓、徐姓，都曾为之捐钱捐物、出工出力。

王家寨

王家寨地处北纬 31° 22'47"、东经 111° 30'47"，海拔高度 755 米，面积 700 多平方米。

王家寨位于巡检镇胎坪村，北为张家岭和碑垭，南接后湾，俯瞰峡口，西邻严家冲，东接庙儿岗，形状呈较标准圆形，直径约 36 米，寨体坐北朝南，原设南北两道寨门，现北寨门已坍塌，南寨门上部已损毁，下部尚存门柱柱窝，整个寨墙由不规则天然石块垒砌而成，较为坚固，南北为缓坡，建有较高寨墙，高 2 ～ 4 米，长百余米，东西为悬崖，仅筑矮墙，厚 1 米左右，残高 1 ～ 3 米，或以岩代墙。仅东边一处长约 3 米的墙体垮塌，其余保存较好。寨内当年曾有房屋建筑，但现已不存。寨内长满灌木、毛竹和栎树。

山寨地处鄂西北山区，四季分明。周边群山环抱，诸峰连脉，一条小河自山脚蜿蜒南去，汇入沮河。植被茂密，以松树和低矮灌木为主。

山寨地处庙儿岗与严家冲中间的山顶上，只有一条小路和山下几户农家相连，但山左为省道，连接南漳县与远安县，山右为百亩稻田，一条村道直通峡口集镇。周边古寨林立，方圆 4 平方千米内多达 10 多座，寨脚下有徐氏祠堂和祖墓，杨泗庙碑刻及遗址尚存，老湾尚有清末的四合院，保存较好。当

巡检镇胎坪村王家寨寨墙　　(2007 年摄)

巡检镇胎坪村王家寨寨墙　　(2007 年摄)

地村民以种植稻谷、玉米、小麦为主业，将种植木耳、香菇作为副业。

山寨现有建筑为清代以前遗迹，由王姓大户牵头，联合庹姓、张姓、郑姓、邱姓、邹姓、柏姓多户村民捐资修建而成，王家大户牵头且出资较多，故名王家寨。

老龙尖寨

老龙尖寨地处北纬 31° 21'50"、东经 111° 40'31"，海拔高度 590 米，面积 590 平方米。

老龙尖寨位于巡检镇南浴沟村老龙尖山上，寨依山而建，南侧为缓坡，通向山寨，另三面为悬崖，南、北部设置寨门，寨门附近散落大量的石质构件，寨门前设有数级台阶，现多被乱石掩埋。墙体损坏十分严重，现存平均高度约 2 米，宽约 0.6 米，山寨南面有一长约 4 米的豁口，其下散落大量的石块。

山寨所处山区四季交替分明，雨水充沛，植被生长茂盛，寨子四周峰峦围护，山体上长满了马尾松和茂盛的灌木植被，寨顶南望长岭山，北为两山相夹的南浴沟，蔡家沟、何家沟水注入南浴沟，溪水四季常流。

山寨东、西、北三面被南浴沟河流环绕，村舍散落其间，在东侧的学堂坡上居民以种植香菇为主业。此地为襄阳市和宜昌市的交界地区。以南侧的长岭山山顶为界，北为襄阳市南漳县，南为宜昌市远安县。河谷边一条村级公路可连接 251 省道，周边乡土建筑较多，大多保存较好，古寨遍布山头。

刘家院子寨

刘家院子寨地处北纬 31° 22'28"、东经 111° 39'14"，海拔高度 440 米，面积约 600 平方米。

刘家院子寨位于巡检镇南浴沟村刘家院旁的一座山冈上。古寨依山势而建，东南低、西北高，平面似葫芦状，东北宽、西南窄。东、南寨墙损坏严重，寨墙几乎与寨内地面平行；西北侧的寨墙保存基本完整，寨墙厚达 1 米左右，残高约 2.5 米。寨门设在山寨的东北侧，寨门两侧墙体严重垮塌。古寨为明清时期村民为躲避匪患所筑。

山寨所处位置四季交替分明，雨水充沛，植被茂盛。四周山上生长了大量的马尾松和茂盛的野生灌木。南侧为悬崖，悬崖下为南浴沟，其余三面均为高山。南浴沟由西北流向东南，直达漳河，沟内的水流四季不断。

南浴沟沟上有一条水泥路，路旁为南浴沟村、刘家院自然村，北侧对面的山峰下为赵家湾。周边民风淳朴、尊师重教，清末民国初年的乡土建筑较多。

打鼓台寨

打鼓台寨地处北纬 31° 21'52"、东经 111° 42'31"，海拔高度 436 米，面积 2220 平方米。

打鼓台寨位于巡检镇南浴沟村，由面积各 1000 多平方米的上、下两座相连的山寨组成。山寨重建有二百多年的时间，为清代早期所建。上寨呈椭圆形，寨墙围合完整，清晰可见，寨墙厚达 1.8 米，用石块垒筑而成。山寨门道用规整的打磨石块垒筑，门宽 1.1 米，通高 3.3 米。门上方保存有完整的防御工事，有两个专为射击和瞭望用的方形垛口。上寨的东寨门损坏十分严重。东寨门外为悬崖，悬崖下为下寨，连接上、下寨的通道为一条平均宽达 1.2 米，长约 8 米青石垒筑的台阶，台阶最宽处达 2 米，由下向上逐渐收拢，在距上寨垂直距离约 3 米处消失。下寨分别在南、北两端设寨门，保存较为完整。大部分寨墙已垮塌，寨门的过梁石块已断，显得摇摇欲坠，北侧寨墙中部的寨门保存一般，寨门附近散落有石质构件。下寨呈牛角形状。

山寨所处位置四季交替明显，降水充沛，植被生长茂盛。山寨坐落在崇山峻岭之中，上寨南、北、东三面为悬崖，寨内被茂盛的灌木丛封堵，无路可寻。

山寨位于南浴沟，山寨下为南浴沟2号矿井，盛产煤矿，北侧山麓下有一条公路，为山区矿车外出的必经之地。东侧约500米处为南浴沟1号矿井，同样生产煤矿。南侧山体山坡上是农民开垦的梯田，东南有住户2家，并在房屋附近种植农作物。附近的打鼓台传说为历史上的古战场，山寨东面为小漳河，251省道从此经过。

青龙观寨

青龙观寨地处北纬31°23'17"、东经111°39'03"，海拔高度438米，面积约2000平方米。

青龙观寨位于巡检镇金镶坪村。山寨依山而建，三面为悬崖，一侧为陡坡，南与巍峨的彭家岩山相对，北有小漳河由巡检流往漳河，建造别具一格。该寨共有四道寨墙，第一道寨墙建在山体中部，是半圆形月城，寨门设在南墙脚，墙宽0.5～1.5米；第二道寨墙与第一道寨墙垂直落差11米，呈半圆形，残高约1米，部分寨墙与山寨地面平行；在第二道寨墙东北角有碎石垒筑的缓坡，经过缓坡进入第三道山寨；在第三道山寨南部修筑有缓坡，可向上通往山寨顶部。山寨顶部东南角第四道寨墙长约6米，残高0.5米。

寨内种植有大量的桑树，山寨南部生长着大量灌木，周围植被茂盛，雨水充沛。山寨下金镶坪村人口密集，224省道穿境而过。村内有驰名中外的湖北省文物保护单位玉印岩（抱璞岩），传说卞和得璞玉于此山中，还有卞和墓、卞和庙及金厢寺遗址。

李家寨

李家寨地处北纬31°27'26"、东经111°42'14"，海拔高度649米，面积6666平方米。

李家寨位于巡检镇漫云村李家山顶上，东北山下为漳河，西南俯视万家沟，山寨平面呈不规则椭圆形。该寨坐南朝北，寨门寨墙均在，但东、西寨墙有不同程度损毁，特别是东寨墙破损严重。寨内怪石林立、灌木丛生，山寨在李家山山腰险要处迂回圈围，长达200多米，宽约33米，寨墙选材较差但构筑依然十分坚固，寨墙巡道大部仍在，而雉堞所剩无几。寨门由打制石块建造，构造坚固造型美观，门内两侧有杠孔。在寨内南北山石旁依山就势建筑寨房4间，未见其他建筑遗迹或石碑。李家寨现存建筑的构筑时间应该在清代中晚期。

巡检镇漫云村李家寨寨墙一角（2007年摄）

山寨地处鄂西北山林地区，三面环山，山势连绵，四季分明，空气湿润，适合山林植被茂密生长，寨内以及周围山体主要生长着黄栌（俗称栊木）、松树和少量的花栎树。

山寨西山下是万家沟自然村，居住在此的村民以种植玉米、小麦为主要农作物，以培育香菇为主要的经济作物。一条山间小路连接甘溪公路直达甘溪街，交通较为便利。周围遍布古寨、古民居和古墓葬，还有古祠堂及私塾学堂遗址。

白云观寨

白云观寨地处北纬 31° 20'43"、东经 111° 25'36"，海拔高度 845 米，面积 960 平方米。

白云观寨为观寨合一建筑遗址，位于巡检镇文家垭村西约 2.5 千米的高山顶部，山及寨因观而得名。其东、西、北三面山势陡峭，仅南部山势较缓，寨依山势建于山顶部，坐北朝南，石块垒筑，平面呈椭圆形，长 30.2 米，宽 28.8 米，外墙高 4.3 米，厚 1 米，台阶长 14.4 米，宽 1 米。观寨由寨墙、护坡、南门、房舍、大殿五部分组成，外墙沿山顶环筑一周，南门外东侧有护坡。大殿及房舍建于山顶最高处，外墙与大殿间留有环型通道。大殿现在仅见残垣断壁及柱基，内有石质祖师像一尊，身着朝服，双手扶膝，跣足。20 世纪 90 年代初，祖师像头部被盗，后用水泥重铸，身体其他部分均为原貌。

巡检镇文家垭村白云观寨寨墙　（2007 年摄）

当地盛产茶叶，白云观茶叶声名远播，兼种有油菜、小麦、红薯等，通城河至峡口公路自北向南由山下东侧通过，保宜高速公路穿山而过，交通极为便利。

白云观寨东为钟家寨，北为鹰嘴石，西为远安县金桥村观寨内灌木丛繁茂，杂草丛生。属荆山山脉，北段为高山区，四季分明。

当地信徒经常在山上烧香膜拜，观内康熙三十年（1691）、乾隆五年（1740）所立的两通石碑完整无缺，大部分埋于地下，另有几通残碑在白云观菜场内。观寨内外有多处石碑，最早的为康熙三十年（1691），其次为乾隆五年（1740）、二十七年（1762）、三十六年（1771）刻，从碑文中可看出观寨经过多次重修。此观寨历史上常年香客云集，在兵荒马乱的年代还是附近村民的避难场所。

鸡公寨

鸡公寨地处北纬 31° 25'35"、东经 111° 39'36"，海拔 580 米，面积为 1200 平方米。

鸡公寨位于龚家坪村北部的常家岭上，坐北朝南，寨体呈圆形，设南门。原有三层门楼，现仅存一层门楼及石条门框。门楼所用石料全部经过打磨，十分规整。圆形寨墙除局部坍塌外，整体保存较好，墙体长 300 余米，高在 2～3 米，厚 1.5 米以上。寨内原来建有多间寨房，但现已不存。

巡检镇龚家坪村鸡公寨寨门　（2007 年摄）

古寨所在的常家岭，历史上人口较稠密，但如今仅三五户人家。离村委会十余里，交通不便，人们以种植、养殖为主，农闲时节采药，生活悠闲自在。周围植被茂密，古树名木成林，野生动物不少。

巡检堡寨

巡检堡寨地处北纬 31° 22'55"、东经 111° 37'03"，海拔高度 341 米，面积约 800 平方米。

巡检堡寨位于巡检镇集镇中心，属巡检司村。堡寨坐南朝北，历史上为一大型山寨，建于明朝前，有南北二门。民国时被国民党驻军盘踞，改建为一火力制高点，即碉堡。四周修有城墙，最高处 4 ～ 5 米，厚约 1.5 米，长约 600 米。国民党驻军在此经营达数年之久，并在堡寨西角的巨石上刻下“金城汤池”4 字，以显示其具有金城汤池之固。解放战争时期被中国人民解放军攻克，战斗中牺牲了 7 名解放军战士。堡寨周围远处有群山围绕，近处树木成荫，大多为新中国成立后新植的柏树，山坡上还有街道居民的菜地。

巡检镇巡检司村巡检堡寨石刻 （2007 年摄）

20 世纪 90 年代，镇政府将此处改建为烈士陵园。正中心建有一烈士纪念碑，以纪念解放巡检战役中牺牲的革命烈士，并对寨墙进行了维修、增高，新建凉亭二座，在山寨北面新修了上百级登山台阶。古寨堡现已成为对中小学生进行革命传统教育的基地。

堡寨周围原有老街上千米，近年来已全部进行了改造，形成了新型集镇，镇政府机关即在堡寨脚下。附近除居民住宅楼外，还建有商贸集市和中、小学校，巡检集镇已发展成为新的区域性政治经济文化中心。

凤凰尖寨

凤凰尖寨地处北纬 31° 22'47"、东经 111° 30'47"，海拔高度 693 米，面积 1200 平方米。

凤凰尖寨位于巡检镇胎坪村庙儿岗南边凤凰山上，因山状如凤凰之头，寨居凤凰山之顶故名凤凰尖寨。凤凰尖寨居于陡峭山尖之上的缓坡，寨依山就势建成。寨内东南地势较低，寨墙相对高大，大多高 2 米以上，最高处可达 4 米，长约 300 米，墙厚 1.5 米左右，全用大型石块垒成，坚固牢实，保存较好。寨体西北为悬崖，现存矮墙 1 ～ 1.5 米，厚在 1 米左右。当年寨内建有石砌房屋，但现已不存。石墙上雉堞由于年代久远和风雨剥蚀早已不存，整座山寨呈南北走向，设有南北二门，现已损毁，仅存门洞遗迹。

巡检镇胎坪村凤凰尖寨残垣 （2007 年摄）

该寨东为观坡、羊角山，北为铜绿山、五道垭，西为庙儿岗，南为峡口汉三村，与王家寨遥相呼应。一条沮河向南蜿蜒而去。周围群峰竞秀，树木成林，多松树、柏树和栎树。野生动物活动频繁。

一条省道从千米外向西南延伸直达阡陌纵横的峡口，可直通保宜高速公路入口。寨边古寺观、古山寨、古矿山遗址尚存。乡土建筑存量丰富。

团簇寨

团簇寨地处北纬 31° 22'47"、东经 111° 30'47"，海拔高度 696 米，面积约 1300 平方米。

团簇寨位于巡检镇胎坪村庙儿岗。古寨坐落在古代楚国铜矿基地铜绿山半腰一山包上，因状似团簇，故名团簇寨。团簇寨呈南北向，坐北朝南，因形就势建在一突起的山岭上。当年曾设南北二门，目前门已全部损毁，仅存高 0.5 ～ 1 米、厚 1 米左右的石寨墙基，因当地多红砂岩，寨墙大多就地取材，由红砂岩石筑成，少 青石作料。红砂岩易风化，青石也在 20 世纪中叶被拆去建了寨边的公路。因此，古寨仅存矮墙寨圈。据说当年寨内曾建有石房和干打垒土房，也早已不见踪影。目前寨内除了林木，已无其他遗迹。

团簇寨北面为铜绿山，南面为庙儿岗柑橘园，西面为碑垭栗姓自然村，东面不远处为安家阳坡自然村，与王家寨、凤凰尖寨呈三足鼎立之势，相距直径不超过 1500 米，三寨可相互照应，随时增援。该寨周围松、栎成林，植被茂盛，气候适宜，各种农作物均可生长，也产木耳、香菇和茶叶。野猪、野兔等时常出没。

团簇寨周围人文景点众多，文化底蕴丰厚，如古寨、寺庙、古井遗址分布密集。一条省道从千米外向西南延伸直达阡陌纵横的峡口，可直通保宜高速公路入口，交通便捷。

牛城寨（胎坪村）

牛城寨地处北纬 31° 24'10"、东经 111° 29'38"，海拔高度 654.7 米，面积约 5200 平方米。

牛城寨位于巡检镇胎坪村马家沟茶场背后的牛城坡半腰的台地上。台地为半圆形，南边为圆弧，沿弧形边缘建有寨墙，长约 200 米，残高 1 ～ 3 米，墙厚 1 米左右，全用天然石块砌成。寨的西部南北开有二门，南门已损，北门仅留墙基。此寨北面为绝壁，石岩长 500 多米，高 15 ～ 50 米，十分光滑。寨内呈坡形，自西南向东北渐次升高 1 ～ 2 米。寨东北部有多级台地，分布着十多间石房遗址，大多为断垣残壁，靠北面绝壁处有多处石墙建筑，与岩壁平行，保存较好，其中一处石墙长约 20 米，高 1.5 米左右，由较规整的片石砌成。中部还残存一道与北面岩壁呈丁字形的断墙，高 2 ～ 3 米，当年应为一座较为宏伟的建筑。此寨西北有一条羊肠小道，上去 800 多米即为西岭寨，此寨与西岭寨当为姊妹寨，可相互支援、照应。

巡检镇胎坪村牛城寨寨墙 （2007 年摄）

牛城寨四周杂草丛生，灌木成林，多松柏杉栎树。东为五道垭店子上，西为主山井上，南为大阴坡、窑垭，北为西岭寨，村民以种植玉米、小麦为主，兼种茶叶。

该寨周围人文景点荟萃，古铜矿、古寨堡、古井、古墓葬遗址较多，一条县道打寨下 500 米自西向东通过。古楚铜矿基地就在对面山上。

西岭寨

西岭寨地处北纬 31° 24'09"、东经 111° 29'36"，海拔 939 米，面积 3600 平方米。

西岭寨位于巡检镇胎坪村与板桥镇灵观垭村交界处的高山上。西岭寨因建在五道垭陡坡岭之西，故名西岭寨，它坐北朝南，设南北二门，依山就势建成。寨墙横跨两座小山峰，长达 600 余米，厚 1 ～ 1.5 米，残高 1 ～ 4 米。北寨墙建于山峰北部，南寨墙建于半坡上部，中间为一洼地。左侧较平坦，右侧为坡地，北门位于二峰中间的山垭，当年建有 5 米高的门楼，现上部已坍塌。南门位于半山腰，损毁严重，寨内现存石房遗址 10 余间，分布在几级台地上，大多为残垣断壁，但基础尚存，仅剩 1 ～ 2 米高的石墙体。

巡检镇胎坪村西岭寨北墙雪景　（2015 年摄）

此寨南下 500 多米有一牛城寨，系其姊妹寨，而距此千余米的陡坡垭，是进寨必经之路。离陡坡垭 100 米处还建有一城门，系进寨头道关卡，全为石头建筑。城门高达 3 ～ 4 米，厚达 1.5 米，现存 10 余米墙体，门已毁损，但上有垛口，下有柱础方孔，听向导刘四新介绍，此建筑当年为古寨的附属哨卡，十分壮观，坚固牢实。

西岭寨东临陡坡垭，西临黑沟，与海拔 952 米的主山并峙，北为三里撇、白果树垭，南为马家沟牛城坡，与铜绿山遥遥相对。周围山峰连绵，植被茂盛，农民多种植玉米、小麦，还培育木耳、香菇。

南漳县古山寨群巡检镇石寨遗址一览表

表 3

序号	名称	海拔（米）	面积（平方米）	时代	地址
1	沉坡寨	1302	4400	清	不二坪村
2	不二寨	1187	930	清代前	不二坪村
3	马鬃岭寨	649	6666	清	漫云村
4	牛寨	460	350	—	漫云村
5	九家寺寨	523	1000	—	三里岗村
6	寨坡寨	522	1580	清	三里岗村
7	歪尖子寨	922	1000	清	通城河村
8	刘家寨	762	610	清代前	文家垭村
9	砂锅寨	714	1620	清	凤山村
10	陶家寨	837	1100	清代前	文家垭村
11	钟家寨	884	1200	—	文家垭村
12	青岩寨	744	810	—	黄家坡村

续表 3

序号	名称	海拔（米）	面积（平方米）	时代	地址
13	郑家寨	645	1100	—	黄家坡村
14	白马山寨	782	900	—	黄家坡村
15	侯家寨	698	750	清代前	松树沟村
16	野猫寨	607	2500	清光绪三十二年（1906）	小漳河村
17	南塘寨	389	1290	清代前	高河清村
18	宝山寨	488	3500	清代前	高河清村
19	春浴沟寨	426	1056	—	高河清村
20	付家寨	789	1920	清光绪十二年（1886）	凤山村
21	寨湾寨	536	3500	清	凤山村
22	天宝寨	702	4900	—	凤山村
23	老寨	667	2100	—	白鹤船村
24	牛城寨	711	2700	—	白鹤船村
25	寨子山寨	809	7200	清	白鹤船村
26	魏家山寨	1137	400	清代前	不二坪村
27	安家寨	987	1000	—	安山村
28	鹰嘴寨	848	520	—	安山村
29	唐家寨	684	2800	清代前	胎坪村
30	王家寨	755	700	清代前	胎坪村
31	老龙尖寨	590	590	—	南浴沟村
32	刘家院子寨	440	600	—	南浴沟村
33	打鼓台寨	436	2220	清	南浴沟村
34	青龙观寨	438	2000	—	金镶坪村
35	李家寨	649	6666	清	漫云村
36	白云观寨	845	960	清	文家垭村
37	鸡公寨	580	1200	—	龚家坪村
38	巡检堡寨	341	800	明代前	巡检司村
39	凤凰尖寨	693	1200	—	胎坪村
40	团簇寨	696	1300	—	胎坪村
41	牛城寨	654.7	5200	—	胎坪村
42	西岭寨	939	3600	—	胎坪村

四　肖堰镇

尖峰岭寨（又名嵩华山寨）

尖峰岭寨地处北纬 31° 23'30"、东经 111° 44'51"，海拔高度 662 米，面积 9580 平方米。

尖峰岭寨位于肖堰镇柏树岗村嵩华山顶，东俯余家沟，南望古墓岗，西眺沉河滩，北连金家垭，寨呈葫芦状。该寨坐西朝东，寨内地势西高东低，南北地势处于低洼，东西北各有一门，东门门楼已毁，西门门楼仅存半面墙体，北门墙体有部分塌陷，东门左侧有一直径 70 厘米的碓窝，右侧有一碾盘，直径为 190 厘米。寨墙最高处 5 米，最宽处 3.38 米，四面墙体都有部分损坏，南部较严重，寨内房屋十分密集，墙体保存较好，共有 160 间遗址。“嵩华山离天三尺三”，该寨地处嵩华山顶，山势险峻，有一览众山小之势，南边山脚下为漳河，河水自西向东蜿蜒流过，山上植被茂盛，以栌树为主。

肖堰镇柏树岗村尖峰岭寨鸟瞰图　（2021 年摄）

该寨北边山脚下为陈家垭自然村，有 10 户人家在此居住，251 省道于此经过，交通十分便利。历史上有一条古驿道是襄荆、江汉地区通往宜昌乃至巴蜀的咽喉。古寨东门前约 60 米有一关帝庙，内供奉刘关张塑像。据说当年关帝金身塑好后，原本供奉于寨内西庙内，但人们卜了卦，卦象显示关帝老爷不愿入寨内，人们便又在寨东门外另修一庙，让关帝老爷在此安身。此处香火十分旺盛，20 世纪上半叶每年的庙会活动十分红火，吸引了南漳、远安、保康数县信徒来此拜关公、看杂耍、买卖山货……2013 年，尖峰岭寨被国务院列入全国重点文物保护单位。

在靠近寨墙南部和北部分别发现了 3 块石碑，根据碑文记载南部有 3 间粮仓，西门前 10 米处的大殿应是关帝庙，庙内有 2 根断裂的柱础。

老君寨

老君寨地处北纬 31 ° 29'58"、东经 111° 45'34"，海拔高度 630 米，面积 696 平方米。

老君寨位于肖堰镇后新屋老君山顶，山势连绵，四面环山，山上植被茂密，以花栎树、松树为主，东边为万亩板栗基地。南望龙凤观山寨，东俯洞岭，北眺西泉庙，西临天坑冲，寨呈椭圆形，坐北朝南，寨内地势南高北低。寨门寨墙俱在，寨墙最高处 3.2 米，最宽处 2.6 米。北面寨墙有部分塌陷，西墙损坏较严重，

肖堰镇肖家堰村老君寨　（2008 年摄）

环墙人行走道大部分保存较好，南门保存完整，门楼体量较大，通高 7 米，二层高 4.7 米，宽 3.5 米，门口有散碎瓦片。北门门楼位于寨墙东北角，门口朝东，门楼及墙体损毁较重，整体比南门楼略低。寨内分布有 27 间房屋遗迹，错落有致。房屋墙体保存较好，房顶以及木构件均不存。

该寨位于朱家湾自然村，有 20 户人家在此居住，北临 251 省道可通往宜昌市远安县，交通十分便利。

龙凤观寨

龙凤观寨地处北纬 31° 29'48"、东经 111° 45'27"，海拔高度 717 米，面积 3055 平方米。

龙凤观寨位于肖堰镇四垭村龙凤观山顶，南望禹王寨，东俯肖堰镇，北眺山家大洼，西临张家冲，山寨由月城和主城两部分组成，整体呈不规则长方形。

肖堰镇四垭村龙凤观寨（2008 年摄）

该寨坐东朝西，寨内地势东高西低，寨墙最高处 6 米，最宽处 2 米。北部寨墙箭垛保存完整，其余无雉堞痕迹，环墙人行走道保存较好。西南寨墙有部分损坏，整个寨墙外围有一圈石片排列成外凸的飞檐，起到防御作用。山寨东西部各有一门，东门两侧各有一掩体，中心部位有一道观。西门寨墙外建有月城，城门朝东，月城通长 40 米，宽 24 米，城墙上部亦有完整的巡道和雉堞，下方有多处掩体。山寨内共分布有 45 间房屋遗迹，除房顶不存外，房屋墙体大部分保存较好，仅部分损坏。整个山寨构筑坚固，布局合理。

山寨所处位置山势险峻，三面环山，面朝低冲，四周植被茂盛，以杨柳、松栎树为主。

该寨位于张家冲自然村，有 4 户人家在此居住，北临 251 省道可通往宜昌市远安县，一条林道直接通至寨脚山垣，交通十分便利。寨周围各个山头均有古寨屹立，古民居等古建遗迹较多。该寨还是红色遗址，1928 年荆山农民起义中成立的革命军在此抗击过反动保安队。

山寨内道观墙体上有明显的石灰痕迹，观门两侧刻有“镇北声灵昭日月，定西气节壮山河”，上方横批为“龙凤仙山”，观内有两块功德碑，记载了修建该观的捐款人及时间，西门左侧另有一残破石碑，碑座尚存，三块碑刻的落款时间分别为光绪三十四年（1908），嘉庆六年（1801），民国 17 年（1928）。

聂家寨

聂家寨地处北纬 31 ° 46'17"、东经 111° 27'58"，海拔高度 496 米，面积 1620 平方米。

聂家寨位于肖堰镇斑竹坪村聂家山顶，西临聂家湾，南望宝安，东北可俯视王家湾，寨呈长方形。

该寨坐西朝东，整个山寨仅设东门楼。寨内地势较平坦，分布有 12 间房屋遗迹，房屋依山寨围墙而建，在西南和东北角各有一

肖堰镇斑竹坪村聂家寨局部（2008 年摄）

处碉楼，遇敌时可进行火力封锁，遏制东南西北四方。寨门高大宽敞，门楼高 5.3 米，宽 3.7 米，门楼中间及两侧分布有 5 个瞭望孔，中间两个瞭望孔上各嵌有一块人物画像的石板，下方通道两侧已塌陷。寨墙保存较差，四面墙体都有不同程度的垮塌。

该寨地处聂家山顶，寨内灌木丛生，山上植被茂密，以花栎树、松树为主。该寨脚下即王家湾自然村，有 5 户人家在此居住，以种植水稻、小麦为经济作物，东距 251 省道 100 余米，离肖堰集镇不足两千米，交通十分便利。

永定寨

永定寨地处北纬 31° 27'52"、东经 111° 46'47"，海拔高度 642 米，面积 3716 平方米。

永定寨位于肖堰镇斑竹坪村闵家垭后山顶上。南距 251 省道约 1 千米，寨依山势而建，呈椭圆形。双重寨墙保存较好，最高可达 7 米，内城外郭，内寨建在山顶制高点上，内外寨各存二门，只有外寨北门保存较好，门楼顶部坍塌，墙基尚存。

肖堰镇斑竹坪村永定寨　（2008 年摄）

该寨三面环山，一面临路，山上植被茂盛，灌木丛生，地处亚热带低山丘陵，四季分明。

该寨山脚下为闵家垭自然村，毗邻 251 省道，距肖堰镇政府所在地约 5 千米，与禹王寨、龙凤观寨和卢家寨呈线性分布，交通便利，环境舒适，周围居民较为富裕。

北寨门墙基内镶嵌石碑两块，其中一块“永垂不朽”碑刻为记事碑，记载了修寨原因，修寨时间为清嘉庆三年（1798）；另一块为“永定不移”功德碑，记载捐献人名单及捐献金额，两块石碑尺寸均为 82 × 45 × 20 厘米。内寨残存房屋 9 间，未见其他遗存。

子母冲寨

子母冲寨地处北纬 31° 28'59"、东经 111° 46'25"，海拔高度 426 米，面积 972 平方米。

子母冲寨位于肖堰镇斑竹坪村子母冲山顶，东面为子母冲，南俯王家湾，西面可遥望 251 省道，北连牛路沟，寨呈长方形。

肖堰镇斑竹坪村子母冲寨寨墙　（2008 年摄）

该寨坐北朝南，寨内地势东高西低，寨墙最高处 1.8 米，最宽处 1.9 米，四面墙体都有不同程度的损坏，北墙损毁较严重，墙体上已无雉堞和环墙走道的痕迹。东西各有一门，西门已毁，仅存痕迹，东门上部左侧已损。该寨东北角和西南角各有一处呈梯形突出部位，应是哨位。寨内东部有一座高压线塔。

该寨地势较低，寨内荆棘密布，四周植

被茂密，以灌木为主，有少许杉树和松树，上山仅靠一条山间小道。

该寨北边山脚下是子母冲自然村，有9户人家在此居住，以种植水稻、小麦为主，有一条村级公路通往肖堰镇，交通较为便利，周围古寨堡遗迹分布较多。山寨为祖辈于清代所重建，是山民避难之所。

卢家寨

卢家寨地处北纬31° 27'24"、东经111° 47'09"，海拔高度434米，面积1800平方米。

卢家寨位于肖堰镇斑竹坪村卢家后山顶上。南距251省道约100米，寨依山势而建呈圆角方形。寨墙保存较好，最高可达7米，雉堞和瞭望孔俱存，寨通长约50米，宽约36米。寨建东西二门，西门保存较好，寨内现存石房遗迹36间，其中有石灰粉刷过的套间房屋。寨房建筑呈井字形布局，非常规整，特别是寨墙巍峨雄伟，自上而下分布有三道枪（箭）孔，组成立体防御体系，为典型的古代军事防御标本。寨内发现石碓窝一个，未发现其他遗存。卢家寨重建于清代中晚期，为山民抗匪避难之所。

肖堰镇斑竹坪村卢家寨（2020年摄）

该寨三面环山，一面临路，山上植被茂盛，灌木丛生，四季分明，适合动植物生长。

该寨山脚下为卢家屋场自然村，毗邻251省道，距肖堰镇政府所在地约7千米，与禹王寨、龙凤观寨、永定寨呈线性分布。交通便利，环境舒适。

扑蛾寨

扑蛾寨地处北纬31° 28'06"、东经111° 47'23"，海拔高度466米，面积300平方米。

扑蛾寨位于肖堰镇斑竹坪村天坑垭山顶，西临刘家院，北俯五四矿，东南可眺望扑蛾洞，寨呈长方形。该寨坐西朝东，寨内地势平坦，寨门寨墙俱在，寨墙最高处4.2米，最宽处2.95米，北部墙体损坏严重，南部寨墙保存较好。墙上有巡道但均没有箭垛。山寨东西各有一门，东门已残损，西门只依稀可见。从残留痕迹上来看，西门应是主门，东门为安全通道。西部墙体上有2个掩体嵌入，东北角有3处瞭望孔。该寨地处山顶，三面环山，一面悬崖，山上植被以花栎树、松树为主，有少许灌木，北边山脚下有一条小河，名为四沟河。

该寨西面山脚下为刘家院自然村，有7户人家在此居住，当地村民以种植小麦、水稻为主，有一条村级公路直达251省道，交通十分便利。寨东南不远处有一扑蛾洞，寨因洞而得名。

肖堰镇斑竹坪村扑蛾寨一角（2008年摄）

耙头寨

耙头寨地处北纬 31° 28'07"、东经 111° 42'50"，海拔高度 681 米，面积 985 平方米。

耙头寨位于肖堰镇西流坪村耙头寨山顶，东连尖头峰，南望关山，西俯漳河，北眺蔡家沟，寨呈椭圆形。该寨坐西朝东，寨内地势中间凸起，南边较低，寨门寨墙俱在，寨墙最高处 4.4 米，最宽处 2 米，寨墙上大部分雉堞已损，仅有东门雉堞尚存，环墙巡道保存较好，北墙有部分损毁。东西南各有一门，东门较完整，西门已损，仅存部分痕迹，南门左侧已倒塌，靠近南部寨墙分布有 9 间房屋遗迹。该寨地势险峻，三面悬崖，一面连山，西边山脚下为漳河，河水自西向东而流，山上植被以花栎树、松树为主。

肖堰镇西流坪村耙头寨东门　（2008 年摄）

该寨东边山腰为唐家湾自然村，原住有十户人家，2004 年已全部搬离，有一条山间小路通往村级公路，交通十分不便。寨内中间凸起处有一间房屋，该房屋门口有两块石碑，其中一块已残破不清，据碑文记载该房为道观。

关家寨

关家寨地处北纬 31° 27'49"、东经 111° 42'07"，海拔高度 576 米，面积 1542 平方米。

关家寨位于肖堰镇西流坪村寨坡山顶，东俯学屋湾，南眺老沟，西望关山，北连牛路沟，寨呈椭圆形。该寨坐西朝东，寨内地势平坦，东西各有一门，东门门楼已毁，西门两侧通道已塌陷，寨墙最高处 4.4 米，最宽处 2 米，大部分雉堞尚存，环墙巡道保存较完整，北墙有部分损毁。北墙中段及西门内左侧各有一掩体嵌入。9 间寨房依墙而建，呈“一”字形分布在南面，其余两间分布在北面。

肖堰镇西流坪村关家寨寨墙　（2008 年摄）

该寨地处寨坡山顶，山势连绵，寨内灌木丛生，有少许松树、杉树，山上植被以花栎树为主。

该寨东面山脚下是杨柳池自然村，有 7 户人家在此居住，以种植香菇、养蚕作为主要经济来源，有一条山间小路可通往村级公路。

凤凰寨

凤凰寨地处北纬 31° 26'23"、东经 111° 45'44"，海拔高度 951 米，面积 3160 平方米。

凤凰寨位于肖堰镇柏树岗村村东高山上。山寨坐落的山峰四周沟壑纵横，山下一条小路蜿蜒与 251 省道相连。山形东高西低，山势挺拔。寨墙依山形而建，蜿蜒曲折矗立于山之巅。平面以东南至西北走向呈狭长袋状，西北部狭窄而似袋底，东南较阔，留有一门为袋口。山寨通长100多米、平均宽25米，寨墙最高6米。

肖堰镇柏树岗村凤凰寨南门 （2008年摄）

该寨四面环山，山上广生栗木、栎木与松木，植被茂盛，山势陡峭，风景宜人。

寨山的西部是251省道，通向龙王峡风景名胜区，山麓下有零星的村舍，山谷平地遍植小麦油菜，环境舒适，民风淳朴。

寨内东部突兀地段建有山神庙，庙内有碑，碑身断裂但碑文可见。庙顶坍塌，保存较差，寨墙外东南部建有房屋。据碑文记载，山寨建于清朝之前，系山民捐资为避匪患而筑。

观音寨（西泉庙村）

观音寨地处北纬30° 31'31"、东经111° 46'04"，海拔高度709米，面积1792平方米。

观音寨位于肖堰镇西泉庙村毛垭岗山顶，南俯北泉庙水库，北望周家老屋场，西连毛垭岗，东临毛垭自然村，寨呈椭圆形。

该寨坐北朝南，寨内地势较平坦，寨墙寨门俱在，寨墙最高处3.9米，最宽处2.4米，墙体损坏严重，东墙雉堞和环墙人行走道有部分保存，但已倾斜，西墙有大部塌陷。南北两门都已残缺，北门已严重倾斜，上部墙体有大部塌陷，随时都有倒塌的可能，南门左侧墙体已倒塌，门内右侧有一间长方形无门小房屋遗迹，是仓库遗址。

该寨地处毛垭岗山顶，当地气候适宜，植被茂盛，以松树、花栎树为主，有少许柏树。北边山脚下为毛垭自然村，有5户人家在此居住，有一条村级公路可通往毛垭岗山腰和251省道，交通十分便利。

南山寨

南山寨地处北纬31° 30'08"、东经111° 47'06"，海拔高度499米，面积512平方米。

南山寨位于肖堰镇曲阳坪村松山山顶，东望磨眼洞山，南临南山寺茶场，西北可俯视251省道，寨呈长方形。

肖堰镇曲阳坪村南山寨寨墙残垣 （2008年摄）

该寨坐南朝北，寨内地势较平坦，北门左侧墙体几乎消失，右侧已大部塌陷，南门两侧墙体均已垮塌。寨墙最高处3.9米，最宽处1.8米，南北墙体已大部损坏，西墙损坏严重，西北墙体基本消失和地面平齐，东北和西南角墙体下各有一掩体嵌入。

该寨地处南山山顶，四面环山，寨内荆棘密布，山上树木以松树、花栗树为主。西北山脚下为南山寺自然村，人口相对密集，以种植茶叶、香菇为经济作物，西距 251 省道 100 余米，交通便利。曲阳坪古为渠阳坪，曾是唐武德年间渠阳县县城。周围有古寺南山寺，上下有唐渠，还有古碑刻，如屈氏碑等。

天门寨

天门寨地处北纬 31° 29'03"、东经 111° 48'16"，海拔高度 472 米，面积 2900 平方米。

天门寨位于肖堰镇曲阳坪村天门山上，东、北、南三面为石羊子河环绕，西南为一村级公路，北山脚下有两户居民。

肖堰镇曲阳坪村天门寨残墙　（2008 年摄）

该寨因山势构筑，内外两重城墙。内城建于山巅制高点上，呈圆角长条形。东、南部设寨门，自南门下到外城，外城半圆形，建有南门，山寨残存寨房 20 间。该寨三面环水，一面环山，山上广生栗木、花栎木、松木，植被茂盛，山陡路险，荆棘丛生。

山脚下村民广种香菇、木耳，山谷间遍植农作物。顺河可至薛坪镇，顺路可至曲阳坪村。交通便利，环境舒适，民风淳朴。

寨内有断碑一块，碑刻时间为民国 20 年（1931），据碑文记载，此寨为古寨，由众姓捐资修成，在清雍正、嘉庆至咸丰时期进行过三次重修。

青龙寨（曲阳坪村）

青龙寨地处北纬 31° 31'18"、东经 111° 47'29"，海拔高度 613 米，面积 396 平方米。

青龙寨位于肖堰镇曲阳坪村堰湾自然村庄北部大坡山顶，与观音堂杨家湾山顶交界，东西相连大坡，南俯堰湾，北望高山，寨呈圆形。因与堰湾村庄毗邻，故被当地村民称为堰湾寨或黄家寨。

青龙山也叫大坡山，顶部平坦，山寨依山就势在山顶围合成圆形，寨内西寨墙相连处有岩石凸起。山寨东西长 25 米，南北宽 16 米，坐西朝东。其东、西部设置的东门、西门分别与山脚堰湾村庄以及另一村庄相连。寨门门框内侧均有对称石穿孔，应为当年门后安插木质顶杠之用，门顶及门底一侧有石窝，应为安装户枢之用。寨墙最高处 4 米，最宽处 1.55 米，寨门两侧厚达 2 米，墙体保存较好，雉堞和巡道大多保存完好，仅西北部寨墙雉堞有局部塌陷。西门门枋及横枋为长方石条，上部墙体有部分损坏，寨门右侧 2 米墙体内有一掩体，高 1.2 米，宽 1 米，深 0.8 米。东门结构与西门相仿，只在横枋与门枋立柱间叠压条，起坚固寨墙及美化寨门之用，一侧门柱虽仍站立却已断裂，门内侧有一凹槽，应该是青龙寨碑刻的位置，石碑现在堰湾村庄内。寨内没有发现其他建筑遗迹。

该寨北面与曲阳坪省道旁的磨眼洞寨遥遥相望。因常年人迹罕至，寨内灌木杂草丛生，四周植被茂盛。北边山脚下为堰湾自然村，有 12 户人家在此居住，以种植小麦、水稻为主，有一条村级公路可通往毛垭岗山腰和 251 省道，交通较便利。寨周围古寨、古寺、古民居遗址较多。

九龙寨

九龙寨地处北纬 31° 30'17"、东经 111° 48'41"，海拔高度 545 米，面积 5100 平方米。

九龙寨位于肖堰镇观音堂村林家老屋自然村南九龙山上，山寨西可遥望屈阳坪，东部山峦起伏，北与一小山丘一脉相连，距251省道约2千米。

山寨据险构筑，居高临下，平面呈圆形，直径约130米。寨建二门，寨房现存20间，寨高墙宽，最高处尚存6米，最宽处可达3米。其中一座门楼保存较好，寨内房屋围绕寨中心呈圆形分布。

该寨三面环山一面临路，山上广生栗木、栎木和松木，植被茂盛，适合多种动植物生长。

山的西北部有一条村级公路，山麓下均有零星的村舍。山谷平地遍植小麦油菜，环境舒适，民风淳朴。周围古庙、古寨、古民居众多，也有红色遗址。

肖堰镇观音堂村九龙寨（2022年摄）

部分寨房的门框内有刻铭，字迹漫漶不清，南门中有碑刻一块，记载着山寨建于清嘉庆五年（1800）。

碑刻　九龙寨南门碑文

盖闻大清国湖北省襄阳府豫顺都观音堂九龙寨新立庄司土地分内居住

领修张榜首人

陈友仁五千　陈友宽五千　王应宽三千　林尔□三千　向记兴二千　罗仕秀二千

□□张□二姓首人

李在明五千　李在□五千　林尔榜一千　□□□一千　杨思仪杨思信一千　刘友□一千　张□□一千（以下略）

皇清嘉庆五年岁在庚申仲冬月二十日吉立

黄家寨

黄家寨地处北纬31° 32'36"、东经111° 49'10"，海拔高度602米，面积528平方米。

黄家寨位于肖堰镇大坪村黄家寨山顶，北俯杨家湾，东眺严家垭，西连高山，南临黄家湾，寨呈椭圆形。该寨坐东朝西，寨内中间地势高四面较低，东西各有一门，东门右侧通道已损，西门上部及右侧通道已塌陷。寨墙最高处4.4米，最宽处2.2米，四面寨墙都有不同程度的损坏，环墙人行走道有部分保存，西墙损毁较严重，北墙有部分损毁。寨内中心高岗上有一间房屋遗迹，门前有断碑，右侧3米处有一残碑，据碑文记载该寨重修于宣统三年（1911）。该寨地处黄家寨山顶，四面群山环绕，山势连绵，寨内灌木丛生，有少许松树，杉树，山上植被以花栎树为主。

该寨东面山脚下是黄家湾自然村，有10余户人家在此居住，村民以种植香菇、木耳为经济作物，一条山间小路可通往村级公路，交通较为便利。

青峰寨

青峰寨地处北纬31° 33'10"、东经111° 50'31"，海拔高度470米，面积2128平方米。

青峰寨位于肖堰镇大坪村青峰山上，该寨呈椭圆形，分设南北二寨门，山寨通长约65米，宽约33米。寨墙大部坍塌，寨门仅存豁口，寨中部高平台上处建有祖师庙，仅存墙基遗迹。其上存石碑五通，碑刻字迹大多漫漶不清，经辨认有雍正十三年（1735）“共立万古”碑，乾隆十四年（1749）“万福修同”碑，嘉庆二十三年（1818）“永垂千古”碑，咸丰九年（1859）“万善同归”碑，光绪十六年（1890）“功德昭”

碑。碑刻延续达 146 年，碑文记载山寨沿革、山寨权属、祖师殿修葺和捐资人姓名等。

该寨三面环山一面临路，山上怪石嶙峋，广生栗木、栎木、松木，植被茂盛。山下泉水流淌便于耕作。寨东为 251 省道，西北为王家湾自然村，交通便利环境舒适，周围文化遗址较多。

常家寨

常家寨地处北纬 31° 34'14"、东经 111° 49'48"，海拔高度 594 米，面积 704 平方米。

常家寨位于肖堰镇伏龙川村。山寨依山巅地形构筑，呈圆角长条形，东连黄家村，西临桑树崖，南眺周家岗，北依紫荆坑。通长 43 米，最宽 15.2 米。寨设二门，寨内有一石房，仅存房基，房内有一残碑，上书民国 25 年（1936）“常家寨”字样。西门残损，仅存豁口，东门门楼坍塌，门框尚存。

肖堰镇伏龙川村常家寨 （2008 年摄）

山寨地处鄂西北荆山山脉低山丛岭地带，四季分明，温湿均衡，农、林、牧、特适宜发展。山上有栗木核桃经济林，山下有香菇木耳棚，山南有四户农舍，山东、西有两条小路直通山顶。

门框石壁刻有清同治二年（1863）唐、王领众姓捐资修寨塑圣像一事，字迹潦草不清，当地群众又叫该寨为“唐家寨”，从两处刻石铭记能看出该寨权属的变迁和历史的烙印。

北枫寨

北枫寨地处北纬 31° 34'36"、东经 111° 48'07"，海拔高度 623 米，面积 1748 平方米。

北枫寨位于肖堰镇伏龙川村北枫寨山顶，南俯汪家湾，东望犁儿湾，西临桐树湾，北眺宋家冲，寨呈长条状。该寨坐东朝西，寨内地势南高北低，西寨门高大宽耸，墙体保存完整，通道两侧各嵌入一瞭望哨台，门楼尚存、楼板已损，东门门楼已损，尚存遗迹，寨墙最高处 4.1 米，最宽处 4.25 米，西墙保存较好，北墙有部分损坏，雉堞和环墙人行走道有部分保存，南墙中段已塌陷。

肖堰镇伏龙川村北枫寨西门 （2008 年摄）

当地气候适宜，植被茂盛，以松树、花栎树为主，有少许黄栌树。该寨西边山脚下为桐树湾自然村，有 2 户人家在此居住，种植香菇等经济作物，有一条村级公路可通往 251 省道，交通相对便利。

寨内南北各分布有一间房屋遗迹，南房内竖有一块石碑，碑身高 1.09 米，宽 0.6 米，厚 0.1 米，据碑文记载该寨重修于民国 18 年（1929），用以应对当时土匪猖獗。

郭家寨（王家井村）

郭家寨地处北纬 31° 31'49"、东经 111° 44'49"，海拔高度 754 米，面积 608 平方米。

郭家寨位于肖堰镇王家井村郭家后坑山顶上。其西可俯视郭家后坑自然村，北临县级公路，东南眺望无名山。该寨平面呈椭圆形，东、西部分设寨门。寨墙大部坍塌，巡道雉堞依稀可辨，墙体宽 1.6 ～ 2.6 米、最高约 4 米。寨内残存两处房屋，靠边墙的一间仅剩墙基，中部方形小屋后壁砌有神台。该寨构筑时间不长但保存较差。

肖堰镇王家井村郭家寨 （2008 年摄）

该寨三面环山一面临路，山上广生栗木、栎木和松木，植被茂盛。山下遍植小麦油菜，物产丰富。寨北为县级公路，交通便利环境舒适。

东部墙嵌石碑一通，碑文记载郭、扬两姓领修寨堡原因，修筑时间为民国 25 年（1936）。

百家寨

百家寨地处北纬 31° 33'30"、东经 111° 45'52"，海拔高度 721 米，面积 3100 平方米。

百家寨位于肖堰镇王家井村牛家山顶并向北延伸至约 150 米远的另一山顶，南距牛家山村 100 余米，东眺李家垭山，西可俯视陈家咀，北和二尖子山遥遥相望，寨呈不规则椭圆形。整个山寨坐北朝南，寨内地势南高北低，寨门寨墙俱在，寨墙最高处 4 米，最宽处 1.4 米，四面墙体已大部损坏，东南墙体有部分和地面平行，南墙上有一瞭望孔，雉堞和环墙人行走道有部分保存。蜿蜒曲折的寨墙连接至另一山顶，抵御西方的匪寇，而在东边未发现寨墙痕迹，山顶乱石林立且无寨墙。

该寨地处牛家山顶，气候适宜，寨内灌木丛生，山上植被以松树、花栎树为主，北边山脚下为小浴河，河水四季不息自西向东而流。

该寨南边山脚下为牛家山自然村，有 3 户人家在此居住，以种植香菇、木耳、银杏为主要经济作物，只有一条山间小路可通往村级公路，交通不便。

南门上部门板已残，门前 7 米处有一房屋遗迹，房内竖有一石碑，碑文记载了当时修寨的原因、经过及时间。

龙虎寨

龙虎寨地处北纬 31° 32'29"、东经 111° 44'05"，海拔高度 772 米，面积 923 平方米。

龙虎寨位于肖堰镇王家井村寨坡山顶，南俯南沟，东距王家井 100 余米，西望谢家坑，北眺桃树湾，寨呈不规则椭圆形。该寨坐北朝南，寨内地势南高北低，寨门寨墙俱在，寨墙最高处 3.4 米，最宽处 1.6 米，雉堞和环墙人行走道大部保存较完整，北墙有部分塌陷，西墙中段有一掩体嵌入，南墙有大部塌垮。南、北各有一门，南门右侧墙体有部分损坏，北门损坏严重，有倒塌的迹象。寨内分布有 7 间房屋遗迹，寨房北侧约 10 米处有一地道，可隐秘观察寨外情况。该寨地处寨坡山顶，四面群山环绕，气候适宜，寨内灌木丛生，山上有少许植被，以松树、花栎树为主。

该寨西边山脚下为王家井自然村，有30余户人家在此居住，以种植香菇、木耳、银杏为主要经济作物，寨北山下有一条村级公路可通往251省道，交通十分便利。

寨内行道有3块残碑，文字不完整。山寨北部两间房屋内两侧墙体上嵌有两通石碑，地上有残碑一通，分别记载着山寨的兴建情况以及捐款建寨的功德。

肖堰镇王家井村龙虎寨寨房一角　（2008年摄）

郭家寨（苗家沟村）

郭家寨地处北纬31° 33'11"、东经111° 48'11"，海拔高度648米，面积910平方米。

郭家寨位于肖堰镇苗家沟村，东眺伏龙川村山峦，南邻郑家沟自然村，北依水田畈自然村。该寨平面呈椭圆形，东、西分设寨门，东门保存较好，西门坍塌。寨通长约35米，最宽约26米。寨墙部分坍塌，墙体宽约1.8米，最高约5米。寨内中部残存两处房屋。山神庙位于中部石台阶上，寨内未发现其他遗存。山寨建于清代以前。

该寨三面环山一面临路，山上灌木丛生，植被茂盛。地处低山丛岭，四季分明。寨东门一条小路直通郑家沟，山麓谷地遍植水稻、小麦、油菜。多种经营蓬勃发展。

莲花寨

莲花寨地处北纬31° 31'51"、东经111° 48'14"，海拔高度572米，面积约1000平方米。

莲花寨位于肖堰镇苗家沟村与观音堂村交界的一朵崖山顶，南连前坡，北临后岗，西俯一朵崖自然村，东为黄家岗，山寨依地势而建于山巅，平面呈不规则椭圆形。该寨坐东朝西，寨内地势东高西低，寨墙寨门俱在，寨墙最高处3.5米，最宽处1.9米，墙体损坏严重，雉堞和环墙人行走道有大部分保存，东西部各有一寨门，西门有部分塌陷，西门上部墙体有少许损坏，东门两侧墙体有部分塌陷。东墙保存较完整，南北墙体有部分损坏。寨内中部有一天然巨石，巨石两侧各有一段堆砌的石墙，应是防御所用。

该寨地处一朵崖山顶，三面环山，当地气候适宜，植被茂盛，以松树、花栎树为主，有少许杉树。西边山脚下为一朵崖自然村，有18户人家在此居住，以种植香菇、木耳为经济作物，有一条村级公路可通往251省道，交通便利。

张家寨（苗家沟村）

张家寨地处北纬31° 34'05"、东经111° 47'56"，海拔高度582米，面积870平方米。

张家寨位于肖堰镇苗家沟村阴坡山顶，山寨北临汪家湾，西俯水田畈自然村，东望高山，山寨平面呈不规则椭圆形。该寨坐北朝南，寨内地势较平坦，寨墙寨门俱在，寨墙最高处5米，最宽处仅2米，东墙除中段外两侧都有部分损坏，西墙保存较好，上部有少许雉堞痕迹。南北各有一门，北门顶部已塌陷，两侧墙体有部分倒塌，南门损毁严重，随时有倒塌的可能。此寨是清朝以前百姓避匪的藏身之处。

该寨地处阴坡山顶，当地气候适宜，植被茂盛，以松树、花栎树为主，有少许杉树，寨中心点有一处乱石岗。西边山脚下为汪家湾自然村，有 11 户人家在此居住，以种植香菇为经济作物，有一条乡村小路可通往 251 省道，交通相对便利。

张家寨（龙坑村）

张家寨地处北纬 31° 34'36"、东经 111° 46'59"，海拔高度 584 米，面积 748 平方米。

张家寨位于肖堰镇龙坑村张家坑寨坡山顶，北俯碑垭河，西连张家坑与张家老屋相望，东眺薛家山，南望庙前山，寨呈长条形。该寨坐东朝西，寨内地势西高东低，东门仅存半侧墙体，西门上部及南侧墙体已塌陷，通道尚存，西门内 3 米处有一碓窝，直径为 37 厘米。寨墙最高处 3 米，最宽处 1.4 米，南墙有多处塌陷，靠东侧的墙体已和地面平齐，西侧有多处瞭望孔，北墙雉堞、环墙人行走道有部分保存，寨房依墙而建，南北墙各分布有 5 间房屋遗迹。

肖堰镇龙坑村张家寨　　（2008 年摄）

该寨地处寨坡山顶，山势险峻，寨内灌木荆棘丛生，当地气候适宜，植被茂盛，以松树、花栎树为主，有少许杉树，北边山脚下为碑垭河，河水自西向东流淌，四季源源不断。西边山脚下为张家坑自然村，有 30 户人家在此居住，居民用水都在境内黑龙井处挑水，十分不便，只有山间小路可通往村道，交通不便。

高峰岭寨

高峰岭寨地处北纬 31° 36'03"、东经 111° 46'43"，海拔高度 707 米，面积约 3200 平方米。

高峰岭寨位于肖堰镇龙坑村高峰岭自然村北约两千米的山峰上，山体呈南北走向，东西部山脚下为薛坪镇石榴坪村庄，黑河、果河环绕，自古是南部黑河一带山民通向南漳的必经之路。山寨建在高峰岭制高点上，山寨平面近乎圆形，从寨上可俯瞰黑河、果河，瞭望花庄。山寨保存较差，仅存寨墙和一间寨房遗迹。在距山寨北墙约 1500 米的一脉山脊上建有两道石墙作为山寨的北部关卡，石墙构筑有门、瞭望孔且坚固厚实，两端止于悬崖；而在距山寨南墙约 3000 米的一脉小山上有同样的设施作为南部关卡，山寨位于两边防护墙之间坚

肖堰镇龙坑村高峰岭寨北门　　（2008 年摄）

如磐石。该寨建于清代以前。

该寨地处荆山山脉西南山区，四季分明，山上灌木丛生，荆棘密布，适合动植物生存。山寨与两道屏障之间地势平坦，适宜耕作，既可以作为山寨的缓冲区，又能够提供必要的物资补给。

该寨北为民居及村级公路。寨下的山路通向南漳县城，山上种植经济林，山下种养香菇、木耳、小麦、油菜。物产丰富，民风淳朴。

天星寨

天星寨地处北纬 31° 30'35"、东经 111° 44'20"，海拔高度 812 米，面积 620 平方米。

天星寨位于肖堰镇四垭村南坑寨坡山顶，北望陈家屋场，南和同情寨遥遥相望，东俯王华沟，西临南坑，寨呈长方形。该寨坐东朝西，寨内地势平坦，寨门寨墙俱在，寨墙最高处 3.8 米，最宽处 2 米，四面墙体都有不同程度的损坏，环墙人行走道有部分尚存，雉堞大部已损，南墙残存部分雉堞，北墙损坏严重，中部有一瞭望孔。东西各有一门，西门顶部及右侧墙体已塌陷，东门顶部及左侧墙体损坏严重，塌陷石块已堵住大门，两旁墙体各嵌有一瞭望孔。寨内中部有 3 间房屋遗迹，房顶与墙体基本无存。

该寨地处寨坡山顶，山势险峻，四面环山，寨内有一片松树林，四面山体上山石裸露植被稀松。

该寨位于南坑自然村，有 6 户人家在此居住，以种植烟叶为致富途径，西面碾子坡有大量梯田，有一村级公路可通往 251 省道，交通便利。

肖堰镇四垭村天星寨东门 （2008 年摄）

大天宝寨

大天保寨地处北纬 31° 32'15"、东经 111° 51'01"，海拔高度 684 米，面积 3080 平方米。

大天保寨位于肖堰镇响水洞村藏龙山上，四周群山环绕，东南眺望营盘自然村，东距小天保山约 300 米，坡陡路险。该寨呈圆角长条形。东、西、南各设一寨门，通长约 120 米，最宽约 29 米。寨墙保存较好，最高可达 5 米，山寨中部突起，存有道观遗迹，南门门楼大部尚存。

该寨四面环山，山上广生栗木、栎木、松木、油茶树，植被茂盛。山下天然泉水潺流不息，环境幽雅。山脚下广种茶树，山谷间遍植农作物。环境舒适，民风淳朴。

门框内镶嵌两块石碑，一块记载清嘉庆七年（1802）重修城门，一块记载清道光二十年（1840）重修山寨，据此可见山寨与道观嘉庆七年（1802）以前就已建成。

肖堰镇响水洞村大天宝寨 （2008 年摄）

小天宝寨

小天宝寨地处北纬 31° 32'07"、东经 111° 51'18"，海拔高度 611 米，面积 552 平方米。

小天宝寨位于肖堰镇响水洞村小天保山上，山寨相对于不远的大天宝寨而言较小，故名为小天宝寨，四周群山环绕，北与藏龙山相距约 300 米，南依营盘自然村，西与大天宝寨相望，相距约 300 米。

该寨呈圆角长条形。设东、西二寨门，山寨通长约 46 米，最宽约 13 米。寨墙建在陡峭岩壁上，保存较差，残墙最高处仅存 2 米，部分寨墙以巨石作为屏障。小天保寨与大天保寨相距较近，建寨时间相差也不远，两寨遥相呼应，互成掎角。

该寨四面环山，山上广生栗木、栎木、松木和油茶树，植被茂盛，山陡路险，荆棘丛生，易守难攻，该寨山脚下广种茶树，山谷间遍植农作物，环境舒适，民风淳朴，村民生活条件不断改善。

在山寨中部突起部位建有山神庙，已残，仅存石碑一块，字迹不清，可辨年号为清光绪四年（1878）。

连营寨

连营寨地处北纬 31° 40'24"、东经 111° 50'32"，海拔高度 485 米，面积 2200 平方米。

连营寨位于肖堰镇花庄村境内的连营山顶之上，寨面呈椭圆形。山寨面积不大，寨墙大部分垮塌，从残留的寨墙可以看出当年修寨工艺精湛，砌墙用的石条全部用凿子凿平，大小长短相差无几，垒砌整齐，寨内有一自然形成的台地。寨墙内的一周 2 ～ 10 米的地面相对平坦，现存有东门和西门遗迹以及坍塌的石条及门洞，寨内已无其他遗存。

连营寨地处山顶，山虽不高但山势险峻，是周围最高山峰，一枝独秀，四周连绵的低矮山峰沟壑纵横。山寨东望大山，西面花庄集镇，南临麻雀冲，北连边营山，向南可眺胡山寨（城关境内），气候适宜，空气潮湿，山体多为岩石，土质贫瘠，野草荆棘丛生，原始植被保存较差，常有山鸡栖息。

连营寨早已被废弃。山下獐狼坪及花庄镇有上千人口，人气旺盛，商贾云集，主营茶叶，有芽茶烘青及炒青等十余品种，生意兴隆。交通便利，251 省道贯穿全境，原在此建设的国营汉光厂虽已迁走，但遗留大量厂房为当地工商业和养殖业奠定了深厚基础，各种副业应运而生，村民富裕，民风淳朴。

连营寨建于清代中期，是山下村民集资修建的，以备战乱之时躲避灾祸。

塌巴寨

塌巴寨地处北纬 31° 36'47"、东经 111° 52'42"，海拔高度 229 米，面积 2000 平方米。

塌巴寨位于肖堰镇杜家沟村境内的塌巴山上，寨依山势而建，南北走向，平面近椭圆形。一周寨墙尚存，从外看最高处约有 1.5 米，寨内已被垦为平地，早年种过庄稼，现栽种树木，寨墙已坍塌，墙体与寨内齐平，原来的房屋建筑遗迹已荡然无存，仅剩的南门已被挖塌，痕迹尚存，寨门西边有两个直径 1.5 米的圆坑，其他遗迹均无。

塌巴寨地处低矮山峰，气候适中，空气湿润，水源充足，岩土肥沃，原始植被保存较好，许多野生动物在此栖息繁衍。寨内外松柏青翠，修竹茂林，各种杂树相得益彰，相互映衬。

塌巴寨已被开垦为山林，过去常有人上山打猎，采摘山果野菜，山下关口冲居住近十户村民，人口稀疏，村民以种植水稻、小麦为主，兼种油菜、玉米、香菇、木耳、茶叶等经济作物，生活相对富裕，交通不便，仅一条土路通往冲内。

塌巴山寨建于清代，是山东陈家、山西谢家共同捐资修建的避难之处。

杜家寨

杜家寨地处北纬 31° 35'39"、东经 111° 35'39"，海拔高度 260 米，面积 1460 平方米。

杜家寨位于肖堰镇杜家沟村杜家湾自然村南山之巅。山寨依山势而建，呈不规则长条形，通长约 87 米，最宽 24 米，墙体厚达 1.5 ～ 4.5 米，残高约 2 米，寨存二门均残，寨内残存寨房三排 17 间，大小不等，未见其他遗存。

该寨地处荆山余脉，周围是低山丘陵，四季分明，温差不大，植被丰富，荆棘丛生，是小型野生动物栖身之处。该寨东俯杜家沟自然村，南眺云台山水库，西与小山岗相连，北与一处人工引渠相距 120 米。

山寨原有碑，后被村民搬下山改为猪槽，村民介绍碑文记载了山寨建于清朝前，为村民抗匪避难之所。

杨家寨

杨家寨地处北纬 31° 38'02"、东经 111° 50'56"，海拔高度 337 米，面积 2700 平方米。

杨家寨位于肖堰镇狮子口村境内的杨家山顶之上，其北与周湾村接壤，平面近椭圆形，寨依山势而建。一周寨墙保存较好，局部有垮塌现象，寨墙用黄面石垒就，厚约 1 米，高 2 ～ 3 米，寨内种有农田，地势较平缓，建有房屋一间，南北墙已倒塌，山寨现存东西两门，东门高耸但上方寨墙已垮掉，西门仅剩遗迹，此外无其他遗址。山寨建于清中晚期，是山下以杨家为首的富户出资修建的躲避流匪的庇身之处。

山寨南、北、东三面陡峭，西边略缓，四周诸山环绕，沟壑纵横，连绵不绝，其东临张家沟，南面周家沟，西北为连接 251 省道的村级公路，气候适宜，水源充足，土地肥沃，适应各类树木及农作物生长。

山寨周围村落较多，民风淳朴，交通较为便捷，古山寨、古民居、古墓葬遗址分布较多，人们生活较为富裕。

伍家寨

伍家寨地处北纬 31° 35'23"、东经 111° 50'20"，海拔高度 436 米，面积 2800 平方米。

伍家寨位于肖堰镇陈家榜村境内寨坡山顶，寨依山形建有多道寨墙，平面呈不规则圆形。寨墙巍然耸立，寨门高悬。一周寨墙部分垮塌，四周均垒有两道寨墙，其中西北角还垒有三道墙，寨内存有十余间房屋，墙体保存较好，屋面还残留有瓦。寨设南门和西门，南门左右寨墙留有巡道、垛口和瞭望孔。南门上方木桥依然保存较好。

伍家寨地处低矮山峰，东望水田岗，南连长岗，西眺花栎树垭寨，北面龙潭沟，气候潮湿，空气清新，土地肥沃，寨内灌木杂树丛生，寨外竹林茂密，松柏成林。

伍家寨已无人居住，但常有人慕名踏访，山下村民勤劳朴实，自给自足，以种植水稻、小麦、油菜为主，兼种香菇、木耳，生活殷实。交通不便，仅有一条乡间小路从寨坡山下通过。

山寨建于清代，是过去山下大户伍家独资修建的躲避匪患的藏身之处。据当地百姓说，寨内有碑但下落不明。

花栎树垭寨

花栎树垭寨地处北纬 31° 35'48"、东经 111° 49'51"，海拔高度 470 米，面积 2460 平方米。

花栎树垭寨位于肖堰镇陈家榜村寨坡山顶，北俯葛公河，西眺朱家湾，南临龚家岗，东望水田岗，寨呈不规则椭圆形。该寨坐西朝东，寨内地势西高东低，寨墙寨门俱在，寨墙最高处 6 米，最宽处 2.8 米，大部雉堞和环墙人行走道保存，南墙保存较好，北墙损坏严重，仅存一段墙体，西墙大部塌陷。东西各有一门，东门顶部已消失，左侧墙体有部分倒塌，西门已倾斜，两侧墙体有局部塌陷。寨内西部高岗上有一对门墩和少许房基，据当地村民肖其虎介绍此处应是道观，周围还有两间寨房，现已消失。

该寨地处寨坡山顶，当地气候适宜，植被茂盛，以松树、花栎树为主，东边山脚下为葛公河，河水四季不竭，自西向东流入云台山水库。西边山脚下为伍家湾自然村，当年有 10 余户人家在此居住，以种植苎麻、香菇为经济作物，有一条乡村小路可通往 251 省道，交通便利。

大包寨

大包寨地处北纬 31° 31'43"、东经 111° 41'16"，海拔高度 906 米，面积 2400 平方米。

大包寨位于肖堰镇峰山村境内的大包山上，上寨几乎无路，寨依山势而建，平面近长方形。寨为南北走向，西边及南、北少部分有寨墙，东边悬崖峭壁。寨内中间高，四周低，靠南边较险处有房屋两间。寨设有北门，两边墙上有巡道、垛口及瞭望孔，此处无其他遗迹。

大包寨位居奇险之地，地理位置及自然环境优越，真乃一夫当关、万夫莫开。其东临西林河，西望国公洞，南为张家坡，北面南湾。气候适中，四季分明，早晚温差大，寨内荆棘杂树丛生，有松树点缀其间。寨外苍松翠柏成林，野猪、野羊等动物活动频繁。

大包寨已无人居住，但其林地属私人所有。山下土地平缓，村民为防野猪，每一冲都修小木屋，粮食成熟季节蹲守在此，遇野猪便燃放鞭炮，以此保护庄稼免遭毁坏。交通不便，仅有小路通向山中大路。

大包寨乃山下村民捐资修筑，主要用于躲避匪祸和抵御外侵之敌。

黄龙寨

黄龙寨地处北纬 31° 29'18"、东经 111° 41'40"，海拔高度 662 米，面积 1100 平方米。

黄龙寨在当地称“大黄龙寨”，对面甘溪境内小寨为小黄龙寨。寨子位于肖堰镇幸家坪村，依山势而建，平面近半圆形。一周寨墙保存较好，局部虽有垮塌现象，但寨墙宽厚高耸，结构严密，雄浑而壮观，墙上有巡道，巡道一人高处有垛口，巡道下边一周均修有瞭望孔。寨建有东门和西门，两门都屹立未倒，西门外沿西墙入西门处的石条上，自南向北存有九个门窝一样的孔，间距为 1.5 米，再外为悬崖，可能当时做有护栏。

黄龙寨位居险要之地，西、南、东三边临绝壁，漳河沿其西、南山下日夜不停，湍急流淌。东北隔林河望呼儿山，居高临下可俯瞰小寨。气候湿润，空气清新，土地肥沃，可适应多种植物生长，松柏青翠，竹林茂盛，荆棘灌木丛生。

黄龙寨早已不适宜人类居住，平时人迹罕至，仅有个别村民前往挖树根、扳竹笋。山中多为秦姓村民，约 100 人。山民依靠山地资源，种植木耳、培植袋料香菇和烟叶等发家致富。交通不便。

山寨是以古代当地大户人家秦家为首，倡议众姓捐资修建的藏身之处，一遇战乱百姓便携家人进寨躲避。

观音寨（观音岩村）

观音寨地处北纬 31° 32'35"、东经 111° 38'59"，海拔高度 835 米，面积 800 平方米。

观音寨位于肖堰镇观音岩村王家庄西面的山顶上。山麓东现为观音岩村委会，南为任家山，西面小山环绕。该寨依山形而建，平面呈圆角长条形，中部巨石凸起，寨墙用大块山石构筑，厚实坚固。寨建南北二门，南门残破毁坏严重，北门门枋及石墙保存较好。山寨通长约 40 米，最宽约 20 米。寨内无其他遗迹。

山寨地处荆山山脉鄂西北山区，四季分明，山上灌木丛生，荆棘密布，适合动植物繁殖生长。寨西为村民住房，东为村级公路。山上种植经济林，山下培育香菇、木耳。物产丰富，交通便利。

寨上原有石碑已毁，据碑文记载寨系众姓集资，建于清代以前以防兵匪之用。

肖堰镇观音岩村观音寨　（2022 年摄）

青龙寨（青龙湾村）

青龙寨地处北纬 31° 34'06"、东经 111° 40'21"，海拔高度 956 米，面积 1200 平方米。

青龙寨位于肖堰镇青龙湾村张家坪青龙山顶，西临张家垭，东北俯薛坪张家沟村，南望笔架山，东距张家坪 100 余米，寨呈不规则椭圆形。该寨坐西朝东，东门有局部损坏，西门高大宽耸，顶部有四处射击孔，顶部门梁已断裂，寨墙及巡道保存一般，北墙中段已消失，墙体大部塌陷，西南墙体保存完整，东墙靠门口处有部分墙体已塌陷，靠南侧有一瞭望孔，寨内南墙处分布有两间房屋遗迹。

该寨地处青龙山山顶，寨因山而得名，寨内南部有一高岗，四周植被茂盛，以花栎树为主，有少许松木。东北边山脚下为张家坪自然村，人口较密集，有 60 余户人家在此居住，以种植香菇、木耳及烟叶为经济作物，有一条村级公路可通向肖堰镇至薛坪镇的省道。

在靠近东门的房屋内有一残碑，该碑为功德碑，因长年风雨侵蚀，加上人为破坏，碑上的年号已模糊不清，碑文也难以辨认。

寨岭寨

寨岭寨地处北纬 31° 33'01"、东经 111° 40'31"，海拔高度 1026 米，面积 980 平方米。

寨岭寨位于肖堰镇青龙湾村麻堰坪境内的寨岭上。寨依山势而建，山势相对平缓，平面近椭圆形。一周寨墙均存，有几处垮塌现象。西门、东门遗迹还在，但西门已坍毁，东门尚立，上方过桥已被拆除，当时寨墙上修有巡道和瞭望孔。寨内乱石林立，荆棘杂树丛生，未见其他建筑遗迹。

此寨地处寨岭，遍地灌木丛林，多生松柏、花栎，周围山环水绕。村民以种植玉米、小麦为主，也种植木耳、香菇、烟叶等。寨东西部均有自然村落，有村道通往县道，交通便利，文化底蕴较为深厚，古寨、古民居、古井遗址较多，民风淳朴。

山寨是古代山下村民捐资修建，恐他日变乱之时，可为藏身之处，保一方平安。

声明寨

声明寨地处北纬 31° 31'02"、东经 111° 45'47"，海拔高度 517 米，面积 3300 平方米。

声明寨位于肖堰镇西泉庙村寨坡上，山寨依山而建，呈东西走向，平面呈不规则椭圆形。该寨建于清代前，用以躲避匪患，寨墙用本地产青石砌筑，现保存状况较差，大部分已坍塌，残存寨墙 40 多米，残高 2 ～ 4 米，厚 1 ～ 2 米，部分寨墙只剩 1 米左右高的墙基，东、西两侧寨门均已坍塌，寨内杂草灌木丛生。

声明寨位于山顶，自然环境优越，气候适中，空气湿润，土地肥沃，适应多种植物生长。该寨东临北泉庙水库，北面连山，村级公路直达山寨脚下的水库边。

声明寨上无人居住，但时而有人进寨放牧。寨西 500 米的砂塘子住有近 20 户冯姓人家，人口密集，南面是 10 多户尹姓人家，都以种玉米、小麦为主要口粮。寨脚下的村级公路离 251 省道不足 1 千米，交通十分便利。

磨眼寨

磨眼寨地处北纬 31° 30'34"、东经 111° 47'36"，海拔高度 435 米，面积 810 平方米。

磨眼寨位于肖堰镇曲阳坪村寨坡上，依山而建，东西走向，平面近似不规则圆形，直径 38 米。寨墙因地制宜，就地取材，用青石砌筑，保存较差，东西二门及部分墙体已损毁，残存寨墙高 2 ～ 4 米，厚 1 ～ 2 米。寨内杂草灌木丛生，寨中建有一座联通塔。

磨眼寨位于山顶，自然环境优越，气候适中，空气湿润，土地肥沃，适应多种植物生长。南面千顷良田，是著名的曲阳坪，古唐渠从坪中由西向东流过。西北连山。

磨眼寨上无人居住，但时而有人进寨放牧。寨西 500 米的堰湾住有近 20 户陈姓人家，人口密集，南面曲阳坪住有近百户人家，都以水稻为主要口粮。寨脚下的 251 省道穿坪而过，交通十分便利。该寨脚下的曲阳坪历史文化厚重，现为华中绿谷的核心区之一。

该寨建于清朝前，以备兵荒马乱时百姓避难所用。

九泉寨

九泉寨地处北纬 31° 32'12"、东经 111° 47'24"，海拔高度 547 米，面积 1800 平方米。

九泉寨位于苗家沟村与观音堂村交界的九泉山上，该遗址保存一般。寨面呈椭圆形，坐北朝南，南北各开一门，南门现保存较好，比较完整，北门已毁。周围寨墙还保持原状，高低参差不齐，局部有坍塌，最高处约 5 米，最低处 2 米左右，墙厚 1.5 米，皆是用毛石垒砌而成。

肖堰镇苗家沟、观音堂村九泉寨残墙　（2008 年摄）

该遗址地处荆山余脉，地貌主要为石灰、泥质岩，山冲地为砂土层，属丹霞地貌。峡谷、丛峰、溶洞皆有发育。此地群峰连绵，层峦叠嶂，泉水奔流，水源丰富。

遗址东距苗家沟村约 1 千米，南离西垭 1 千米，东南 300 米处是九泉垭，山下周围人口较多，一条东西向村级公路顺山脚下蜿蜒而过，交通不便，周围山寨遗存较多。

谢家寨

谢家寨地处北纬 31° 45'23"、东经 111° 36'22"，海拔高度 750 米，面积 750 平方米。

谢家寨位于肖堰镇龙坑村谢家湾自然村旁的山冈上，三面环山，东眺高峰岭，南望谢家湾，北俯黑河。山寨的寨门仅见痕迹，寨墙整体保存较差，局部墙体和顶部因山体滑坡、暴风雨以及人类活动造成歪斜或垮塌。山寨残存寨墙高 2 ～ 3 米，通长约 30 米，宽约 25 米，寨内未见其他遗迹。

该遗址山上灌木丛生，荆棘密布，适合动植物繁殖生息。寨东为民居及村级公路。山上种植经济林，山下培育香菇、木耳，物产丰富，民风淳朴。周围古寨遗址遍布山头。

该寨原有一块功德碑，记载众姓集资修建古寨功德，碑刻时间为清代中期，但此碑刻已不见踪影。

黄楝树寨

黄楝树寨地处北纬 31° 45'34"、东经 111° 45'34"，海拔高度 532 米，面积 500 平方米。

黄楝树寨位于肖堰镇龙坑村黄楝树垭后山顶上，山寨四面环山，东眺后湾村，黑河从西南山下环绕，南临果河，北距谢家寨约 2 千米。该寨保存较好，寨墙高约 4 米，墙上有瞭望孔，一条石凿小路蜿蜒通入寨内。寨内有一间寨房遗址，此外无其他遗迹。

该寨山上怪石嶙峋，陡峭难行，视野开阔。寨南为黄楝树垭自然村，山上种植经济林，山下培育香菇、木耳，物产丰富，民风淳朴。

此寨建于清代前，为当地民众避难之所。

肖堰镇龙坑村黄楝树寨寨墙一角　（2008 年摄）

孙家寨

孙家寨地处北纬 31° 34'15"、东经 111° 46'29"，海拔高度 689 米，面积 1800 平方米。

孙家寨位于肖堰镇龙坑村孙家窝子的山顶上，山寨依山而建，呈不规则椭圆形，坐东向西，寨墙墙基由条石垒筑而成，设有东西两座寨门。山寨寨门垮塌十分严重，寨门四周被碎石包围。多数寨墙倒塌，仅存东北角的寨墙保存相对较好。残存寨墙高约 2 米，厚 1 ～ 2 米。

山寨南临孙家窝子，北距龙坑村约 2 千米，西距唐家湾约 1 千米，四周为群山环绕，植被十分茂盛，灌木丛生，土壤为砂性土。山下居住人口较少，交通不便。

五宝寨

五宝寨地处北纬 31° 29'18"、东经 111° 43'00"，海拔高度 824 米，面积 3500 平方米。

五宝寨位于肖堰镇四垭村河垭自然村前坡的山顶上，山寨依山势而建。五宝寨呈椭圆形，除寨房房顶坍塌以外，房屋墙体和山寨城墙保存较好。寨内建有房屋 10 间，寨墙高 3 米以上，最高达 5 米多，厚 1 ～ 2 米，修有南北二门。寨内未见其他遗迹。

五宝寨位居山顶，自然环境优越，气候适中，空气湿润，土地肥沃，适应多种植物生长。该寨四面环山，寨内荆棘杂草丛生，原始植被保存较好。

五宝寨虽无人居住，但常有人进寨砍伐、放牧；山下北面和东面各有一个自然村庄，住有近 30 户敖姓人家，民风朴实，以种玉米、小麦和油菜为主，

肖堰镇四垭村五宝寨寨门　（2008 年摄）

兼种香菇、木耳等。交通比较方便，村级公路通至山下。

山寨建于清代前，是山下敖、冯二姓筹资所建，以备兵荒马乱时避难所用。

同情寨

同情寨地处北纬 31° 29'59"、东经 111° 44'08"，海拔高度 583 米，面积 2700 平方米。

同情寨位于肖堰镇四垭村霍家垭后坡山顶，西临上湾，南眺七里冲，北俯周家湾，东距霍家垭仅 200 米，寨呈长方形，坐东北朝西南，寨内地势较平坦，寨门寨墙俱在，寨墙最高处 3.5 米，最厚处达 1.7 米，墙体用不规则石块垒砌而成，墙体及环墙人行走道大部保存较好，仅北墙局部墙体塌陷，南墙上有一处瞭望哨台，东北门顶部损坏，西侧通道上部损坏，西南门保存较完整，顶部有拱形门梁，右侧有五步石阶。

肖堰镇四垭村同情寨 （2008 年摄）

寨内中部山石裸露、凹凸不平，四周植被茂盛，以松树、花栎树为主，有少许杉树，小型动物时常出没。

该寨位于霍家垭自然村，有 4 户人家在此居住，以种植烟叶为经济作物，有一村级公路可通往 251 省道，交通便利。周围有较多的古寨及乡土建筑。

马鞍寨

马鞍寨地处北纬 31° 37'47"、东经 111° 52'36"，海拔高度 303 米，面积约 4500 平方米。

马鞍寨位于肖堰镇狮子口村张家沟自然村山顶，因寨体状如马鞍而得名。山寨东临石家沟，西距上张家湾约 1 千米，北与城关镇接壤。山寨呈长方形，体量较大，东西长 50 米以上，南北宽 80 多米，寨墙保存较好，仅局部损毁。山寨东西南北各设一道寨门，内有多间房屋遗迹。

山寨四周为崇山峻岭，周围山涧溪流汇聚向南流出到刘集大渠内，山体上植被十分茂盛，以马尾松和花栎木为主。山寨位于人口较少的狮子口村，交通状况较差。周围山寨遗址不少，居民生活条件一般。

寨内存有一通光绪三年（1877）重修山寨的记事碑，记录了当时维修山寨的有关事宜及众姓村民捐资之功德。

华山寨

华山寨地处北纬 31° 33'06"、东经 111° 42'33"，海拔高度 910 米，面积近 1200 平方米。

华山寨位于肖堰镇高坪村王家屋场后山上，依山而建，东西走向，平面近似长方形，长 38 米，宽 30 米，寨墙寨房全为石构，以原地产青石材砌筑，寨墙高 2 ～ 4 米，厚约 2 米。山寨修有东西二门，西门已毁，东门尚在。寨内杂草灌木丛生，寨中建有一庙，庙房约四平方米，庙内存有神坛，高 1 米，宽 0.6 米，时而有周围信徒前来朝拜烧香。

华山寨自然环境优越，气候适中，空气湿润，土地肥沃，适应多种植物生长。该寨四面环山，东面山下是林河；交通不便，有一小道从村民王作周屋后通向寨顶。华山寨上无人居住，但时而有人进寨放牧。寨南 600 米的山下住有一户王姓人家，以种玉米、小麦为主要口粮。

华山寨建于清朝前，为躲避匪患而建。

天宝寨

天宝寨地处北纬 31° 34'45"、东经 111° 41'58"，海拔高度 935 米，面积为 1300 平方米。

天宝寨位于肖堰镇高坪村拐枣树沟前坡山顶，寨墙用本地产青石块砌成。该山寨依山顶地形而建，近乎圆形，直径 40 多米，修有东西二门，有寨房遗址近 10 间，但保存较差，寨墙、寨门坍塌严重，东门北面一间寨房已损毁。

天宝寨所处位置自然环境优美，气候适中，空气湿润，土地肥沃，适应多种植物生长。山寨东南俯视高坪自然村庄，西临拐枣树坑，北眺薛坪镇的果河坪。

天宝寨无人居住，但常有村民在寨上砍伐、放牧，该寨东南山下约 400 米住有 60 多户人家，以种小麦、玉米为主要口粮，以种木耳、香菇和养殖鸡、羊、牛为主要经济收入。这里村民勤劳、善良，民风淳朴。乡级公路从坪中穿过，村级公路直达寨脚下，交通便利。

该寨建于清朝前，后曾维修过，用于躲匪避难。寨内未见碑刻和其他遗迹。

幸家寨

幸家寨地处北纬 31° 31'07"、东经 111° 40'55"，海拔高度 818 米，面积约 1500 平方米。

幸家寨位于肖堰镇幸家坪村东坪北面山顶，整个山寨呈椭圆形，东西长 48 米，南北最宽处 32 米。寨墙由当地产青石块砌筑而成，西门北边有一间寨房，仅剩半截墙体。寨内地势南低北高，北边有巨石凸起，高于寨墙。该寨保存较好，坐西朝东，修有东西二门，寨门寨墙较为完整，东门南面寨墙稍有损毁。

幸家寨位居山顶，自然环境优越，气候适中，空气湿润，土地肥沃，适应多种植物生长。该寨北面山脚有条小河，三面环山。寨内荆棘杂树丛生，原始植被保存较好。

幸家寨上无人居住，但常有人进山砍伐、放牧等。西山下面住有近 20 户人家，人口密集，民风朴实。村民以种植玉米、小麦为主要口粮，兼种香菇、木耳等。交通方便，村级公路通至该村庄。

陈家寨

陈家寨地处北纬 31° 52'17"、东经 111° 39'16"，海拔高度 608 米，面积 1500 平方米。

陈家寨又名黄家寨，位于肖堰镇观音堂村一组杨家湾的山顶之上，距村委会约 1.5 千米，山寨东邻黄家岭，南邻曲阳坪村堰湾，西、北邻杨家沟。

肖堰镇观音堂村陈家寨南门　（2008 年摄）

古寨平面近似于圆形，整体保存较完好，小部分墙体坍塌，寨墙高 5 ～ 10 米，宽约 1.70 米，寨墙箭垛及行道保存较好，行道可以绕行一周，宽约 0.70 米。山寨东、西长约 40 米，南、北宽约 35 米，设东、西两门，东门宽 0.94 米，高 1.80 米；西门宽 0.90 米，高 1.90 米。在山寨内未发现有其他的建筑存在。

周围山峰连绵，植被茂密，灌木丛生，松树、柏树、栎树成林，小动物随处可见。古寨位于山岭之上，常年人迹罕至，山脚下有条村道，住有 10 多户人家，村民以种植小麦、玉米为主，也培植木耳、香菇。附近的周家老屋保存较好，古山寨存量多，还有寺庙遗址。

据当地村民介绍，山寨由黄姓和陈姓两家共同出资修建。

禹王寨

禹王寨地处北纬 31° 28'39"、东经 111° 45'21"，海拔高度 665 米，面积 1400 平方米。

禹王寨位于肖堰镇龙王河自然村。古寨依山而建，西高东低，布局呈长方形，通长 69 米，宽 22 米，寨内房屋 46 间，寨门、寨墙、房屋上部局部坍塌。

肖堰镇肖家堰村禹王寨东门　　（2008 年摄）

该寨地处山区，四周群山起伏，沟壑纵横，植被丰茂。山上多松树、栎树，灌木成丛。野生动物种类众多，时有活动。

古寨脚下不远处即为集镇，人口密集。村民既务农又经商，经济活跃。交通便捷，出行方便。古寨周围山寨众多，还有古堰遗址和革命烈士塔等红色遗址。

乌龟寨

乌龟寨地处北纬 31° 29'31"、东经 111° 46'02"，海拔高度 434 米，面积 2300 平方米。

乌龟寨位于肖堰镇老街东面的乌龟山上，依山而建，东西走向，平面近似不规则椭圆形。寨墙寨房用当地产青石砌筑，大部分坍塌，仅剩基脚，东西二门已经倒塌。乌龟寨位于山顶，自然环境优越，气候适中，空气湿润，土地肥沃，适应多种植物生长。该寨东临肖堰镇林业所后沟坡田，南面是一冲旱地，西三百米是肖堰老街，北俯 251 省道穿肖堰街道而过。寨内荆棘杂树丛生。

乌龟寨上无人居住，但时而有人进寨放牧，寨西 300 米的老街上住有近 30 户人家，人口密集，玉米、小麦为主要口粮，兼做小商生意。南面是肖堰镇政府所在的主街道，251 省道穿街而过，交通十分便利。

该寨建于清代以前，以备兵荒马乱之际百姓避难之用。

新寨

新寨地处北纬 31° 26'14"、东经 111° 47'12"，海拔高度 600 米，面积 2000 平方米。

新寨遗址位于肖堰镇柏树岗村李家沟旁的新寨山顶上，寨墙由当地石块垒砌，沿山势蜿蜒起伏。山寨坐东向西，平面为长方形，东西长 50 米，南北宽 40 米，在寨墙南北两侧设寨门，寨墙高 2 米左右，厚 1.5 米，墙体局部坍塌。寨内现存石屋 30 余间，对称式布局，中间是通道。整体保存较好。

肖堰镇柏树岗村新寨　　（2020 年摄）

新寨山林植被茂密，山势险峻地势险要，周

围山峦起伏、沟壑纵横。山寨坡地多为山林，是村民近年开发而种植的经济林，有松树、柏树等。山脚的小路与几千米外的县道相连，交通不便。

此寨为清代所建，是先民避难之所。

吴家寨（西泉庙村）

吴家寨地处北纬 31° 30'56"、东经 111° 46'58"，海拔高度 443 米。

吴家寨遗址位于肖堰镇西泉庙村吴家寨山顶，南俯吴家湾，北眺铁家岭，西连寨沟，东临龙泉沟，寨呈椭圆形。该寨坐东朝西，寨内地势北高南低，寨墙寨门俱在，寨墙最高处 4 米，最宽处 1.8 米，墙体损坏严重，东南墙体已塌陷并与地面持平。西南墙有部分保存，在其中段有一长方形凸起，应该是起防御作用的哨卡。东寨门已基本消失，西门残余部分墙体，西门外有一半椭圆形的月城，通长 20 米，最宽处 16 米，月城城墙保存较好，城门朝西，上部墙体有部分损坏，寨内中心点有一处石块堆积。此寨为清代中晚期所建。

该寨三面环山，面朝低冲，当地气候适宜，寨内灌木丛生，四周植被茂密，以松树、白杨树为主。南边山脚下为吴家湾自然村，有 30 余户人家在此居住，以种植香菇为经济作物，有一条村级公路可通往 251 省道，交通便利。

碑垭寨

碑垭寨地处北纬 31° 34'48"、东经 111° 46'17"，海拔高度 650 米，面积 3200 平方米。

碑垭寨位于肖堰镇龙坑村碑垭山顶，北临冯家垭，南俯木梓树垭，东望神石岭，西眺关帝庙垭，寨呈椭圆形。山寨坐东朝西，寨内地势凹凸不平，西门损毁较严重，两侧及顶部已塌陷，东门两侧残存部分墙体，且内有两段墙体，加强了此门的防御力度。寨墙最高处 4 米，最宽处 2.75 米。部分寨墙保存完整，靠北侧墙体已塌陷，南墙中段已消失，两侧已塌陷，南墙大部损坏，寨内靠北墙有一房屋遗迹。

肖堰镇龙坑村碑垭寨残墙　　（2008 年摄）

该寨地处碑垭山顶，寨内灌木丛生，当地气候适宜，植被茂盛，以松树、花栎树为主，有少许杉树。古寨所在区域，四季分明，适宜野生动物生长。

该寨西边山脚下为龙坑自然村，有 15 户人家在此居住，以种植烟叶为经济作物，有一条坎坷不平的村道可通往 251 省道，交通不便。周围文化底蕴较厚重，古寨遗址多，古墓葬不少。

吴家寨（杜家沟村）

吴家寨地处北纬 31° 34'14"、东经 111° 53'48"，海拔高度 219 米，总占地约 5 万平方米。

吴家寨位于肖堰镇杜家沟村的吴家山顶，山寨的东坡下为苏家沟自然村，南为云台山水库与云台山遥望，西北与泄洪道相接。山寨平面近似三角形，坐西朝东。寨内地势较平坦，东西长约 300 米、南北宽约 200 米，山寨寨墙由不规则形状的石块垒砌而成，寨内多土少石，灌木丛生。寨墙残高与地面大部分持平，局部高出地面 1 ～ 2 米，寨门痕迹已经不存。在山寨的西北部距寨墙约 50 米处有 5 间只剩墙基的寨房遗迹。

吴家山与周围山势连绵，山林植被茂密，寨内及其山体被茂密的灌木杂树包围，周围动植物种类繁多，小型野生动物时有出没。

寨旁的苏家沟村庄里居住着近十户村民，以种植油菜、小麦以及水稻、玉米为主。一条乡间小路连接通往武安镇刘集街的村级公路，交通便利。周围古山寨多，古渠堰多。现代人工湖云台山水库波光粼粼，近在咫尺，村民深得其灌溉、渔业和发展旅游观光之利。

吴家寨是村民祖辈当年为抗匪避难而建的，建造时代为清代以前。

七星寨

七星寨地处北纬 31° 22'16"、东经 111° 32'01"，海拔高度 690 米，面积 3800 平方米。

七星寨，又名七姓寨或齐心寨，位于肖堰镇观音堂村五组周家湾旁的一座山顶之上，距村委会约 10 千米，东南离刘家山自然村约 0.6 千米，西南距榨树沟约 0.7 千米，西北至水沟村约 0.6 千米。七星寨依山势而建，平面为椭圆形，呈东西走向，设有东、西两门，寨墙上设有箭垛和巡道，山寨内有一座经打磨过较规整的石块修建的关帝庙，寺庙墙体还保存完好，内有石砌神坛，原在上面供有关羽石造像，后遗失。七星寨遗址整体保存较好，仅墙体有局部坍塌，山寨东、西两门保存较完整，上部的碉楼巍然屹立。寨内还存有舂米的石碓窝。

该寨三面环山一面临路，山上灌木丛生，植被茂盛。该寨东门一条小路直通周家老屋山麓，冲地遍植玉米、小麦、油菜。多种经营蓬勃发展。周围古寨山头林立，民国前老屋星罗棋布。

寺庙墙体内设有两块石质碑刻，碑刻残破。另在东大门及民房墙体上还存碑刻三块。20 世纪中叶，在山顶寨内还发现过一把石斧，石斧为石灰岩质料，表面较光滑，梯形，弧顶，双面刃，刃部残损严重，最厚处为 3.2 厘米，残长 10.1 厘米，刃宽 5.6 厘米。石斧经专家鉴定打造时代为新石器时代。

据当地村民周德前介绍，山寨由七姓人户合建，在解放战争期间新四军曾在此寨抗击国民党军队，还牺牲了三名战士。

肖堰镇观音堂村七星寨 （2008 年摄）

肖堰镇观音堂村七星寨内关帝庙内北侧石碑 （2008 年摄）

碑刻 七星寨内关帝庙石碑碑文

庚子之冬十日□□□在小馆中适有二客至一曰刘子［方兴］一曰赵子光林询其来意则为创修新寨［事嘱余］得一言为记余自知简陋力辞而不得因谓寨乃避乱之所非形势耸拔险峻［者则］不足持答曰然

□□可异者在请聊□□□之是山之［如北斗七星者］迭有七凸如□□□人言北斗七星高其新之谓兴一时□□□名为七星寨云余□□□□矣而□□□□之法如何答曰富者捐资贫者出力故□□□□□□□□□□兴□□众志成城信□□□□□□□哉答曰□之来□因不设□□□有功耳彼经书□视人工一无乖错□□□归不辞其劳谇□则为周焕煦也□□□某某亦兴有力□至吾二人不过□□□二耳敢谓是设不能无补哉余□□□□□□即足以记矣余何必赘未几□□□□□去□□□□树木基址□□□后□无论□□代湮不准砍□□挖

领修首士

监生　刘方兴　赵光林

□□□十千　刘金顺七千

□□□十二千　赵明泰三千

耆老　□□□十二千　周兴让八千

□□□十二千　周兴杨七千

周［文］宏　施当价钱二十八串七百文

大清道光二十六年梅月立

回龙观寨

回龙观寨地处北纬31° 52'58"、东经111° 52'28"，海拔高度568.92米，面积2400平方米。

回龙观寨位于肖堰镇四垭村茅湖离大垭1千米的林河中心的回龙山顶之上，坐西朝东，呈四边形，长10米，宽8米。墙高3～5米，厚50～80厘米，全部用青石块垒砌而成。

回龙观寨位于回龙山山顶，自然环境优越。土地肥沃，空气湿润，适应多种植物生长。该寨东、南、北三面环水，寨内荆棘杂草丛生，寨外三面都是峭壁，只有西面一条小路从河底通向寨的后面，右绕半圈才能进入寨门。

回龙观地处偏僻，但常有人上山来此采药。对面山上是茅湖自然村，住有20多户人家，村民以种植玉米、小麦为主要口粮，居住比较分散。因开矿采石，修有一条简易公路从大垭通往河底。河水不是很大，但四季常流。

该寨寺寨合一，始为寺庙，建于明末清初，屋面坍塌，墙体保存较为完整，部分墙体还有石灰粉刷的痕迹。

腰盆寨

腰盆寨地处北纬31° 26'16"、东经111° 47'02"，海拔高度550米，面积1800平方米。

腰盆寨位于肖堰镇柏树岗村东南的袁家垭山顶，寨墙由当地天然石块垒砌，沿山势蜿蜒起伏而建。山寨坐北向南，平面为不规则长方形，东西长30米，南北宽60米，在寨墙东西两侧设寨门，寨墙高2～3米，厚2米左右，墙体局部坍塌。寨内现存石屋12间，对称式布局，中间是通道。整体保存较好。

腰盆寨遗址地处山顶，周围山峦起伏、沟壑纵横。与周围的千石坡老寨和李家沟新寨相望。山寨坡地多为山林，是村民近年新开发而种植的经济林，有松树、柏树等。山脚的小路与几里外的县道相连，交通不便。周围古寨星罗棋布，乡土建筑不少。不远处的龙王峡水上漂流，为村民带来发展旅游业的红利。

老寨

老寨地处北纬31° 24'42"、东经111° 47'45"，海拔653米，面积约1800平方米。

老寨位于肖堰镇柏树岗村千石坡李家沟，寨墙低矮，仅1米多高，设一南门，门上部已坍塌。老寨山北面邹家垭，下东沟到东巩镇麻城河，南面李家沟，西面千石坡，西距251省道3千米。

此寨修于清朝前，相传此寨只修建数十天就停工了。修建的某个晚上狂风大作，伴有鬼哭狼嚎的声音，工匠师傅们都吓跑了，只剩下现在的断断续续零星矮墙。如今山寨内外植被茂盛，低矮寨墙大多隐于灌木丛中。

老寨所在的柏树岗村交通方便，省道穿境而过，还有一条历史上通往巴蜀的古驿道遗址。周围古山寨分布较多。号称“荆山第一漂”的龙王峡漂流也在该村境内。

南漳县古山寨群肖堰镇石寨遗址一览表

表4

序号	名称	海拔（米）	面积（平方米）	时代	地址
1	尖峰岭寨	662	9580	—	柏树岗村
2	老君寨	630	696	—	肖家堰村
3	龙凤观寨	717	3055	清	四垭村
4	聂家寨	496	1620	—	斑竹坪村
5	永定寨	642	3716	清嘉庆三年（1798）	斑竹坪村
6	子母冲寨	426	972	清	斑竹坪村
7	卢家寨	434	1800	清	斑竹坪村
8	扑蛾寨	466	300	—	斑竹坪村
9	耙头寨	681	985	—	西流坪村
10	关家寨	567	1542	—	西流坪村
11	凤凰寨	951	3160	清代前	柏树岗村
12	观音寨	709	1792	—	西泉庙村
13	南山寨	499	512	—	曲阳坪村
14	天门寨	472	2900	清	曲阳坪村
15	青龙寨	613	396	民国	曲阳坪村
16	九龙寨	545	5100	清嘉庆五年（1800）	观音堂村
17	黄家寨	602	528	清	大坪村
18	青蜂寨	470	2128	清	大坪村
19	常家寨	594	704	清同治二年（1863）	伏龙川村
20	北枫寨	623	1748	民国18年（1929）	伏龙川村
21	郭家寨	754	608	民国25年（1936）	王家井村
22	百家寨	721	3100	—	王家井村
23	龙虎寨	772	923	—	王家井村
24	郭家寨	648	910	清代前	苗家沟村
25	莲花寨	572	1000	—	苗家沟村
26	张家寨	582	870	清代前	苗家沟村

续表 4

序号	名称	海拔（米）	面积（平方米）	时代	地址
27	张家寨	584	748	—	龙坑村
28	高峰岭寨	707	3200	清代前	龙坑村
29	天星寨	812	620	—	四垭村
30	大天宝寨	684	3080	清嘉庆前	响水洞村
31	小天宝寨	611	552	清	响水洞村
32	连营寨	485	2200	清	花庄村
33	埍巴寨	229	2000	清	杜家沟村
34	杜家寨	260	1460	清代前	杜家沟村
35	杨家寨	337	2700	清	狮子口村
36	伍家寨	436	2800	清	陈家榜村
37	花栎树垭寨	470	2460	—	陈家榜村
38	大包寨	906	2400	—	峰山村
39	黄龙寨	662	1100	—	幸家坪村
40	观音寨	835	800	清代前	观音岩村
41	青龙寨	956	1200	—	青龙湾村
42	寨岭寨	1026	980	—	青龙湾村
43	声明寨	517	3300	清代前	西泉庙村
44	磨眼寨	435	810	清代前	曲阳坪村
45	九泉寨	547	1800	—	苗家沟村、观音堂村交界
46	谢家寨	750	750	清	龙坑村
47	黄楝树寨	532	500	清代前	龙坑村
48	孙家寨	689	1800	—	龙坑村
49	五宝寨	824	3500	清代前	四垭村
50	同情寨	583	2700	—	四垭村
51	马鞍寨	303	4500	清	狮子口村
52	华山寨	910	1200	清代前	高坪村
53	天宝寨	935	1300	清代前	高坪村
54	幸家寨	818	1500	—	幸家坪村
55	陈家寨	608	1500	—	观音堂村
56	禹王寨	665	1400	—	肖家堰村
57	乌龟寨	434	2300	清代前	肖家堰村
58	新寨	600	2000	清	柏树岗村
59	吴家寨	443	—	清	西泉庙村
60	碑垭寨	650	3200	—	龙坑村

续表 4

序号	名称	海拔（米）	面积（平方米）	时代	地址
61	吴家寨	219	50000	清代前	杜家沟村
62	七星寨	690	3800	清	观音堂村
63	回龙观寨	568.92	2400	明末清初	四垭村
64	腰盆寨	550	1800	—	柏树岗村
65	老寨	653	1800	清代前	柏树岗村

五 李庙镇

胡家寨

胡家寨地处北纬 31° 50'45"、东经 111° 42'29"，海拔高度 515 米，面积 5100 平方米。

胡家寨位于李庙镇石桩河村三组胡家洼山上，坐南朝北。现存南大门保存较好，北大门损毁严重，寨体凸凹不平，寨长 200 余米，寨宽 20 ～ 30 米，部分寨墙仍保存有瞭望窗和射击孔以及箭垛。由于此寨建于高山之巅，占据了有利地势。寨的东西两侧均为 100 米以上的悬崖陡壁，无法攀登。此寨选址讲究风水，所居山形为笔架山形，在当地习俗中，笔架山周围建寨与房，是理想的居住环境，“背靠笔架山，不拿笔杆也当官”。

李庙镇石桩河村胡家寨寨门　（2008 年摄）

古寨周围山峰连绵，寨内外植被茂盛，多生灌木，也有乔木。由于荒无人烟，动物成群栖息于此。

古寨周围人烟稀少，离最近村庄达 2000 多米，交通不便，只有一条羊肠小道通往山寨。村内有条公路与外界相连。

此寨建于清代前，主要作用是防止土匪、强盗烧杀掠抢百姓财物，战争年代防止敌军的进攻等。此寨还建有烽火台，一旦发生匪情还能以烟火为信号，同周边山寨通风报信，相互支援和救急。

千家顶寨

千家顶寨地处北纬 31° 49'33"、东经 111° 42'45"，海拔高度 750 米，面积 2000 平方米。

千家顶寨又名阴坡梁子寨，位于李庙镇晓烟坪村二组的松树头山顶之上。东与小儿沟相连，西与北沟村相邻，南与五渡沟小儿寨相望，北与松树头山相邻。此寨始建于清代以前，系为预防战乱和匪患所建。寨体长约 50 米，宽约 40 米，寨墙高 2 ～ 3 米，厚约 1.2 米。寨四周大部分为悬崖峭壁，无法攀爬。其余部分用石头垒成城墙，损毁程度已达 50% 以上，亟待维修和保护。

此寨建于东南西三面皆为百米以上的悬崖峭壁之上，只有北面略缓，有一条蜿蜒曲折的羊肠小道通往寨中。山寨周围植被保护良好，山清水秀，绿树成荫，森林覆盖率达 90% 以上。加上雨量充沛，植物生长茂盛，花卉苗木种类丰富，野生动物活动频繁。

历史上这里人丁兴旺，故有千家顶之说。现人烟较为稀少，周围仅两三个自然村。交通不便，经济发展较慢，但民风淳朴，文物点多，古寨连绵，古寺庙、古墓葬遗址不少。

白象岩寨

白象岩寨位于李庙镇磨坪寺村一组，坐落在海拔 600 多米高的白象岩山顶上，坐西北朝东南。寨门保存比较完好，寨长约 60 米，宽 10 ～ 15 米，寨墙厚度约 1.2 米，高约 2 米。南面寨墙保存较为完整，其他三面墙体大部分已垮塌，残余墙体上存有 6 个瞭望窗和射击孔。寨下百米处就是“白象岩”，此岩虽然不够宽大，但有两座明亮的石碑，一座石碑上刻有重修白象岩纪事，另一座石碑上记载着重修白象岩的功德，两座石碑同样保存完好，如现时雕刻一般。

此寨周围空气清新，环境优美，气候宜人。四周地势险峻，悬崖峭壁，仅有一条小道进入小寨之中，植被保护良好，森林覆盖率达 90% 以上。古寨历史悠久，周围文化景观荟萃，石寨、洞寨遗址遍布，民间宗教遗址如土地庙、药王庙遗址尚存，但交通不便，离集镇较远，经济欠发达。

据传说此寨始建于三国时期，现已无从考证。此寨山脚下对面便是传说中的“大龙洞”，洞内奇观异现，目不暇接，令众多探险者称奇叫绝。

夜猫寨

夜猫寨地处北纬 31° 54'07"、东经 111° 41'21"，海拔高度 760 米，面积约 1.5 万平方米。

夜猫寨，又名夜摸寨，位于李庙镇傅家坪村丁家山上，坐西朝东。寨墙由南向北顺延而下。山寨长达 1000 米，宽 10 ～ 20 米。寨墙厚 1.2 米，高 1.5 ～ 2 米，因年代已久，风吹日晒，山石自然风化，加之水土流失严重，导致部分墙体倒塌和损毁，但仍有部分墙体保存较好。站在夜猫寨山顶上，能够将整个赵店和齐家岗尽收眼底，一览无余。北面与齐家岗村交界，东、西面皆是悬崖绝壁，同样难以攀登，只有从南面寨门通过才能到达下一个目的地。历史上此处是傅家坪的瞭望哨，也是至关重要的一道安全保护屏障。

古寨内外山高林密，遍生灌木和乔木。乔木又以松、栎树居多。由于常年无人进寨，这里成了动物的天堂。麻雀、斑鸠、鹰隼、乌鸦、野鸡众多，小麂、野猪成群，气候适宜，雨量充沛。

古寨周围人口相对密集，有 3 个自然村，但离集镇较远，交通不发达，仅一条村道通外山外，但古寨、古墓葬遗址较多，民风淳朴。

夜猫寨与看家寨紧密相连。传说历史上夜猫寨里夜猫特别多，是方圆百里夜猫聚集的地方，还曾有一只夜猫在此处修炼成了精，久而久之，与当地百姓成了朋友。为了答谢百姓提供了古寨这安身修炼的处所，一旦发现有外敌入侵，众多夜猫就会同时发出尖叫声保卫百姓的家园不受外来侵害。此时周围的看家寨与黄楝寨就会加大防守，并前去支援，因此从古至今这几个寨从未失守过，夜猫寨也因此而得名。

黄楝寨

黄楝寨地处北纬 31° 54'00"、东经 111° 40'19"，海拔高度 689 米，面积 2.28 万平方米。

黄楝寨位于李庙镇傅家坪村西沟山顶上，坐北朝南，与西崖一座山神庙相连，长达 1500 米，宽 12 ～ 14 米。寨墙由东至西依山势建筑而成，现大部分寨墙因年久失修，风吹日晒，自然风化，损坏严重。寨门也不够完整，保存状况较差。整个寨墙厚度 1 ～ 2 米，残高 1 ～ 3 米。山寨围绕山顶而建，只有北坡较缓，建有大门、碉楼和寨墙，东、南、西三面皆为绝壁，具有雄、险、奇、绝四大特点，自古就有

“一夫当关，万夫莫开”之传说。此寨山下为古驿道，乃是历代兵家必争之地。

黄楝寨地处偏远的高山密林之中，周围植被茂盛，多松、柏、栎、栗树种，尤其多生黄楝树，故寨名为黄楝寨。同时小型动物成群，松鼠、麻雀、野兔、黄麂、猪獾等常年在此出没。

黄楝寨周边交通欠发达，大多村民外迁，导致人烟日渐稀少。古寨周围村民种茶植桑。

古寨南面与齐家岗山交接，站在山顶上可将大部分赵店及整个闫坪尽收眼底。此山寨系清朝前修建，主要是用于防御土匪和北面的来犯之敌。山寨在之后的抗日战争和解放战争中还发挥了重要作用。

老寨

老寨地处北纬 31° 55'32"、东经 111° 45'22"，海拔高度 701 米，面积约 1.6 万平方米。

老寨位于李庙镇傅家坪村二组枣水沟，坐南朝北，古寨依山脊而建，东面寨门损坏严重。老寨三面是绝壁，西面是赵店倒水沟，东面是赵店石牛沟，寨长约 800 米，此寨守护傅家坪村的北大门。寨墙沿南面绝壁延伸，接新寨山顶侧脊。相接处有石碑一块，碑文模糊不清。老寨残存有一段寨墙及一个墙垛，建在南面的绝壁之上。还有炮台 2 处，且保存较好。寨顶上还有一个古时碾药用的石槽，目前仍完好无损。

老寨周围植被茂密，自然景色宜人。山寨脚下居住有几户村民，种植玉米、小麦等主要农作物。西侧有条小路与村级公路相连，交通较为便利。古寨所在的行政村，20 世纪曾是市县农业红旗单位。

此寨从建寨到解放战争结束，这期间为保卫傅家坪，抗击北面来犯之敌，起到了重要作用。

碑刻　老寨碑刻碑文

立永立禁止为善人之寨□事于今不法之徒重

□人之寨房是思房为人□命之所□修告□□

为何尔等专毁以□□□□□□□□□□□

不法之徒捆绑赴县以作□□□□□□□□□□□

不朽矣

贺家寨□□□公议

石匠　徐启评等

皇上　同治元年

新寨

新寨地处北纬 31° 54'18"、东经 111° 39'22"，海拔高度 685 米，面积约 1.4 万平方米。

新寨位于李庙镇傅家坪村枣水沟，在傅家坪老寨下面，与老寨寨墙相连，因晚于老寨数十年而建，故名新寨。新寨同样坐南朝北，东西寨墙保存较老寨要好，但也有部分损坏，墙基长约 700 米。新寨东面直下建有小寨，小寨下面洞寨连绵，有上、中、下三个洞寨。新寨同样与赵店村相邻，西边是倒水沟，东面是石牛沟，山寨地势险峻，便于防御。

新寨周围山峦起伏，青山如黛，寨内外植被茂密，多生灌木、杂树，花栎树间杂成林，自然景色宜人。

山寨脚下居住有几户村民，种植玉米、小麦等农作物。西侧有条小路与村级公路相连，交通较为便利。

焦家寨

焦家寨地处北纬 31° 49'25"、东经 111° 38'37"，海拔高度 597 米，面积约 4.38 万平方米。

焦家寨位于李庙镇晓烟坪村三组焦家冲西北处的山岭之上。坐西北朝东南。东为焦家冲（农户的粮田），南与黄家埫山脉相连，西与下湾大龙洞庙相邻，北与磨坪寺白象岩寨隔河相望。占地东西长约 150 米，南北宽 25～35 米，寨内地势北高南低。寨墙大多为人工用石块垒砌，少部分依托自然石岩，以岩代墙。古寨局部墙体垮塌，但大部分墙体依然保存完好。寨墙厚 1～1.5 米，残高 2～3 米，寨门顶部损毁，但门洞门框尚存。

此处山高林密，植被保护良好，森林覆盖率达 98% 以上，四季分明。山势雄伟壮丽，道路崎岖，艰险难行，已多年无人问津。

焦家寨的东门与南门之外各有一条羊肠小道通往山下自然村与村道相接，地方经济近年发展速度较快，但整体水平相对滞后，周围古寨遗址较多。

有碑文记载，山寨始建于清代以前，石碑现保存完好。寨内西南部另立有石碑一块，为清代重修山寨的功德碑。

长垭寨

长垭寨地处北纬 31° 51'16"、东经 111° 36'16"，海拔高度 1200 米，面积约 3300 平方米。

长垭寨位于李庙镇堰沟村三组长垭山顶上，坐西朝东，现存寨墙、寨门保存较好，东西寨体长约 85 米，南、北宽约 42 米，石寨墙总长约 250 米，墙高 3～4 米，厚度约 1.2 米，部分寨墙已损坏。整个寨墙只有北边一个寨门，寨顶部宽广、平坦，寨子北边连着一条山脉，山脉尾端是一块平整的粮田，此寨的山脚下东西方向分别生有泉眼，干旱季节仍能保证 300 余人的生产生活用水，以及上千头牲畜的饮用水。

此寨虽海拔较高，但离公路直线距离 200 多米，站在寨顶处，可将杨柳地区四个村 10 余个村民小组尽收眼底，一览无余。远可看到长坪镇部分农户和农田。每逢年节，外来客人都会到此寨游玩，欣赏四周美丽的风景。

此处山林植被保护良好，四季分明，森林覆盖率达 93% 以上，且具有雄、秀、静、奇等特点。是人们游山观景，休闲避暑的好去处，此处水源丰富。特别是小鹿、野羊及野猪等动物时有光顾。

长垭寨周围村级公路环绕，人口密集，自然村达 5 个以上。经济较周边地区活跃发达，周围古寨遗址多，乡土建筑颇有特色。

蜈蚣寨

蜈蚣寨地处北纬 31° 45'35"、东经 111° 35'22"，海拔高度 450 米，面积 2 万多平方米。

蜈蚣寨又名关山寨，位于李庙镇东沟村二组石门水库以北鸡公山嘴的山顶上，坐北朝南，东、南、西三面环水，只有北面靠山，全寨东西长约 500 米，南北宽 38～45 米。寨西南为百米高悬崖绝壁，寨墙长约 400 多米，从东南延伸，直至西北寨门西下，当年寨墙高达 3 米。原有四座大门，东门早已不存，南门大部损毁，西门也有部分损坏，只有北寨门依然保存完好。寨中现存有大小二十余间石屋遗址，东大门两侧及北大门西侧缓坡地带残存的石寨墙，长约 150 米，高约 2.5 米，厚约 1.2 米。寨墙上设有观察台和射击孔等，大部分现仍保存完好，只有少部分略有损毁。

李庙镇东沟村蜈蚣寨北门（2008 年摄）

蜈蚣寨山林植被良好，森林覆盖率达 95% 以上，四季分明，空气清新，气候宜人。因多年无人到访，如今此地乔木成林，寨内外早已成了野生动植物和谐共生的天然栖息地。

山寨因地处石门水库库区，风景秀丽，人们靠水吃水，周围村民除种植少量农田外，大多从事渔业活动。养鱼、捕鱼、卖鱼，间或接待游山玩水的游客，第三产业兴旺发达，村民较富裕。周围水路交通便利。

据传说此寨始建于三国时期，现已无从考证。因年代久远，山石自然风化，加之水土流失严重等多种因素的影响，导致部分寨墙损毁。

寨梁子寨

寨梁子寨地处北纬 31° 44'44"、东经 111° 40'42"，海拔高度 406 米，面积约 3500 平方米。

寨梁子寨原名明松寨，位于李庙镇鱼泉河村三组寨梁子山顶，坐南朝北。现存南面一座石门，且保存完好。寨体东西长 200 米，南北宽 15 ～ 20 米，北大门两侧现残存石寨墙约 150 米，保存完好的约 100 米，高 3 ～ 5 米，厚约 1 米，其余已损毁。未建寨墙的东西边是近百米高的悬崖峭壁。寨内有石屋遗址 6 间，每间大小为 4 ～ 15 平方米，但因年久失修，局部墙体已经坍塌。

李庙镇鱼泉河村寨梁子寨南门　　（2008 年摄）

古寨所在的寨梁子山，东、西、北三面环水，具有秀、奇、险等特点。寨内外杂草丛生，树木成林，是动、植物的天堂。

山寨脚下即为风光秀丽的鱼泉河漂流风景区，当地村民大多在务农的同时从事旅游服务业。鱼泉河村已经成为远近闻名的旅游名村，村民因此逐渐富裕起来。此地人文景观众多，如河边的古佛洞，以及周围山头的古山寨遗址，都吸引了众多游客。此地交通便利，一条省道穿境而过，麻竹高速也已竣工通车，村民出行极为方便。

古山寨内现存清嘉庆年间石碑一块，经过近两百年的岁月，虽然大部分字迹都已经模糊，但从残存的一部分字迹上可以辨认出，这块石碑立于嘉庆十三年（1808）十月十五日。据记载，当年此地村民为躲避战乱，由杨、全、楚三大姓牵头捐资出力建造了此寨。

笔架寨

笔架寨地处北纬 31° 47'59"、东经 111° 43'43"，海拔高度 554 米，面积近 5000 平方米。

李庙镇鱼泉河村笔架寨北门　　（2008 年摄）

笔架寨，位于李庙镇鱼泉河村笔架山山顶，笔架山因状如笔架而得名。古寨坐落的山峰，海拔较高，鹤立鸡群。古寨坐北朝南，现存南北两座石门。南大门现在保存完好。寨体东高西低，东西长 200 米，南北宽约 25 米，南大门两侧及北大门西侧地带现保存有石寨墙长 100 余米，寨墙高 3 ～ 4 米，厚度 1 米，为规则石块砌成。其余部分寨墙已损毁。寨内保存有石屋 3 间，每间约 12 平方米，石屋房顶已经损毁。

笔架寨所在的笔架山与后湾山相连，东为小笔架坡，北为大笔架坡，西临寨洼，南与高垭相望。山脚下为鱼泉河，古寨四周地势较低，站在山寨上，东西南北四面景色尽收眼底。

古寨南部脚下为305省道，古佛洞寨就在附近，鱼泉河村已开辟为漂流景区，附近村民大多从事旅游业，生活富裕。

明清时期，战乱频繁，匪盗横行。在李庙镇一带，为躲灾避祸，山里的百姓或以家族为单位，或以村为单位，或依附于大户，纷纷在险要的山头修筑了大量山寨。笔架寨就是其中之一。

母猪寨

母猪寨地处北纬31°59'40"、东经111°37'23"，海拔高度1150米，面积约2000平方米。

母猪寨位于李庙镇水田坪村三组金竹园背后的山坡上。此寨坐北朝南，寨长约150米，宽10～20米，寨墙高约3米，厚度约1.2米，寨外东、南、西三面皆为悬崖绝壁，只有北面有一条羊肠小道通往寨中，但也难以攀爬。寨内建有瞭望台和射击孔。由于地势高耸，站在瞭望台可瞭望5千米以内的任何动向。寨东山梁与谷城相连。寨中可容纳数百人在此临时居住。因年代已久，风吹日晒，水土流失，导致部分寨墙已损毁。因寨门全是用整块大石砌成，所以现仍保存完好。

李庙镇水田坪村母猪寨北门　（2008年摄）

此寨高踞山巅，离水田坪村委会3千米以上。寨内外灌木丛生，周围村庄稀少，人迹罕至，上山寨已经无路可行，过去的小径已被荆棘覆盖，交通不便，有一条村道通往山外，附近山头均有古寨分布。

古寨始建于清代前，主要用于抗击外来侵略和抵抗匪患，历史上是周边百姓一处临时避难所。

梳妆台寨

梳妆台寨地处北纬31°52'33"、东经111°47'23"，海拔高度650米，面积约2000平方米。

梳妆台寨位于李庙镇茅坪村原将军石三组山上，因旁有一陡岩状如梳妆台而得名。古寨坐南朝北，南北长约80米，东西宽20～30米，在南大门两侧及北大门西侧的缓坡地带中建有石寨墙，墙长约100米，墙高3～4米，厚度在1～2米，保存较好。

李庙镇茅坪村梳妆台寨残垣　（2008年摄）

古寨地处深山，周围树木成林，古木参天，野生动植物种类丰富，气候适宜。梳妆台寨四面环山，古寨坐落在奇峰上，站在古寨顶峰可将整个茅坪村尽收眼底。

此寨与“将军石”（传说中太山老君与祖师爷在此下过棋的石头棋盘，下同）相距不足千米。周围其他人文景观如古寨、寺庙遗址分布不少，但交通不便，人烟稀少，村民大多已经移居山外，仅 3 户冯姓村民在附近居住。

据传说，祖师爷修行路过梳妆台寨时在这里梳妆打扮过，为纪念祖师爷，历史上在寨子里修有祖师殿，塑有祖师像，非常有灵气。每到年节时都有不少人前来祭拜，香火不断，鞭炮声隔山回音，阵阵入耳。

大山寨（全家湾村）

大山寨地处北纬 31° 50'33"、东经 111° 41'00"，海拔高度 950 米，面积约 6000 平方米。

大山寨位于李庙镇全家湾村一组东北面的山顶上，坐东北朝西南。古寨东与刘坪村接壤，北与石桩河毗邻，南望李庙镇政府，西与全家湾村二组相连。古寨东西长约 200 米，南北宽 20 ～ 40 米。

这里山林植被保护良好，森林覆盖率达 90% 以上，山清水秀，四季分明，环境优美，气候宜人，是人们游山玩水休闲避暑的好去处。

此寨与“将军石”相距不足千米，与“中南六省第一树”的千年银杏树相距也不过千米。周围其他景观如古寨、寺庙遗址分布不少，但交通不便，人烟稀少，村民大多已移居山外，仅三户冯姓村民在附近居住。

山寨重建于清代，为预防外敌入侵和抗击匪患而修。因年代久远，水土流失，山石自然风化等因素，导致大部分寨墙早已垮塌和损毁。只有少部分墙体在风雨的侵蚀下依然保存较好。近年来，此寨最高处已建有李庙镇移动通信站塔，还有当地百姓在半山腰中自发重建的祖师殿，远远望去，一年四季红旗招展，香客不断。

碑刻　李庙镇全家湾村大山寨石壁上刊刻

邹世贵

王□□

嘉庆五年修砦

刘家寨

刘家寨地处北纬 31° 41'25"、东经 111° 39'30"，海拔高度 1010 米，面积 9800 平方米。

刘家寨位于李庙镇晓烟坪村三组，坐南朝北。此寨东与王家湾相连，南与汪家湾接壤，西望罗家岭，北对杜家冲。山顶建有石寨墙，寨墙长约千米、高 1.5 ～ 3.5 米、厚约 1.2 米。因年代久远，风吹雨打，山石自然风化，加之水土流失严重等自然因素导致大部分寨墙已垮塌和损毁，但也还有少部分墙体经受住了岁月的考验，依然屹立于此，成了历史的见证。

山寨周围植被保护良好，古木成荫，森林覆盖率达 95% 以上。四季分明，山清水秀，环境优美，空气清新，气候宜人。

李庙镇晓烟坪村刘家寨残墙　（2008 年摄）

山寨已多年无人到访。周围人烟稀少，其中东南山下一千米处仅有一户王氏人家，一条村道通往山外，离集镇较远，经济相对滞后。

山寨始建于清代以前，为防外敌入侵和土匪所建。

栎桦寨

栎桦寨地处北纬 31° 54'00"、东经 111° 32'01"，海拔高度 1250 米，面积约 6000 平方米。

栎桦寨位于李庙镇栎桦寨村二组，坐北朝南，寨体东西长约 150 米，南北宽 25 ～ 60 米。四面建有寨墙，总长约 230 米，现存寨墙高 2 ～ 5 米，厚 1 ～ 2 米。部分寨墙因年代久远、山石自然风化和水土流失严重，导致垮塌和损毁。未建寨墙的偏北方和东北方向均为百米以上悬崖峭壁。寨内现存有石碓窝一个。

栎桦寨又名梨花寨，一说因周边多栎桦和梨树而得名，又因传说此地历史上诞生过貌若天仙的梨花小姐而名。距离寨脚约 300 米处有两口水井，传说是梨花小姐当年洗脸浴足所用。

李庙镇栎桦寨村栎桦寨寨墙 （2015 年摄）

栎桦寨是长坪镇白峪河水源的发源地，古寨山峰秀美，寨体上连钟游顶主山峰，下连麒麟寨、山水洞和凤凰寨、六花洞等，可谓是寨寨相连、洞洞相通，具有雄、险、秀、奇几大特点。这里植被良好，森林覆盖率达 95% 以上，四季分明，山清水秀，环境优美，气候宜人。奇花异草，竞相绽放，争奇斗艳。

栎桦寨周围是楚史专家们公认的楚文化发祥地。周围有较多的古山寨、古寺庙、古墓葬遗址，寨下有一条村道通往山下的县道，住户较为稀少，经济相对滞后，但民风淳朴、政通人和。

乌猴寨

乌猴寨地处北纬 31° 41'59"、东经 111° 45'26"，海拔高度 324 米，面积约 2500 平方米。

乌猴寨位于李庙镇滋坪村邓家沟东边的乌猴山顶上。乌猴寨东为寨洼，西为水库，南叫猪咀子，北为石庙。山寨坐北朝南，寨体南北长约 100 米，东西宽 20 ～ 30 米，因年代久远，水土流失、山石自然风化严重，寨墙已严重损毁。寨南面尚有石门框，寨墙残高 1 ～ 2 米，寨东墙仅余 1 米多高，厚 1 米以上。目前此处已成灌木林，遗址大多被树木覆盖，远望已无明显迹象。

乌猴寨自然风景优美，山水环绕，视野开阔，寨址周围动植物种类繁多，如野猪、小鹿、獐子、猪獾、锦鸡及众多水鸟等，是众多野生动物的栖息地。

山寨北面是一条硬化过的村道，直通 305 省道。有两三个自然村，村民多姓王，大多从山上移民下来。村庄经济繁荣，村民居住宽敞，多为 2 ～ 3 层楼房。山寨南面是国家大型水库水镜湖，集发电、灌溉、县城居民生活用水于一体。古寨周围文化深厚，古造纸作坊、古山寨、古墓葬遗址分布较多。

乌猴寨又名喔呼寨，因山寨与周边村庄较近，坐落于独立的山峰之上，在寨上一声“喔呼”周围村子都能听到，故又叫喔呼寨。传说，此山寨曾有乌猴在此占山为王多年，因此取名叫乌猴寨。后来老百姓为了躲避匪患，在山上建寨，后被土匪侵占，土匪以此为巢，拦路抢劫。土匪被灭后山寨因无人看管，现已面目全非。

凤凰寺大寨

凤凰寺大寨地处北纬 31° 45'21"、东经 111° 42'22"，海拔高度 681 米，面积近 2.7 万平方米。

凤凰寺大寨位于李庙镇滋坪村一组的凤凰山顶上，坐北朝南。有东、西、北三个大门，东大门保存较好，东门外有墙梯和石阶踏步，石门槛、石柱础尚存。进入东门有七级梯田，西有残垣断壁。穿梯田从寨西角而行，只见寨墙沿西部山沿蜿蜒而上，寨墙高 1 ～ 3 米，离制高点不远处有一个 30 平方米的堰塘，当为当年寨中水井，水深 1 米左右。山顶西北角有一“八”字形地带，寨墙高 3 米以上，后寨墙由北向东顺山势而下，直至东门。又折向南边制高点，寨墙长千米。此古寨的南北长约 300 米，东西宽 80 ～ 100 米，北大门两侧及南大门西北侧的缓坡地带建有石寨房，有 5 处房屋遗址。东下角还有三块梯田，此田为寨内寺庙的寺田。此寨中央当年建有规模较大的凤凰寺，现遗址依稀可见。现存半块残碑，字迹模糊，难以辨认。

山寨周围及寨内树木茂盛，视野开阔，景色优美。东、南、西边悬崖峭壁，围墙隐约可见。只有北面有一小道通往寺寨。因年代久远，人迹罕至，灌木丛生，野生小动物随处可见。

凤凰寺大寨地处水镜湖库区偏僻处，离周围村庄在 2000 米以上，人烟稀少，交通不便，仅一条羊肠小道通往村道。周围有凤凰山寨和规模较大的众多古罗围遗址。村内民风淳朴，经济欠发达。

吴家寨

吴家寨地处北纬 31° 50'47"、东经 111° 44'43"，海拔高度 529 米，面积 1365 平方米。

吴家寨位于李庙镇石桩河村，山寨依山势而建，坐西朝东，寨墙用条石垒砌成双层，内层建行道。山寨东高西低，平面呈长方形，东西长 45 米，南北宽 31 米左右，寨墙残高 1 ～ 3.6 米，局部设瞭望口，建有东门、北门。

吴家寨所在的山势为东西走向，南北陡峭，东西为缓坡，南部山下为东西走向的马家冲，山上为灌木丛林。当地村民种植水稻、小麦，兼种油菜等经济作物。附近古寨、古墓遗址较多，不乏乡土建筑。周围有 10 多户人家。北部山下为石桩河村级公路，交通不便。

吴家寨建于清朝以前，是当地吴姓人为躲避土匪侵犯而修建。

大山寨（傅家坪村）

大山寨地处北纬 31° 53'51"、东经 111° 41'54"，海拔高度 723 米，面积 868 平方米。

大山寨位于李庙镇傅家坪村同门崖，东为杨家沟，南靠红岩岭，西对连天上岭，北是大周庄，山寨依山势而建，坐北朝南，南低北高，蜿蜒曲折，平面呈长方形，南北长 38 ～ 48 米，东西宽 18 ～ 25 米，寨墙用条石垒砌，局部设瞭望口，建有 2 个西门。

大山寨山势为南北走向，东北为悬崖峭壁，西南为缓坡，山下灌木丛生，当地村民以种植小麦、玉米为主，兼种油菜、培植香菇等经济作物。

西部山下有通往傅家坪村级公路，住有几户王姓村民。周围多古墓葬、古山寨遗址。交通不便，民风淳朴。

大山寨建于清代前，是当地村民为躲避土匪侵犯而修建。原有碑文、房屋被毁，仅见残碑碎片与墙角遗迹。

贺家寨

贺家寨地处北纬 31° 54'22"、东经 111° 39'22"，海拔高度 623 米，面积 450 平方米。

贺家寨又叫老寨，位于李庙镇傅家坪村枣水沟，东为石榴沟，西是黎家沟，南远望新寨，北临朱家岗。山寨依山势而建，南低北高，坐北朝南，平面呈窄长方形，南北长 25 米，东西宽 17 米左右，寨墙用条石错缝垒砌，设东门，有碑 1 通。

贺家寨所在山势为南北走向，山形似薄刀状，东西为悬崖峭壁，山上灌木丛生。当地村民以种植小麦、玉米为主，兼种油菜、茶叶等经济作物。东北部山下为凉水泉村，有通往闫坪的村级公路。

据寨内碑文记载，老寨重建于清同治元年（1862），原名为贺家寨，历史上此寨寨寺合一，修有庙宇，已毁。寨内又重建了寺庙，附近村民前来烧香拜祭，络绎不绝。

小寨（傅家坪村）

小寨地处北纬 31° 54'18"、东经 111° 39'22"，海拔高度 609 米，面积 380 平方米。

小寨位于李庙镇傅家坪村枣水沟。东为石榴沟，西是黎家沟，北面远眺贺家寨。山寨依山势而建，南低北高，坐北朝南，平面呈窄长方形，南北长 29 米，东西宽 13 米左右，寨墙用条石错缝垒砌。

当地村民以种植小麦、玉米为主，兼种油菜等经济作物。东北部山下为凉水泉村通往闫坪村的村级公路，南部山下 500 米处住四户贺姓村民。离集镇较远，较为偏僻。

天宝寨

天宝寨地处北纬 31° 52'11"、东经 111° 37'25"，海拔高度 951 米，面积为 850 平方米。

天宝寨位于李庙镇磨坪寺村罗坪天宝寨山主峰，山寨依山势而建，坐北朝南，寨内地势较平坦，墙用条石错缝垒砌成双层，内层建有行道。山寨平面呈椭圆形，古寨南北长 35 米，东西宽 25 米左右，设南门，原有房屋、碑刻，已损毁。

天宝寨所处山峰山势为南北走向，坡度较缓。山上灌木稀疏，西山下为南北走向的槐树坪，当地村民以种植小麦、玉米为主，兼种烟叶、培植香菇等经济作物。西部山下有通往杨柳村的村级公路，周围古寨众多。

天宝寨因山形似元宝得名。天宝寨建于清朝，是当时百姓为躲避土匪而修建。寨内建有祖师殿，历史上香火旺盛。

石门寨

石门寨地处北纬 31° 48'41"、东经 111° 37'50"，海拔高度 873 米，面积为 850 平方米。

石门寨位于李庙镇北沟村石门岭。山寨依山势而建，坐南朝北，平面呈长方形，南北长 45 米，东西宽 22 米左右。寨墙用条石垒砌成双层，内层建行道，局部设瞭望口，寨内地势较平坦，东北建有月城，设南、北门。

石门岭寨所在山势为南北走向，南北为缓坡，东西陡峭，寨内有少量灌木，西部山下为南北走向的明家湾。西北山下有通往北沟的村级公路，寨内有 20 世纪 60—70 年代平整的土地。

石门岭寨建于清朝以前，是当时附近村民为躲避土匪而修建。

桥子沟寨

桥子沟寨地处北纬 31° 50'52"、东经 111° 36'15"，海拔高度 1000 米，面积约 750 平方米。

桥子沟寨位于李庙镇堰沟村桥子沟，山寨依山势而建，坐西朝东，蜿蜒曲折，山寨平面呈长方形，东西长 38 米，南北宽 23 米，古寨墙用条石垒砌成双层，内层建行道，设东门、南门。

桥子沟山形似馒头状，山势为东西走向，东西缓坡，南北险峻，北部山下为东西走向桥子沟，山上灌木稀少，当地村民种植小麦、玉米，兼种烟叶等经济作物。

东北山下有通往堰沟的村级公路，寨内植物有杉树，北部山下烟草公司建有蓄水池。山下分布有自然村，但人烟稀少。周围山头古寨林立。

桥子沟寨建于清朝前，是当时当地村民为躲避土匪侵犯集资而修建。

旗杆寨

旗杆寨地处北纬 31° 48'49"、东经 111° 36'05"，海拔高度 911 米，面积约 850 平方米。

旗杆寨位于李庙镇堰沟村堰垭，东临郑家湾，南对南垭，西距下远地坪 500 米，北为锅底坪。山寨依山势而建，坐西朝东，用条石错缝垒砌，平面呈椭圆形，古寨东西长 45 米，南北宽 20 米左右。原有的 10 多间房屋已损坏，仅存房脚遗迹。

旗杆寨所处山峰山势为东西走向，东西为缓坡，南北险峻，寨内地势较平坦，灌木矮小，南部山下为东西走向郑家湾。周围分布有几个自然村，人口居住分散，但古寨遗址较多。

旗杆寨建于清朝以前，是当地全姓人家为躲避土匪而修建。

大山寨（五渡沟村）

大山寨地处北纬 31° 47'57"、东经 111° 41'25"，海拔高度 768 米，面积 960 平方米。

大山寨位于李庙镇五渡沟村大山寨山上，又名大寨。山势为东西走向，东西山岭坡度较缓，南北山壁陡峭，南部山下为沟地，北部为夹端。山寨依山就势由条石垒砌于山顶，坐西朝东，寨墙坚固厚实，墙上有雉堞巡道遗迹，寨墙大部坍塌，残存东、西寨门。寨内未发现其他遗存。此寨是清代以前当地村民为躲避匪患而建。

大山寨南部山下为东西走向大洼，南 2.5 千米处为 305 省道，东北部山下为五渡沟村委会和村级公路，北部山下为东西走向夹端，山上灌木丛生，当地村民以种植小麦、玉米为主，兼种烟叶等经济作物。周围有较多的古山寨遗址。

小儿寨

小儿寨地处北纬 31° 45'43"、东经 111° 45'43"，海拔高度 774 米，面积约 780 平方米。

小儿寨位于李庙镇五渡沟村大石垭上，主峰山势为东西走向，西南为悬崖峭壁，东北地势平缓。古寨依山而建，坐西朝东。寨墙用大小不等石块垒砌，蜿蜒曲折。平面呈长方形，墙体残高 1 ～ 3 米，上部有雉堞巡道，局部有瞭望孔。寨内地势东低西高，设东门及北门，寨内未发现其他遗迹。

小儿寨位于大石垭主峰，山势为东西走向，东北为缓坡，西南为悬崖峭壁，山上植被茂密，灌木丛生。当地村民以种植小麦、玉米为主，兼种烟叶、油菜等经济作物。

寨东南 4 千米处为 305 省道，半山腰有五渡沟村级公路。附近住户分散，民风淳朴。

古寨兴建于清代前，为当地百姓避难之所。

李庙镇五渡沟村小儿寨 （2008 年摄）

李家寨

李家寨地处北纬 31° 53'40"、东经 111° 36'38"，海拔高度 706 米，面积在 3000 平方米以上。

李家寨位于李庙镇赵店村小岭子山上，山寨依山就势而建，坐北向南。寨墙蜿蜒曲折附于山巅，山寨平面呈长方形，南北长约 245 米、东西最宽处约 45 米。平缓处建城门，寨墙用条石垒砌。李家寨寨庙合一，众姓在山寨北建庙，供奉关圣、火师、财神，设西门 2 个，南门建有寨卡。

山寨立于小岭子山主峰上，山势呈南北走向，侧峰险峻，山上灌木成林，周围山势连绵起伏。东部崖屋沟种植有大片杉木，距赵店 2.5 千米。周边尚存古会馆、保存较好的古驿道及古山寨遗址。

寨内有石碑两通。据碑文记载可知，此寨始建于清嘉庆七年（1802）仲春月，为当地村民为躲避匪患而建。

碑刻　李庙赵店村小岭子山李家寨碑文

碑一　龙头山碑正面

曾闻治久生□乱□思治循之理也粤自元年教匪叛逆各处奉示立寨而予李家寨古迹犹存督工

修葺未几贼至无寨之处俱遭焚掠在寨避者无虞矣值工成城郭坚固具备立庙塑神

观瞻俨然俾戒后世辈不可斫动寨内一枝一石若犯者定行责罚今特立碑志其以不朽云

龙头山寨主　李渍　李河　侄　敬仲

领修首士　弘进

（其余 84 人名略）

约保寨头商议不许痞棍寨内玩钱□去俱论

碑一　龙头山碑背面

新修寨殿　嘉庆七年仲春月吉日

信士杜自学诚修佛像三尊子锦仲诚修佛像三尊众姓公议诚修关圣火师财神三位神像

杜锦德　五百　李宗谱　四百（其余 54 人名略）

碑二　永垂不朽碑

盖闻人生宇宙之间养育者莫若天地防变者莫若名山□□闵渡河李家寨龙头山该官棘子山自古至今众民议为防变之意为避乱之所盖

喜其山高大地之宽阔也众姓家神圣默佑建立庙宇圣像今似颓□众姓□议感神圣之保安全捐资财重修之庙宇彩绘圣像装塑金身开光安位恐后无察请师勒石以为百世之依永远不朽耳

总领首士　李思江　李光谷　鲁立纲

（其余 32 人名略）

皇清光绪十四年二月十七日立

大寨洼寨

大寨洼寨地处北纬 31° 58'37"、东经 111° 33'53"，海拔高度 854 米，面积 1200 平方米。

大寨洼寨又名太和大寨，位于李庙镇胡家坪村大寨洼，东临大包，南连阳坡，西靠大寨洼，北为小寨。山寨依山势而建，坐东朝西，平面呈长方形，南北长约 50 米，东西宽约 23 米。古寨外观蜿蜒曲折，用条石垒砌成墙。

大寨山势为东西走向，险峻陡峭，南北为悬崖绝壁，山下灌木丛生，当地村民以种植小麦、玉米为主，兼种油菜、香菇等经济作物。东南山下有村级公路通向胡家坪村委员会。周围村民居住点不少，单家独户居多。

寨内有一通石碑。据碑文记载，大寨为太和大寨，建于嘉庆辛酉年（1801），是当地村民为防止土匪侵犯而共同修建的。

碑刻　李庙镇胡家坪大寨碑文

大清国湖广襄阳府南漳县永丰洞河杨泗庙阴阳二坡胡家坪□□□

太和大寨　洞寨

（35人名略）

造城石匠　王心漳

嘉庆辛酉年季□月吉旦

百家寨

百家寨地处北纬31° 49'06"、东经111° 43'40"，海拔高度427米，面积约1300平方米。

百家寨位于李庙镇刘坪村寨山上，东临高崖，距黄土堡约1000米，西距20世纪建的三线厂遗址约500米，北临金丝垭。山寨依山势而建，坐西朝东，西高东低，平面呈长椭圆形，东西长150米，南北最宽80米，用条石垒砌，设东门、西门。

李庙镇刘坪村百家寨　（2008年摄）

百家寨山势为东西走向，山上灌木丛生，东西地势较缓，南北为悬崖绝壁，山脚下是东西走向的山冲。当地村民以种植水稻、小麦为主，也培植香菇、木耳。

东西部山脚下有通往山外的县级公路，西部有三线厂遗址。周围不远处为三道河水库库区，古山寨遗址多。

寨内有一通石碑，据碑文记载，百家寨建于嘉庆七年（1802），系当地村民为躲避土匪侵犯而共同修建的。

顺天寨

顺天寨地处北纬31° 49'23"、东经111° 46'07"，海拔高度567米，面积2800平方米。

李庙镇刘坪村顺天寨　（2008年摄）

顺天寨位于李庙镇刘坪村麻鼠岭，东临闻家冲，南靠樊家山，西连尖山，北为大洼。山寨依山势而建，呈东西走向，西高东低，蜿蜒曲折，平面呈长方形，东西长约120米，南北宽 15 米左右，用条石垒砌成双层寨墙，内层设行道。城墙残高 2.5 ～ 3.5 米，上寨顶制高点有石阶相通，设东门 2 个，南门 2 个，存碑 1 通，有石砌房屋 7 间。

顺天寨周围山势陡峭，山上灌木丛生，北部山下为东西走向山冲，当地村民以种植水稻、小麦为主，兼种油菜、香菇。南部山脚下 1 千米处为李庙公路，周边为国家大型水库三道河水库。

据碑文记载，古寨又名樊家寨，嘉庆八年（1803）县主李公重新修理更名顺天寨，为防止“逆贼”刘之协侵犯而修建。

小寨（齐家岗村）

小寨地处北纬 31° 54'41"、东经 111° 42'45"，海拔高度 355 米，面积 1000 平方米。

小寨位于李庙镇齐家岗村小寨小山，东临后关洼，南靠大梁子，西为寨撇，北为石门水库，山寨依山势而建，坐南朝北，蜿蜒曲折，北低南高，平面呈长方形，南北长 59 米，东西宽 21 米，寨墙残高 2 米，用条石垒砌，北部建有瞭望孔，设东门、南门，原有房屋已倒塌。

小寨山势为南北走向，山似薄刀状，北部为悬崖，山上灌木丛生，当地村民以种植水稻、小麦为主，兼种油菜等经济作物。

北部山下为石门水库上游，有通往闫坪的公路。山下小路通往齐家岗村级公路。齐家岗村委会所在地 20 世纪 90 年代曾是乡级人民政府闫坪乡所在地，人口较密集，周围古寨、古寺庙遗址不少。

齐家寨

齐家寨地处北纬 31° 54'32"、东经 111° 41'42"，海拔高度 464 米，面积为 5000 平方米。

齐家寨位于李庙镇齐家岗村，东临寨洼，南面喇叭洼与付家坪交界，西连老莲沟，北是王家包。山寨依山势而建，蜿蜒曲折，坐南朝北，北低南高，平面呈长方形，南北长 180 米，东西宽 28 米，残高 2 ～ 5 米，寨墙用条石错缝垒砌，局部建垛，东门设有瞭望口，西门上刻有“人和矣守望无夏”。

李庙镇齐家岗村齐家寨西门　（2008 年摄）

齐家寨位于李庙镇齐家岗山主峰，山势为南北走向，山形似薄刀状，东西陡峭，南北较缓，山上灌木丛生。当地村民以种植水稻、小麦为主。东西北部山下为官渡河，西 500 米处有联通发射塔。山下小路通往齐家岗村级公路，人口较密集，周围古寨、古寺庙遗址不少。

齐家寨建于清朝，是当地齐姓人家为防止土匪侵犯而修建。

马家寨

马家寨地处北纬 31° 57'44"、东经 111° 41'56"，海拔高度 900 米，面积 2890 平方米。

马家寨位于李庙镇齐家岗村徐家湾，山势呈南北走向，北部为悬崖，东为徐家坪，南连庙垭，西望寨洼。山寨依山而建，坐西朝东，寨墙由条石垒砌，坚固厚实，平面呈长方形。寨墙残高 1 ～ 3 米，墙上局部有雉堞，东门旁有瞭望口，寨内凸起的平台上有石房遗迹。

马家寨所处山峰山势为南北走向，山形似薄刀状，东西陡峭，南北较缓，山上灌木丛生，野生动物种类繁多。当地村民以种植水稻、小麦为主。山下小路通往齐家岗村级公路。人口较密集，周围古寨、古寺庙遗址不少。

此寨为马姓族人于清代为躲避匪患而建，故名马家寨。

明家湾寨

明家湾寨地处北纬 31° 48'41"、东经 111° 37'51"，海拔高度 842.5 米，面积 2000 平方米。

明家湾寨位于李庙镇北沟村二组明家湾山顶上，坐西朝东，西高东低，平面呈长方形，长约 87 米，宽约 23 米，寨墙高 1 ～ 5 米，是典型的防御工事，大部分的寨墙和寨门保存基本完整。古寨内城外郭，城墙用天然石块砌成。

此寨周围植被保护良好，森林覆盖率达 95% 以上，四季分明，环境优美，气候宜人，离公路最近处不足 300 米远，交通便利。

李庙镇北沟村明家湾寨西寨门（外门）　　（2008 年摄）

鸳鸯寨

鸳鸯寨地处北纬 31° 53'41"、东经 111° 37'15"，海拔高度 703 米，面积 542 平方米。

鸳鸯寨位于李庙镇赵店村陈家沟崖，东北临陈家沟，南为西柳堡，西和李家寨相望，相距约 700 米。山寨依山势而建，坐南朝北，北低南高，平面呈长方形，南北最长 31 米，东西最宽 21 米，寨墙残高 2 米左右，用条石垒砌，蜿蜒曲折，设南门。东南山脚约 150 米处建哨卡。原有碑文和房屋已毁。

鸳鸯寨所在山势为南北走向，东西为悬崖绝壁，山上灌木丛生，东山下为南北走向陈家沟，距赵店村约 2 千米，西山下为南北走向崖屋沟，种植有大片杉树。当地村民以种植水稻、小麦为主，兼种油菜、培植香菇。交通不便，村民生活条件较艰苦。

主山寨

主山寨地处北纬 31° 57'23"、东经 111° 31'12"，海拔高度 1410.5 米，面积 1750 平方米。

主山寨村位于李庙镇主山寨村柳湖山。东连大梁子，南临海大川，西为谷城县赵湾三道岭村，北为赵湾左庙村。山寨依山势而建，坐西朝东，蜿蜒曲折，平面呈椭圆形，南北长 51 米，东西宽 35 米，残墙高 1 ～ 2 米，宽 1 米以上，设东门、南门。

主山寨位于南漳最高峰，山势为东西走向，南北地势险峻，西北为缓坡，山上灌木矮小、稀疏，北部山下为东西走向银铜沟。当地村民以种植小麦、玉米为主，兼种油菜，培植香菇。寨内建有航空标志，北部有通往主山寨村级公路，西北部半山种植有茶叶。附近古山寨、古民居不少。

据楚史专家介绍，主山寨历史悠久，为楚国发源地之一，是熊绎丹阳核心地，泱泱大楚在这一带，“筚路蓝缕，以启山林”，奠定了问鼎中原的基础。此寨经过多次重建，解放战争时期新四军还在此居住过。

看家寨

李庙镇傅家坪村看家寨寨墙一角 （2008年摄）

看家寨地处北纬31°48'49"、东经111°32'22"，海拔高度为688.31米，占地面积约4000平方米。

看家寨位于李庙镇傅家坪村原傅家坪丁家沟山岭上，坐北朝南，现存南北两座寨门，但两座大门部分已损坏，寨墙南北长220米，东西宽20～40米。南北大门四周属缓坡地带，全部以石墙围绕，寨墙高2～3米，厚1～2米，部分箭垛完好，其余已损毁，寨内石屋全部由石头砌成，共有16间，但房顶早已不存，瞭望窗、射击孔大都完好无损。

此寨顺山势建成，四面环山，站在山顶可把北面的整个闫坪尽收眼底，南望傅家坪可一览无余。古寨是原傅家坪的北大门，所以人称看家寨，据老人们讲，此寨在抗日战争和解放战争中，发挥过重要作用，立下过不朽功绩。

五龙观寨

五龙观寨地处北纬31°48'53"、东经111°38'12"，海拔高度为795.2米，占地面积约3500平方米。

五龙观寨位于李庙镇北沟村，是寨观合一的古建筑群。观寨坐北朝南，周围有五座山峰呈半圆形相围，构成“五龙捧圣”宝地，故古称“五龙观祖师殿”。观寨所处的山峰叫“娃娃山”，山上数千尊泥塑娃娃千姿百态，活灵活现，“王母娘娘”的石雕坐像立于中央。寨墙高大巍峨，现仅存残墙20余米，高1～2米。殿前场地边沿有大石槽，石槽内由道士每天注入清水，求神拜佛的人必须先到这里净手洁面，方可入殿。殿堂大门“八”字敞开，双狮口含玉珠各一面，甚是威严。“八”字大门全由青石雕琢，抛光如镜，墨迹清晰，上书“天下太平”。从气势壮观的“八”字殿门到正殿，要经过三层大院，左右两排厢房供道士居住。一层院中“雷公爷”身高丈余，青面獠牙，两眼圆瞪。每逢水涝或干旱，村民成群结队，锣鼓喧天到此送水或取水，向“雷公爷”烧香许愿，保佑庄稼好收成。二层院中三尊快乐神像盘坐中央，个个耳垂肩头，笑颜露齿，慈眉善目。高约1.3米，2000公斤重的大青石香炉立于三层院中，圆形香池同六棱柱底座组合一体，底座六面碑文石刻，花纹镶边，上下匀称，信徒在这里烧香，祷告。三步台阶登上正殿，这正殿乃是祖师殿，映入眼帘的是左右矗立的两根矩形大青石柱，石柱正面刻有富丽堂皇的浮雕图案，以及豪放洒脱的书法和宗教墨迹。这双柱支起巨大的华木天方，浮雕“二龙戏珠”栩栩如生，檐下嵌穿花虎皮，青石构造，万年不朽。两根古木

李庙镇北沟村五龙观寨大门 （2008年摄）

柱头托住三丈脊梁，柱头由五龙盘绕，称之为“五龙盘柱”。两米多高的祖师爷像面目清秀，衣冠落落大方。正墙上“祖师在此，拯救天下贫民百姓”十二个大字醒目。四周悬挂红绫布，供桌上有成堆的供品摆放。每逢三月三、九月九或年关时节，善男信女不断，烟花爆竹响声不绝。

五龙观寨地处深山，附近人烟稀少，交通不便。周围群山逶迤连绵，森林环绕，植被茂盛，野生动物活动频繁。

观寨墙边竖着 10 多块古碑刻，其中一块清朝碑刻记载了当年村民为保护观寨集资购置了一门大炮的故事。据碑文记载，五龙观殿始建于唐代鼎盛时期，经过宋、元两代的风吹雨打，毁坏严重。明代后半叶，当地官府广招天下能工巧匠和地方群众千余人对此殿进行大规模修整，一年时间完成了集书法、绘画、雕塑等建筑工艺融为一体的古文化艺术建筑群的整修改造。几百年过去了，这座壮观奇特的古殿历经了自然侵蚀和人为灾难的双重考验，在历代人的呵护与修缮下得以保存。

朝阳寨

朝阳寨地处北纬 31° 52'28"、东经 111° 59'25"，海拔高度为 796 米，占地面积约 1 万平方米。

朝阳寨位于李庙镇高家庄村三组朝阳山顶之上，寨子坐北朝南，坐落在四面环山的山顶上，远望像一座“独秀峰”。古寨原寨墙周长约 800 米，城墙有四道门，分布于东、南、西、北，东面和北面是 300 米高的悬崖峭壁。寨墙大部分倒塌，现存寨墙长约 20 米，宽约 18 米，高约 2.5 米，厚约 0.8 米。寨中现存有关老爷圣殿一处，保存较好，还有清光绪年间立下的两通石碑，碑身有不同程度的损坏。

寨内外植被茂盛，灌木丛生，森林覆盖率达 95% 以上，四季分明，气候适宜，野生动植物在此生长繁殖。

李庙镇高家庄村朝阳寨东门 （2008 年摄）

黄家寨

黄家寨地处北纬 31° 47'49"、东经 111° 33'22"，海拔高度为 1100 米，占地面积约 1.2 万平方米。

李庙镇星宿河村黄家寨西寨门 （2015 年摄）

黄家寨位于李庙镇星宿河村二组西牛川山顶之上，坐北朝南，长 400 米，宽 300 米。山寨分别有东门、西门、北门，东与本村二组黄国成山相连，南与黄国军山相连，西北边与高维助山连接。此寨顺山顶而建，西、北、东三面都是悬崖绝壁，难以攀爬，只有南面一条小道进入寨中。此寨传说建于三国时期，屡建屡毁，因年代已久，山石自然风化等因素，大部分墙体已损毁垮塌，只有少部分墙体经受住了岁月的侵蚀和摧残，至今还屹立于此。残墙高约 2 米，厚约 1.2 米。

此处山林植被良好，树木成荫，森林覆盖率

达 90% 以上，四季分明。因多年无人到访，此处现已成为野生动植物栖息的天堂。

钟游顶寨

李庙镇栎桦寨村钟游顶寨碑刻
（2008 年摄）

钟游顶寨地处北纬 31° 53'54"、东经 111° 30'58"，海拔高度 1439 米，占地面积 800 多平方米。

钟游顶，自古就有南漳县屋脊之称。钟游顶寨位于李庙镇栎桦寨村二组，背靠谷城县赵湾乡韩家山村四组（原黄家沟村九组），山峰之高，一年四季云雾缭绕。山顶地势平坦，植被茂盛，古木成荫，森林覆盖率达 98% 以上。晴天的晚上可以看到襄阳二城闪烁的车灯、霓虹灯，宛如天上繁星点点，美丽壮观。

很早以前，传说祖师爷修仙云游四方，一日遥望远方，见到一座高山巍峨耸立，山外峰峦叠嶂，山内云雾缭绕，气势非凡。祖师爷心生欢喜，决定在此山修行以求正果。他每日与众仙谈经论道，由于山顶土质松软，难以承受众仙的重量，此山一年内竟在不经意间下沉了三尺三寸。不久，祖师爷感到身体不适，便匆忙转移到对面的“山水洞”中继续修炼，随后又在武当山修成正果。自祖师爷离开后，附近的村民时常隐约听见山顶传来钟声，于是人们将此山命名为“钟游顶”，在钟游顶修庙建了祖师殿，建成后香火旺盛，一直延续至今。

南漳县古山寨群李庙镇石寨遗址一览表

表 5

序号	名称	海拔（米）	面积（平方米）	时代	地址
1	胡家寨	515	5100	清代前	石桩河村
2	千家顶寨	750	2000	清代前	晓烟坪村
3	白象岩寨	665	865	—	磨坪寺村
4	夜猫寨	760	15000	—	傅家坪村
5	黄楝寨	689	22800	清代前	傅家坪村
6	老寨	701	16000	清	傅家坪村
7	新寨	685	14000	—	傅家坪村
8	焦家寨	597	43800	清代前	晓烟坪村
9	长垭寨	1200	3300	—	堰沟村
10	蜈蚣寨	450	20000	—	东沟村
11	寨梁子寨	406	3500	清嘉庆	鱼泉河村
12	笔架寨	554	5000	明清时期	鱼泉河村
13	母猪寨	1150	2000	清代前	水田坪村
14	梳妆台寨	650	2000	—	茅坪村

续表 5

序号	名称	海拔（米）	面积（平方米）	时代	地址
15	大山寨	950	6000	清嘉庆五年（1800）	全家湾村
16	刘家寨	1010	9800	清代前	晓烟坪村
17	栎桦寨	1250	6000	—	栎桦寨村
18	乌猴寨	324	2500	—	滋坪村
19	凤凰寺大寨	681	27000	—	滋坪村
20	吴家寨	529	1365	清代前	石桩河村
21	大山寨	723	868	清代前	傅家坪村
22	贺家寨	623	450	清同治元年（1862）	傅家坪村
23	小寨	609	380	—	傅家坪村
24	天宝寨	951	850	清	磨坪寺村
25	石门寨	873	850	清代前	北沟村
26	桥子沟寨	1000	750	清代前	堰沟村
27	旗杆寨	911	850	清代前	堰沟村
28	大山寨	768	960	清代前	五渡沟村
29	小儿寨	774	780	清代前	五渡沟村
30	李家寨	706	3000	清嘉庆七年（1802）	赵店村
31	大寨洼寨	854	1200	清嘉庆六年（1801）	胡家坪村
32	百家寨	427	1300	清嘉庆七年（1802）	刘坪村
33	顺天寨	567	2800	清嘉庆八年（1803）	刘坪村
34	小寨	355	1000	—	齐家岗村
35	齐家寨	464	5000	清	齐家岗村
36	马家寨	900	2890	清	齐家岗村
37	明家湾寨	842.5	2000	—	北沟村
38	鸳鸯寨	703	542	—	赵店村
39	主山寨	1410.5	1750	—	主山寨村
40	看家寨	688.31	4000	—	傅家坪村
41	五龙观寨	795.2	3500	唐	北沟村
42	朝阳寨	796	10000	—	高家庄村
43	黄家寨	1100	12000	—	星宿河村
44	钟游顶寨	1439	800	—	栎桦寨村

六　薛坪镇

红土垭小寨

红土垭小寨地处北纬 31° 40'45"、东经 111° 37'16"，海拔高度 867 米，面积 693 平方米。

红土垭小寨位于薛坪镇石桥村红土垭寨坡上，东临红土垭，西为锣儿湾，北为戴家垭。山寨平面呈长方形，墙宽 0.4 ～ 1.8 米，高 2 ～ 3 米，长 33 米，宽 21 米，东南各设一门。寨墙为青石块及山岩石片垒砌，寨墙上现存射击孔、箭垛及巡道，但东部巡道不存，寨内东高西低，南角凸出，南北相对各设一射击孔。寨内未发现其他建筑物。

红土垭小寨位于山顶，三面凹地，一峰突起。寨依山势而建，西北两侧山体险峻，山上林木茂密，杂草丛生，常年生长有栎木、松树，灌木荆棘遍布，另有较多冬青树，一年四季常青。

该寨有东、南两个寨门，各有一条小径可通山寨，寨脚下分布有两三个自然村，一条县道从此通过。根据建筑形式推测古寨是明代前为抵御红巾军和土匪所修筑。

龙脖垭寨

龙脖垭寨地处北纬 31° 43'06"、东经 111° 37'05"，海拔高度 985 米，面积 700 平方米。

龙脖垭寨位于薛坪镇石桥村龙脖垭山顶。山寨沿山势呈东西走向，平面为不规则长方形，墙宽 0.5 ～ 1.5 米，残高约 2 米。寨墙用青石块垒砌，依山就势，立于山顶。该寨有寨门两个，分别为东门和西门。寨内地势东高西低，未发现其他建筑，但在西部台地边沿发现有人工垒砌痕迹，东西长约 35 米，南北宽约 20 米。

薛坪镇石桥村龙脖垭寨残墙　（2008 年摄）

龙脖垭山如一条伸出的龙头，山寨则处于龙脖后部，寨因山而得名。山势陡峭，龙脖垭山地势险峻。山上植被茂密，灌木杂草丛生。

在龙脖垭的南部和北部，南漳—薛坪—三景的省级公路绕山而过。山上小径纵横交错，山寨东西二门前则各有一条小道可进出，山脚下人烟稀少，村民主要种植小麦、玉米、油菜等。

杏家寨

杏家寨地处北纬 31° 38'14"、东经 111° 37'23"，海拔高度 972 米，面积 680 平方米。

杏家寨位于薛坪镇石桥村境内的杏家山上，寨依山势而建，东西走向，平面呈长方形。一周寨墙保存较好，均用石块垒砌，墙体宽厚，雄浑而壮观。墙上设有兵道、箭垛以及瞭望孔，在东部和西南部各设一门，均保存较好。寨内中间高，四周低，形成一个台地，台地上建有房屋一间，石块砌墙，顶部无存。此外，寨内无其他遗迹。

杏家寨西北临土河，南面后冲河崖。气候适中，植被茂密，荆棘杂树丛生，灌木藤条横陈，土壤肥沃，适宜多种农作物生长。

杏家寨四周山林经过林权改造，归私人管理使用。山下村民除了种好责任田外，还在山地较平缓处广栽白杨树等经济林木为致富途径。木耳、香菇等特产畅销后，村民培植木耳、香菇的积极性越来越高，生活越来越富裕。

薛坪镇石桥村杏家寨寨墙（2008年摄）

龙泉寨

龙泉寨地处北纬31° 36'55"、东经111° 37'27"，海拔高度864米，面积216平方米。

龙泉寨位于薛坪镇古树垭村西湾西北的山峰上，因山西山腰下有龙泉洞而称龙泉寨。山寨依山就势而建，南北长27米，最宽处8米，从山东侧台阶拾级而上进入寨门，西南为自然山体，墙体残高0.5～3米，宽0.4米，北端的石墙上有土墙痕迹。

寨东南为西湾村，西北为漳河，北望杏家山和黄土岗，南北两侧群山对峙，树木林立，野猪常年出没于此。

从西湾村有一条山间小路可通向山寨，村民们以种植小麦、烟草为生。周围村庄稀少，交通不便。

薛坪镇古树垭村龙泉寨寨墙（2008年摄）

草坑寨

草坑寨地处北纬31° 36'45"、东经111° 37'13"，海拔高度1027米，面积740平方米。

草坑寨位于薛坪镇古树垭村陈家老屋（自称草坑部落）的后山寨坡上，寨呈长方形，东西长35米，南北宽24米，仅在东门设有寨门入口，寨内中间凸起，墙体高2～3米，宽约2米，寨门两侧有射击孔和瞭望孔，西北角以山体为寨墙。整座山寨寨墙、寨门保存较好，寨中央有数间石房遗址。

山寨高大巍峨，登顶远眺一览众山小，群山沟壑纵横，尽收眼底，寨内外杂树野草丛生，乔木成林，时有野生动物出没。

古树垭村所属的西湾有一条小路可通往山寨，山寨下陈家老屋一户两为老人居住。人烟稀少，交通不便，村民生活环境艰苦。

阎黄寨

阎黄寨地处北纬31° 48'12"、东经111° 12'08"，海拔高度960米，面积900平方米。

阎黄寨位于薛坪镇杜冲村西部的阎黄山山顶上。东临杜冲，其余三面为山地，地势险峻，寨内中部较高，整体呈不规则圆形，墙体宽厚，墙宽1～1.5米。山寨保存较好，一周寨墙基本尚在，上部多有损坏，多为人们攀爬所致，墙内设有巡道、瞭望口，巡道较窄。寨内西部存有2间房屋遗迹。保留有东、西两门。

该寨四面环山临冲，山上植被茂密，以花栎树为主，四季温差分明，小型动物活动频繁。

该寨东边山脚下有一村庄，人口较少，以种植玉米、小麦为主，东侧冲地有一条山间土路向西可通往村级公路，离集镇较远，村民生活环境艰苦。

该寨重建于清代，是山下阎、黄两大姓为躲避匪难而兴建的藏身之处。

薛坪镇杜冲村阎黄寨　（2008 年摄）

跑马岭寨

跑马岭寨地处北纬 31° 50'25"、东经 111° 10'15"，海拔高度 950 米，面积 3210 平方米。

跑马岭寨位于薛坪镇杜冲村，东俯柏家河，南望九家寺，西为寨湾子，北眺孟家庄，山寨平面呈椭圆形。该寨坐东朝西，寨内地势西高东低，寨墙寨门俱在，寨东西两端分别设置寨门，西门外绕寨墙设石阶回旋而上。寨门两侧均有石孔，应该是当年加固寨门所用。寨墙上巡道雉堞仍在，多处留有瞭望孔射击孔。寨内有寨房遗迹 5 间。

该寨坐落在鄂西北山林地区，植被茂密，山寨里外灌木杂树丛生，山下的柏家河在枯水期河床暴露。寨坡山体稍低于周围山峦而独立一处，站在西寨墙可望九家寺冲地。

山寨西北下面是寨湾子自然村庄，村民以种植玉米、小麦，培育香菇为主。一条村道连接 025 县道，交通方便。

金花寨

金花寨地处北纬 31° 55'23"、东经 111° 45'22"，海拔高度 985 米，面积 2500 平方米。

金花寨位于薛坪镇黑河村手扳崖山顶，西面隔洛浴河与虎头寨遥遥相望，东南距周家坑自然村庄 500 余米，北眺小坑，山寨平面呈椭圆形。

该寨坐西朝东，寨内地势中间凸起四面较低，寨门寨墙俱在，寨墙最高处 3.7 米，最宽处 1.8 米，寨墙局部残破，北墙存有少许雉堞，西墙损坏较严重。东西各有一门，西门顶部已损，两侧墙体有部分损坏，东门保存较完整，左侧墙体嵌有一瞭望孔。

该寨地处手扳崖山顶，山势连绵，寨内山石密布、凹凸不平、灌木丛生，西边山脚下为洛浴河，河水自西向东而流，距黑河交汇处 700 余米。

薛坪镇黑河村金花寨寨墙　（2008 年摄）

该寨东边山洼为周家坑自然村，有 5 户人家在此居住，以种植小麦、油菜为主，有一条山间小道可通往村级公路，交通不便。

虎头寨

虎头寨地处北纬 31° 53'14"、东经 111° 28'41"，海拔高度 895 米，面积约 7 万平方米。

虎头寨位于薛坪镇杜冲村虎头山上，因寨山、寨体状如虎头，故名虎头寨。古寨东为冯家湾，西为杜冲，南为杜家坪，北为康家河。

寨内地势东低西高，状如圈椅，西、南、北为山脊，中间为洼地。寨墙建在山脊上，长 2000 米以上，墙高 2 ～ 7 米，设东、南、西、北四个大门。现东门保存较好，门边有石房一间，门外 200 米处尚有石房墙基。当地人称为小寨，应为月城或寨卡。东门口当年立有石碑一块，现已不存。

薛坪镇杜冲村虎头寨　　（2008 年摄）

古寨周围植被茂盛，杂草灌木成丛，乔木成林，绿荫覆地。古寨已隐于树林之中，不到寨边，难以发现。山上多栎树、杉树、松树、也有楸树、泡桐，银杏树较多。

古寨所处地域为革命老区，当年震惊鄂西北的荆山农民起义就发生在这里，留下很多红色遗址。周围古寨，老屋存量较多。离集镇近，人口密集，村民多外出经商、打工，交通便捷，省道县道穿境而过，村民生活富裕。

龙家寨

龙家寨地处北纬 31° 40'32"、东经 111° 40'04"，海拔高度 836 米，面积 2240 平方米。

龙家寨位于薛坪镇陶沟村的龙泉山上，依山就势呈东西带状分布，长 112 米，最宽处约 20 米，东、南寨墙分别有寨门，东南墙体内侧有行道，墙体残高 1 ～ 2 米，宽 2 ～ 4 米。

薛坪镇陶沟村龙家寨残墙　　（2008 年摄）

山寨北望阳坡，东南为甲子河，山下沟壑纵横交错，山寨树木林立，时有野猪出没。

山下南北方向的省级公路上可到薛坪，下通南漳，从公路东侧有一条山路可直达山寨，村民生活、生产设施齐备。

该寨为明清时期抗击土匪由龙姓大户捐资修建，并为后世所用。

三人寨

三人寨地处北纬 31° 36'37"、东经 111° 42'15"，海拔高度 844 米，面积 1500 平方米。

三人寨坐落于薛坪镇普陀庵村境内的祖师顶（又叫鸣凤顶）之巅，与北岩山连为一条长龙，东饮香水河水，与天心眼相望，南至任家湾。三人寨依山势而建，山顶相对平缓，平面呈圆形，面积约 1500 平方米，仅存西门，但门周围建筑大部分被毁，只剩下西门两边寨墙，长不过 60 米，墙宽约 2 米，残

薛坪镇普陀庵村三人寨庙观一角　　（2008年摄）

薛坪镇普陀庵村三人寨石碑刻　　（2008年摄）

高约1.8米。寨中有一间房只剩墙基，残高1米左右，房内竖有两座石碑，为鸣凤祖师爷牌位及功德碑，此外无其他遗迹。

三人寨位于AAAA级旅游景区“香水河风景区”内，其自然环境优美，气候适宜，四季分明，穿山洞水流潺潺，四季不断，寨内杂树野草丛生，寨外松树成林，景色宜人。

三人寨常年有人踏青烧香鸣鞭。山下有香水河风景区七彩山庄及任家湾自然村，大多数村民除了种植小麦、玉米、烟叶外，利用资源优势，从事旅游活动，村民较富裕，有柏油路直通风景区。

三人寨原名祖师顶寨，因寨内有一道观而得名，系观寨合一建筑遗址，当年香火旺盛。1931年，红军教导团在此开辟根据地，建立苏维埃政权时，一个班的战士受到反动武装围攻，红军战士借助山寨抗击反动武装，一个班10多名战士苦战半天，打退敌人多次进攻，最后仅剩三名负伤的战士。为了纪念这场战斗，当地人把它叫作三人寨。

凤凰寨

凤凰寨地处北纬31°34'35"、东经111°42'52"，海拔高度818米，面积1185平方米。

凤凰寨位于薛坪镇韩家山村果坪境内的凤凰山顶上。东临后坑村，西望果坪村，南隔冲子与牤牛山相对，地势险峻，寨内相对平缓，东西向布局，整体呈不规则长方形，东高西低，墙宽1～2米。

一周寨墙保存完好，部分出现垮塌，墙顶向外出檐0.3米，墙体宽厚、雄伟，屹立百年而不倒塌，墙内设有巡道、瞭望孔，巡道较窄。寨内西部存有两间房屋遗迹。保留有东、西两门。东门外为月城，面积约260平方米。

凤凰寨位于山顶，气候适中，四季分明，寨内外杂树荆棘丛生。周围土地相对贫瘠，水源缺乏。原生植被保存较好，常有野生动物在寨内外活动。资源匮乏，村民田地少，水源不足，靠种植小麦、玉米为主，油菜等经济作物为辅，仅有一条乡村土路从山下通过。

凤凰寨建于清朝以前，是山下周、朱两大姓为躲避匪难而兴建的藏身避难之处。

尖儿寨

尖儿寨地处北纬31°35'07"、东经111°43'52"，海拔高度759米，面积580平方米。

尖儿寨位于薛坪镇韩家山村莲花岗境内，寨内北高南低，落差50余米，寨依山势而建，墙宽0.3～0.8米，奇险而狭长，又起伏不平。北部山尖突兀处建有3间房，墙基保存完好，此处是山寨的制高点，可俯瞰整个山寨。山寨由北到南分为四级平台，中间相对平坦，由南门向北环绕寨中，拾级而上，寨墙高耸，达 3 ～ 7 米，局部有垮塌现象，寨中有一关帝庙遗址，山寨雄伟壮观，给人一种如临仙境之感，站在寨上可听潺潺流水，看白云飘飘。

尖儿寨位居山顶，周围群峰连连，千岩竞秀，其东临果庄河，西连阳坡岭，南面阴坡岭，北望柴家山，阳坡岭下有一条小河流入果庄河。气候温暖湿润，景色优美宜人，寨内山石突兀，花树灌木丛生。

尖儿寨常年游人不断，山下有二十余户村民，住房大多为干打垒土木房，主种小麦、玉米、烟叶，收入不高，年轻人大部分外出务工，有一条羊肠小径通往山寨。

山寨建于清代以前，是当地村民避难的藏身之处。

黄龙寨

黄龙寨地处北纬 31° 34'25"、东经 111° 44'45"，海拔高度 863 米，面积 245 平方米。

黄龙寨位于薛坪镇韩家山村唐家垭境内，山势相对平缓，顶部略突起，东眺上垭北，西望祖师庙，南与扬名洼相连。寨依山势而建，平面呈圆形，寨墙尚存，厚 1 ～ 1.5 米，设有西门和东门。寨内原建有土坯房一间，现仅存墙基。寨墙不高，西门已无上部建筑，东门已垮。此外无其他遗迹。

黄龙寨位于寨坡山顶，自然环境优越，气候适宜，四季分明，寨内为杉林，寨外树木参天，杉松青翠，常有野猪、野羊在此活动。周围有茶山、板栗基地和杉树基地，有乡镇级公路从山下通过。

山寨建于清代前，规模较小，系唐家人为躲避兵匪所建。

上垭寨

上垭寨地处北纬 31° 35'04"、东经 111° 45'13"，海拔高度 746 米，面积 1820 平方米。

上垭寨位于薛坪镇韩家山村茅湖坪境内，山虽不高，但山峰高耸，颇为陡峭，寨依山而建，寨内相对平缓。平面呈不规则椭圆形，寨墙高而厚实，宽 2 ～ 3 米，高约 3 米，内侧设有巡道、垛口及瞭望孔，墙中有一块突出部分，两边有小孔，可看见墙外基础。东西两门屹立，寨内有两间房屋遗迹，墙基尚存，此外无其他遗迹。

上垭寨坐落于山顶，气候适中，环境清幽，站在寨中，不时可听见周围传来清脆的牛铃叮咚以及湍急哗哗的流水声响，黑河环绕山脚流淌注入蛮河，西隔黑河可眺望尖儿寨。寨内灌木杂树丛生，寨外松柏苍翠。

上垭寨常有人在寨内砍柴及狩猎，山下茅湖坪住有六十余户村民，地势平坦，土地肥沃，人口密集，村民忙时抢收抢种，闲时外出务工，有村、镇级公路通往村中。

据林方规老人讲，寨内原来有碑，只记得落款为清代，现下落不明。寨建于清代，集众姓捐资而成，是茅湖坪村民抵御匪患的藏身之所。

白云观寨

白云观寨地处北纬 31° 36'10"、东经 111° 40'22"，海拔高度 1086 米，面积 1200 平方米。

白云观寨位于薛坪镇泉湾村寺坪自然村境内。山势险峻，登上白云观，有一览众山小之感。山寨依山势而建，山顶高低不平，寨墙按地势围成了三圈，每一圈寨墙都有门洞。寨墙高耸挺拔，外墙上有巡道、垛口及瞭望孔，墙宽 1 ～ 1.5 米，内墙无行道，顶端有房屋 3 间，仅存房基。

白云观寨位居山顶，高耸入云。山上土地贫瘠，寨内荆棘杂草丛生，寨外灌木茂密。毛山河从山下流淌，与寨坡相连。

白云观寨常年有香客在此烧香还愿，香火不断，烛烟袅袅。山下寺坪村住有 30 余户人家，地下水充足，村民种植玉米、小麦，培植木耳、香菇等，相对富裕，一条已经硬化的村级公路通往村中。

寨内有乾隆、嘉庆、同治等年间石碑，几块砸碎，几块埋于石中。白云观始建于清乾隆四十九年（1784），当时香火旺盛，香客不断，后毁坏，村民捐资修寨，白云观寨便成了避难之所。

碑刻　白云观石碑碑文

碑一　同结良缘

大清国湖广省襄阳府维新都毛山河白云观卢家庄祠土地居住众姓喜舍资财

修殿三间勒碑四同善信名目开列于后施树

领修首人　李荣　冯氏

总　　头　朱相玉　彭氏

尹子敏

尹子惠（其他名略）

皇上乾隆四十九年十二月初一日立碑

碑二　同修良缘

闻山不在高有仙则名如我白云观旧名凤凰山有古庙久矣但因历年火燎未免风雨飘摇是以重邀同四地善士公议捐修俾庙宇圣像焕然改观一时等高众曰巍哉此山也借非昔绩义举何以高插云霄哉今者厥功告竣因而勒诸珉石以志盛事云尔

总领首人　郝隋职

庙　　主　都宗悦

分　　县　尹大径

孙在学

旧县铺刘光艾（其他名略）

大清同治十一年九月中浣日立

薛坪镇泉湾村凤凰山

蒋家寨

蒋家寨地处北纬 31° 35'59"、东经 111° 38'25"，海拔高度 1028 米，面积 1300 平方米。

蒋家寨位于薛坪镇泉湾村境内，地势高峻，位置险要，寨平面呈不规则长方形，东与贾家山相连，西临邓家沟，南邻杨树坑，北眺九里河。东、西、北三面修有寨墙，且墙体宽厚坚固，内侧有行道，南面因山体险要，无法攀援，10 余米无寨墙，以岩代墙，寨内南高北低，中间突起与四周落差 10 余米，靠西墙处修建有房屋均已损毁，地面散落有砖瓦。山寨现存有东门和西门，门上方建筑均已垮掉。墙宽 1.5 ～ 2 米，残高约 2.5 米。

蒋家寨位居山顶，山高势险，平时云遮雾罩，四周群山绵延起伏，沟壑纵横。自然环境优美，寨内起伏不平，荆棘杂树丛生，寨外松柏苍翠，明丽泛金。

经常有人进寨砍柴、挖药材。山下为泉湾村，住有 50 余户村民，年轻人外出务工，剩下留守老人和孩子，村民种植小麦、玉米、油菜，盛产核桃。仅有一条土路通往泉湾自

薛坪镇泉湾村蒋家寨东门　（2008 年摄）

然村。

蒋家寨内原修有碑亭，后被毁，无法抄录。山寨建于清代，是山下尹姓家族协助蒋家为防外敌而建的一处藏身之所。

高顶寨

高顶寨地处北纬 31° 42'23"、东经 111° 40'36"，海拔高度 980 米，面积 5600 平方米。

高顶寨位于薛坪镇顺流村东北的高顶山的山顶上，登顶北眺青风山，南隔王家泉。寨呈椭圆形，北部全为寨，其东西南三面为月城，寨墙宽 1 ～ 2 米，高 0.5 ～ 2.5 米，月城低于主城寨墙约 1 米，寨内东西两端有寨门，寨墙内侧有巡道。

高顶山属薛坪境内海拔较高的一座山峰，站在顶上视野开阔，当地传说站在山上可见周围的 48 座寨子，天气好时可眺望到汉江，寨内外松树成林，风吹后不时传来阵阵涛声。

高顶山下的山垭里分布着较为密集的居民点，县级公路从山脚下通过。半山腰有一陈家逻围（陈弘亮墓）。周围有多座古山寨。

山寨西门处有一座残断的捐款功德碑，字迹模糊难辨。山寨为清代以前村民为躲避兵匪时修筑，并为后世不断使用。

范家寨

范家寨地处北纬 31° 41'08"、东经 111° 41'42"，海拔高度 825 米，面积 430 平方米。

范家寨位于薛坪镇顺流村东端的范家山上，东侧山脚下王家河顺流而过，南隔盛鱼河至孙家山林，山寨坐落在东西走向的山冈上，呈不规则长方形，东西长约 29 米，宽约 18 米，东西两端有寨门，墙体内侧设有巡道，墙体残高 1 ～ 2 米，厚 1 ～ 1.5 米（含巡道），全部以就地取材的青石而筑。

范家寨坐落在群山环抱的阳坡山上，这里日照充足，寨内长满了松树和杂草。寨东南与孙山村接壤，仅有一条山间小路通往阳坡山下，村民以种植小麦、玉米为主，年轻人大部分外出打工。

此寨为清末为躲避土匪由当地范姓大户牵头捐资修建。

后坡寨

后坡寨地处北纬 31° 41'29"、东经 111° 39'31"，海拔高度 962 米，面积 767 平方米。

后坡寨位于薛坪镇顺流村小学北边的寨坡上，因在危姓人家的后坡上而得名。山寨依山就势而建，东高西低，呈椭圆形分布。东西长约 42.6 米，南北宽约 18 米，东西两端分别设有寨门，南墙内侧有行道，墙体残高 0.5 ～ 2 米，宽 1 ～ 1.5 米，寨内东部距寨门约 5 米处垒砌石屋一座。

从山顶上西望山寨，东、北方山头林立，为荆山山脉的群山环抱，山上植被茂盛，寨内荆棘丛生，时有野猪等动物出没。

山下分布着居民点，村级公路从山下通过，顺流村小学就在山南脚下，村民以种植小麦、油菜为主，农闲时打工赚钱，村民较为富裕。

此寨为清朝时期由朝廷下令修筑。

唐家寨

唐家寨地处北纬 31° 42'50"、东经 111° 42'01"，海拔高度 742 米，面积 4800 平方米。

唐家寨位于薛坪镇顺流村东约 5 千米处的寨洼村的一座山峰上，依山就势将东西两山头由寨墙连为一体，西南高，东北低，呈凹槽形，南段有寨门。墙体残高 2 ～ 3 米，宽 0.8 ～ 4 米，局部箭垛尚存。

山势陡峭，扼守着南漳县李庙镇到保康县的关垭口，下有开阔的沟壑，周围丛山林立，灌木丛生，间有松柏等乔木。

山下的乡村公路上通保康县，下至南漳县城，交通较为便利，山间小路可直达山寨门。村民以种植小麦、茶叶为生。周围自然村人口较为密集，人文景观如古寨、古墓分布较多。

此寨是清朝时期由地方唐姓大户牵头修筑，寨体全部由石头垒砌。

栗林坪寨

栗林坪寨地处北纬 31° 42'27"、东经 111° 38'20"，海拔高度 980 米，面积 2080 平方米。

栗林坪寨位于薛坪镇栗林坪村委会后的寨坡山上，山呈东西走势，其南侧山脚下为栗林坪村，登顶西眺赵家坪，东望觅水洞。山寨依山就势建在山冈的西端，呈不规则长方形，西高东低，东西长 120 米，最宽处 28 米，东西两端有寨门，墙体宽 1 ～ 1.5 米，残高 1 ～ 2.5 米，南寨墙内侧有巡道。

寨坡山西侧为一垭口，南侧栗林坪村尽收眼底，坪外低山环绕，寨内林木丛生，野猪、野鹿时常出没于此。

寨坡山下为人口较密集的栗林坪自然村所在地，这里学校、医务室等齐备，烟草种植成为这里的支柱产业，村后有一条山间小路直通山寨，周围尚存众多古山寨遗址。

此山寨为清代由当地民众运石垒筑。

朱家寨

朱家寨地处北纬 31° 43'35"、东经 111° 37'13"，海拔高度 762 米，面积 2100 平方米。

朱家寨位于薛坪镇栗林坪村西北冷水河畔的易贾山上，与马鬃河相邻，依山就势而建，似鞋底形，坐西北朝东南，东西长约 40 米，最宽处约 18 米，南有寨门，墙体残高 0.5 ～ 2 米，宽 0.6 ～ 3 米，就地取材，由天然石块砌成。

山寨下北临冷水河，东北为长坪，南为栗林坪村洼地，地处深山老林，草木丛生。

从栗林坪到赵家坪再绕过山间小路才能到朱家寨，离村委会 12 千米。东南边山下仅有朱家一户后人居住，交通不便，村民以管护公益林和少量土地为生，东北约 300 米处为朱家逻围。

据当地村民介绍，此寨系清朝时期由当地的朱家家族捐资而建。

薛坪镇栗林坪村朱家寨寨墙一角　（2008 年摄）

孙家寨（孙山村）

孙家寨地处北纬 31° 40'51"、东经 111° 42'39"，海拔高度 756 米，面积 360 平方米。

孙家寨位于薛坪镇孙山村槽子坑山顶，又名槽子坑寨，离村委会 7 千米，南连槽子坑山，西俯西门河，北望南山，东望人和寨。

该寨坐南朝北，山寨城墙环山而建，距山顶约 20 米。寨内地势南低北高，寨门、寨墙都已残破，寨墙最宽处 1.4 米，最高处 2.5 米，东西南寨墙尚存，全长约 80 米，北为悬崖，南北各有一门，南门仅有两侧墙体，北门已塌毁，靠近南门5米处有一自然山体，山顶中央有一巨石，其正中有一处直径为5厘米的石孔。

该寨地处槽子坑山顶，四面环山，山上植被茂密，以花栎树、灌木为主，一边山脉下为后河，枯水季河水干涸，河底布满卵石。

该寨一边山脚下为孙家老屋场，有8户人家在此居住，以种植玉米、小麦为主，山上有一条山间小路可通往村级公路。

据当地村民介绍，此山寨是清朝以前当地孙氏家族为避难而建，当年山顶上插着彩旗，一旦发现敌情就将旗子放倒，提醒各家各户注意防范，山顶中央巨石应为当年的旗杆石。

薛坪镇孙山村孙家寨寨墙 （2008年摄）

潘家寨

潘家寨地处北纬31° 39'27"、东经111° 42'18"，海拔高度763米，面积1230平方米。

潘家寨位于薛坪镇孙山村寨坡山顶，东可俯视潘家湾，北为牛家湾，西望洞后坡，南临扁担峡。

该寨坐西朝东，寨内地势西高东低，寨门、寨墙俱在，寨墙最高处3米，最宽处3.1米，寨墙上多数箭垛和环墙人行道尚存，东南面为悬崖，无寨墙痕迹，北边墙体有部分塌陷。寨东西各有一门，东门为主门，西门应是安全通道，寨中心有一自然山体，有3间房屋遗迹分布在上。

薛坪镇孙山村潘家寨寨墙 （2008年摄）

该寨地处寨坡山顶，四周植被茂盛，以松树为主，南边山脚下为洛浴河，河水四季不竭。

该寨东边山脚下是潘家湾自然村，有4户人家在此居住，当地村民以种植玉米、小麦为主，有一条山间小路可通往村级公路。

孙家寨（孙湾村）

孙家寨地处北纬31° 37'47"、东经111° 43'53"，海拔高度804米，面积1430平方米。

孙家寨位于薛坪镇孙湾村孙家寨山顶，东俯小沟子，北连上湾，南望马龙潭，西为洛浴河，寨呈长条状。该寨坐西朝东，寨内地势西高东低凹凸不平，东门左侧墙体已倾斜，顶部有部分塌陷，北门保存较完整，两侧墙体各嵌有一瞭望孔。四面墙体都有不同程度的损毁，其中南墙已大部塌陷，仅有两小段墙体尚存，北墙大部尚存，西墙已和地面平齐，寨内西南角分布有3间房屋遗迹，中间房屋内香台上放有一陶制器物，有一石碑立于左侧，碑身高1.22米、宽0.63米，厚0.15米。

该寨地处孙家寨山顶，山势连绵，西边山脚下为洛浴河，河水自西向东蜿蜒流过，两边高山竹林密布，风景秀丽。

该寨东边山脚下为小沟子自然村，有十多户人家在此居住，以种植香菇为经济作物，有一条村级道路可通往县道，交通较为便利。

据碑文记载，该寨建于清咸丰三年（1853）。

薛坪镇孙湾村孙家寨北门　　（2008 年摄）

廖家寨

廖家寨地处北纬 31° 38'58"、东经 111° 43'42"，海拔高度 820 米，面积 1000 平方米。

廖家寨位于薛坪镇火石观村老鹰坡山顶，北俯廖家湾，西连老鹰坡，南为甘沟，东望杨家湾。

该寨坐东朝西，寨内地势东高西低，寨门、寨墙已残破，寨墙最宽 2 ～ 4 米，残高 1 ～ 3 米，南北寨墙已损毁，东西寨墙仅有一段尚存，寨东西各有一门，西门较为完整，东门已破损，靠近东门处有一间房屋遗迹。

该寨地处老鹰坡山顶，寨内植被茂密，以松栎、灌木为主，小动物活动频繁。该寨北边山脚下为廖家湾自然村，现有 2 户人家在此居住，以种植玉米为主，在寨上可看见一条通往南漳县城的村级公路。四周古寨堡较多。

薛坪镇火石观村廖家寨寨墙一角　　（2008 年摄）

鸡冠寨

鸡冠寨地处北纬 31° 46'46"、东经 111° 51'31"，海拔高度 366 米，面积 1250 平方米。

鸡冠寨位于薛坪镇黑河村后坡山顶，南可俯视张家咀，东临黑坪，北望熊家坡，西为毛胡岭。

该寨坐西朝东，呈长方形，寨内地势中间高，两边低，寨门寨墙俱在，寨墙高1.5米左右，最高3.2米，最宽处4.2米，东面寨墙较完整，长200米以上，西北寨墙残缺不全，南面为悬崖，无寨墙，寨东西各有一门，西门已残毁，东门较完整，寨中有一长约200米的自然山体，仅见一处房屋遗迹。

该寨地处山顶，北边山脚下为黑河，从山上俯视河流呈“S”形，山上植被茂密，以灌木为主。

该寨南边山脚下为张家咀自然村，有5户人家在此居住，以种植小麦、玉米为生，有一条山间小路可通往黑河村级公路。黑河上下有数座土法造纸古作坊遗址。

该寨建于清朝前，是黑河一带陈氏家族牵头集资修建，主要是为防范土匪。

薛坪镇黑河村鸡冠寨东门 （2008年摄）

周家寨

周家寨地处北纬31° 36'35"、东经111° 45'18"，海拔高度692米，面积1210平方米。

周家寨位于薛坪镇黑河村手扳崖山顶，西面隔洛浴河与虎头寨遥遥相望，东南距周家坑自然村庄500余米，北眺小坑，山寨平面呈椭圆形。

该寨坐西朝东，寨内地势中间凸起四面较低，寨门寨墙俱在，寨墙最高处3.7米，最宽处1.8米，寨墙体局部残破，北墙存有少许雉堞，西墙损坏较严重。东西各有一门，西门顶部已损，两侧墙体有部分损坏，东门保存较完整，左侧墙体嵌有一瞭望孔。

薛坪镇黑河村周家寨东门 （2008年摄）

该寨地处手扳崖山顶，山势连绵，寨内山石密布、凹凸不平、灌木丛生，西边山脚下为洛浴河，河水自西向东而流，距黑河交汇处700余米。

该寨东边山洼为周家坑自然村，有5户人家在此居住，以种植小麦、油菜为主，有一条山间小道可通往村级公路，交通不便。寨下黑河沿岸现有多处古造纸作坊遗址与水渠。

老寨

老寨地处北纬31° 38'58"、东经111° 33'20"，海拔高度1068米，面积4284平方米。

老寨位于薛坪镇西北三景庄村，东临西河崖，南和双龙寨相望，西连寨上坡，北是寨坡，山寨依山势而建，坐西朝东，用条石垒砌成双层，平面呈“T”形，东西长84米，南北最宽51米，内层有行道，设东、西门，房屋8间。

老寨位于薛坪西北三景庄村西河垭，山势为东西走向，南北险峻，山上灌木丛生，寨北有东西向山冲，当地村民以种植小麦、玉米为主，兼种油菜、豆类等经济作物。

20 世纪 90 年代后，有关部门在山寨内建有电视差转站。东部山下紧靠三景庄集镇街道，有一条通往南漳的省级公路。三景庄村所在地曾是 20 世纪 90 年代三景乡人民政府所在地。

老寨建于清朝前，是当地李家为躲避土匪侵犯而修建的。

双龙寨

双龙寨地处北纬 31° 38'50"、东经 111° 33'17"，海拔高度 1062 米，面积 966 平方米。

双龙寨位于薛坪镇西北三景庄村寨山上，依山势而建，坐东朝西，平面呈长方形，东西长 46 米，南北宽 21 米，用条石垒砌成双层，内层有行道，设有东、西门，存碑 1 通，房屋遗址十余间。

双龙寨位于薛坪镇三景庄村寨山上，山势为东西走向，较平缓，山上灌木丛生，寨西南为南北走向山冲，当地村民以种植小麦、玉米为主，兼种油菜、豆类等经济作物。

双龙寨距村委会两千米，东部山下紧挨三景庄街道，有居民数十户。西部山下有条村道通往长坪乡级公路。

文峰古寨

文峰古寨地处北纬 31° 38'03"、东经 111° 33'48"，海拔高度 903 米，面积 1376 平方米。

文峰古寨位于薛坪镇三景庄村竹家湾，山寨建于文峰山主峰，依山势而建，坐北朝南，平面呈椭圆形，南北长 43 米，东西宽 32 米，用条石垒砌成双层，内层设有行道，寨建东、南、北门，山寨门洞保存完好，由南门到东门沿梯级台阶而上，落差 8 米，寨制高点原建有房屋，现倒塌。山寨寨墙保存一般，有部分损毁。

文峰古寨所处山峰山势为南北走向，山峰状如馒头，山势险峻，寨北为东西走向山冲，山上灌木丛生，当地村民种植小麦、玉米等农作物，兼种经济作物油菜、豆类等。

山寨北部山脚下住几户周姓村民，建有引水渠，古寨原有寺庙，已毁。现有周姓村民在此重建东庙，吸引了四周村民前来烧香。

薛坪镇三景庄村文峰古寨南门

（2008 年摄）

寨湾子寨

寨湾子寨地处北纬 31° 38'06"、东经 111° 35'58"，海拔高度 815 米，面积 2 万平方米。

寨湾子寨位于薛坪镇冥阳洞村，其东与扒核桃村相连，北与寨湾子村毗邻，南与刘家林山寨相望。山势北高南低，山寨依山而建，呈梯形，寨墙就地取材，用加工条石、板石叠涩而筑，寨墙长 200 米以上，高 2 ～ 5 米。东寨墙大部坍塌，墙基尚存。大部分寨墙尚存，寻道、阶梯、女儿墙仍在，瞭望孔、射击孔完好。寨墙构筑两门，目前仅存东门。

寨内荆棘丛生，寨下茂林修竹。山寨所在地区四季分明，适应多种农作物栽培。夏季林郁苍翠，秋季霜天红叶，冬季白雪皑皑，山上茂林修竹，山下河谷纵横，山前大道环绕。环境幽雅，风景宜人。

山前 020 县道与绵阳洞刘家林村级公路相交，北与刘家林青龙寨遥相呼应，山上满植果木、产业林；

山麓培植香菇、木耳。人文资源丰厚，民风淳朴。

寨湾子寨系清朝时原胡氏家族牵头建成。

新兴寨

新兴寨地处北纬 31° 37'19"、东经 111° 35'19"，海拔高度 924 米，面积 2400 平方米。

新兴寨位于薛坪镇徐坪村境内，与龙王冲交界，南临大山坡，北为钟鼓楼山，西面符家冲，东望寺湾。古寨所在的山无名，当地人习惯称寨上。寨居山顶，坐西朝东，平面呈不规则长方形。寨依山势而建，一周墙体基本保留，用石条垒砌，设东西二门。寨内西高东低，西部高台地边缘有青石垒砌墙体，大部垮掉。墙上可见巡道痕迹，由寨门处缓缓上巡道，箭垛已全部被损坏，仅有痕迹可寻。

薛坪镇徐坪村新兴寨墙一角　（2008 年摄）

新兴寨东、西、南均为凹地，可谓孤峰屹立，一枝独秀。北部与群山相接，山势险峻。寨立于峭壁之上，有“一夫当关、万夫莫开”之势。山上原始植被茂密，灌木杂树丛生，野猪、野羊、山鸡等动物活动频繁。

新兴寨西部山下一条乡村公路由北向南绕行。山下村民以小麦、玉米为主，木耳、香菇、烟叶为支柱产业。

寨中有一块破损的石碑，碑文叙述该寨名“新兴寨”，建于清咸丰十年（1860），用于抵御匪患作藏身之用。

杨家寨

杨家寨地处北纬 31° 40'03"、东经 111° 31'04"，海拔高度 1292 米，面积 2200 平方米。

杨家寨位于薛坪镇八里川村的龙潭顶上。寨略呈圆形，墙体宽约 2 米，高约 4 米，其东、西、南三面有寨墙，残长约 250 米，内侧有巡道，寨墙上有瞭望孔和垛口，南门附近有一人工垒砌的蓄水池。

杨家寨所在的八里川村龙潭顶，地理位置偏僻，山势高耸入云，周围群峰连绵，寨内外灌木丛生、乔木成林，多松柏、栎树。

这里地处深山，人烟稀少，山下背阴处有一条崎岖的小路通往山寨的东门，山垭处随处可见村民废弃的房屋。周围古寨、古民居、古墓葬遗址不少。

据当地村民介绍，杨家寨系明清时期当地村民为躲避土匪所筑。

红土垭大寨

红土垭大寨地处北纬 31° 40'45"、东经 111° 37'16"，海拔高度 928 米，面积 1200 平方米。

红土垭大寨位于薛坪镇石桥村境内的寨坡上。东临红土垭，西为锣儿湾，北面戴家垭。寨依山势而建，平面近似长方形。寨墙用石块垒砌，残长 30 多米，高约 3 米，厚 1 米左右，设有巡道、箭垛、瞭望孔（射击孔），建有东、南两门，南门凸出。寨内西高东低，寨内未见古代石房屋遗迹。

红土垭大寨位于高山顶，山上林木茂密，荆棘遍布，杂草丛生。气候适宜，土壤肥沃。红土垭大寨坡山下住有十余户村民，种植小麦、玉米、油菜等，香菇、木耳等为主要经济来源。一条村级公路直通村中，交通相对便利。

高脚顶寨

高脚顶寨地处北纬 31° 36'57"、东经 111° 31'39"，海拔高度 1247 米，面积 1080 平方米。

高脚顶寨位于薛坪镇寺冲村高脚顶山，因山寨城墙墙基在 3 米以上，故得名“高脚顶寨”。山寨依山势而建，坐西北朝东南，平面为椭圆形，山寨内城外郭，外墙南北长 80 米，东西宽 16 米，内外寨墙都由条石垒砌而成，内层有行道，设东西门，房屋 11 间。此外高脚山古寨，寨寺合一，历史上有庙宇，现有无字碑一块。

高脚顶寨所在山峰地势险要，山高路陡。当地村民以种植小麦、玉米为主，兼种烟叶和培植香菇。山上植物茂盛，灌木、乔木成林，野生动物活动频繁。

高脚顶寨地处偏僻，距村委会 5 千米，周围人烟稀少，交通不便。当地村民近年在寨内重修庙宇，约 4 平方米，高 3.5 米，墙厚 0.5 米。附近村民前来烧香，香火旺盛。

高脚顶寨建于清朝，为躲避土匪侵犯由李姓村民修建，现有庙宇建筑为近代重建。

薛坪镇寺冲村高脚顶寨残垣

（2008 年摄）

白鹤寨

白鹤寨地处北纬 31° 35'59"、东经 111° 32'11"，海拔高度 1004 米，面积 1000 平方米。

白鹤寨位于薛坪镇西北寺冲村凤凰山，山寨依山势而建，坐西朝东，平面呈椭圆形，南北长 45 米，东西宽 27 米，寨墙用条石垒砌成双层行道，残高 1 ～ 3 米，东西门城楼上建瞭望口，北门外墙壁上向外伸出一石块类似漏斗形状。

白鹤寨位于凤凰山主峰，山势陡峭，当地村民以种植小麦、玉米为主，兼种烟叶。山寨地处偏僻，周围人烟稀少，但西部山下有一条通往寺冲村级公路，北部山下住有一户周姓村民。

薛坪镇寺冲村白鹤寨残垣 （2008 年摄）

寨内有碑一通，清嘉庆年间立，碑文记载，白鹤寨建于嘉庆八年（1803）中秋，寨主周恒伦率周姓家族与附近村民为躲避贼寇侵犯而集资修建。

秦家寨

秦家寨地处北纬 31° 37'00"、东经 111° 32'53"，海拔高度 987 米，面积 1000 平方米。

秦家寨位于薛坪镇西北寺冲村赵家山，东临赵龙洞，西远望高顶寨，南北均为赵家山，山寨依山势而建，坐南朝北，平面为椭圆形，南北长 47 米，东西宽约 28 米，用条石垒砌成双层，内层有行道，局部建有垛口，设南北西门，西门墙壁外侧向外伸出一石块，类似漏斗，据说是当年的厕所，内有房屋遗址数间，碑刻一通，但字迹不清。

秦家寨位于赵家山主峰，山势为南北走向，较为险峻，山上森林茂盛，当地村民以种植小麦、玉米为主，兼种烟叶、油菜。

东南部山下住着 1 户宋姓村民，有通往寺冲村级公路。山寨距村委会 4 千米左右，其中 2 千米为山路。

薛坪镇寺冲村秦家寨寨墙
（2008 年摄）

柏木寨

柏木寨地处北纬 31° 33'47"、东经 111° 35'20"，海拔高度 907 米，面积 2392 平方米。

柏木寨位于薛坪镇张坪村，北与池岭隔杨家河相望，间距约 300 米，东北 500 米处为寨沟，南距皮家洼凹地约 100 米，西南为老井沟。寨南北长约 98 米，山顶最宽处约 100 米，寨墙随山势而建，北高南低。东西两侧及南部均为陡峭的山崖，仅有东北部一条小路上山，两个寨门均位于东部。寨墙墙体宽厚，均由山石叠砌而成，并利用自然悬崖作寨墙，寨内房屋依山就势，背临深渊，面对小径。寨内共计有房屋 6 栋 15 间，大小各异，除个别为单间，大部分为数间房相连，所有房屋均为石块叠砌。

薛坪镇张坪村柏木寨东门 （2008 年摄）

柏木寨位于张坪村的一座小山上，山因寨而得名，现名柏木寨山。山为南北走向，呈长方形，东部有杨家河从山脚流过，北与池岭相望，南部为皮家洼。山上植被茂密，历史上此山因多柏木而得名，但现在已不见柏木，多为灌木及松树，少量杉树，寨内荆棘密布，蔓藤横陈。山寨地处偏僻高山，距村委会约 4 千米。

夜摸寨

夜摸寨地处北纬 31° 35'01"、东经 111° 31'24"，海拔高度 1034 米，面积 440 平方米。

夜摸寨位于薛坪镇南冲村闫家山寨垭，东临下湾，南连温家坑，西为夏家湾，北靠大井，山寨依山势而建，坐南朝北，平面呈椭圆形，南北长 22 米，东西宽 20 米，墙厚 1.5 米，用条石垒砌成双层，内层有行道，山寨破坏严重，仅存部分城墙，设西门、北门。

夜摸寨所在的南冲村寨垭主峰，为南北走向，东西险要，寨内杂草丛生，当地村民以种植小麦、玉米为主，兼种烟叶等经济作物。北部山下有通往南冲村级公路，东路住两户闫姓村民。地处偏僻高山，距村委会 5 千米，周围古寨较多。

夜摸寨建于清朝，传说是秦姓人为躲避土匪侵犯短时间修成。

青龙大寨

青龙大寨地处北纬 31° 35'27"、东经 111° 30'17"，海拔高度 1083.7 米，面积 1700 平方米。

青龙大寨位于薛坪镇秦家坪村石门，西和青龙小寨相距约 500 米，南临保康冯家岭，北靠周家垭，山寨依山势而建，坐北朝南，平面呈椭圆形，南北长 85 米，东西宽 20 米，用条石垒砌成双层，内层有行道，城墙局部建垛，设瞭望口，从寨顶至寨墙高差 25 米，建南、北二门，北门有房屋 5 间，除缺房顶外，墙体保存较好，现有寨墙长约 400 米，高 3 ～ 4 米，厚 1 米左右。寨内有地道长达 50 米以上。

薛坪镇秦家坪村青龙大寨寨房　（2008 年摄）

山寨主峰和青龙小寨并排，山形似两条龙，合称青龙二寨，山势为南北走向，地势险要，寨内荆棘密布，当地村民以种植小麦、玉米为主，兼种烟叶。东部山下有通向秦家坪村级公路，距村委会约 1000 米。

青龙小寨

青龙小寨地处北纬 31° 35'27"、东经 111° 30'28"，海拔高度 1058 米，面积 1000 平方米。

青龙小寨位于薛坪镇秦家坪村石门，山寨依山势而建，坐北朝南，平面呈椭圆形，南北长 50 米，东西宽 23 米，用条石砌成双层，内层有巡道，城墙最高 7 ～ 8 米，最低达 3 ～ 4 米，局部建垛口，北部设瞭望口。现有寨墙长约 150 米，厚 1 米左右。

青龙小寨所处山脉山势为南北走向，东南地势险要，山上灌木丛生，当地村民以种植小麦为主，兼种烟叶。

青龙小寨西北有通往村委会村级公路，北部山腰有一高压线，距村委会约 1 千米。

薛坪镇秦家坪村青龙小寨断墙　（2008 年摄）

据秦大昕老人介绍，清朝时期，秦氏家族为了躲避战乱，合力在后山两个山头建了青龙大寨和小寨，可以互相呼应，相互支援。

羊马坑寨

羊马坑寨地处北纬 31° 35'23"、东经 111° 36'30"，海拔高度 920 米。面积 1600 平方米。

羊马坑寨位于薛坪镇龙王冲村方家场北边的山峰顶上，坐北朝南，山寨保存一般，寨墙用青石垒筑而成，分成巡道、垛口两层。寨墙北侧的巡道保存完整，南侧的巡道大部分损毁。设南北二门，门上已损，石质门框尚存，残存墙体长 50 多米，高 1 ～ 3 米，厚 1 米左右。该山寨地处亚热带季风气候，一年四季雨水充沛，气候宜人，山体上植被丰富，灌木茂盛，栎树与松树长满整座山体。

山寨西距王家湾 500 米，东北距羊马坑约 300 米，南麓为薛家湾，东北的山麓为层层梯地，东北侧有一条向东通往漳河的小路。周围寨堡林立，清朝古墓较多，还有古祠堂、古民居。

龙头寨（又名小武当）

龙头寨地处北纬 31° 30'27"、东经 111° 32'11"，海拔高度 1100 米，面积近 2000 平方米。

龙头寨位于薛坪镇曾家坪村袁家庄之西的华山山顶，山寨保存较差，寨垣、寨门、房屋建筑多已倒塌，寨体现存墙基长百余米，高 1 ～ 2 米，厚 1 ～ 1.5 米，内有近十间房屋遗迹，倒塌后的石块散落一地。寨内有摩崖石刻“天下名山”四个苍松大字。

薛坪镇曾家坪村龙头寨（2023 年摄）

古寨所在的华山属喀斯特地貌。周围山峰起伏错落、连绵不断，山体多为青石构成。山坡上丛丛灌木，中间乔木夹杂，多为松树和栎树，小型动物活动频繁。

山下百姓非常勤劳，利用山脚下的肥沃土地，因地制宜种植烟叶，以烟叶产业为龙头带动的其他产业，促使本村经济迅速发展，村民生活水平大幅上升。古寨周边自然村不少，人口相对密集，东对该村袁家庄，西至万家垭吴家沟，南至曾家坪村。

小寨子寨

小寨子寨地处北纬 31° 40'05"、东经 111° 31'23"，海拔高度 800 米，面积约 2500 平方米。

小寨子寨坐落在薛坪镇曾家坪村小寨子山顶，保存较好，寨门、墙体局部倒塌，寨内房屋及山寨周边城墙上的女儿墙、射击孔、瞭望孔大多保存较好。现存一圈寨墙 200 多米，高 2 ～ 2.5 米，厚达 1 ～ 1.5 米，山寨石质门框尚存，有十余间房屋遗址。

薛坪镇曾家坪村小寨子寨残墙（2008 年摄）

古寨周围青山翠绿，峻岭环绕，寨体四面全是悬崖石壁，山下为川流不息的马鬃河。此地植物种类众多，野猪、小麂、野兔、野鸡等动物经常出没。

山下村民以种植小麦、玉米为主。交通条件较差，村民生活条件艰苦。

寨包子寨

寨包子寨地处北纬 31° 41'13"、东经 111° 35'20"，海拔高度 959 米，面积约 3500 平方米。

寨包子寨位于薛坪镇曾家坪村寨包子山顶，坐北朝南，四周墙体尚存，西、南的寨墙垮塌较严重，北寨门被乱石所掩埋，南寨门尚存，寨墙残高 1 ～ 2 米、厚 1 ～ 1.5 米。寨内有多间石房遗址，大多用天然石块垒成，少量石材还经过打磨，此外无其他遗迹。该寨布局合理，坚固森严。

山寨位于崇山峻岭之间，南临马鬃河，四周山体植被茂盛，以松树和花栎木为主。小型动物活动频繁，随时可见野兔、野鸡等。

山寨位于曾家坪自然村，该村人口较少，交通不便。古寨东距黄皮垭约 1 千米，南距蛋池约 2 千米，西南距曾家坪约 800 米。周围民风淳朴，古寨、古寺庙遗址尚存，文物景观众多。

刘家寨

刘家寨地处北纬 31° 36'46"、东经 111° 34'59"，海拔高度 798 米，面积约 2500 平方米。

刘家寨位于薛坪镇徐坪村刘家岭山顶上，山寨保存较差，内有十多间石房遗址。山寨西南角、东侧、北侧寨墙垮塌严重，寨门门楣脱落。寨内的房屋仅剩墙体，四周被杂草、杂树覆盖。现有寨墙长约 200 米，残高 1 ～ 3 米，厚度在 1.5 米左右。

山寨位于崇山峻岭之间，西南临马鞍山，东距漳河约 4 千米，四周生长大量的松树及花栎木。该地属亚热带季风气候，四季分明，土壤为砂性土。

山寨四周人口稀少，交通不便，山寨下为徐坪村，西北距王木匠湾约 1 千米，南距丁家堝约 1 千米，西临一条村级公路。周边人文景点如乡土建筑、古山寨及古墓葬遗址较多。

南漳县古山寨群薛坪镇石寨遗址一览表

表 6

序号	名称	海拔（米）	面积（平方米）	时代	地址
1	红土垭小寨	867	693	明代前	石桥村
2	龙脖垭寨	985	700	清	石桥村
3	杏家寨	972	680	—	石桥村
4	龙泉寨	864	216	清代前	古树垭村
5	草坑寨	1027	740	—	古树垭村
6	阎黄寨	960	900	清	杜冲村
7	跑马岭寨	950	3210	—	杜冲村
8	金花寨	985	2500	—	黑河村
9	虎头寨	895	70000	—	杜冲村
10	龙家寨	836	2240	—	陶沟村
11	三人寨	844	1500	—	普陀庵村
12	凤凰寨	818	1185	清代前	韩家山村
13	尖儿寨	759	580	清代前	韩家山村
14	黄龙寨	863	245	清代前	韩家山村
15	上垭寨	746	1820	清	韩家山村
16	白云观寨	1086	1200	清	泉湾村
17	蒋家寨	1028	1300	清	泉湾村
18	高顶寨	980	5600	清代前	顺流村
19	范家寨	825	430	清	顺流村

续表 6

序号	名称	海拔（米）	面积（平方米）	时代	地址
20	后坡寨	962	767	清	顺流村
21	唐家寨	742	4800	清	顺流村
22	栗林坪寨	980	2080	清	栗林坪村
23	朱家寨	762	2100	清	栗林坪村
24	孙家寨	756	360	清代前	孙山村
25	潘家寨	763	1230	—	孙山村
26	孙家寨	804	1430	清咸丰三年（1853）	孙湾村
27	廖家寨	820	1000	—	火石观村
28	鸡冠寨	366	1250	清代前	黑河村
29	周家寨	692	1210	—	黑河村
30	老寨	1068	4284	清代前	三景庄村
31	双龙寨	1062	966	—	三景庄村
32	文峰古寨	903	1376	—	三景庄村
33	寨湾子寨	815	20000	清	冥阳洞村
34	新兴寨	924	2400	清咸丰十年（1860）	徐坪村
35	杨家寨	1292	2200	明清时期	八里川村
36	红土垭大寨	928	1200	—	石桥村
37	高脚顶寨	1247	1080	清	寺冲村
38	白鹤寨	1004	1000	清嘉庆八年（1803）	寺冲村
39	秦家寨	987	1000	—	寺冲村
40	柏木寨	907	2392	—	张坪村
41	夜摸寨	1034	440	清	南冲村
42	青龙大寨	1083.7	1700	—	秦家坪村
43	青龙小寨	1058	1000	清	秦家坪村
44	羊马坑寨	920	1600	—	龙王冲村
45	龙头寨	1100	2000	—	曾家坪村
46	小寨子寨	800	2500	—	曾家坪村
47	寨包子寨	959	3500	—	曾家坪村
48	刘家寨	798	2500	—	徐坪村

七　长坪镇

关寨

关寨地处北纬 31° 48'17"、东经 111° 35'24"，海拔高度 309 米，面积在 3000 平方米以上。

关寨位于长坪镇孔家畈村白峪梁山腰，坐北朝南，原有南北两个寨门，保存状况较差，寨门、寨墙均有不同程度损坏，东门已坍塌。现有寨墙高 1 ～ 2 米，厚 1 米以上，残长 25 米以上，古寨内有房屋遗址。

该寨地处白峪梁山腰，地势险峻，寨内灌木荆棘丛生，气候湿润，适宜植被生长。

该寨位于孔家畈村，山下居民约 20 户，乡村公路从村旁经过，交通较为便利。周围有较多的古寨、古墓遗址，著名楚史专家张正明先生曾将古寨所在区域定位为熊绎丹阳的边沿地以及《三国志》所记的“司马氏凿八叠山”的所在地。

鸡心寨

鸡心寨地处北纬 31° 44'23"、东经 111° 35'12"，海拔高度 528 米，面积约 2400 平方米。

鸡心寨位于长坪镇陡山村鸡心山上，因山峰与古寨状如鸡心而得名，山寨坐北朝南，原有两个大门，寨墙高耸，有石房 20 多间。由于生产活动以及老百姓建房取石，部分寨墙被拆毁，大多数石房只留痕迹。目前残存寨墙长 150 米，厚 1 米左右，大门局部损毁，只剩门洞。

鸡心寨遗址四周群山环绕，寨内长有花栎树及少量松树，小动物活动频繁。空气清新宜人。周围人烟稀少，有一条通往山下的小路，离集镇较远，周围多乡土建筑，有药王庙遗址，金山洞石窟寺碑刻如林。

刘家坪寨

刘家坪寨地处北纬 31° 45'43"、东经 111° 33'34"，海拔高度 457 米，面积约为 600 平方米。

刘家坪寨位于长坪镇钟鼓坪村刘家坪自然村边的一座山峰上，坐南朝北。该遗址保存较差，南北二门已损，寨墙高低不一，局部坍塌。现存寨墙残长 45 米，高 1 ～ 2.5 米，厚 1 米左右，用不规则天然石块筑成。

刘家坪寨遗址地处荆山余脉，地貌主要为石灰岩，山冲地多砂土层，属丹霞地貌。峡谷、丛峰、溶洞皆有发育，此地群峰连绵，沟壑纵横，草木青青，动植物种类繁多。

遗址脚下居住着十几户人家，西 500 米处是骡马洞河，山脚下一条村级公路蜿蜒而过，出入较为方便，附近有古寨遗址，还有一座巨大的教堂遗址。

据村民介绍，此寨建于清朝中晚期，防匪用。

松柏岭寨

松柏岭寨地处北纬 31° 36'35"、东经 111° 45'18"，海拔高度 645 米，面积近 3000 平方米。

松柏岭寨位于长坪镇龙凤村的松柏岭上，因此山分别生长着树龄约千年的松柏，故山名松柏岭，寨因山而得名。山寨坐北朝南，原有两座石门，已局部坍塌。整体保存较差，寨墙多有损毁，石质风化严重。现残存寨墙长约 210 米，高 1.5 米左右，厚 1 米以上，有石房遗址。

松柏岭寨东部是松柏河，东南坡下为松柏岭村庄；南连南坡，对望蒋家岭；西南部系连绵山冈；寨西望司空山，脚下为龙凤河；北临赵家岭，下为黄连树村庄。山林植被茂密，郁郁葱葱。

柏松岭寨周围的山上山下都住有人家。山下顺龙凤河边种植水稻，山上种有小麦、土豆、油菜等农作物，此外还有烟叶、香菇等特产收入，村民比较富裕。向南一千米处可见龙凤大桥，原长坪镇至保康县的省道穿过司空山腰，从此通过。古时的司空山道也是进入西部的要道，交通极为便利。

青峰寨

青峰寨地处北纬 31° 49'28"、东经 111° 27'08"，海拔高度 872 米，面积约 1000 平方米。

青峰寨位于长坪镇青林村青峰山顶上，坐北朝南，青峰寨保存较差，仅有的北门也已经垮塌。残墙长约 50 米，高 1 ～ 1.5 米，厚 1 米左右，有石房遗迹。

青峰寨比四周山岭更高，云山雾罩。寨内地势相对平缓，寨中埋葬有三座坟墓，生长着高大的松树和栎树。山寨南面为陡岩，下面是瞄寨沟，寨北邻寨洼，西部的山峰高峻，东望罗家老屋。

青峰山寨高居山顶，山上山下都住有村民，交通不便。村民经济条件一般，主要种植小麦、玉米、土豆、油菜，另培植木耳、香菇等特产。南边不远处有一个道教的紫阳洞，自古系民间宗教活动的场所，至今香火不断。

长坪镇青林村青峰寨寨墙　（2008 年摄）

天坑冲寨

天坑冲寨地处北纬 31° 52'01"、东经 111° 30'16"，海拔高度 1269 米，面积 1050 平方米。

天坑冲寨位于长坪镇朝阳村李家老屋自然村旁的小山顶上，坐北朝南。天坑冲寨保存较好，现存的寨墙用天然石块垒砌，局部有毁坏。古寨寨墙长 50 米，高 2 米以上，厚 1 ～ 1.5 米，寨内有石房遗址，大门上部损坏。

天坑冲寨东山下即为天坑冲自然村，村民几分钟即可上寨。寨西为伙场沟自然村，与大山包相望，南山下也是火场沟自然村，与牛头山相对，北为小山垭连接连绵起伏的山脉。山上植被茂密，多松树、栎树，小动物时有出没。

天坑冲寨交通便利，东、南、西三面山腰都有村道环绕，四周均有居民居住，以种植小麦、玉米为主，兼种木耳、香菇、烟叶等特产，生活较为富裕。

七八岭寨

七八岭寨地处北纬 31° 47'15"、东经 111° 35'26"，海拔高度 506 米，面积 1600 平方米。

七八岭寨也称之为寨岭寨，该寨位于长坪镇孔家畈村北峪自然村境内的骑马岭之上。山寨整体平面呈不规则几何图形。东、北、西三面存有石砌寨墙，南面依托悬崖为天然屏障。寨内西南高、东北低，山寨现保存有南门和西门。但门上方均已垮塌，靠近南门边的寨墙厚实坚固，墙体上有巡道。西门北边险要位置有类似堡一样的建筑，但已垮掉，此外无其他遗迹。

七八岭寨所处位置不高，但自然环境良好。其西连长岭，东临北峪河，南北面冲，空气湿润，土地肥沃，寨内荆棘杂树间生，寨外松树、栎树成林，常有野生动物出没，如野猪、野兔等。

山寨早已荒废，林权已归私人所有，寨内常有人放牧、砍伐。寨外地势宽敞。寨四周住有10余户人家。村民勤劳忙碌，以种植小麦为主粮，兼种烟叶、木耳等经济作物，交通便利，有新修土石路从寨旁穿过。

火攻寨

火攻寨地处北纬31° 49'14"、东经111° 34'39"，海拔高度462米，面积3005平方米。

火攻寨位于长坪镇孔家畈村马家湾亮子树垭山顶上。寨东为白峪河，河水由北向南流过，西为长岭，南邻石门口，北为亮子树垭。该寨东西走向，东宽西窄，西南高于东北，北边为悬崖峭壁，东、南、西三面垒有石寨墙，设南、西二门。

火攻寨自然环境良好，白浴河从寨的东部穿过，与李庙交界。南、北面冲，往南可见关寨，寨内外均有松树、栎木树等。

山寨已荒废，山林已划归私人所有，在寨的东边修有水泥路面村道，与305省道相接。当地主要种植小麦、玉米、烟叶等。周围有不少古寨。

据当地农民张世根说，此寨建于明代，清代白莲教曾用火攻过此寨，故称此寨为火攻寨。

长坪镇孔家畈村火攻寨寨墙　　（2008年摄）

寨坡寨

寨坡寨地处北纬31° 46'03"、东经111° 30'20"，海拔高度701米，面积9750平方米。

寨坡寨位于长坪镇钟鼓坪村境内的寨坡顶上，山顶地势相对平缓，山寨依山势而建，平面呈较规则椭圆形，南北走向。寨坡寨一周寨墙尚存，墙体较厚实，只剩墙基，全用当地黄面石块砌成，南门和北门遗迹还在。寨内中间隆起一块自然形成的台地，围绕寨墙一周有较为平缓的巡道，宽3～5米。寨内已不见其他建筑遗迹。

寨坡寨地处保康和南漳两县交界处，地理位置优越。其东面为叶家梁子，西临黑沟，南连火石崖，北望艾龚顶。气候温暖湿润，有保存较好的原始植被，寨内有几棵参天大树，其间荆棘丛生。

寨坡寨所处位置相对平缓，每年清明常有人在寨外扫墓，焚烧纸钱。寨边叶家梁子住有10多户村民，年轻人多外出务工，村民以种植、放牧为主要生计，生活富裕，交通便利。

寨坪寨

寨坪寨地处北纬31° 42'17"、东经111° 35'49"，海拔高度1049米，面积2300平方米。

寨坪寨位于长坪镇陡山村沈家老屋寨坪山顶上。古寨依山而建，呈椭圆形，南宽北窄。墙体高约2.3米，东南角依仗悬崖绝壁为天然屏障，设有北门和西门，寨内有隆起的小土包，当地称之为寨坪。

寨坪山东为豹子沟，西临冷水河，北接沈家老屋。寨内外荆棘杂树密布。

寨坪周围零星分布有居民点，村民以种植玉米、小麦等农作物为主。附近古寨、乡土建筑多，还有碑刻林立的金山洞石窟寺。

长坪镇陡山村寨坪寨残墙　（2008年摄）

马王沟寨

马王沟寨地处北纬 31° 43'59"、东经 111° 35'14"，海拔高度 932 米，面积 2100 平方米。

马王沟寨位于长坪镇陡山村马王沟自然村境内的山顶上。山顶地势险要，古寨依山势而建。古寨为东西走向，西高而东低。古寨的东、南、西三面有石墙护寨，北面以悬崖作屏障，寨内怪石林立，每隔一段距离便有一小块平地。西墙厚重坚固，高 5 米，墙头设有瞭望台，站在台上可俯瞰整个山寨。西门遗迹尚存，但已垮掉，寨内无其他建筑遗迹可寻。

马王寨位于高峻险要山顶，空气清新湿润，四周云山雾罩。土地贫瘠，荆棘杂树丛生，东、北有青龙沟水环绕流淌。向东南眺望，可清晰看见鸡心岩寨。

马王沟寨高居山顶，除了偶尔能听见牛铃叮当和牧人的吆喝声，再也见不着人影，山下住户人口稀少。村民主要种植小麦、玉米、油菜等，因交通不便，农副产品无法外运，生活贫困。附近古寨、乡土建筑多。

山寨建于清代，是山下马、王两姓为避难而建的藏身之所。

铁帽山大寨

铁帽山大寨地处北纬 31° 42'19"、东经 111° 34'08"，海拔高度 1033 米，面积 1800 平方米。

铁帽山大寨位于长坪镇阳太坪村南垭境内的铁帽山之上，整体平面呈猪腰子状，山寨依山势而建，山顶地势相对平缓。山寨墙高体厚，北门高耸屹立，南门坍塌。寨墙一周保存有巡道、垛口，寨内起伏不平，东南高，西北低，其中未发现房屋遗迹。

铁帽山大寨所处位置如孤峰耸立，其东望金山洞，南临殷家河，西面底沟与峰岭相对，北连一片平缓山岭。地势高峻而险要，放眼四方，一览众山小。气候适宜，四季分明，土地较肥沃，原始植被茂盛，竹林葱茏，寨中栗树杂树丛生，常有野猪、小鹿出没。

此寨已无人居住，但寨外村民所栽松柏挺拔，郁郁葱葱，山下住有 10 余户人家，以种植、放牧为业，以小麦为主要口粮，兼种油菜、玉米、木耳等经济作物，交通相对便利，有山村小道通往山下。

该寨建于清嘉庆年间，是以王姓为首的村民修建的藏身之处。一块残石碑倒在寨内高处，碑上详细记载了建寨原因及何许人集资修建。

铁帽山小寨

铁帽山小寨地处北纬 31° 42'11"、东经 111° 34'04"，海拔高度 963 米，面积 1200 平方米。

铁帽山小寨位于长坪镇阳太坪村南垭自然村境内的铁帽山大寨之下，整体平面呈“梯”形。山寨依山势走向而建，山寨与哨卡地势形成陡坡，北高南低，与大寨相互连通。山寨墙高体厚，南北门高耸屹立，两座哨卡和山寨大部分倒塌，仅存墙体，在南部的哨卡南设一瞭望口。

铁帽山小寨四周群山环绕，四季分明，地势险要，土地肥沃，原始植被茂盛，常有野生动物出没。寨中杂树丛生，其东与金山洞相望，南临殷家河，与薛坪（小金顶）交界。西面府沟与峰岭相对，北望大寨。

铁帽山小寨已无人居住，但寨外村民栽种的松柏高大挺拔，山下沟底居住有十余户村民，以种植油菜、小麦、木耳为主，有乡村小路通往山脚下，交通相对便利。

铁帽山小寨建于清代，是以王姓大户为首的村民为抗击匪患而修建的藏身之所。

瓦岗寨

瓦岗寨地处北纬 31° 42'04"、东经 111° 33'22"，海拔高度 1030 米，面积 480 平方米。

瓦岗寨位于长坪镇阳太坪村南垭自然村境内的老湾山上。山寨平面呈不规则圆形，地势高低不平。山寨依山而建，坐南朝北，寨墙残高 1 ～ 1.5 米，厚 0.5 ～ 0.9 米，保留有北门，其他遗迹无存。

瓦岗寨位居山顶，四周群山环绕，气候适中，空气湿润，四季分明，周围分布岩石和原始植被，寨南为殷家河，东与本寨相望，西邻南垭自然村，北靠小垭子山。

瓦岗寨东北两面有零星的住户，西南部山脚下居住 20 余户南垭自然村的留守老人和经商户，村民主要种植玉米、小麦、山芋、木耳等。交通便利，有村级公路从寨坡下通过。

瓦岗寨内的紫阳洞供奉紫阳真人，过去香火旺盛，现在逢年过节仍然有人焚烧纸钱，虔诚膜拜。山下双庙住户稀少，交通不便，有羊肠小道从洞下穿过。此寨系古寨，建于明代前，传说寨主因崇尚隋末瓦岗英雄而取此名，是当地人们为躲避匪难而建造的藏身之地。

长坪镇阳太坪村瓦岗寨寨墙残垣（2008 年摄）

白岩寨

白岩寨地处北纬 31° 52'44"、东经 111° 28'34"，海拔高度 1315 米，面积 3360 平方米。

白岩寨位于长坪镇赵岭村毛家山境内的大白岩上，因其裸露的山岩呈白色而得名。古寨位居岩顶，地势十分险要，有“一夫当关、万夫莫开”之势。

古寨东、西、北三面砌有寨墙，以抵御外患，南临百丈悬崖，无须砌墙，寨整体呈不规则长方形，南高北低，从寨内看，因为多年泥土淤积，已基本看不出有墙。从寨外看，寨墙有 2 ～ 3 米高，三面寨墙基本保存，但多处垮塌。东门和西门遗迹尚存，上方过桥都已垮掉。山寨损坏严重。

白岩寨位居山顶，孤峰耸立。放眼四周，群山环绕，沟壑纵横，空气湿润，气候适宜，但土地贫瘠，地面多为岩石，荆棘杂树丛生，其东面西标湖，西望仙家顶，南临悬崖远眺石门口，自然环境优美，道士沟水从山下流过，长流不断，清澈见底。

山寨地处山顶，已无人居住，北面 20 世纪 60—70 年代兴建的梯田一直延伸至沟底，过去常年有人打猎、放牧等。现在山下毛家山住有四五户人家，年轻人均外出务工，留守只有老人和孩子。村民以种植小麦、玉米为主粮，培育木耳、香菇等。交通不便，仅有一条山间小路通往山外。

据向导李文学介绍，此寨是原山下村民集资修建的避难场所，遇匪患即可藏身。

马鞍山寨

马鞍山寨地处北纬 31° 50'39"、东经 111° 32'26"，海拔高度 1127 米，面积 920 平方米。

马鞍山寨位于长坪镇标湖村境内的马鞍山之巅。山势高峻挺拔，古寨依山势而建，东西走向，平面呈不规则椭圆形。古寨建于清代前，一周寨墙蜿蜒曲折相连形成一体，屹立不倒，墙体宽厚坚固，东门遗迹尚存。由于寨内新修移动塔基及土地庙，原有地貌已完全被破坏，除了寨墙、寨门外，其他遗迹全被毁坏，西端寨墙也被埋于塔基之下，寨内原有碑刻，现已下落不明。

马鞍山寨位于山顶，巍然耸立，扼守着当时咽喉要道——长柳公路。地理位置和自然环境十分有利。所处区域气候宜人候，四季分明，土地肥沃，原始植被生长茂密。小儿沟从西山脚下流过。

马鞍山寨内已无人居住，因设有移动塔和机房及土地庙，因此常年有人上寨检修和烧香祭拜。沿山路盘旋而上，不时看见牛羊成群，听见牧人歌声，村民生活富裕。长柏公路从村中穿过，交通便利。

东坑寨

东坑寨地处北纬 31° 50'05"、东经 111° 34'34"，海拔高度 977 米，面积 500 万平方米。

东坑寨位于长坪镇标湖村东坑境内，此寨体量之大，堪称世界之最。山寨四周环山，中间除了 6 个较大的深坑外，地势相对平缓，易守难攻。此寨利用自然山体作为屏障，东、南、北三面绝壁，无法攀爬，西面较缓处垒有坚固石墙，现存 600 余米，此寨坐北朝南，原有四座大门，现存南北二门。其中，南门学大寨造田时，已砌入大田墙坎内，高 2 米多，轮廓清晰。北大门至今尚在使用，但损毁严重，仅剩门边石墙，高约 2 米，长 20 米左右。寨内有 6 个自然村，保留有 10 多栋乡土建筑，多为民国前的老屋。现存老井 10 多口。

东坑寨位居险要山峰之中，内有数个盆地，山势相对平缓。其东面马家湾临白浴河，南望火攻寨，西为徐家大冲，北连亮子树崖。空气湿润，气候温暖，土地肥沃，原始植被茂盛，野猪、野兔、山鸡等活动频繁。

东坑寨中现仍居住有 16 户人家，良田百亩，养育着寨内村民，村民和谐相处，勤劳耕耘，他们除了种植小麦、油菜、玉米外，还种烟、种茶、培育苗种，交通条件明显改善，一条新修的大路从寨中经过。

据村民袁姓老人介绍，寨内较平缓处原有许多老房屋，后平整为田地，听先人们讲寨内曾住过数万白莲教众，是白莲教的大本营和重要的屯兵之地。寨内还开垦有良田数百亩，以备战时所需。历史上曾有碑刻记载，但现已丢失。寨内历史上建有药王庙和土地庙，现在遗址尚存。北门内距离百米处尚存一碑刻，系药王庙的记事碑。

阳峰岭寨

阳峰岭寨地处北纬 31° 45'20"、东经 111° 34'26"，海拔高度 588 米，面积 960 平方米。

阳峰岭寨位于长坪镇龙沟村境内的阳峰岭山上，山顶地势相对平缓，平面呈椭圆形。现一周寨墙尚存，经数百年而屹立不倒，高约 4 米，宽近 1 米，有北门和西门，上方过桥虽已垮掉。寨内东北较高，西南略低，因属私人山林，或栽或种，或砍或挖，原貌尽失，寨内已看不出当年任何遗存，只能透过郁郁葱葱的树林看到掩映在林中的寨墙。

阳峰岭寨所处位置虽不太高，但其四周是绵延不绝的高山峻岭，红峪河从寨下流过，多股泉水从四面山下注入红鱼河，自然景色壮观，其东临郑家沟，北面下河，空气湿润，四季分明，土地肥沃，适宜各类植物生长，寨内外松柏苍翠，荆棘杂树丛生。寨下村民生活富裕，民风淳朴。村级公路通到村委会，交通便利。

该寨是古代山下张、郑两大姓为首带领众姓捐资修建的，以备他日变乱之时，乡民可藏身于寨内以保平安。

黄家寨

黄家寨地处北纬 31° 46'59"、东经 111° 33'06"，海拔高度 519 米，面积 3200 平方米。

黄家寨位于长坪镇东园村境内的山顶上，山寨依山势而建，平面呈不规则形状。一周寨墙弯弯曲曲绕山顶一圈，除少部分坍塌外，其余均保存完好，寨内西南高，东北低，西部最高处有一相对平缓的平台，形成寨内寨，平台上修有现代祖师殿，东门遗迹保存较好，寨内未见其他遗存。

黄家寨地处山顶，自然环境优美，骡马河沿寨东、西、北三面环绕流过，河水清澈而湍急，空气湿润，气候适宜，东望香耳山，南眺二分顶，北面黄家沟，土地肥沃，适宜多种植物生长，寨内外松柏青翠，栎树成林。

黄家寨早已无人居住，但山下修有庙坛，四季香火不断。香耳山茶叶远近闻名，山下为长坪人民政府所在地，商贾云集，山货、奇货源源不断运往山外，交通便利，305 省道贯穿东西。

黄家寨乃山下黄家沟村民为躲避战乱及匪祸而筹资修建的藏身之处。

黄界梁子山寨

黄界梁子山寨地处北纬 31° 48'33"、东经 111° 27'05"，海拔高度 1153 米，面积 2100 平方米。

黄界梁子山寨位于长坪镇青林村大垭自然村境内的黄界梁子山顶之上，平面呈不规则椭圆形。寨依山势而建，东宽西窄，西部略高。一周寨墙尚存，长约 150 米，均用黄面石砌就。寨内地势较平缓，各种遗迹已毁坏殆尽。黄界梁子山寨位居山顶，南望保康观音堂，北面南漳黄家湾，东眺锅底坑，西连大垭。

古寨所处地势高峻，空气湿润，早晚温差大，土地肥沃，适宜生长多种植物，寨内花栎树成林，寨外松柏葱茏，古树参天。山寨内外山林常年有人放牧、砍柴。山下大垭、黄家湾等住有近 30 户人家，人口密集。村民勤劳朴实，日出而作，日落而息。主要种植小麦、烟叶，兼种香菇、木耳等，交通便利，有一条乡村土路从山下通过。

古寨建于清代以前，是山下村民为抵御匪患而集资修建的藏身之地。

南漳县古山寨群长坪镇石寨遗址一览表

表 7

序号	名称	海拔（米）	面积（平方米）	时代	地址
1	关寨	309	3000	—	孔家畈村
2	鸡心寨	528	2400	—	陡山村
3	刘家坪寨	457	600	清	钟鼓坪村
4	松柏岭寨	645	3000	—	龙凤村
5	青峰寨	872	1000	—	青林村
6	天坑冲寨	1269	1050	—	朝阳村
7	七八岭寨	506	1600	—	孔家畈村

续表 7

序号	名称	海拔（米）	面积（平方米）	时代	地址
8	火攻寨	462	3005	明	孔家畈村
9	寨坡寨	701	9750	—	钟鼓坪村
10	寨坪寨	1049	2300	—	陡山村
11	马王沟寨	932	2100	清	陡山村
12	铁帽山大寨	1033	1800	清嘉庆	阳太坪村
13	铁帽山小寨	963	1200	清	阳太坪村
14	瓦岗寨	1030	480	明代前	阳太坪村
15	白岩寨	1315	3360	—	赵岭村
16	马鞍山寨	1127	920	清代前	标湖村
17	东坑寨	977	5000000	—	标湖村
18	阳峰岭寨	588	960	—	龙沟村
19	黄家寨	519	3200	—	东园村
20	黄界梁子山寨	1153	2100	清代前	青林村

八　九集镇

葫芦寨

葫芦寨地处北纬 31° 57'16"、东经 111° 49'09"，海拔高度 446 米，面积 1000 平方米。

葫芦寨位于九集镇袁家畈村清泉洞自然村后清泉峰上，因其形似葫芦而得名。青泉峰三个小峰顶呈南北走向，中间以两道陡峭的山梁相连，中间高两端低，落差约 30 米，山寨即修筑于中峰之上。山寨西是冲地，有泗堵河环护，东为连绵起伏的群山。

寨墙全系块石垒砌，依山取势沿腰围护，平面也似葫芦形，寨的顶部较平坦，南北长约 60 米，北部较宽约为 20 米，面积约 1000 平方米。山寨毁坏十分严重，仅北部和西部余存两处残墙，墙体宽 1 ～ 1.2 米，最高部位 2.6 米。南寨门仅存在岩石上开凿的二步石阶和门臼遗迹，近门处挖凿有一个直径 25 厘米、深 30 厘米的柱状坑。寨内散存有较多残砖碎瓦，房屋建筑毁坏殆尽。

此处山峰连绵，沟壑纵横，山上多灌木，一条小河从山寨脚下流过，村民以种植小麦、玉米、水稻为主。山寨所在山脉为久安山，建有多座明襄阳王墓，大多为省市县级政府公布的文物保护单位，山寨周围即有明襄王墓，同时，郭氏、张氏古民居，古寺庙柏香寺也分布于周围。

根据山寨遗存的厚体砖、布纹瓦的特征以及走访了解，山寨修筑于明代，系一处避难场所。葫芦寨险奇俊秀，集人文、自然景观于一体，具有较高的观赏价值。

望府寨

望府寨地处北纬 31° 51'04"、东经 111° 46'46"，海拔高度 526 米，面积 4000 平方米。

望府寨位于九集镇双池寺村西的小横山中的一座山峰上，依山势而建，南北走向，呈不规则长椭圆形。寨墙高 1 ～ 2 米，宽 1.3 米，在南部寨墙的东端和西端分别设有两道寨门，墙上有瞭望孔。寨内南高北低，中间凹凸不平，山寨东端靠近南墙建有石屋一间。

九集镇双池寺村望府寨寨墙 （2008 年摄）

望府寨地处荆山山脉的小横山山脉，周围低山环绕，环境秀美。寨内外树木成林，灌木杂树间生。气候适中，四季分明，雨量充沛。

古寨周围土地贫瘠，人烟稀少。从寨东侧沿山脊有一小路通往山下的混同峪村。如今村民逐渐富裕起来，少量的山民靠种植小麦、玉米维持生计。

此寨建于清代以前，是当时村民在朝廷的号召下修建的，以躲避战乱和流寇。在天气晴朗的日子里站在寨顶，可看见汉江点点白帆和襄阳府城楼，故把此寨叫作“望府寨”。

车家沟寨

车家沟寨地处北纬 31° 52'49"、东经 111° 46'07"，海拔高度 412 米，面积 8500 平方米。

车家沟寨位于九集镇双池寺村小横山山脉，其东为张家湾村，西临车家沟，南面为卢家湾，北望矿山（私营企业）。寨依山势而建，东南—西北走向，平面呈椭圆形。寨内长约 160 米，宽 40 ～ 60 米，西北高，东南低。寨墙高 1 ～ 6 米，宽 1.5 米，一周寨墙保存较好，青石块垒砌，内侧建有巡道，墙上设有箭垛和瞭望孔。寨内西边有一石屋，东南角有石磨、石碾等粮食加工设施。

九集镇双池寺村车家沟寨残墙 （2008 年摄）

车家沟寨地处荆山余脉，周围群山环绕，诸峰争秀。寨内外栎树、松树成林，灌木杂草丛生。

古寨周围交通不便，因缺水这里的山民已外迁，人迹罕至。但周围文物古迹和古寨较多，古墓葬、古寺庙遗址尚存不少。

飞凤寨

飞凤寨地处北纬 31° 53'53"、东经 111° 47'07"，海拔高度 381 米，面积 2000 平方米。

飞凤寨位于九集镇胡家棚村的飞凤山上。山寨依山势建在飞凤山的腹部，山下有一座独立的圆丘称之为“天鹅抱蛋”。山寨平面呈不规则形状，南北向分布，长约 200 米，最宽处约 22 米，西边依险要地势形成天然屏障，其他三面有用石块垒砌的寨墙，南端有一面积约 30 平方米的月城并设有城门，北端寨墙外筑有约 10 米长的驳岸，主寨门在寨墙东侧。寨墙内侧有巡道，高 1 ～ 3 米，寨东部垒有石灶台，靠寨墙建有石房屋 4 间，寨内地表起伏不平，凸起的石山上多处有人工石碓窝。

飞凤山地处荆山山脉，形似一只独立飞翔的凤凰，故称飞凤山，寨因山而得名，山寨内怪石林立，松树成林。古寨东侧山腰处的聚仙观为一古道观，自古至今香火旺盛。交通便利，一条从胡家棚村的盘山公路直达聚仙观，观上有一条山路可上飞凤寨。山下聚居着胡家棚村民，山下人口密集，村民生活较为富裕。

为躲避战乱和土匪，当地富绅及民众合力于明朝时修筑飞凤寨，后曾进行过修缮。

天宝寨

天宝寨地处北纬 31° 51'18"、东经 111° 51'33"，海拔高度 445 米，面积 5000 平方米。

天宝寨位于九集镇七里山森林公园深处。北为红土沟，东临庙沟，南面为碾盘沟。寨呈椭圆形，一周寨墙尚存，设南门和东门。寨门两侧建有掩体。寨墙宽约 1 米，残存高度 1 ～ 3 米，内侧建有巡道。寨内高低不平，南门边有石屋数间。

天宝寨内松柏成林，古树名木较多。飞鸟、野兽种类繁多，春天的森林公园鸟语花香。

七里山森林公园是国家森林公园，已开辟为旅游避暑胜地，交通便利。天宝寨山高路险，人迹罕至，

九集镇七里山森林公园天宝寨寨墙（2008 年摄）

九集镇七里山森林公园天宝寨残垣（2008 年摄）

但已成为人们旅游探险的好去处。周围古寺庙、古山寨、古碑刻遍布，人文底蕴深厚。

此寨乃清朝以前山民为躲避土匪和战乱所筑。西南端立有一块青砖大小的石碑，上书“晏家湾二罐沟用敞”。

一碗水寨

一碗水寨地处北纬 31° 55'48"、东经 111° 50'37"，海拔高度 308 米，面积 1.55 万平方米。

一碗水寨位于九集镇沈家湾村七里山林区内的一座陡峭山峰上。山寨依山就势呈不规则圆形分布，

东北高、西南低，寨墙的石材较为碎小，仅东北墙体存在，残墙宽 1 ～ 2 米，高 0.5 ～ 2 米，其寨房集中在南墙一带，现已不存。

寨内外除少量松树外，灌木杂草丛生，因地处深山，水源匮乏。周围村民以务农为主，种植小麦、玉米、大豆等作物。

古寨周围有一条山间小路通向山南的沈家湾村，北有一条扼守南漳到襄阳的古驿道。古寨所在区域 20 世纪中叶被开辟为国营林场，现已成为国家森林公园，是闻名遐迩的旅游风景区，年接待游客达十多万人次。古寨周围古寺庙、明朝襄阳王墓群遗址尚存。

此寨系清朝前期民众自发运石垒寨以抗击土匪而建。因半山腰中有一股泉水，水量不大，泉眼处状如瓷碗，从不枯竭，故此地名“一碗水”，寨也因之而名为“一碗水寨”。

朝阳寨

朝阳寨地处北纬 31° 54'35"、东经 111° 47'01"，海拔高度 337 米，面积 2800 平方米。

朝阳寨位于九集镇石门集村西的朝阳山上，朝阳山东高西低，山寨依山就势呈不规则分布于朝阳山顶，东西长约 80 米，南北宽约 40 米。西、南墙分别设有寨门，东墙壁下边设有一小门。寨墙上多处有垛口和瞭望孔，寨内有蓄水池一口和石碾一盘，村民在寨内修建有两座土地庙。

朝阳寨地处荆山山脉，山体石质多灰白色片石，东北两侧群山起伏，东南是大片的良田。寨内外灌木荆棘丛生，松、栎树成林。飞禽走兽随处可见。

古寨山下石门集是一个古老的集镇，明清时十分繁华，至今老字号商铺和古民居尚存。不远处的石门水库似一颗明珠镶嵌在过风垭的西边，有一条上山的公路盘绕在山腰。

此寨为古寨，于明清时期数次扩修、重建。系为躲避战乱和土匪，由当地富绅牵头、百姓捐资出力所筑。

九集镇石门集村朝阳寨　　（2008 年摄）

坪峰寨（又名娘娘庙寨）

坪峰寨地处北纬 31° 53'10"、东经 111° 56'45"，海拔高度 270 米，面积为 2500 平方米。

坪峰寨位于九集镇曾家畈村河峪沟的娘娘庙山上，因为山寨内一座观音娘娘庙而被当地村民称为娘娘庙寨，属七里山林区所辖，周围群山环抱，娘娘庙山略高于四周林山。山寨平面呈圆形，寨中部山体凸出，墙体残高 0.5 ～ 1 米，厚 0.8 米，用较大石材垒砌。

娘娘庙寨地处七里山林区深处，山寨内外松柏林立，鸟虫嘶鸣，走兽嬉戏。春夏之交，山谷中种植有小麦、油菜。七里山封山育林，20 世纪中叶为国营林场，后培育成国家森林公园，现已开辟为风景名胜旅游景区，平时游客如织。龙门集有一条公路通往河峪沟，土地缺水相对贫瘠，周边山下人口稀少。

南部中心地带清代所建娘娘庙地基尚存，有“法光普照”残碑一通，碑文中称其为青龙山坪峰寨。

九集镇曾家畈村坪峰寨残垣　（2008年摄）

碑刻　九集镇曾家畈村青龙山娘娘庙寨碑文（残碑）

创修青龙山坪峰寨极玄天玉帝金身殿宇碑志序

窃思神恩浩荡广赐福荫于众生殿宇辉煌克俾抚于玉帝天宝年间已开仙基广辟福址越宋元明以至嘉靖□现□法南东临襄郡□有余至南接漳邑四拾余□林谷深远嶂迭屋云霞时出于严□风月余入于□□此诚光犹然穷窃流徒肆□于岁略殿院□□□□尘嗟乎使然乎于此而仍复□先盛绩不□难哉□□矣至普宗派□览古绩□鍋□□□惨心伤□然□□方入骛人作件行之□□化敌战成□后大殿□建周图案□重新照年□□□手□□□时大众持复□比□僧鸿□□□□募化重建于此山尚未暇及□乾隆复为修葺迕至□深百□告竣迨至□□庆峰比极祖师□□托诸于乡众显□□护□永保斯士安康僧重沐石祷日神天普之□□大殿傍修寮□装□玄

徐家寨

徐家寨地处北纬31° 53'58"、东经111° 57'22"，海拔高度230米，面积为4.6万平方米。

徐家寨位于九集镇徐家寨村，山寨坐落于山峰顶上，坐北朝南，北侧山势平缓，南侧山势陡峭。寨墙依山就势而建，就地取材，由天然石块垒砌里外墙，中间填充土石。平面呈不规则椭圆形，寨体庞大，南北长约300米，东西宽约150米，寨内及周围树木茂密。寨墙的南部及北部设寨门，南门保存较好，通高3米许，宽近2米，门旁墙厚达2.5米；北门损毁较严重，残高2米。

古寨位于九集镇西北部的丘陵冈地，周围林木稀少，灌木密集，小型动物活动频繁，农民以种植小麦、水稻为主。

由于地处低山丘陵，周围阡陌纵横，路网四通八达，交通十分便利，水利设施较多，古井、古堰遗址不少。

此寨为古寨，重建于清代，为当地山民避难之所。

九集镇徐家寨村徐家寨南门　（2008年摄）

仙女山寨

仙女山寨地处北纬 31° 52'52"、东经 111° 59'45"，海拔高度 277 米，面积为 7000 平方米以上。

仙女山寨位于九集镇尤家岗村境内，山寨依山势而建于山峰之上，周围山峦起伏，群山逶迤。其东为刘家湾，西为茅草大堰，北与明教寺毗邻，村级公路南北走向绕山脚而过。寨墙由青石垒砌，坚固厚实，平面呈不规则形状。因年久失修，寨墙局部坍塌。南部与北部设寨门，南门保存较好，北门仅剩残迹。山寨南北长约 120 米，东西宽约 60 米。

此处属于江汉平原与荆山山脉的过渡地带，山寨周围灌木丛生，现有树林大多为人工植造，多为经济林。野生小型动物以野兔、小麂居多。农作物以水稻、小麦、棉花、大豆为主，兼种油料作物。

周围自然村落居多，人口密集，交通发达，工商户不少，农民生活富裕。特别是历史上地处古卢戎国区域，是古卢罗文化的发源地。此地较长年代内为南漳的政治中心，如宋时的县城也在周围。因此，地上营子（土城）较多，地下文物丰富，文化底蕴深厚。

据村民介绍，此寨为明清时代山民的避难之所。

凤凰寨

凤凰寨地处北纬 31° 52'32"、东经 111° 42'45"，海拔高度 257 米，面积约为 2.1 万平方米。

凤凰寨位于九集镇古林坪村的凤凰山顶上，凤凰寨依山取势呈南北向分布，两端高中间略低，凹凸不平。寨墙保存基本完好，墙体用碎石块垒砌，寨墙周长约 400 米，墙体宽 0.7 ～ 1.7 米，最高处 2.95 米，北宽南窄，南为月城，面积约 1000 平方米。月城西南内侧设有巡道，寨墙多处设有射击孔，主寨南部制高点上建有一间长方形石屋。山寨设有北门，东南角设有一门通向月城。

古寨地处低山丘陵地带，西北为山地，东南多为田园。山坡草木茂盛，灌木丛生，乔木间杂，是动物的乐园；田园阡陌纵横，稻麦丰收，蔬果飘香。

古寨地处明朝襄阳王室青睐的风水宝地久安山，这里葬有数代襄阳王。附近还有张氏古民居和郭氏古民居。

刘家寨

刘家寨地处北纬 31° 53'43"、东经 111° 56'40"，海拔高度 279 米，面积 2700 平方米。

刘家寨位于九集镇双池寺村，地处长岭西北侧的北坡山岭上。北坡是一道自北向南延伸的高冈，东西邻近冲地，山势陡峭，山寨所建位置地势相对最高。山寨全系块石垒筑，寨墙顺北坡盘绕呈不规则条形分布，南北全长 160 米，南部最宽为 20 米，中部最窄仅 12 米。设南、北二门道，北门为主大门，门墙较为厚实坚固，长方形门洞，东半部有所损毁。寨墙除上部损坏较为严重外，主体保存尚好。墙体厚 0.7 ～ 1 米，最高处在 3 米以上。寨内南门处的高台地上建有房屋一栋，仅存墙基。

古寨周围已是良田沃野，较远处为坡地山林，树木成荫。一条小河波浪不兴，从不远处流过，风光旖旎。古寨离集镇较远，地处低山丘陵，附近屋场多，人口密集。路网延伸至家家户户，村民出行十分方便，生活富裕，周围古寨遗址多。

刘家寨是一处避难场所，为刘姓人氏主持修建，从其建筑形式看，与本地区有明确记载的山寨格局及建筑工艺大体相同，当筑于清代以前。

冰淋寺寨

冰淋寺寨地处北纬 31° 41'05"、东经 111° 46'12"，海拔高度 314 米，面积 4900 平方米。

冰淋寺寨，又名冰林寺寨，坐北朝南，位于九集镇邓家集村北六千米的冰淋寺山顶上，是南漳县“东大门”唯一的一座大型古山寨。古寨南面为九集镇邓家集村，东邻九集镇王花园村，北靠老官廖家湾，西接涌泉方家庙。

古寨四周寨墙用大块青石垒砌，寨墙宽 3～5 米，依山就势砌成，建有南北两座大门。寨门和庙门都是青石门枋和青石门槛，庙宇墙基宽 1 米，长方形青石条经精雕细琢制成门枋、门槛。寨中一棵参天小叶冬青足有千年树龄，树干直径 1 米，相距 5 千米望去，一眼就能看到冰淋寺山上这棵大树，它是冰淋寺山上一个标志植物，后被雷电劈折，如今老干新枝只剩丈余。

近年来冰淋寺山被开发为核桃园基地，冰淋寺山顶上的寨墙石块被拆掉用于垒砌核桃园机械化作业通道的路基，前后水池也被土石埋于地下，山寨已经面目全非。

古寨地处低山丘陵地区，周围山冈连绵，唯古寨所在山峰拔地而起，鹤立鸡群。周围山坡杂草丛生，灌木茂盛，乔木成林，大多系人造果树经济林。

古寨脚下良田万顷，阡陌纵横，交通四通八达，一条村道直达寨内。山脚下人口密集，村民生活小康。

冰淋寺寨是清朝朝廷推行“坚壁清野”措施的产物。据当地居民讲，当时本地富豪出钱在寨内建造房屋，供避难者临时居住。到了清晚期、民国初年，人们又在冰淋寺寨内建起了石墙瓦面的庙宇。有关考古专家对残存的多种瓦片进行鉴定，发现瓦片为清晚期民国初期之物，足见寨内庙宇经过多次修葺。至 20 世纪 50 年代初，仍有冰淋寺村村民在寨内庙宇居住。

南漳县古山寨群九集镇石寨遗址一览表

表 8

序号	名称	海拔（米）	面积（平方米）	时代	地址
1	葫芦寨	446	1000	明	袁家畈村
2	望府寨	526	4000	清代前	双池寺村
3	车家沟寨	412	8500	—	双池寺村
4	飞凤寨	381	2000	明	胡家棚村
5	天宝寨	445	5000	清代前	七里山森林公园
6	一碗水寨	308	15500	清	沈家湾村
7	朝阳寨	337	2800	—	石门集村
8	坪峰寨	270	2500	清	曾家畈村
9	徐家寨	230	46000	清	徐家寨村
10	仙女山寨	277	7000	—	尤家岗村
11	凤凰寨	257	21000	—	古林坪村
12	刘家寨	279	2700	清代前	双池寺村
13	冰淋寺寨	314	4900	清	邓家集村

九　武安镇

凤凰寨

凤凰寨地处北纬 31° 32'26"、东经 111° 52'38"，海拔高度 528 米，面积 4000 平方米。

凤凰寨位于武安镇董家河村东沟，山寨依山势而建，坐北朝南，用条石砌成双层，内层有行道，山寨平面呈长方形，南北长 81 米，东西宽 50 米。建有南门，现存较完整的房屋 2 间，另有多间石房遗址。寨内树木成林，据说当年曾有碑刻，但已不存。

凤凰寨山势为南北走向，北部为悬崖，山上灌木丛生，当地村民以种植小麦、玉米为主，兼种油菜，培植香菇、木耳等。

凤凰寨西部有一石矿正在开采，半山腰小路通往董家河村级公路。周围古寨、古堰、古井遗址较多。

猴儿寨

猴儿寨地处北纬 31° 31'23"、东经 111° 54'14"，海拔高度 408 米，面积 1102 平方米。

猴儿寨位于武安镇董家河村荞麦条。东连老牛湾，西临老扒洞，南为鹰子岩，北是冲口子。猴儿寨建于猴儿山主峰，因山似猿猴，传说历史上此山又曾生活着一群猕猴，故山名猴儿山，寨因山而得名。古寨依山势而建，坐南朝北，平面呈椭圆形，南北长 52.6 米，东西宽 21 米，用条石垒砌，寨设南北门，有房屋 1 间。

猴儿寨位于荆山向江汉平原的过渡地带，山势为南北走向，东西陡峭。山上栎木成林，东部山下有东西走向冲口子，当地村民以种植水稻，小麦为主，还培植香菇、木耳等经济作物。

猴儿寨东部山下有通往董家河的村级公路，山寨内建有湖北省测绘局测绘标志。古寨周围有现代中小型水库，古山寨、古堰、古渠遗址分布较多。

猴儿寨建于清朝以前，是当地村民为躲避匪患，众姓公议集资修建的。

荆南寨

荆南寨地处北纬 31° 25'39"、东经 111° 56'25"，海拔高度 522 米，面积 2000 平方米。

荆南寨位于武安镇三股泉村余家台与荆门福兴村交界的荆南山上。以山为界，东属荆门市，西南归南漳县，古寨就坐落在县界上，寨因山而得名。在山顶一块较缓的平地上有石块垒砌的寨墙，平面呈圆形；设西、北寨门，寨墙内侧有一周巡道，有上巡道的阶梯，墙体上有箭垛，寨内现存房屋遗迹六处。

山寨地处荆南山的高冈之上，西临宜东公路，祁家沟水由南向北流经西山脚下，远处群山环抱，植被茂密，景色宜人。

一脚踏两县的荆南寨紧邻宜（城）东（巩）

武安镇三股泉村荆南寨寨墙　　（2008 年摄）

公路——250 省道，山脚下余家台有 10 多户人家在此生息，以农牧业为主。

西南一间石屋中有一残碑。从碑文可知，山寨建于清光绪二十六年（1900），是当地陈、李、罗、郭等首人捐资为避匪患而建。

雷公尖寨

雷公尖寨地处北纬 31° 27'39"、东经 111° 56'25"，海拔高度 548 米，面积 5000 平方米。

雷公尖寨位于武安镇三股泉村雷公山，东临胡家崖，西、南、北均为百山崖，雷公尖寨依山势而建，坐西朝东，用条石垒砌而成，平面呈椭圆形，东宽西窄，东西长 85 米，南北最宽 61 米，寨内地势较平坦，建有蓄水池，还有房屋 16 间。原有碑文，后被破坏，现仅存碑座。设北门、南门，整个寨体保存较好。

雷公尖寨位于雷公山尖，山势为东西走向，南北陡峭，山下为东西走向山冲，当地村民以种植小麦、玉米为主，培植香菇、木耳等经济作物。

北部山下 1 千米处有一石矿，有一条村级公路通往三股泉村。此寨所在地为南漳、远安、荆门三县市交界之处，交通便捷，民风淳朴，古寨、古墓、古寺庙文物点分布多。

雷公尖寨建于清朝以前，是当地村民为躲避土匪的侵犯集资修建的。

凤凰寨

凤凰寨地处北纬 31° 28'35"、东经 111° 55'37"，海拔高度 577 米，面积 3.93 万平方米。

凤凰寨位于武安镇三股泉村同乐寺，东临王家老屋，西南与肖堰镇双坪村接壤，北为朱家垭。山寨依山势而建，东低西高，用条石垒砌，平面呈椭圆形，东西长 300 余米，南北最宽 130 米，寨墙残高 8 米，建有东、西门，有十多间房屋遗址，其中一间房屋保存较好，余为残垣断壁。

凤凰寨所处山峰山势为东西走向，山上竹木成林，西边山下有南北走向山冲，当地村民以种植水稻、小麦为主，兼种油菜，培植香菇、木耳等经济作物。

西部山下有通往黄家冲村级公路，南部 500 米处有一石矿正在开采。此寨所处村落人口较密集，一条省道穿境而过，交通便利，人文景点如古山寨、古民居、古井居多。

凤凰寨重建于清代，是当地村民为躲避土匪侵犯共同修建的。

聚马庄寨

聚马庄寨地处北纬 31° 29'43"、东经 11° 55'35"，海拔高度 460 米，面积 4.9 万平方米。

聚马庄寨位于武安镇三股泉村同乐寺，山寨依山势而建，东高西低，坐东朝西，用条石垒砌成双层，内层有行道，平面呈长方形，东西长 350 米，南北最宽 140 米，原有碑刻已毁，残存碑座，建南、北门，有房屋遗址 6 间。

聚马庄寨位于同乐寺山尖，山势为东西走向，南部为悬崖，四周为峡谷，当地村民以种植水稻、小麦为主，培植香菇、木耳等，寨内竹木成林。

山寨南部山下约 500 米处有通往双柏树村级公路，周围人口密集，交通便捷，文化底蕴深厚，古建遗址较多，村民生活较为富裕。

聚马庄寨重建于清朝，是当地王姓大户村民为躲避贼寇侵犯而牵头，并联合其他姓氏村民共同集资修建的。

百岭寨

百岭寨地处北纬 31° 29'29"、东经 111° 55'46"，海拔高度 435 米，面积 4500 平方米。

百岭寨位于武安镇三股泉村同乐寺百岭沟，东临罗家嘴，南为百岭沟，西连聚马山庄，北是泉水沟。百岭寨依山势而建，坐西朝东，用条石垒砌，平面呈长方形，东西长 150 米，南北宽 30 米，墙宽 1 ～ 1.7 米，寨内制高点建有庙宇，寨寺合一。设东门、西门，从西门到制高点垂直差约 20 米，有石碑 1 通。

百岭寨位于同乐寺山巅，山势为东西走向，东高西低，南、北险峻，山上灌木丛生，南北山下为东西向山冲。当地村民以种植水稻、小麦为主，并培植香菇、木耳等。

百岭寨西部山下现住几户王姓村民，有通往三股泉的村级公路，寨内庙宇香火历来旺盛，至今周围村民时常在庙内烧香。周围交通方便。

据碑文记载，山寨内庙宇重建于清咸丰七年（1857）十一月十八日。

有家寨

有家寨地处北纬 31° 34'38"、东经 111° 55'29"，海拔高度 220 米，面积 1520 平方米。

有家寨位于武安镇石牛坪村境内的山顶上，东经王家河到刘集至武安镇集镇的公路，西眺冬瓜岩，北视中和观。山势险要，山顶相对平缓，平面近椭圆形。寨墙大部分被掩埋，只有少部分暴露在外，墙宽 0.4 ～ 0.8 米。东西二门均坍塌，寨内还保留有数间房屋遗迹。

有家寨位居山顶，周围群山起伏，山虽不高，但比较险峻，极目远眺，远山近水尽收眼底。山下有黑河流淌，土地肥沃，气候适宜，自然环境优美。寨内现被村民开发耕种。

山下老湾冲、刘家岗等自然村住有 60 多户人家，村民以种植水稻为主粮，兼种小麦、油菜。忙时抢收抢种，闲时外出务工、经商。刘集至云台山公路从村中穿过。交通便利。

据当地村民介绍，有家寨原来规模相当壮观，寨墙高耸，寨门屹立，后因多种原因遭到破坏，成了如今模样。有家寨重建于清代，是有家人为防匪患而修建的庇身之所。

云台山寨

云台山寨地处北纬 31° 33'50"、东经 111° 54'06"，海拔高度 327 米，面积 1500 平方米。

云台山寨位于武安镇石牛坪村境内，东眺四人寨，西临云台山水库，山南脚下为朱巷子沟，北连两座坟山，为寨观合一的古寨。寨依山势而建，平面近椭圆形。整个山寨中间高，四周低，中间高于四周 3 ～ 4 米。外为寨体，内为庙观，寨墙宽 0.4 ～ 0.8 米，残高 2 米。此寨建有三道寨墙，外围一周寨墙遗迹尚存，但多处垮塌，寨内还保存有两圈寨墙。外圈寨可见有多间房屋遗址，仅 3 间房屋尚存。中间最高处修有庙观供有神像，分四级台阶，各有房屋遗迹。寨内有碑，均被砸碎，难以辨认碑文。

云台山寨位居山顶，山不高而险，峰不峻而秀。气候适宜，环境清幽，寨内荆棘、杂树丛生，灌木成林，原始植被保存较好，野生动物活动频繁。

云台山近来发展为白杨林基地，树木茂密，山下为杨家店与闫家店，住有 40 余户人家，村民富裕，民风淳朴，交通便利，刘云公路从山下通过，云台山水库可以坐船观光。

周围因无山可居，无险可守，故人们夯土为城，留下诸多土城营子古遗址。站立云台山上远眺，2000 多年前秦国大将白起利用楚人遗址修造的伟大军事水利工程白起渠打附近经过，至今还在发挥作用。

寨内建有庙观，观建于明万历年间，神像身上刻有字迹，寨房建于清代以前，用以避匪难。

四人寨

四人寨地处北纬 31° 33'10"、东经 111° 52'12"，海拔高度 315 米，面积 700 平方米。

四人寨位于武安镇刘集社区云台山茶场境内的万家山顶上，北望云台山，东与罗家寨相呼应，西邻云台山水库。古寨依山势而建，平面近椭圆形。

一周寨墙用石块砌成，大多砌在自然形成的岩石上，寨墙宽 0.8 ～ 1 米。寨内北高南低，分两部分，一大一小，南边小寨为月城。从两圈寨墙情况看，由于有部分垮塌，只能看清东门，设在月城东北与主寨相连处。大寨内现存数间房屋遗迹，仅房基完整保存。

四人寨位居山顶，山虽不高，却相当险峻。气候温暖湿润，四季分明。自然环境独特，面山临冲，水源充沛，原始植被保存较好，土地肥沃，寨内生长着灌木荆棘，寨外松柏常青。

武安镇刘集社区四人寨寨墙（2008 年摄）

四人寨山不高，常有人上寨内砍伐、挖药等，山下窑湾、车鼓鱼冲住有几十户人家，村民勤劳，自给自足，以种植水稻为主，兼种小麦、油菜等，比较富裕。村级水泥公路从村中穿过，村民出行方便。

现存寨内建筑建于清代，是山下古代村民集资修建，以防不测。

磨盘山寨

磨盘山寨地处北纬 31° 33'07"、东经 111° 54'47"，海拔高度 287 米，面积 1800 平方米。

磨盘山寨位于武安镇向家湾村境内，山势较平缓，寨内平坦，平面近长方形。古寨墙宽 0.5 ～ 1.5 米，残高约 2 米。一周寨墙高耸，宽厚而坚固，长约 50 米。保留有南门和西门，南门巍然屹立，保存较完整，外有九级台阶，西门部分垮塌。寨内东部保留有数间房屋遗迹。南侧寨墙 3 米外，另有一道与南寨墙平行但较矮的石墙，砌得较为规整，把整个南侧护围得严实，对主寨墙起到了较好的保护作用。

武安镇向家湾村磨盘山寨南门（2008 年摄）

磨盘山寨位居山顶，地域开阔，可眺望远山近水。寨内曾开荒种田，现已荒芜，杂草丛生；寨外白杨成林，高耸入云。气候湿度大，空气清新，水源充足。

通过山寨可翻山伐木、采药，山下罗家沟、殷家湾住有几十户人家，村民以种植水稻为主。家家竹园茂密，秋冬来临粗壮的竹子成捆外运销售。村民富裕，快乐和谐。村级公路四通八达，交通十分便利。

山寨建于清代前，是山下大户张姓牵头修建，以防土匪侵害而做藏身之所。

腰盆寨

腰盆寨地处北纬 31° 37'42"、东经 112° 05'55，海拔高度 242 米，面积 2800 平方米。

腰盆寨位于武安镇回笼寺村腰盆山顶上，东北与古楼寺山相连，西南可俯视罗家冲，寨呈不规则椭圆形。该寨坐东朝西，寨内地势西低东高，寨墙用石块垒成，损毁严重，大多与地面齐平。北面残存有部分墙体，南面有极少寨墙痕迹。该寨西、北各有一门，西门为两块天然巨石，北门仅存模糊痕迹。

该寨地处南漳县二林场场区，寨内山石密布，四周植被茂密，以松树、杉树为主。附近有 1 户人家在此居住，20 世纪以种树植林为主，现改为农林兼顾，农作物以种植小麦为主，有一条山间小路可通往村级公路。周围有神龙山寨遗址。

据当地村民廖光成介绍，该寨中心点有一处长约 300 米的练兵场，在国共合作时期流匪刘发贵曾在此躲避。

吴家寨

吴家寨地处北纬 31° 34'14"、东经 111° 53'48"，海拔高度 219 米，面积约 5 万平方米。

吴家寨位于武安镇石牛坪村的吴家山顶。山寨的东坡下为苏家沟自然村，南为云台山水库，与云台山遥望，西北与溢洪道相接，山寨平面近似三角形。山寨坐西朝东，寨内地势较平坦，东西最长约 300 米、南北最宽约 200 米。山寨寨墙由不规则的天然石块垒砌而成，寨内多土少石，故而杂树灌木密集生长。寨墙残高与地面大部分持平，只有局部高出地面山体 1 ～ 2 米，寨门已经痕迹不存。在山寨的西北部距寨墙约 50 米处有 5 间只剩墙基的寨房遗迹。

山寨地处鄂西北山林地区，四季分明，景色宜人。吴家山与周围山势连绵，山林植被茂密。寨内及其山体被茂密的灌木杂树包围，客观上起到了保护古山寨的作用。

寨旁的苏家沟村庄里居住着近十户村民，以种植油菜、小麦以及水稻、玉米为主。一条乡间小路连接通往武安镇刘集街的村级公路，交通便利。周围古堰古渠遗址尚存，民国前水利设施遗址不少，古碑刻存量多。

此寨是村民祖辈们当年为抗匪避难而建的，建造时代为清代以前。

王岭山寨

王岭山寨地处北纬 31° 11'33"、东经 111° 55'48"，海拔高度 519 米，面积 6970 余平方米。

王岭山寨位于武安镇三股泉村，“二河夹一舟”，被当地人称为“旱船”的玉宁山顶，山顶是当地少有的盆状地貌，山寨寨墙根据山势而建，长 800 余米，高 2 ～ 5 米。设东西两个寨门，现已经部分坍塌。历史上寨内有良田，住着郭姓、宁姓、李姓等十几户人家、四五十口人，寨外有大小不一的梯田，养育寨内的村民。如今时过境迁，寨内居住的人家已先后搬到山下。据当地老人介绍，古寨建于清朝前。

元安寨

元安寨地处北纬 31° 29'5"、东经 111° 56'10"，海拔高度 357 米，面积 2820 平方米。

元安寨位于武安镇三股泉村一组的铜锣寺后山，这一带山势较为平缓，山寨建在铜锣寺、蔺家湾一带最高山峰上，距原三泉沟乡公所所在地 1 千米左右。山寨原设南北二门，现损毁严重。寨内有寨房遗迹，当年寨墙高达 3 ～ 6 米，长千余米。后山寨遭严重破坏，当地村民为了修建私堰堤坝，将上千米寨墙垒砌的石块几近拆除，至此历史上护佑一方百姓平安的元安寨，而今只留下一片残垣断壁和低矮的山寨城墙遗址。山寨地处南漳、宜城、荆门三县市交界处，环境优美。这里山水生态原始，文化底蕴厚重。

所在三股泉村古树名木遍布，老屋、私塾、庙宇和古造纸作坊保存较好，特别是古山寨富集，一村多达14座。

南漳县古山寨群武安镇石寨遗址一览表

表9

序号	名称	海拔（米）	面积（平方米）	时代	地址
1	凤凰寨	528	4000	—	董家河村
2	猴儿寨	408	1102	清代前	董家河村
3	荆南寨	522	2000	清光绪二十六年（1900）	三股泉村
4	雷公尖寨	548	5000	清代前	三股泉村
5	凤凰寨	577	39300	清	三股泉村
6	聚马庄寨	460	49000	清	三股泉村
7	百岭寨	435	4500	清咸丰七年（1857）	三股泉村
8	有家寨	220	1520	清	石牛坪村
9	云台山寨	327	1500	明	石牛坪村
10	四人寨	315	700	清	刘集社区
11	磨盘山寨	287	1800	清代前	向家湾村
12	腰盆寨	242	2800	—	回笼寺村
13	吴家寨	219	50000	清代前	石牛坪村
14	王岭山寨	519	6970	清代前	三股泉村
15	元安寨	357	2820	—	三股泉村

十 城关镇

财神寨

财神寨地处北纬 31° 41'25"、东经 111° 43'25"，海拔高度 590 米，面积约 900 平方米。

财神寨位于城关镇木瓜园村一组（原西园村三组），南与李庙镇相邻。传说在此地求得财神而建庙，故名财神庙。同时又由于庙建在一寨中，寨庙合一，故名财神庙寨。山寨坐西朝东，现仅剩遗址，多残垣断壁，寨墙已毁。传说进入寨内要过三道门，每道门都有一层围墙，而且呈阶梯形，最后一道门槛最高，现残存有压脚石及柱础。门槛条石是石匠用钻子打凿成的长方体，两端有门槛抱窝儿。整个庙寨遗址为一个长 39 米，宽 23 米的较为规整的长方形。

寨内有古树、梯田、窑址遗迹、水池还有石碑。引人注目的是两棵菩提树，又名梭罗树，500 米以外就能看见。南面一棵健壮旺盛，树高 30 余米，胸径 3 米。西北一棵树有蛀虫，胸径 2.8 米，树高 20 米左右。寨的南部有三块长方形梯田，从上到下，面积逐渐增多。最上面一块长 20 米、宽 2 米；中间一块长 25 米、宽 2.5 米；最下一块长 30 米、宽 3 米。每块田都有树木，地面落叶厚实，树木长势旺盛。

寨顶中部有一水坑，呈圆锥形，深约150厘米，容积8.08立方米。在南边的第三层梯田外，有一窑址，呈坛状，窑口朝南，体积6.75立方米。此石灰窑址20世纪中叶还在使用，现保存较为完好。在第一道门的北侧，有石块镶嵌的小池子，长2米，深约1.5米。寨第二道门的西北侧有一残碑，碑的顶部清晰地刻有“天子”字样，其他碑文内容不存。

财神寨位于山坡上，周围杂草灌木遍地，树木成林。村民以种植小麦、玉米为主，培植木耳、香菇。由于地处城关镇与李庙镇交界的边缘，交通不便，近年来人口流动稀少。但古寨周围分布有不少乡土建筑。民风民俗古朴。

此寨建于清代后期，传说寨内挂有一铜制的大钟，人们回家路过此处时就敲响大钟，家人听到钟声后就准备做饭，迎接归家的人。

人和寨

人和寨地处北纬31° 40'14"、东经111° 43'12"，海拔高度786米，面积1900平方米。

人和寨位于城关镇洪河村东南部，寨名取“地利人和”之义。此寨依山势而建，坐西朝东，呈刀形状，全用石块砌筑而成，寨体东西长56米，墙高1～3.5米；南北宽35米，墙体高1～2米，保存较好的是北墙，较差的为入口处的西边内侧墙。东侧墙体宽达2米，高2米以上。内设巡道，保存尚好。古寨设有四门，全部在西北面，东侧寨墙尚存数个箭道与瞭望孔，寨内有多间房屋遗址。

人和寨地处偏远山区，四周环山，地势险峻，怪石林立。现因生产活动导致局部地貌有所改变。当地主产小麦、玉米、油菜等，也有香菇、木耳、毛竹等农特产品。此寨西部为村级公路，南部半山腰居住两家农户，其余为山坡地。

寨内现存清光绪五年（1879）季秋立“保我黎民”石碑一块，碑高2米，宽1.2米，体形宏大，内容为记事与记功德。2006年9月，该寨由南漳县政府公布为县级文物保护单位。

城关镇洪河村人和寨寨内石碑　（2008年摄）

唐家寨

唐家寨地处北纬31° 41'44"、东经111° 44'09"，海拔高度840米，面积2000平方米。

唐家寨位于城关镇凉泉村一组。此寨三面环山，一面临水，呈长方形，整个山寨用石块砌筑而成，寨内布局充分利用了自然山体，建有两层寨墙，设东门、西门两个寨隘口，东西长76米，南北宽25～30米，寨墙厚1.6米。无其他建筑物遗址。

唐家寨四周为无名山脉环绕的山峰，寨下小河细水长流，河水由西南向东北流过。山上植被多为灌木、杂草。山体陡峭，道路崎岖，农作物主要以小麦、玉米、油菜、芝麻为主。

古寨周围有山村土路通往村级水泥公路。周围有3个自然村，人口不多，但古文化遗存较多，如古墓葬遗址达十多处。

云坛观寨

云坛观寨地处北纬31° 43'31"、东经111° 44'02"，海拔高度578米，面积1000平方米。

云坛观寨位于城关镇殷庄村西北部，俗称云坛观。此寨依山势而建，呈不规则长方形，东临郝家寨，北临桑树垭，西为无名山峰。设寨门隘口一处。整个山寨大部分以自然山体岩石为基，四面环绕，山脚下为星宿河。古寨南北长55米，东西宽21～25米，寨墙厚0.9米。

云坛观寨四面环山，易守难攻。寨内灌木杂草丛生，是野猪经常出没的地方。气候适合香菇、木耳生长，农作物以小麦、玉米、油菜为主。

寨脚下有一条村级公路通往自然村。此处人烟稀少，民风淳朴，有多处文物遗存，如古寨、古民居和古墓葬等。

郝家寨

郝家寨地处北纬31° 43'38"、东经111° 44'50"，海拔高度658米，面积684平方米。

郝家寨位于城关镇殷庄村北郝家山上。此寨坐北朝南，呈椭圆形，整个山寨依山势而建，寨墙全用不规则石头砌筑，东西两边山势险峻，易守难攻，历史上是当地村民的避难场所。寨内设东门、南门两个隘口，东门至南门长38米，西北宽18米，寨墙厚1.8米。

郝家寨地处山区，山上植被多，灌木、杂草丛生，伴有少量松树及杂木。山体陡峭，山道崎岖。

古寨附近居住2户村民，相距村级公路1千米，以种植小麦、玉米、油菜为主。多乡土建筑和古寨，清朝古墓不少。

城关镇殷庄村郝家寨寨墙　　（2008年摄）

林家寨

林家寨地处北纬31° 40'47"、东经111° 44'45"，海拔高度630米，面积1530平方米。

林家寨位于城关镇大河村西南山峰顶上，东临无名山，西与洪河村接壤。林家寨依山而建，利用自然山体垒寨墙，设东门、南门、北门三个隘口，整个山寨全用不规则石块砌垒。寨长325米，呈不规则长方形。寨内原有寨房多间，现仅存遗址。

林家寨现被植被覆盖，灌木丛生，野生动物较多。周围奇石林立，景色宜人。山道险要难行，山坡杂树成林。气候适宜种植玉米、小麦等经济作物，培育香菇、木耳等农特产品。

山寨脚下建有输电线路通往各自然村。离集镇较远，交通不便，但古墓葬遗址不少。

城关镇大河村林家寨寨墙一角（2008 年摄）

小四望山寨

小四望山寨地处北纬 31° 42'01"、东经 111° 49'06"，海拔高度 660 米，面积 4000 平方米。

小四望山寨位于城关镇王山村北部牛力岩，因其比北部的大四望山寨小，故称为小四望山寨。所谓“四望”，是极言山高，屹立此山之巅，可“东望襄阳，西望房陵，北望谷城，南望荆门”（乾隆版《襄阳府志》载）。此寨全用石块砌筑，呈不规则长方形，寨墙厚 1.2 米，东西长 120 米，南北宽 36 米，分东门、西门。寨内房屋大小 10 间，仅存房屋遗址，寨内不见其他遗迹。

小四望寨与该村大四望寨隔山相望，两寨山脚下为山道，中间为洼地，居住 3 户人家，农作物以小麦、玉米、油菜为主。

周围村级公路与城乡相连，交通便捷。周围历史文物遗存较多，有大型古寨堡，如陶家寨、大四望山寨、连营寨等，古寺庙遗址尚存。

大四望山寨

大四望山寨地处北纬 31° 42'26"、东经 111° 49'14"，海拔高度 593 米，面积 1.2 万平方米。

大四望山寨位于城关镇王山村南走马岭。此寨及所在山峰比南北部的山与寨更大，能俯瞰小四望山寨，俗称大四望山寨。所谓四望者，乾隆版《襄阳府志》载：“四望山：县南十五里。《旧志》三十里。一曰太府山。东望襄阳，西望房陵，北望谷城，南望荆门，皆归遐瞩，袤延数十里。”

此寨坐东向西，呈不规则椭圆形，整个山寨依山而建，全用石块砌筑。寨的中南部山势险峻，易守难攻。寨墙内设有一圈巡道，东西长 150 米，南北宽 80 米。设东门与西门。寨内房屋遗址数十间，寨中心位置残存“兴云寺”遗迹与石碑 2 通，记载了建寨时间及修寨捐款人名。历史上此遗址寨寺合一，它不仅是周边村民的避难场所，还是善男信女祈福纳祥的圣地，香火十分旺盛并一直延续到“文化大革命”前。

古寨周围有村级公路通往县城。路网四通八达，由于是县城近郊，村民进城、外出打工者居多，经济相对繁荣，村民户户住楼房，生活较为富裕。

城关镇王山村大四望山寨东门 （2008 年摄）

四方山寨

四方山寨地处北纬 31° 41'57"、东经 111° 40'11"，海拔高度 706 米，面积 2400 平方米。

四方山寨又名陈家寨，位于城关镇王山村，东望花庄水库，南面大河林家坡，北临 305 省道。

四方寨坐落的山峰较高，寨墙呈不规则正方形，四面环绕，俗称四方寨。山寨分东门、西门、南门、北门四个隘口，全用块石垒砌而成。寨墙残高 0.5 ～ 0.6 米，墙宽 1 米，东西长 90 米，南北宽 25 ～ 28 米，寨内设环寨巡道，无其他建筑遗址。

古寨寨内松树茂密苍翠，野生灌木层层叠叠，气候宜人。此寨山脚下农户居住较密，交通便利，当地农作物以小麦、玉米为主。

城关镇王山村四方山寨一角 （2008 年摄）

杨柳寨

杨柳寨地处北纬 31° 43'10"、东经 111° 47'00"，海拔高度 730 米，面积 6000 平方米。

杨柳寨位于城关镇王山村西北刘家岭，南临无名山。此寨依山势而建，呈不规则椭圆形，寨内高低错落有致，设有东西两道寨门。寨墙残高 2.5 米，宽 1.5 米，东西长 96 米，南北宽 64 米，寨内仅存房基 3 间。

杨柳寨周围怪石林立，群山环绕，植被茂盛，气候湿润，自然环境优美，适合种植小麦、玉米、油菜、土豆等。

此寨外有一条弯曲山道，通往村级公路，寨下为移动联通基站设施，附近古寨尚存。

城关镇王山村杨柳寨寨墙一角
（2008 年摄）

陶家寨

陶家寨地处北纬 31° 43'17"、东经 111° 49'27"，海拔高度 384 米，面积约 1.3 万平方米以上。

陶家寨位于城关镇黄垭村南部的无名山上。此寨依山势而建，呈椭圆形，高低错落形成 2 个山寨，实则是在主城外建有月城，它们整体相连，形成巨型寨体十分壮观。整个山寨全用石块砌垒而成，寨墙设有内通道。寨内房屋建筑数十间，保存完好，有大型水井一处，可储水 30 ～ 50 立方米。分设东、西、南、北门，并在门边设掩体和碉楼。碉楼过去为 3 层，现存为 2 层，第 3 层垮塌，石材堆平到 2 楼。此寨南北长 470 米，寨墙周长约 1100 米。古寨东西宽 30 ～ 60 米，墙高 2 ～ 7 米，厚 2 米。

城关镇黄垭村陶家寨寨墙一角　（2008 年摄）

陶家寨地处城区南部，东为平原丘陵，良田沃野，阡陌纵横，其他 3 面山峰连绵。寨内外植被丰茂，灌木丛生，间杂生长有花栎树及少量松树，气候宜人。

陶家寨山脚下为该村民委员会办公室，周围人文荟萃，寨洞相连，古寨如大、小四望山寨、仙姑洞寨等遗址众多，有抗战时国民革命军 33 集团军司令部及 20 世纪国营红旗厂旧址等，该地交通便利，路网四通八达，为人们的出行带来了方便。

阔子寨

阔子寨地处北纬 31° 43'46"、东经 111° 45'15"，海拔高度 452 米，面积为 7250 平方米。

阔子寨位于城关镇城北郊的马家嘴村境内。有 10 余米长的石墙已被掀掉，仅露残存的矮墙，最高处 2.5 米、最矮处 0.5 米、最厚处 1.1 米。整个墙体是用不规则的石头砌筑而成。阔子寨虽寨墙有些损坏，但寨体轮廓清晰，整体呈猪腰状，两头宽、中间窄，寨墙长 280 米，周长 660 米，寨体宽为 20 ～ 30 米。它两面临水，两面依山，站在寨顶上，北面可俯视九集镇的香炉山和九盘山，东部可遥望襄河，西边紧邻麻竹高速公路，南面可清晰眺望南漳县城。

山寨上草木旺盛，绿树成荫。苍松翠柏、郁郁葱葱。寨脚下是 20 世纪 70 年代兴建的黄莲树咀水库，充沛的水源，肥沃的土地，滋养着附近 10 万勤劳的漳城人民。周边人口密集，农业快速发展，商贸繁荣，交通便捷，村民生活富裕。

相传东汉末年，在荆山一带出身名门望族的名士邓茂常、邓茂建兄弟二人，在天下纷乱的战争时代，为保一方平安，慷慨解囊，花费巨资，在中庐县（今南漳县城北郊）西南部的一山顶上建起一座山寨，据险而守。由于邓氏二人富甲一方，人们便将此寨叫作阔子寨。

纱帽寨

纱帽寨地处北纬 31° 44'44"、东经 111° 49'46"，海拔高度 325 米，面积约 2300 平方米。

纱帽寨位于城关镇车家店村与南背村交界处。古寨坐北朝南，北为悬崖绝壁。原有东、南、西三个大门，现已损坏。寨体为椭圆形，长 75 米，宽 35 米左右。古寨有石房多间，寨墙高达 3 米以上，因为年久失修，人为损毁，现古寨东西墙高仅半米，南面尚存寨墙长约 50 米，高约 1.2 米。寨内散落的碎砖头、瓦块较多，再无其他遗迹。

城关镇车家店村纱帽寨（2008年摄）

纱帽寨位于县城西南高耸的山头上，东部是肥沃的万顷良田，南部是连绵山峰，北为悬崖。周围杂草灌木丛生，乔木稀少。小型动物种类不少。村民以种植小麦、水稻为主。

纱帽寨位于城乡接合部，一边是阡陌纵横发生着深刻变革的新型农村；一边是高楼林立、车水马龙、日新月异的县城。大型国有企业华新水泥有限公司襄阳生产基地卧于古寨脚下。寨西面为滋润养育着南漳县城风光如画的水镜湖（三道河水库），系国家级水利风景区，历史上水镜荐贤的名胜地——水镜庄近在咫尺。

由于此寨寨体建在极似纱帽的小山上，故名纱帽寨。同时也因为小山的外层像网状的沙眼，又称沙帽寨。纱帽寨居高临下，俯瞰县城。因为它离漳城最近，故又有“漳城瞭望哨”的称号。纱帽寨在《襄阳府志》里有很生动的记载：“（玉溪）山之西，又有一山并峙。而中隔深洞，孤峰特耸。山顶周垒围墙如寨，几同大都。偶国之嫌，土人名为寨山。”

南漳县古山寨群城关镇石寨遗址一览表

表 10

序号	名称	海拔（米）	面积（平方米）	时代	地址
1	财神寨	590	900	清	木瓜园村
2	人和寨	786	1900	清	洪河村
3	唐家寨	840	2000	—	凉泉村
4	云坛观寨	578	1000	—	殷庄村
5	郝家寨	658	684	—	殷庄村
6	林家寨	630	1530	—	大河村
7	小四望山寨	660	4000	—	王山村
8	大四望山寨	593	12000	—	王山村
9	四方山寨	706	2400	—	王山村
10	杨柳寨	730	6000	—	王山村
11	陶家寨	384	13000	—	黄埡村
12	阔子寨	452	7250	—	马家嘴村
13	纱帽寨	325	2300	—	车家店村、南背村交界

洞　寨

洞寨是山寨中的年长者，在新石器时期人类就开始筑有洞穴了，它开启了穴居时代。

南漳县洞寨有124座，分布于荆山喀斯特地貌区，有水旱两种，它们由天然溶洞打造而成，最大的达数万平方米，最小的仅数平方米。洞寨一般位于山腰或山麓，它最初是天然溶洞，后来经过人工改造，留有人为的痕迹。洞口处有石砌的寨墙或干打垒的土墙，墙上有瞭望孔，还有冷兵器时代的箭道和热兵器时代的枪孔，石墙上面有雉堞。洞内建有房屋，至今留有房屋基脚或石垒的残垣断壁，不少还有生活用的磨盘、碓窝和水井，石洞壁上还凿有放梁枋的榫眼。洞寨通常只有1～2个出口，但也有一些洞寨拥有多个出口，这些出口往往是利用洞穴中部的天眼开辟的。水洞一般有2个出口。水旱兼有的洞寨，旱洞在上，水洞在下。此外，洞寨还有丰富的文化元素，许多洞寨立有明清时期的碑刻。不少洞寨在其周边三五百米外还建有一两间寨房，作为哨卡使用。

一　城关镇

水镜庄（又名白马洞寨）

水镜庄地处北纬31° 46'13"、东经111° 49'33"，海拔高度106米，面积约3000平方米。

水镜庄位于城关镇水镜庄社区玉溪山岩壁上。洞寨由天然沉积岩溶洞打造而成，坐南朝北。洞寨内近圆形，面阔9米，内宽3～8米，深15米以上。传说东汉末年水镜先生司马徽（？—208年，字德操，号水镜先生，河南颍川人，曾向刘备推荐诸葛亮和庞统）隐居于此，并居洞讲学，广收弟子。洞内立有水镜先生及与其交好的几位贤达的塑像。据当地老人介绍，历史上此洞寨曾是附近居民的避难场所。洞寨外部有寨墙、寨门，上为悬崖，下有高达10多米的峭壁，右侧山腰处建有50多米长的栈道，进入洞寨需要登上数十级石台阶。洞下建有道教的祖师庙，每年还举办庙会。

乾隆版《襄阳府志》记载："玉溪山，在县南门外少西二里。山峰高耸挺秀，山下有溪，水声淙淙如玉佩。山之麓为一锹岩，壁立数仞，色微赤，而且绵数十丈。游人攀跻而上，几同赤壁之观。有石室曰白马洞，为汉水镜先生栖隐处，一名白龙洞，又名圣马洞。相传昔有白马出洞中，故名。今倚洞为庙，供元武像，俗呼为小武当。里人以上巳日，会饮于此。里人刘选云：洞乃石壁横裂，可容数百人，内供神像，设钟鼓，每岁三月十八日，数百里名贾期会交易于此。"

明朝后，因为《三国演义》的流行，白马洞寨便随之声名鹊起。清朝年间，为纪念水镜先生，朝野合力修建了纪念性建筑水镜庄，民国年间将原在珍珠泉边的水镜祠迁至玉溪山脚下，并将白马洞寨作为核心遗址纳入其中。从此，水镜庄声名远播。

城关镇水镜社区白马洞寨　　（2020 年摄）

水镜庄始建于清乾隆七年（1742），光绪十三年（1887）、光绪十六年（1890）、光绪三十二年（1906）、民国二十五年（1936）增修、扩建。现存水镜庄大多为 20 世纪 80 年代依山势而重建，它坐南朝北，占地面积约 3000 平方米，有头天门、二天门、环山墙、正门、水镜祠及白马洞。

“头天门”位于水镜庄中部，双柱单间仿木结构，楼阁式拱券门，宽 2.6 米，通高 4.9 米。门洞青砖砌成，宽 0.94 米，高 2.2 米。门额楷体墨书“头天门”，字高 0.32 米，宽 0.31 米。

“二天门”位于水镜庄头天门后 20 米，双柱单仿木结构，楼阁式拱券门，宽 3.3 米，通高 4.9 米。门洞青砖砌成，宽 1.08 米，高 2.6 米。门额楷体墨书“二天门”，字高 0.32 米，宽 0.34 米。

环山雉堞位于水镜庄内环二天门后西侧，沿山崖而建，东西走向，长 55.5 米，高 1.4 米，厚 0.60 米，青砖叠砌，有 27 个垛堞。

正门位于水镜庄环山墙西端，坐南朝北。双柱单间仿木结构，楼阁式拱券门，宽 2.8 米，通高 5.5 米。门洞青砖砌成，宽 1.25 米，高 2.5 米。门额阴刻书“水镜庄”，左、右柱楷书分书“彝水环绕”“明镜高悬”。

水镜祠位于水镜庄正门南侧，坐南朝北，双层悬山顶，上、下层分别面阔 8.85 米、7.05 米，进深 5.3 米、4.5 米，抬梁式构架，下层前壁及上层壁开隔扇。

遗址内，于头天门前立有“汉水镜栖隐处”碑一块，刻于乾隆七年（1742），青石质，圆首方座，高 1.6 米，宽 0.78 米，厚 0.24 米，周边阴刻花草纹，中部行书“汉水镜栖隐处”，字幅约 0.25 平方米。题款阴刻小楷，署立碑人及时间。

水镜庄北为古夷水、今蛮河，流水潺潺，波光粼粼，河边即为南漳县城；南为玉溪山，绿树成荫，枝繁叶茂；东、西面历史上良田沃野，阡陌纵横，现已遍布各类机关单位和村庄民舍。

水镜庄作为名人纪念地是湖北省人民政府公布的文物保护单位。政府分别在 1985 年、2001 年与 2010 年三次划拨专项资金和部门集资，对水镜庄进行了大规模的修缮和扩建，现已成为国家 AAA 级旅游景区。洞寨作为著名的旅游景点，吸引了众多游客前来观光，人流如织，络绎不绝。文人墨客慕名而来，多有题吟。周围车马喧嚣，人声鼎沸，灯红酒绿，商业繁荣，交通便捷，物阜民丰。

碑刻　白马洞寨碑刻碑文

碑刻一　重修水镜庄记

书曰知人则哲惟帝其难之先生汝南人姓司马讳德操号镜徽取明镜止水之意汉末中原版荡先生避难栖隐于此昭烈帝马跳檀溪戎马倥偬中偶与先生相遇询以大事答曰卧龙凤雏得一人足以安天下而后茅庐三顾云龙相会垂汉祚于既绝王业竟成于三分实赖先生推荐之力处严穴之下行运筹帷幄之实其功足俾伊吕先生可谓哲人矣游斯地者徘徊瞻眺缅怀古今当思地灵实由人杰故耳

南漳后学李鳌拜撰

大清光绪二十三年秋谷旦立

公元一九八三年十月一日南漳县人民政府重立

碑刻二　龙马圣洞新塑诸天记

尝谓堪舆形胜之处多为僧人处之盖佛氏鲜家口境静而人寂殆不谋而符也圣马洞在邑治沮水之南削壁中空曲屈高邃骚人名公每爱游观吟题充栋为南漳一形胜也洞口夙有玄帝像其后有佛一座必先生僧众杂处而宗其尚焉兹僧了洪居洞经三世上丰白邑候桂馨于洞北建阶置门今复募有众于佛旁新设诸天像二十有四其神之名号为天王者四曰持国增长广目多闻金钢者四曰密迹散脂韦驼坚牢文像者四曰大梵尊天日宫阎摩罗王娑竭龙王武像者四雷神大将紧那罗王摩首罗摩利支天女像者八帝释功德大辩才菩提树鬼子母诃喇帝喃舆夫月宫星宫也输泉布而命塑工者则获法于二门而凿穴塑王帅者黄宣富宋万蔡也貌相即成俨然有生气环侍左左如听号令而承唯诺噫是像号处浮屠之然耳而皆无所放非若尧眉舜目然不可知之谓神宜委之冥冥茫茫今者此幻也岂吾人伦日用之可止哉

虽然禅学余学之大要在止观定慧摄伏是心使万像俱息则至静无感而上下神祈森罗万象悉具其中无像无色而我亦无矣奚殉像之足为而万像缘若之设哉心欲感彼有众见像则敬畏之心生可悛恶而从善也是记之作为俗僧渔利有一佛而化三四檀越者斯则神人并著说勒而意志也是为记

襄阳后学遇庵李苹谨撰

大清同治庚午年仲春月吉日立

仙姑洞寨

仙姑洞寨地处北纬 31° 42'42"、东经 111° 47'40"，海拔高度 342 米，面积 1.5 万平方米。

仙姑洞位于城关镇王山村一组与黄垭村交界处，是寨寺合一的洞寨。该洞寨坐西南朝东北，下为河谷，上为峻岭，系巨型自然溶洞打造而成，在洞口处留有人工建筑的断墙遗迹。洞寨洞口约 8 平方米，宽度约 10 米左右，高可达 15 米，内部宽敞，有多级台地渐次升高,洞内可容纳数千人。洞寨深不可测，人们能安全行走的部分长达 600 多米。洞内现存残碑 5 通。

城关镇王山村、黄垭村仙姑洞寨　（2008 年摄）

仙姑洞内钟乳石和石笋千姿百态，目不暇接，形如莲花台、香炉、石鼓、石钟、龙凤呈祥等，泉水长流，终年不竭，水中含各种矿物质。洞口外为半圆形台地，两岸峡谷险峻，沟壑纵横，植被丰厚，楠、樟等古树名木居多，风景优美。

仙姑洞寨自古以来香火不断，人们在此祈求仙姑显灵，保佑百姓平安，子孙延绵，五谷丰登。不远处即有村级公路可直达南漳县城，另有一条近年新修的砂石路可达黄垭村。周围古寨屹立山头，国防工业红旗厂遗址及抗战时期国民革命军 33 集团军司令部驻地及其子弟小学旧址也在附近。

据碑刻记载，洞寨自建成起就是百姓避难的场所，历史上曾多次修缮。

二 巡检镇

虎洞寨

虎洞寨地处北纬 31° 24'01"、东经 111° 29'30"，海拔高度 610 米，面积 3000 多平方米。

虎洞寨位于巡检镇胎坪村翠峰山腰，系一天然溶洞改建而成。该洞寨依山势在两道呈“八”字形，半山绝壁中间建有三道寨墙，构成内城外郭的洞寨。外城可容纳上千人，现有弧形寨墙残高 1.5 ～ 2 米，长上百米，西部开有一门。距此门 50 米为第二道寨墙，它由十分规整的石块垒砌而成，石墙长 20 米，高达 6 米以上，保存完好，十分壮观。墙两端沿石壁有多间房屋遗址，寨墙东北部上方开有一门，木质门框外由石条砌成门洞，门楣已朽，外有 20 多级台阶。进入此门豁然开朗，洞高 10 ～ 15 米，宽 15 ～ 20 米，面积在 360 平方米以上，依地势垒砌有三级台地，内有 3 处房屋遗迹。向西行走 10 多米，折上多级台阶即为第一道寨墙，墙高 2 米以上，门楣已不存。与其他洞寨相比，虎洞寨有两奇。第一奇为洞内有洞，洞上有洞。下层内洞为弧形隐于石壁之内，人们可自由穿行。而洞内的上层洞穴需借助 8 米以上的木梯或绳梯方可上去，洞深数十米。第二奇是洞中有两口泉水井，面积 1.5 平方米，常年有水，从不干涸，清澈见底，且冬暖夏凉，味甜可口。

巡检镇胎坪村虎洞寨正面　　（2022 年摄）

洞寨北侧为悬崖绝壁，东为主山，南为沙坪与施家大沟、唐家寨相对，北靠冲北崖，临李家山。从北崖下行至半山腰，再横向通过两道绝壁，方能进入洞寨。洞口隐于森林，周围古木参天，浓荫蔽日，自然环境优美。峡谷里青山绿水交相辉映，美不胜收，周围生活有南漳县内最大的猴群。

洞寨位于胎坪自然村，距离胎坪村道 2 千米左右，山脚有一座大庙叫福盛寺，当年气势恢宏，计有九进。四周人文景点众多，古寨、庙宇、古墓遗址尚存，碑刻众多，不少乡土建筑保存完好。当地还流传有明朝开国皇帝朱元璋少年逃难时在此隐居的故事。该洞寨为南漳县洞寨的杰出代表，是国内唯一由省政府命名的洞寨类文物保护单位。

据说古时曾有老虎在此洞中盘踞，故洞名虎洞，寨名为虎洞寨。该洞口处还立一石碑，为清咸丰六年（1856）立。碑刻中记载，此洞寨历史悠久，由众乡绅牵头，百姓集资而建，屡坏屡修，最后一次重修时间为清咸丰三年（1853）。

碑刻　虎洞寨碑文

同结良缘

大清国湖北襄阳府南漳县嘉定都滩油坪之地

尝闻先朝自开天立基以来素有此古洞众姓领修为砦以防乱世之居因后以来重修数次累累崩塌咸丰在

位四路累乱不息众姓公虑于此者经为首徐友兵鲁正兴邀同众姓各捐资财重捕工程浩大无穷之功何及焉众等公论请匠勒碑万古流传永垂后世不朽矣云耳

唐绍书三百文　唐绍顺三百文

计上下工火食一共朱［诸］般等项大□□一串有零费用

首士解登洪助币七百文解登光助币七百文徙开发助币六百文刘科刘顺刘容刘美张启贵付天云付天才解兴歧徐文学喻和太万仕钧唐继礼尚开化唐继兴唐绍慧刘口彦付恒泰柳应元陈正云徐正容□□□刘绍虎唐继光万承国付天忠刘尚科李太臣八十文董于昌王德义朱中和七百文任宗甫陈昌平余大魁王德盛□□□

石匠工钱六串三百文木匠工钱八百文石匠李国祯李国祥徐正茂

领修鲁正兴徐文斌二人共一千四百文每日天工一共二百廾五个工

皇上咸丰六年冬月十六日

风洞寨

风洞寨地处北纬 31° 22'21"、东经 111° 25'34"，海拔高度 462 米，面积 600 平方米。

风洞寨位于巡检镇通城河村河槐树湾山上，洞居山腰峭壁，坐北朝南，洞内呈不规则形状，人们需沿着岩壁攀爬才能进入。洞门口垒有石墙，厚而坚固，墙上没有巡道。门墙右边留有小门，距洞口偏西 20 米另设有西门，西门由石块砌成，与山壁紧密结合，上建有瞭望孔，与洞外隔离。洞外有 2 米多的平地，再往下便是陡崖深谷。

该寨地处山腰，视野开阔，气候宜人。山林植被茂密，以阔叶冬青树、松树和花栎树为主。山下村子旁有一条山间小路通往三里岗村级公路，交通方便。附近洞寨连绵。

据村里老人介绍，该洞寨为自然溶洞改建而成，是当地刑氏村民为防匪难而建，洞内宽敞，可容数百人，现还保留有当时加工粮食用的石质工具碓窝等。

巡检镇通城河村风洞寨东门　　（2007 年摄）

柜子洞寨

柜子洞寨地处北纬 31° 27'17"、东经 111° 25'18"，海拔高度 458 米，面积 1300 平方米。

柜子洞寨位于巡检镇通城河村境内，为自然溶洞修建而成，洞外悬崖峭壁易守难攻。洞寨整体保存一般，寨门尚存。洞口石墙高筑，起防御作用，仅有一条木梯进出。洞内用石块填砌，形成四级平台，以方便住人。洞口两壁之上均有人工凿孔。距洞口不远处，垒有两道寨门，两门相距 5 米，均保存较好。洞内其他遗迹均遭破坏。在对面山的险要位置，还有一个专门设置的护洞，用以保卫柜子洞寨的安全。明清时村民为躲匪难而聚集于此，以抵御外敌。

柜子洞寨所处地理位置优越，下方是湍急的小峡河流，东侧隔着小峡与陡峭的白岩相望，西侧紧邻西牛岭。这里气候温和，四季分明，适宜多种生物的生长，茂密的植被为野猪、小鹿、山鸡等野生动物提供了良好的栖息环境。

巡检镇通城河村柜子洞寨正面　　（2007 年摄）

洞寨内无人居住。由于峡口电站的建设，洞外的村民已经外迁。这里人烟稀少，偶尔有人上山采药、砍柴。仅有一条羊肠小道通往洞寨。洞寨周边地区还有许多类似的洞寨，它们分布密集，连绵不断。

杨家洞寨（通城河村）

杨家洞寨地处北纬 31° 23'43"、东经 111° 24'51"，海拔高度 297 米，面积 5 万平方米。

杨家洞寨位于巡检镇通城河村，洞寨外为通城河村的平畈地，右邻枇杷山，背与保康县相邻。此洞长年不断有泉水流出，水入通城河，洞口有石头垒筑墙体寨门，洞内开阔处也用打磨过的石条砌有台面，墙基十分规整。洞内面积约 5 万平方米，平面呈 S 形，北狭南阔，洞深不可测，宽敞无水处长约 100 多米，宽达 20 ～ 50 米，最高处约 15 米。

巡检镇通城河村杨家洞寨东门　　（2023 年摄）

该洞寨环境空气湿润，植被茂盛。当地适宜种植柑橘和香菇，库区蕴藏着丰富的水利渔业资源，山民生活富足。周围水陆畅通，洞寨连绵。

杨家洞寨属自然溶洞改建，洞寨直通保康，故又名穿山洞寨。洞口东南敞开处未经修筑，寨东门口散落有残碑，记载此洞为清光绪年间由当地人重修，以躲避土匪的侵扰。

老虎洞寨

老虎洞寨地处北纬 31° 19'14"、东经 111° 27'20"，海拔高度 447 米，面积约 600 平方米。

老虎洞寨位于巡检镇黄家坡村柏河湾自然村西的东坡山腰。老虎洞自然天成，洞分两层。上洞右前方有一个向斜下方延伸 14 米的小洞穴，下洞有人工砌成的梯形路，上下两层可容纳百人。洞内有石笋、钟乳石等自然景观。洞右边有一悬崖，洞口被人用石块围住，形成洞寨。寨墙厚约 0.5 米，寨门基本完整，门上方用木头代替石条。洞口左边上方 20 米处设有一哨卡，依山体而建，有两个小孔成为瞭望孔。洞内除有烟痕外，无其他遗迹。

老虎洞寨位于东坡山腰，西隔柏河与青岩寨相望，周围山峰林立，争秀争雄。气候适宜，水源充沛，早晚温差大，适宜植物生长，苍松翠柏与荆棘杂树在此都能茁壮成长。

山下村民勤劳富足，以水稻为主要粮食，兼种油菜、香菇等，仅有一条乡村土路从柏家湾通过。周围山头古寨林立。

老虎洞原名白马洞，后因在洞内打死过老虎而得名，流传至今。为村民清末躲避土匪所用。该洞寨是记录历史的有力物证，有一定的观赏价值，为研究本区明清时期文化遗存的分布及内涵提供了资料。

巡检镇黄家坡村老虎洞寨大门　　（2007 年摄）

张家洞寨

张家洞寨地处北纬 31° 21'09"、东经 111° 28'58"，海拔高度 253 米，面积 760 平方米。

张家洞寨位于巡检镇峡口村南约 3 千米的沮河东岸山腰处，为一自然岩洞改建而成，它外大内小，洞口近 30 米呈喇叭形状，洞前石块垒筑寨墙，现残高 1 米以上，洞内呈拱形，西南角残存房屋墙基，两侧洞壁上有凿刻的榫眼，南、北寨门各 1 处，在洞北部约 150 米设一哨卡，洞长 38 米，宽 3.4 ～ 29 米，寨卡结合，设计合理，易守难攻。

张家洞寨位于沮河水库东岸山腰间，东临峡口电站，西北为通城河村，处荆山山脉北段。沮河碧波荡漾，两岸怪石林立，风光优美，四季分明，景色宜人，直追大三峡，不让大宁河。

巡检镇峡口村张家洞寨　　（2007 年摄）

洞寨边建有峡口水电站，洞内尚留测量者活动后痕迹，洞壁上涂有“00042，地质到此”等字样，峡口电站坝体为旅游观光型大坝，雄伟壮观，颇有高峡出平湖之气势。周围盛产柑橘，人民生活富足。

洞寨始建于明代前，由张姓人家带领百姓修建，洞名由此而来，后曾修缮过。

简家洞寨

简家洞寨地处北纬 31° 21'29"、东经 111° 28'17"，海拔高度 279 米，面积 1200 平方米。

简家洞寨位于巡检镇甘河村刘家山东端的山腰上，地势险峻，为自然溶洞打造而成，洞内曲径通幽。寨坐西朝东，洞内面积较大，约 800 平方米，可容纳成百上千人。有房屋遗迹，洞壁上有许多人工凿方

巡检镇甘河村简家洞寨洞口外景及洞口正面（2007 年摄）

孔，洞口垒有两道寨墙，墙距 10 米，长分别为 20 米与 28 米，高在 7 米左右。设有两门，洞前门略偏南，靠内寨有巡道、垛口、瞭望孔。

简家洞寨位居山腰，寨下 10 米即为沮河通城河段，现为库区，风光迤丽。气候温暖湿润，适宜多种植物生长，这里有保存较好的原始植被。洞内钟乳石琳琅满目，洞外野草杂树丛生。山上野生动物成群，水上鸭戏鱼跃。

简家洞虽无人居住，但位于通城河上的库区峡谷，舟楫来往，渔歌欢唱，游人络绎不绝，经常有人进洞参观。周围村民以养鱼为生，兼种柑橘，水路交通便利，过往船只均可到达。周围山头上石寨众多，山峡内洞寨连绵。

洞寨系古寨，重建于清咸丰年间，是简氏家族为防兵乱的藏身之处。洞内有碑，破碎成数片，碑文叙述了简氏家族为躲避战乱而修此建筑。

碑刻　巡检甘河简家洞碑文

盖吾简家洞古来天生地成万民□耳今闻四方风动不知治乱如何众姓商议只得□□不朽汤化□

洞主简氏众首士八名简健简魁伟（以下人名略）

大清咸丰二年二月廿日立

老寨（又名弟子洞寨）

老寨地处北纬 31° 19'52"、东经 111° 34'05"，海拔高度 380 米，面积 1620 平方米。

老寨位于巡检镇指山坪村杨家老屋东北的指山岩山腰处，是古代人们利用自然岩洞人为加工垒砌的洞寨。它利用洞前的两级台地以石块垒砌两道寨墙，分别长 35 米与 52 米，墙体中部留有寨门，上建碉楼哨卡；洞口处又筑有长 7 米多、高 2 米的寨墙，进入洞内前宽后窄，长约 50 多米、宽 3 ～ 7.6 米，最高处约 12 米，洞壁上有打凿的两排数十孔榫眼，应是当年铺楼板置放梁枋的地方。

指山岩蜿蜒曲折，南望钵盂山，山下为指山坪，洞前寨墙高大雄伟，易守难攻。这

巡检镇指山坪村老寨正面（2007 年摄）

里四季分明，周围长满了杂草和灌木，乔木郁郁葱葱，还生长着金弹子、银杏、珍珠黄杨等珍稀的古树名木。

指山坪地势平坦，一条古驿道通往宜昌乃至巴蜀，清溪河自西向东从山脚下流过，水源丰富，当地多种植水稻、小麦、油菜等作物，人民生活富足。周围古寺、古墓、古桥遗址分布较多。特别是古寨密集，在指山岩山壁上，沿着长达3千米的岩缝，密集分布着28座洞寨，其数量之多令人惊叹。这些洞寨至今保存完好，堪称奇迹。周围还有以鬼谷子命名的多处文化景点，如鬼谷潭、鬼谷庙等。

据当地村民介绍，此洞寨紧邻鬼谷子洞寨，系鬼谷子弟子居所，故又名“鬼谷子弟子洞”。相传鬼谷子在指山岩隐居时，曾在此洞内广收弟子，传道、授业、解惑，还在洞寨门口的达数百平方米场地上演兵布阵，操练兵法，终于培育出孙膑、庞涓这样的大军事家。历史上这里也是附近村民的避难之所。洞前的两道寨墙为防御设施，洞内宽敞可藏匿数百人之多。

鬼谷子（起居）洞寨

鬼谷子洞寨地处北纬31° 19'52"、东经111° 34'05"，海拔高度439米，面积365平方米。

鬼谷子洞寨位于巡检镇指山坪村杨家老屋北面指山岩的山腰处，是利用一自然岩洞稍加改造后而形成的洞寨。洞寨大门朝西，呈拱形，用石块垒砌。洞内幽深，钟乳石蔚为壮观，可到达的测量长度为165米，宽0.5～3.25米，洞口处最高约5米。

鬼谷子洞所处的指山岩地形蜿蜒曲折，洞前为小槽子冲沟。洞门居高临下，洞内气候宜人，冬暖夏凉，是理想的藏身之所。指山坪地势较为平坦，清溪河在此缓缓流过，水源丰富，土地肥沃，适宜种植水稻、小麦和油菜，产量颇丰，人民生活富足。

该洞寨曾作为躲避匪患的防御工事和避难场所，在洞内发现具有清代以前特征的青花瓷片。相传，这里是鬼谷子隐居讲学时的起居洞，春秋战国时鬼谷子曾在此布道讲学，故洞寨名为“鬼谷子洞”。古

巡检镇指山坪村鬼谷子起居洞
（2007年摄）

巡检镇指山坪村鬼谷子洞寨弟子洞内石阶　（2007年摄）

县志、府志及通志都有相关记载。周围至今仍保留着纪念鬼谷子的祠寺，香火长盛不衰。据村民介绍，该洞可直通宜昌市远安县黄竹村，因此又被称作“长洞”。

寨湾洞寨

寨湾洞寨地处北纬 31° 22'34"、东经 111° 33'03"，海拔高度 422 米，面积 250 平方米。

寨湾洞寨位于巡检镇白鹤船村西南部的寨湾峡西岸，背倚崇山峻岭，西侧毗邻何家沟，坐西朝东，地理位置险要。洞寨门宽 15 米，内部直径 2 ～ 3 米，深 16 米。整个洞寨用青石块砌成，设有石门及天然瞭望孔，洞内可容纳百余人。峡谷河水从洞寨左侧流出，这里气候温暖，四季分明，杂树丛生，适合野生动物生长。

除了偶尔有村民在此砍柴休息之外，寨湾洞寨鲜有人迹，几乎无路通往洞寨。距洞寨 500 米处住有几十户人家，人口较为集中，新修了村级公路，村民主要种植小麦、玉米、油菜以及香菇、木耳，东距白鹤船行政村约 600 米。周围文化古迹众多，如石板沟古桥，还有众多古寨。

洞寨内立有一通石碑刻，从碑文内容看，该寨本为龙王庙。结合当地对洞寨的称呼，可以推断这座龙王庙在某个时期被当作避难的洞寨。洞寨历经多次修复，现存建筑为清代以前所筑。

碑刻　寨湾洞寨碑文

盖闻自汉明尊崇佛教始立寺观于中□来亦可知龙王庙之建庙朔神由来久矣即众姓公议各一时修理焕然一新并非众姓人之所之所及工匠

孔家洞寨

孔家洞寨地处北纬 31° 25'05"、东经 111° 28'31"，海拔高度 927 米，面积 927 平方米。

孔家洞寨位于巡检镇安山村李山西沟陡峭的山崖上，是利用一个天然溶洞加工改造而形成的洞寨。洞口坐东朝西，洞外自北向南用石块垒砌了一道 3 米高的寨墙，南北两端设有寨门。寨内地面高低不平，洞内约 90 平方米，有一股泉水源源不断地涌出，终年不涸。

巡检镇安山村孔家洞寨寨门　（2007 年摄）

孔家洞寨东靠李家山，西为翠湾，南连安山奠坪，北接不二坪。因海拔较高，早晚温差大。周围群山环抱，时有猴群出没，整个山峦被茂密的灌木所覆盖，自然美景十分壮观。

孔家洞寨位置险要，平常很少有人涉足，仅采药人和伐木人路过时在此歇息。山下是连接巡检与板桥的公路，周围分布着众多保存较好的乡土建筑和古寨。

寨内有一块残碑，记载了清嘉庆元年（1796）当地地主李清棠召集乡亲捐资重修此洞寨，为避难所用。

太平洞寨

太平洞寨地处北纬 31° 22'21"、东经 111° 28'04"，海拔高度 449 米，面积 265 平方米。

巡检镇安山村太平洞寨东门 （2007 年摄）

太平洞寨位于巡检镇安山村安家冲以南，一处东西走向的北崖半山腰上。寨门朝西南方向，仅在洞口处修有寨墙，洞内为溶洞地貌，越走空间越狭小，幽深狭长。

太平洞寨位于通城河峡谷地带北侧悬崖绝壁处，南临通城河，北靠安家冲北崖。从北崖下至半山腰再横向通过两道绝壁方能进入洞寨。峡谷里青山绿水交相辉映，美不胜收。

通往洞寨的山路蜿蜒曲折，行走艰难，交通极为不便。通城河电站就在附近，周边地区还分布有古寨、古墓葬及古造纸作坊遗址。

寨门右侧有一块立于清嘉庆三年（1798）的石碑，碑文记载了此寨名曰“太平古洞”，是当时当地的安、陈、牛、刘、罗、徐等姓氏人家为了躲避匪患而捐资扩建。

杨家洞寨（指山坪村）

杨家洞寨地处北纬 31° 20'05"、东经 111° 34'30"，海拔高度 459 米，面积 365 平方米。

杨家洞寨位于巡检镇指山坪村境内的指山岩上，岩洞沿山岩自然形成。据当地村民讲，指山岩为洞寨群，山周围共有 48 个洞寨，南漳县境内就有近 30 个。洞寨沿山岭而建，坐南朝北，一道寨墙保存较好，与山体形成闭合状，将山洞与外面隔断。洞内留存有一间土墙房基。在西面靠近山体处立有一座西门，而在东侧约 20 米处砌起了一堵横墙，墙与山体无缝对接，构成了一道天然的屏障。横墙中部设有一扇门，虽然门上方已经坍塌，但墙体整体保存状况良好。此外未发现其他遗迹。

巡检镇指山坪村杨家洞寨寨墙 （2007 年摄）

杨家洞寨位居山腰，地理位置非常险要，上为断壁，下为悬坎，背靠指山岩，南望羊角山，气候温暖潮湿，山上土地相对贫瘠，到处长满荆棘杂树，随处可见野麂、野羊足迹。

杨家洞寨已无人居住，但常有人在此采药，偶闻牛铃声响。山下为杨家老屋，住有几十户村民，此地民风淳朴，村民勤劳持家，除种植粮食以外，还培育柑橘、养蚕以及培植袋菌等，交通不便，仅有一条土路通往山村。周围古寨众多，老屋、老井、古桥、古墓、古寺遗迹遍布。鬼谷子隐居讲学的传说流传至今，且有史志佐证。寨脚下的一条通往宜昌的古驿道至今尚在使用。

现有洞寨建筑建于清代前，是杨氏家族为躲避兵乱而建成的避难之所。

周家洞寨

周家洞寨地处北纬 31° 19'52"、东经 111° 34'02"，海拔高度 465 米，面积约 270 平方米。

周家洞寨位于巡检镇指山坪村杨家老屋后边的指山岩山腰之上，是指山岩 48 个洞寨群中的其中一个。洞寨依天然溶岩而建，垒石墙为寨，整个平面呈半月形。石墙把洞寨隔成两间，中间有门贯通，石墙呈丁字形，东南角留有一条通道，墙体保存较好，洞内有水源，泉水清澈透明，长流不断。除此之外，无其他遗迹可寻。

巡检镇指山坪村周家洞寨东门（2007 年摄）

周家洞寨位居山腰上，上下有险可据，大多为悬崖峭壁，前面有林遮挡，坐东朝西，背风向阳，背靠指山岩，面临勾腿湾冲。

周边山上虽无人居住，但常有药农、牧人从中穿行，山下为周家院子自然村，住有 10 余户人家，村民以种植水稻为主，兼种柑橘，培植香菇，放牧牛羊等，仅有一条土路通往山村。寨周围洞寨密布，古桥、老井、老屋等遗迹众多。

洞寨建于清代前，是周姓人家为躲避兵乱而兴建的藏身之所。

石板沟洞寨

石板沟洞寨地处北纬 31° 22'23"、东经 111° 32'57"，海拔高度 381 米，面积约 1370 平方米。

石板沟洞寨位于巡检镇白鹤船村石板沟的一条狭长山谷中，由于地势较高，洞口特地砌筑了十多级石台阶，方便人们进出。洞寨坐北朝南，寨墙以天然石块砌成，高 5 ～ 6 米，长 80 ～ 100 米，厚 1 ～ 2 米，寨墙上设有射击与瞭望孔。寨门为拱形，现局部已坍塌。洞寨深 100 ～ 120 米，最高处约 15 米，宽为 5 ～ 15 米，洞内较为宽阔，可容纳 250 ～ 300 人。

巡检镇白鹤船村石板沟洞寨正面外景（2007 年摄）

此寨处于峡谷之中，一条河流常年流水潺潺，气候温润，水草生长茂盛，各类树木生长状态良好，野生动物也时常在此出没。

洞寨周围 1 千米处有自然村庄，3 千米外为省道和高速公路，一条村道通往山下。村民崇礼尚文，民风淳朴，附近文化景点众多，既有古寨遗址，还有萃善古桥，以及羊角山碗厂，这是源于明清时期的民族手工业遗址。附近还有荣获国家级金奖的云翠牌绿茶基地。

肖家沟洞寨

肖家沟洞寨地处北纬 31° 40'18"、东经 111° 50'51"，海拔高度 590 米，面积约 1100 平方米。

巡检镇胎坪村肖家沟洞寨寨墙 （2007 年摄）

肖家沟洞寨位于巡检镇胎坪村肖家沟左侧悬崖之上。洞寨由一组四个溶洞组建而成，排列为两层，高低错落，分布在不同的水平线上。洞寨下是一个长 100 余米的扁洞，自西向东延伸。西面洞口原设有大门，大门虽已不存，但门洞十分规整，高 2 米，宽 1 米。西南有长 5 米、高 3.5 米的石墙。主洞呈弯月形状，进大门后自西向东，寨体逐渐变宽，最宽处近 10 米，行进 20 米后又渐次变窄。洞边沿的寨墙矗立在 500 多米的危岩之上，长 35 米，高 2.5 米左右，厚达 1 米，完全由石块垒砌而成。墙上有雉堞，并设有近 10 个枪（箭）孔。

该洞寨洞中有洞，洞上有洞，进大门后前行 5 米多，内壁上方 4 米处便是一个洞穴。据向导介绍，当年有经验的探险者可以紧贴墙壁攀爬而上，而其他人则需要借助木梯或绳梯才能到达。此洞高 4 米多，面积约 18 平方米。大洞中部上方又有第二洞，此洞外砌有多级台阶，便于上下通行，还砌有厚 60 多厘米，长 10 米，高 1.5 米以上的石墙以挡风遮雨，洞内面积约 30 平方米。此洞寨东端还有一个小洞也砌有石墙，面积约 10 多平方米。再向东行，便是较为陡峭的岩壁，当地人可借助工具和岩壁上的灌木攀爬到岩嘴。这三个小洞长度不一，分别约 10 米、15 米和 8 米，四个溶洞洞内总面积约 590 平方米。

该洞寨雄、险、秀、奇兼备，上下皆为悬崖峭壁，仅有一条羊肠小道可通山寨大门。周围树木葱茏，古木参天，一群约有十几只的猿猴常年在此栖息，并受到周边村民的精心养护。

该洞寨北面为李家山自然村，南为水田湾。施家大沟横卧在古寨所在的山脚下，自东北向西南延伸。2.5 千米外即为徐家屋场，一条县道从此经过。周围古民居、古寺庙、古山寨遗址存量众多。

据当地村民介绍，此洞寨历史悠久，应为清朝以前重修。

蝙蝠洞寨

蝙蝠洞寨地处北纬 31° 40'33"、东经 111° 50'48"，海拔高度 552 米，面积约 550 平方米。

蝙蝠洞寨位于巡检镇胎坪村一组的施家大沟左侧半山腰。该洞寨坐东南朝西北，因洞内蝙蝠多，故得名“蝙蝠洞寨”。洞寨寨墙巧妙地构筑在八字形的两道绝壁中间，墙宽 5 ～ 8 米。洞寨内有两道石门，外门残高 1.5 ～ 2 米，二道门残高约 1.5 米，厚度 1 米以上，两门相距约 10 米。洞寨深约 80 米，洞内较为宽敞高大，高 5 ～ 15 米，内宽 3 ～ 8 米。洞内两侧悬挂着大量钟乳石，或形似瀑布，或状如野兽，形态各异，许多还晶莹剔透，在灯光下闪闪发亮。洞寨大门正对面 2 千米外为伙田坡自然村，东面为栗家台自然村，洞后南面为山家屋场，村民山锡环在此居住。

洞寨周围植被茂密，楠树遍布。长达数十里的施家大沟从洞寨下方约 300 米处自北向南延伸。枯水季节河沟干涸，沟底乱石嶙峋，到了丰水季节，河水潺潺流动。周围村民种植玉米、小麦，兼种香菇、木耳。

由于洞寨地处巡检、板桥两镇交界的边缘地带，且在大峡谷深处，交通闭塞，仅一条羊肠小道从洞寨脚下经过，离胎坪县道 4 千米以上。寨周围古树名木较多，常年有猴群等多种野生动物在此活动。村子里多为干打垒的乡土建筑，附近的村民至今仍依赖肩挑背驮的方式劳作，使用牛犁地耕田，保持着近乎男耕女织的传统农耕生活方式。

据当地老人介绍，此洞寨历史悠久，应为明朝以前建成。

官岩洞寨

官岩洞寨地处北纬 31° 31'47"、东经 111° 50'09"，海拔高度 728.4 米，面积约 870 平方米。

官岩洞寨位于巡检镇胎坪村马家沟左侧百米高的悬崖中上部，现处于马家沟水库左侧陡坡之上、绝壁之下的扁形石穴中。洞长 113 米，宽 3 ～ 8 米，呈月牙形，在月牙中部建有一座高 2 米的石门，门框门楣尚存，由石块垒成。石寨墙长 50 多米，高 2 ～ 3 米，厚 1 米左右，上设瞭望孔和箭、枪孔，大部分区域被藤蔓所覆盖。在洞寨的右侧内壁另有一个深约 8 米、面积约 25 平方米的石窟，其左侧石壁上刻有“官玉才”三个 10 平方厘米楷书阴刻的大字。官岩洞寨呈东西向，左为五道垭，右为胎坪，后为脖垭李氏（李景泉）老屋场，面对主山，一条县道打寨脚下通过。然而进寨极为困难，需借助藤条和荆棘枝蔓手脚并用攀缘而上，稍有不慎就有生命危险。

巡检镇胎坪村官岩洞寨 （2007 年摄）

洞寨近处岩壁陡峭，间有黄杨等冬青灌木从岩缝中顽强生长，或嫩黄，或青翠，或老树虬枝，婆娑多姿,形成一幅绝妙的风景画。该寨位于峡谷之中，上有五彩石岩，下有泉眼、水库，一年四季山清水秀、鸟语花香，自然风景旖旎多姿，游人经过此处无不驻足观赏，流连忘返。

据 70 多岁的向导张良如介绍，历史上这里的住户姓官，主修了此寨，“官岩寨”因此而名。此寨历史悠久，寨周围早已不见官氏后人。由于下临深沟，两山夹峙，一条古道从中穿过。此寨凭险而立，居高临下，既可躲乱避险，还可防御驻兵，扼守山下的这条通往保康乃至巴蜀的千年古道。洞寨位于铜绿山脚下，1 千米外还有古铜矿矿井，福盛寺遗址也在附近，周围石寨林立，洞寨连绵。

井下洞寨

井下洞寨地处北纬 31° 39'50"、东经 111° 50'41"，海拔高度 715.1 米，面积约 650 平方米。

井下洞寨又名马岩洞寨，位于巡检镇胎坪村马家沟。因寨左上方有一口终年不干涸且出水量大的老井，洞寨在其右下方，故名井下洞寨；又因洞寨岩壁左侧不远处，天生一块奇石状如奔马，人们又称其为马岩洞寨。洞寨与官岩寨相对，相隔仅 500 米。

井下洞寨建于马家沟水库左侧 200 多米的缓坡之上、绝壁峭岩之下。洞寨居于八字形的石壁顶端，整个洞寨呈喇叭形，十分敞亮。地面呈梯形，场地内宽 15 米，外宽 30 米以上，中间偏左有一长方形石质台地，高于地面 50 厘米，应为历史上用于祭祀的神坛。左侧有人工凿成的直径为 30 厘米，深 40

巡检镇胎坪村井下洞寨南门　（2007 年摄）

厘米的石碓窝，系当年人们在寨内隐居避难时加工食粮的器具。洞并不长，进深约 15 米，但洞高在 5 ～ 8 米，洞顶与洞壁布满钟乳石，具有较高的观赏价值。洞口为五级石台地，二层台地即为洞口，台地边缘筑有石墙，内墙长 25 米，外墙长 60 米以上，残高 1.5 ～ 2.5 米。

此洞寨位于主山下半腰，对面为铜绿山脖垭，右为马岩，有一块形似奔腾的石马，左为胎坪村。寨脚下为峡谷，一条小溪打山脚下经过。人们将溪水截流，筑有一座小型水库。洞寨上下遍布冬青树，满眼翠绿，郁郁葱葱，常年山清水秀，风光迷人。

洞寨周围民风淳朴，人文景点丰富，周边除连绵的洞寨外，还有南庵、北庵、福盛寺以及杨泗庙等古代宗教活动遗址。

据当地耄耋老人介绍，井下洞寨洞口原有的石墙高出地面约 3 米。历史上，这里不仅是人们避躲匪祸的栖身场所，也曾是消灾祈福的胜地，洞外建筑颇为壮观。20 世纪中期，为修筑通往山外的公路，此洞被用作两个大队筑路民工的生活起居之地。洞寨外墙石块也因此被拆除，用作铺路的基石，如今只能看到残垣断壁。

天眼洞寨

天眼洞寨地处北纬 31° 22'48"、东经 111° 30'49"，海拔高度 468 米，面积约 3800 平方米。

天眼洞寨位于巡检镇胎坪村与汉三村交界处。主洞深 150 多米，支洞众多，长度均在 100 米以上。洞寨内部宽敞明亮，最宽处达 30 米，最窄处也在 10 米以上，高 15 ～ 40 米。洞寨内自洞口进入大门向北渐次升高，大致可分为三级台地，中间有两处建筑将洞室分开，形成三大石室（窟）。

该洞寨洞口并不起眼，但有一条用打磨过的石条砌成的高 1 米以上、宽约 1.5 米的通道。沿通道行走 10 米后豁然开朗，映入眼帘的是第一洞室，宽 10 余米，此处可视作洞寨门厅。洞室上方有一个巨大的“天眼”（朝天洞口），面积 30 平方米，下方是用打磨过的条石砌成的规整寨墙。寨墙高 4 米，长 8 米，中间为门洞。门洞高 3.5 米，宽达 1.5 米，门框为石条组合而成，石条厚达 40 厘米，门现已不存。门两侧 1.5 米以上各有一个直径为 20 厘米的圆孔，应是用于顶门和闩门的圆柱孔。进大门后即为第二洞室，长 15 米，宽 8 ～ 10 米，拱形的穹隆顶高约 10 米，上又有一天眼，长约 6 米，宽约 2 米，呈标准的长方形。穿过此洞室后为 8 级石台阶，上台阶 5 米后，即是高 2 ～ 5 米的砌成椭圆形的石墙，上方为第三个天眼。此天眼位于洞寨的偏右侧，下面砌有 43 级石台阶，长达 30 米，宽 2.5 米，可盘旋而上，通往洞外。此出口左壁生长着一根直径约 30 厘米的百年古藤，如同一条巨蟒攀缘而上。穿过石台阶下沿，即进入第三洞室。此洞室呈倒梯形，长 30 米以上，宽 15 ～ 60 米。洞室中部右侧是一块高于地面 1 ～ 3 米的台地，基脚全部用石块垒砌而成。石基之上残存 50 ～ 100 厘米高的土墙，台地旁的石壁根有一个打磨精致的上圆下方的石柱础。据村民介绍，此建筑系洞寨中的祭祀场所（关帝庙），内塑关帝神像，还兼作议事堂。建筑长 15 米，宽 3 ～ 7 米，高 5 米以上，面积约 60 平方米，墙体由土砖坯砌成。四周洞壁悬挂着

巡检镇胎坪村与汉三村天眼洞寨入口通道 （2007 年摄）

巡检镇胎坪村与汉三村天眼洞寨南门 （2007 年摄）

众多钟乳石，其状如瀑布、兽头、人物造像，千奇百怪，美不胜收，令人目不暇接。此建筑偏北高 15 米以上的洞顶并列着两个竖井式天眼。两个天眼中间自然形成一道横跨东西约长 20 米的青石“天桥”，场景十分壮观。

从台地前行 10 多米便是一面高达 40 米的天然绝壁，上露微弱亮光，这实际上是一个斜式“天眼”，系此洞第六个“天眼”。此绝壁呈东西走向，形成一个横洞，沿绝壁向两边延伸，横洞长约 60 米。整个“天眼”洞寨呈巨大的“T”字形，两边延伸的洞壁上遍布石瀑、石幔，其中右边溶洞一个直径 2.5 米以上的石瀑银光闪闪，晶莹剔透，其上还有一个倒挂的巨大石瀑“莲花”，堪称自然界的鬼斧神工！而在绝壁左边，溶洞呈 90 度折向深处，由宽逐渐变窄，20 多米后便不再适合行人通行。

洞寨因顶部有多个竖井式出口，可观天象，透气敞亮，如同天眼，故名天眼洞寨。此寨是利用喀斯特地貌形成的巨型溶洞打造而成，洞内宽敞，容量巨大，钟乳石造型奇特，加之经过人工多次改造，洞中尚存众多建筑遗迹，是南漳众多洞寨中颇具特色的洞寨之一，具有巨大的旅游开发价值。周围石山、溶洞较多，北为洞坡，南瞰汉三、雁落二村，东为观坡，西为连三坡。周围灌木成林，自然风景优美。附近常有野猪、野兔等动物出没，是飞禽走兽的乐园。

寨下村民广植柑橘、大樱桃，也产木耳、香菇和茶叶，生活富裕。洞寨离最近的邱氏屋场约 1000 米，交通便捷，一条省道从洞寨旁 1500 米处经过，直通 3 千米外的保宜高速入口。这里古寨分布较多，周边还有峡口老街、千佛寺、百步梯古桥、严家琉老井遗址。据当地老人介绍，天眼洞寨建筑时间在明朝以前，后经多次改造、扩修和完善，方成今日之现状。

阴岩咀洞寨

阴岩咀洞寨地处北纬 31° 23'37"、东经 111° 50'09"，海拔高度 529.5 米，面积约 190 平方米。

阴岩咀洞寨位于巡检镇胎坪村马家沟峡谷左壁，因地处阴岩咀而得名。所在的阴岩咀雄踞于马家沟峡谷左侧百多米高的阴岩之上。该洞寨与相邻的官岩洞寨以及对面的马岩洞寨为姊妹寨。它略高于官岩洞寨，两者均位于绝壁中的一条横向岩缝洞中，中间因绝壁相隔而各自独立。洞寨自西向东延伸，长 30 多米，最宽处达 10 米，最窄处约 2 米，砌有高 2 米以上的石墙，厚度约 1 米。西部原有一石门已损坏。石门和石墙均由未经打磨的天然石块砌成，由于年代久远和风雨侵蚀，洞寨寨墙也已破损，上面的雉堞大多不存。

巡检镇胎坪村阴岩咀洞寨寨墙局部 （2007 年摄）

进入洞寨十分困难，仅有一条羊肠小道可供通行，必须从洞寨所在的阴岩上沿台地绕道西部数百米，再从阴岩岩咀下长 20 多米、宽约 1 米的岩缝中，借助藤蔓向东行走 300 多米，方能到达洞寨。洞寨南为铜绿山半腰的脖垭大阴坡，北与马岩洞寨相对，仅距 300 米。下面为峡谷，一条小溪打山脚下经过。人们将溪水截流，筑有一座小型水库。洞寨上下遍布冬青树，满眼翠绿，郁郁葱葱，常年山清水秀，风光迷人。

周围古寨、古墓葬较多，在直径千米范围内有 10 多座保存较好的清朝古墓葬，还有福胜寺、南观、东庵等宗教遗址，与岩根下的老井也相距不远。一条县道打洞寨脚下经过，交通便利。周围村民民风淳朴，生活较为富裕。

正因洞寨位于绝壁峡谷之上，地势险要，在民国以前，此寨与官岩洞寨以及对面的马岩洞寨曾是周边地区村民躲险避难的重要场所。据附近 60 多岁的村民徐大华介绍，她太婆曾在洞寨中避难，还接触过来此避难的多位村民。清代许多乡绅也曾在寨中避难；民国日寇侵华期间，许多难民逃到这里，在寨中居住达数月之久，距此 20 里的长岭岗一位店主在避难期间病逝于洞中。另据严家冲庙垭一块张姓墓碑记载，该张姓乡绅在此洞中居住数十天，度过生命的最后岁月。

甘泉洞寨

甘泉洞寨地处北纬 31° 22'10"、东经 111° 29'41"，海拔 785 米，面积 5000 平方米。

甘泉洞寨位于巡检镇不二坪村的沉坡半山腰。因洞内有一泉，饮之甘甜，且终年不干涸，故洞为甘泉洞，寨因之名为甘泉洞寨。此洞寨坐落在陡峭的沉坡山壁上，是由一座巨型溶洞改造而成。洞寨前有长 10 米，宽 3 ～ 4 米的平地，上下数百米均为陡峭的石壁。洞口是由十分规整的石块和打磨过的石条砌成的寨墙，高约 4 米，长约 12 米，墙厚 60 厘米以上。大门虽已不存，但石门楣和门框尚在，且保存完好。门洞高 2.5 米，宽 1.2 米，门后大厅约 60 平方米。洞内有四级台阶，每级残高 1 ～ 1.5 米。据当地 60 多岁的向导唐启国介绍，20 世纪 60 年代，这四级台阶的每一层上面都建有约 2 米高的石墙。洞寨内高 5 ～ 10 米，长 250 多米，洞内宽窄不等，最窄处 5 米多，最宽处 15 米以上。洞内顶壁和侧壁布满了形态各异的钟乳石，深处地面上还有众多石笋，灯光一照，闪闪发亮，美不胜收。洞内分支较多，其中进门后左侧斜生出一个约 30 平方米的洞穴，向导称这里“可用八仙桌，摆四桌酒席。”洞内的甘泉池位于第三级台阶后，内有石砌池壁，水池面积超过 10 平方米，深 1 米多，水

巡检镇不二坪村甘泉洞寨大门 （2007 年摄）

质清澈见底，常年不干枯，且不漫不溢，足以供应上千人生活用水。

甘泉洞寨坐南朝北，东为楸木园，南为施家大沟，西为刘家坡，北为沉坡，周围山峰林立，连绵不断。村民们种植玉米，兼种木耳、香菇，历史上还生产漆和蚕丝。周围有刘家祠堂遗址，还有不二庵、不二寨、樊家寨、沉坡寨，以及杨氏、刘氏古墓群等众多文化遗迹。

洞内第一级石阶右墙根有一块功德碑，立于清嘉庆二年（1797）仲冬月廿日，碑文阴刻楷书，现已断为三截。尽管历经沧桑，碑面生满了石垢，但字迹依稀可辨，碑刻旁碑座遗迹尚存。甘泉洞寨和上方一千多米处的沉坡寨（现为省级文物保护单位）是姊妹寨，因沉坡寨建于明朝前后，坡缓、寨墙较长，当地村民担心易被攻破，便在清咸丰年间重修了甘泉洞寨以防不虞。

滴水洞洞寨

滴水洞洞寨地处北纬 31° 28'25"、东经 111° 42'35"，海拔 345 米，面积为 150 平方米。

滴水洞洞寨位于巡检镇漫云村与肖堰镇四垭村交界处的漳河东岸，离河面约 10 米。洞口垒有石砌寨墙，寨墙高 4.5 米，长近 8 米，厚达 1.5 米。中间门洞宽 1.5 米，高 2.2 米。洞内前庭很开阔，为干洞，宽 5 米以上，深达 20 米。进入洞内 18 米后便为水洞，建有一条长 10 米、高 1 米的拦水渠坝，呈南北走向，与洞寨呈“T”字形布局，枯水季节沿着拦水渠坝还可向南行进。洞内钟乳石、水锈石遍布，形态各异。

洞寨东西两侧为高山，东为肖堰四垭村，西为漫云云台寺旧址，周围高山环绕，气候宜人，雨水充沛，植被繁茂，野生动物种类丰富。洞内泉水甘甜，曾有富商进行化验，发现其各项指标均能达到矿泉水标准，富含多种人体所需的微量元素，具有开发潜力。

洞寨所在的漫云自然村被誉为“中国景观村落”和“中国传统村落”，当地村民以种植玉米、小麦为主，附近人文景点众多，古山寨、古民居、古作坊、古寺庙、古墓葬遗址遍布。

据 50 多岁的村民敖光政介绍，此洞寨修建于明朝以前，过去还保存有寨门。除了用作避难场所外，丰水季节时，由于洞内泉水流量较大，所以人们在洞左边漳河岸上建有一个造纸作坊，洞内的水渠和堤坝就是造纸作坊的附属设施。造纸作坊从明清时期一直运营到 20 世纪 80 年代，洞寨因此成为造纸作坊工人居住和生活场所。

此外，洞寨门旁凿有一处近 2 平方米的台地，原本是一座小型龙王庙的神龛，内塑龙王神像，每逢年节人们便会前来给龙王上香。若逢干旱季节，附近村民便到此处向龙王祈雨。祈雨有“文、武”两种求法，此地流行“武求”，即由几位泼辣大嫂一不上香，二不敬供，而是用近乎侮辱谩骂的语言（顺口溜）激怒龙王。据说此法非常灵验，几乎有求必应，最快时，求雨者未离开，瓢泼大雨顷刻而至，慢一点也只需一两个时辰，就能普降甘霖。雨后人们会敲锣打鼓，燃放鞭炮，献上香火贡品礼敬、答谢龙王。

马鬃岭洞寨

马鬃岭洞寨地处北纬 31° 28'22"、东经 111° 42'56"，海拔 609 米，面积为 850 平方米。

马鬃岭洞寨位于巡检镇漫云村马鬃岭。洞寨东面为漫云西湾，南面山脚下为南湾都家屋场，西面为马鬃岭古山寨，北面山顶为鞠家洼。洞寨由天然洞穴改造而成，洞穴位于马鬃岭悬崖中部，状如弯月。外有寨墙，用天然石块砌成，长约 40 米，残高 2 ～ 2.5 米，厚 1 ～ 1.5 米。中部有门洞宽 1 米，高 2 米。洞寨外宽 38 米，洞深 5 ～ 12 米，洞内有洞，洞的中部有一个状如莲花的宝座，惟妙惟肖，十分逼真，洞壁上和岩石根部钟乳石与石笋众多，颇具观赏价值。

洞寨据险而立，建于漫云自然村南湾以上的岩壁上，上为 300 多米的峭壁，下为极为陡峭的山坡，进洞寨十分困难，只有一条需借助藤蔓攀缘的羊肠小道通往洞寨。

洞寨周围山环水绕，植被茂盛，树木成林，古树名木如白皮松、红豆杉、楠木、紫薇等漫山遍野，小鹿、羚羊、野猪、猪獾、野兔、锦鸡等动物时常出没，村民以种植玉米、小麦为主，兼种木耳、香菇及中药材，漳河从寨脚下经过。

巡检镇漫云村马鬃岭洞寨远眺 （2007 年摄）

洞寨所在的漫云村是中国景观村落和传统村落，文化底蕴十分深厚，农耕文化因素保存完整，肩挑背驮、牛耕人种、五佬三师十八匠等行当尚存。有专家总结该村的文化特色为“八个一”，即“一个村口天下奇，一条老街贯东西，一片老屋成新景，一批古寨山头立，一处墓群立村边，一组寺庙留遗迹，一群作坊卧漳源，一脉楚俗代代袭”。

此洞寨建于明代以前，由敖家和都家牵头建成，过去曾立有记事碑和功德碑，现已不存。

彭溪洞寨

彭溪洞寨地处北纬 31° 27'29"、东经 111° 40'42"，海拔高度 358 米，面积为 3000 平方米。

彭溪洞寨位于巡检镇漫云村彭溪水洞旁，是由一座巨大的石灰岩溶洞改造而成，周围有大小溶洞四个，其中最大的两个溶洞相距不到百米，一为水洞，一为干洞，干洞在清朝以前就被建成了洞寨。

巡检镇漫云村彭溪洞寨东门 （2007 年摄）

该洞寨高出水洞 30 多米，洞口坐西朝东，现存石墙高约 2 米，洞口高约 6 米，宽近 10 米，洞内高 5 ～ 10 米，宽 8 ～ 15 米，深 300 米以上，十分宽敞，可容纳千人以上。洞顶及洞壁钟乳石较多，形状各异。

该洞寨三面绝壁，高约 60 米，旁边是一个巨大的水洞，《南漳地名志》记载：水洞枯水期入洞，“举目仰视使人望而却步，洞内有一天眼直通山顶，如遇晴天，可见一丝阳光。出大水时，深达 25 米以上，如一锅沸水，咆哮翻滚，喷涌而出，声震数里，蔚为壮观。水洞右侧有一干洞（寨），可容千余人，为夏日避暑佳地”。

该洞寨位于甘溪街道西北 1 千米处，北为王家耙子，东南为都家耙子，南为陈家耙子和院子湾。甘溪河从洞寨西南边不远处流过，周围为典型的喀斯特地貌。

洞寨所在的甘溪村，现已更名为漫云村，村民以种植水稻、小麦、玉米为主。附近有著名的甘溪老街，还有众多的古建遗址，如夏氏门楼以及明清时期的尹家学堂保存较为完好。交通便利，一条省道从洞寨前 300 米处经过，连接板桥镇与南漳县城。

彭溪洞寨又叫彭七洞寨，相传古时彭溪洞中有一条恶龙经常兴风作浪，祸害百姓。周围一位彭姓法师和他的七个女儿发誓为民除害，并在洞中与恶龙大战五天五夜，最终将恶龙斩首，后人为了纪念彭七女，遂称此洞为彭七洞。

指山岩系列洞寨（7座）

指山岩系列洞寨地处北纬 31° 19'52"、东经 111° 34'06"，海拔高度 598 米，面积上万平方米。

指山岩系列洞寨是绵延数千米的洞寨奇观，位于巡检镇指山坪村的指山岩北侧岩上。指山岩绵延数十里，是典型的喀斯特地貌，而位于指山坪村的山岩则是岩首，呈东西走向，长约 5 千米。指山岩不仅高大巍峨，险峻陡峭，而且洞穴众多。在漫长的历史岁月中，当地村民因形就势，就地取材，或土筑，或石砌，将这些天然溶洞改造成系列洞寨。据当地老者介绍，仅指山坪村境内的山岩北坡，叫得上名的洞寨就有 28 座之多。这些洞寨除鬼谷子弟子洞和起居洞位于指山岩西边的低坡处，其余均构筑于指山岩半腰一条长达 3 千米东西向的石灰岩绝壁中间的巨大扁洞中，几乎处在同一水平线上。

巡检镇指山坪村指山岩系列洞寨残墙之一（2007 年摄）

这些洞寨上为悬崖，下为峭壁。构成洞体的岩石全为石灰岩。它们既各自独立，是单独的掩体、避难场所，又洞洞相通成连营之势，构成绵延数千米的巨大防御体系。整体上有共同的哨卡、门楼。在东头，从杨家老屋而上，可见高达 2 米以上的哨卡，与洞寨相距 200 米处还有保存较为完整的用巨石垒砌的城门，这是系列洞寨东头的屏障。而在西边鬼谷子洞寨下面，有两道城墙长数十米，高达 3 米以上，围绕缓坡还建有门楼（碉楼），上部已损。深入各个洞口，大多都有自己的大门与寨墙。这样的布局在危难之时既可以集中兵力重点防御，相互救援，形成连营之势，又可以各自为战，化整为零分散消灭敌人。

龙凤洞寨（又名凤鸣洞寨）

龙凤洞寨地处北纬 31° 19'52"、东经 111° 34'06"，海拔高度 598 米，面积为 1650 平方米。

龙凤洞寨位于巡检镇指山坪村指山岩中部偏东北位置，在鬼谷子弟子洞正上方。洞口朝西南，离洞东北 200 米处有一高 5 米、宽 10 米、厚达 1 米的寨墙，保存较好。

从北面接近龙凤洞寨，只见数十米高的悬崖之下，一个巨型溶洞呈现眼前，自北向南逐渐展开。洞内墙上和顶壁上挂满了颜色不同、形态各异的钟乳石，似鸭嘴、牛角、罗汉、孩童……而在地面上巨大的石笋形成石柱直达洞顶，这些石柱上下两头大，中间小。整个洞长 110 多米，宽近 20 米，高达 20 米以上，地面有较厚的草木灰痕迹。洞穴之所以得名“龙凤”洞，是因为洞中的一块石笋状如双凤朝阳，形态优雅。在“双凤”中间夹着一朵石花状若如意，而石如意中一条碗口粗古藤蜿蜒伸出，从洞底攀至洞顶，酷似巨龙。

该洞寨上下为岩壁，洞口藤蔓覆盖，洞周围树木丛生，遮天蔽日。由于洞寨北有哨卡，南有邹家寨等巨型洞寨，且在总寨门之外，所以它既是一个独立的寨体，也可看作是指山坪系列洞寨的月城。

邹家洞寨

邹家洞寨地处北纬 31° 19'52"、东经 111° 34'06"，海拔高度 358 米，面积为 3500 平方米。

邹家洞寨位于巡检镇指山坪村龙凤洞寨之南，与龙凤洞寨相距百余米。洞寨外有一石砌寨墙和门楼（碉楼），由于地势较窄，门楼墙面宽 5 米，高 4 米，厚达 2 米，寨墙高 2.2 米，右边石砌半圆形墙体状似一座石拱桥。寨内有一寨门，门左边竖立着一块天然巨石。向导介绍说，此寨门是通往前面数十个洞寨的总寨门，当年上有碉楼。

巡检镇指山坪村邹家洞寨内土墙　　（2007 年摄）

邹家洞寨距总寨门约 130 米。寨门前 10 米处有几块巨石为天然屏障。寨门隐于巨石之后，门高 2.6 米，宽 1.4 米，墙体厚度 1.8 米，由天然石块砌成的寨墙长 5 米。整个洞寨横跨两山岗之间，外墙长 350 余米，高 3 ～ 8 米。洞寨最深处长 28 米，最窄处宽 2 米，洞高 5 ～ 30 米，足可容纳 2000 人。洞内石笋有的高达 3 米，如"贵妃出浴"；有的 1 米出头，如巫戏面具。洞寨中心有一石台阶约 2 平方米，相传曾是观音殿，台阶上曾有一尊巨型观音石像，但现已不存。洞中偏前的位置有清泉滴落，其南侧钟乳石和石笋千姿百态，突出的有四景：一是"双龟赛跑"，二是"天鹅观景"，三是"雏鸭学步"，四是"仙猴献桃"。再向南有一口古井，面积约 3 平方米，深近 1 米，是当年人们在洞寨中居住生活时取水之处。

该洞寨上为悬岩，下为鬼谷子洞，周围绿树成荫，古树名木较多，以香樟树为主。此寨当年为邹家所建，故名"邹家洞寨"，又因其形状如同半月形，因此又叫"月亮洞寨"。

双狮洞寨

双狮洞寨地处北纬 31° 19'52"、东经 111° 34'06"，海拔高度 358 米，面积为 1600 平方米。

双狮洞寨位于巡检镇指山坪村指山岩邹家洞寨之西 80 余米，因洞北侧有一对石狮并卧，形态栩栩如生，而得名"双狮洞"，此洞寨由东至西，连接两座山脊。

该洞寨外有石砌寨墙长 180 余米，残高 6 米左右，厚 1.2 米，全由天然石块砌成。洞内开阔敞亮，洞深 8 ～ 21 米，洞高分别在 3 ～ 15 米。洞中有洞，洞内外钟乳石丛生。寨内石壁根部有一浅水池，状如水田，水质清澈，底部平整。洞寨内地面有干打垒墙基痕迹，尚存陶瓷残片。据该村老书记杨先才介绍，此洞寨应是明清时期产物。

该洞寨洞顶与内壁钟乳石众多，形态如同"仙女下凡""虎视眈眈""斗牛""腾龙""牧羊"，十分逼真。洞内常年有涓涓细流顺壁而下，石壁上爬满了细小青藤。洞寨上下为悬崖，灌木漫山，古树名木较多，洞内行走自如，洞外无路可寻。

猿人洞寨

猿人洞寨地处北纬 31° 19'52"、东经 111° 34'06"，海拔高度 358 米，面积为 1000 平方米。

猿人洞寨位于巡检镇指山坪村指山岩双狮洞南约 75 米处，是由一处中型岩洞改造而成。猿人洞寨因洞内一块巨型钟乳石形似古猿人而得名。整座洞寨长约 80 米，深 12 米，外高 20 米，洞寨边缘有石砌寨墙遗迹，长 50 多米，残高约 1 米，厚约 50 厘米。

巡检镇指山坪村猿人洞寨大门　（2007 年摄）

该洞寨中已不见其他建筑，但地面散落着零星民国前的坛罐碎陶片及青花瓷片。洞寨中部有一组大型石笋，或如“巨猿顶天”，或如“狐狸捕食”。洞的右侧岩石上垂下一巨石，状如牛头。洞寨深处偏洞较多，大洞套小洞，洞寨左右两侧垂挂着 20 余根钟乳石，洞内蝙蝠成群。

洞寨外部上下为悬崖峭壁，挂满青色藤蔓，洞口两边全是原始次生林，野生动物较多，飞禽走兽经常出没。

罗汉洞寨

罗汉洞寨地处北纬 31° 19'52"、东经 111° 34'06"，海拔高度 358 米，面积为 1800 平方米。

罗汉洞寨位于巡检镇指山坪村指山岩猿人洞寨南约 500 米处，与猿人洞寨隔一山脊。此洞寨中央天生一圆形巨石，上小下大，从后看似一罗汉在洞中坐禅，故名罗汉洞。

巡检镇指山坪村罗汉洞寨钟乳石　（2017 年摄）

洞寨入口处，众多钟乳石将山体与洞顶相连，洞口中部即为洞寨大门。因洞寨位于两山脊中间的洼地，洞外砌有一道弧形寨墙连接两座山。寨墙全用天然石块砌成，长近 190 米，厚 1.2 米，高 3 ～ 8 米。洞寨中间宽两头窄，最宽处 15 米，最窄处 2 米多。墙外是一片吊岩，藤蔓和香樟树丛封住了岩口以上部分，其中两根“爬山虎”藤条粗如碗口，十分壮观。

洞寨位于两山脊之间，上下为悬崖峭壁，对面为李家老屋，山下为清溪。丰水期可见山泉从山顶飞流直下，周围水汽氤氲，形成一道天然景观。洞内地面有烟火痕迹，可见草木灰和陶瓷片。此洞建筑至少可以追溯到清朝以前，直到 20 世纪中期仍有猎户在此住宿。

水帘洞寨

水帘洞寨地处北纬 31° 19'52"、东经 111° 34'06"，海拔高度 358 米，面积为 1700 平方米。

水帘洞寨位于巡检镇指山坪村指山岩偏南段，距罗汉洞寨180多米。因洞寨横跨山沟，中间的山沟将洞寨分为南北两部分。北部洞口常年滴水，地面湿漉。南部寨体干燥，而洞口中央从天而降的山泉细流水汽随山风弥漫开来，似一道水帘挂在洞口，故人们将此洞称为水帘洞，洞寨因此得名。

该洞寨大门已不存，外墙体长约30米，宽约18米，高约4米，寨北部洞口砌有一大间石房建筑，面积约80平方米。该洞寨周围树木成荫，灌木丛生，上为悬岩，下为陡坡，人迹罕至，常有野生动物出没。

此寨建于明朝以前，最初是作为避难场所，后来村民上山伐薪烧炭、采药都曾在此栖息，寨墙外缓坡有一处用于烧木炭的马窑遗址就是佐证。

马洞寨

马洞寨地处北纬31° 19'52"、东经111° 34'06"，海拔高度358米，面积为1400平方米。

马洞寨位于巡检镇指山坪村指山岩中较偏南处，距水帘洞寨约350米。洞寨坐东朝西，呈半月形向两侧展开，外有残墙断壁。寨长110米，深10余米，高约22米，此洞寨当年砌有寨门，今已不存。洞口以内遍布石笋、石幔、石帷、石花、石兽、石佛、飞鸟。洞寨正中央有一根巨型石笋，状似骏马昂首而立，因此人们将此洞叫做马洞，寨也因洞而得名。寨中央建有一间石房，由天然石块砌成，面积约为30平方米。寨内地面灰堆较多，也能见到民国前的碗盆残片，石屋上下也留有烟熏火燎的痕迹。

巡检镇指山坪村马洞寨一角 （2007年摄）

洞寨南望钵盂山，山下为指山坪，周围地势渐缓，但仍有危岩高耸。附近杂草灌木丛生，乔木茂盛，周围金弹子、银杏、珍珠黄杨等古树名木居多。野猪、羚羊、小鹿、果子狸等野生动物常年出没。洞寨离最近处的自然村约有2千米，山脚下一条村级公路通往镇上。当地多种植水稻、小麦、油菜等农作物，人民生活富足。

此洞寨建于明朝以前，曾做过百姓避难场所，后来也时常有远方的猎户和伐木人在寨中暂住，直到20世纪末期还时常有人在此活动，只是近年人迹罕至。

鲍家洞寨

鲍家洞寨地处北纬31° 21'36"、东经111° 28'37"，海拔高度390米，面积约有400平方米。

巡检镇通城河村鲍家洞寨远眺 （2007年摄）

鲍家洞寨位于巡检镇通城河村沮河北岸，坐北朝南，可同时容纳百人开展活动。洞寨东面为通城河，南面为姚家沟，西面为保康县重阳村，北面为不二坪村。洞寨深约 20 米，寨门宽约 10 米，高约 15 米，寨墙为石质，大多为自然岩壁，只有局部进行了人为加工。洞内钟乳石众多，最高石柱高达 8 米。此寨历史上为鲍家所修，因此得名鲍家洞寨。

古寨位于悬崖顶上，下为百丈悬崖和滔滔沮河，周围灌木丛生，秋天红叶漫山。这里乔木以栎树、松树为主，动物如野兔、松鼠、野羊、野猪时有出没。

洞寨周围人口稀少，仅有一处鲍家屋场。历史上这里人丁兴旺，由于修建水库及地处偏僻，居民大多外迁。水路通畅，陆路交通不便。寨脚下是一座集发电、灌溉、渔业于一体的国家大型水库——沮河水库，周边洞寨较多，如姚家洞寨、杨家洞寨等。

牛鼻孔洞寨

牛鼻孔洞寨地处北纬 31° 24'31"、东经 111° 29'30"，海拔高度 580 米，面积为 600 平方米。

牛鼻孔洞寨位于巡检镇胎坪村虎洞寨左侧，与牛鼻孔沟隔紫阳洞沟相望，寨因地处牛鼻孔沟而得名。在紫阳洞下 150 米处，有一条向北延伸的小路，沿着这条道路前行约 300 米即可到达牛鼻孔洞寨。牛鼻孔是一个天然景观，洞口宽约 3 米，牛鼻梁柱高 2 米多，两鼻孔排列工整，孔径约 1 米，从两孔进入内里，空间相通，连为一体，孔深约 4 米，孔高处 1.8 米，逐渐由大变小，其形态与真实的牛鼻子一模一样。

巡检镇胎坪村牛鼻孔洞寨入口（2007 年摄）

牛鼻孔洞寨由长 15 米，深 4 米，高 10 米岩洞改造而成，能容纳 60 人左右。洞墙由块石砌筑而成，墙高 1.8 米左右，由于年久失修，有两处垮塌。洞寨中间有一小洞，洞口只有筛子大，人进出只能爬行，小洞后是一处宽敞的约 10 平方米的空间。洞寨过去为避难场所，新中国成立后人们在这里烧制木炭，也时有人住。

牛鼻孔洞寨地处伏虎山的半山腰，沿右侧紫阳洞前的小沟下行约 1 千米，便到达沟底南北走向的将军石河。左侧的牛鼻孔沟下行约 500 米后与小沟相汇。山坡上林木茂密，是野生猕猴群经常出没的地方。洞寨周围古山寨遗址众多，还有福盛寺遗址。洞寨脚下的徐氏古民居保存完好。

任家洞寨

任家洞寨地处北纬 31° 21'34"、东经 111° 28'21"，海拔高度 280 米，面积为 600 平方米。

任家洞寨位于巡检镇甘河村，坐东朝西，东面为“张家屋场”，西面为镰刀湾，正对河岸 100 米外的简家洞寨，南为山峡门口，北为窑湾村。洞寨门口砌有寨墙，宽 8 米，高 2 米，厚 1 米，以石块砌垒而成，寨门附近已坍塌。洞深 30 ～ 40 米，最高处 6 ～ 7 米，最低处 1 ～ 2 米。洞寨下方是陡峭的崖壁，距离沮河水面 20 ～ 25 米。

巡检镇甘河村任家洞寨远眺（2007 年摄）

任家洞寨高悬于沮河东岸的悬崖上，周围怪石嶙峋，杂草丛生，无路可寻，进入洞寨必须小心翼翼地攀岩而上。山上树木种类繁多，可见栎木、松树等。小动物活跃其间，随处可见。

任家洞寨由于地处河道绝壁之上，周围荒无人烟。但对面 1000 米处即为镰刀湾，住户众多，人口稠密，保宜高速公路穿境而过，脚下的沮河为楚国的母亲河，《左传》中曾有名言 :“江汉沮漳，楚之望也”。这里修建有集灌溉、发电、养殖为一体的国家大型水库——沮河水库，形成了如今人工湖的壮丽景观。附近石寨众多，洞寨连绵，如简家洞寨、张家洞寨等。

洞内顶壁及其他地方分布着许多钟乳石，洞内地面散布着不少陶片、瓷片，其中有绳纹陶片、青花瓷片。脱落的钟乳石随处可见。据 69 岁的任祖朝老人介绍，此洞寨历史上一直是避难场所，后由当地任、李两家大户牵头捐资，在清朝时期进行了重建。

玉印岩洞寨

玉印岩洞寨地处北纬 31° 23'14"、东经 111° 39'10"，海拔高度 287.26 米，面积约 450 平方米。

玉印岩洞寨位于巡检镇金镶坪村，又名抱璞岩，相传是春秋时期卞和献玉处。现为石窟寺，历史上是寺寨合一的古建筑遗址。洞寨坐北朝南，由石灰岩溶洞改建而成。洞寨宽 22 米，高约 12 米，深约 15 米，现存墙体长 20 余米，高 2 米以上，系后人重修。

巡检镇金镶坪村玉印岩洞寨正面（2007 年摄）

遗址内石壁上，历史上有数尊摩崖石刻雕像，洞内高台上还立有卞和石雕坐像，后被损毁，遗迹尚存。内有 3 级石阶通往一小石穴，传为卞和得玉处。洞寨洞口上壁楷书阴刻“玉印岩”与“抱璞岩”6 字，前者系民国年间抗战时驻军师长陆军中将许长林手迹，后者为 20 世纪 80 年代时任湖北省委书记关广富题写。遗址位于山谷中的小漳河北岸，周围系喀斯特地貌。对面为独立而陡峭的凤凰台，植被茂盛，灌木杂草丛生。遗址上方为悬崖峭壁，石缝里生出藤蔓和杂树，四季

巡检镇金镶坪村玉印岩洞寨内石碑（2007 年摄）

常青。野生小动物时有出没，小漳河里偶尔还能见到国家二级保护动物大鲵的身影。

自唐朝以来，无数文人墨客在此留下了诗篇，其中包括唐朝大诗人李白和胡曾。胡曾的诗“抱玉岩前桂叶稠，碧溪寒水至今流。空山落日猿声急，疑是今人哭未休”已被收入《全唐诗》集。

历史上，这里留下了众多的古碑刻，但由于各种原因，现仅存三块民国前的碑刻：一为“南无阿弥陀佛”碑，刻于嘉靖十一年（1532），灰砂岩质，残高2.46米，宽1.04米，厚0.16米，楷书，额题“南无阿弥陀佛”，正文32行，记卞和献玉事；二为“古玉印岩刘孝子割肝处”碑，刻于光绪三年（1877），青石质，高1.20米，宽0.64米，厚0.17米，楷书，正中书“古玉印岩刘孝子割肝处”，两侧各书5行，满行36字，记刘孝子割肝救继母事；三为“南无阿弥陀佛”碑，青石质，残高1.60米，宽0.97米，厚0.15米，碑文楷书，碑阳书“南无阿弥陀佛”，落款为“大明成化二十二年（1486）立”；碑阴额题“玉印岩碑记”，正文13行，颂卞和功绩，民国33年（1944）陆军中将许长林题。

中华人民共和国成立后，人民政府对此遗址多次拨款修缮。襄阳市楚史学会维修并新立碑刻数十块。国家大型工具书《辞海》对此遗址立有专门词条予以介绍。央视有关频道拍摄的《古卞国探考》纪录片曾专题介绍此遗址。遗址深厚的文化底蕴和极高的科学、历史和艺术价值，吸引了众多海内外专家、学者和游客到此考察和观光，常年络绎不绝。此遗址现为湖北省人民政府公布的文物保护单位。

遗址周围文化底蕴深厚，遍布纪念卞和的遗迹，左有金镶坪、金镶寺与卞和墓，右有卞和庙遗址，前有传说中凤凰经常栖身引来卞和拾得璞玉的凤凰台。周边的金镶坪诞生过鄂西北早期的苏维埃政权之一。抗日名将何基沣、许长林、蓝挺等率领中国军队在此创造了英勇抗日、痛击日寇的辉煌战绩。

李家沟洞寨

李家沟洞寨地处北纬31°23'14"、东经111°39'10"，海拔高度287.26米，面积约1500平方米。

李家沟洞寨位于巡检镇龚家坪村四组李家大沟峡谷之中，因其由李家出资兴建，故得名。洞寨坐南朝北，位于峡谷右侧，高于沟边约4米。洞口门楼壮观，筑有石墙60多平方米，在石墙底部正中建有大门，墙体厚达约5米。进门后，通过30余级台阶可直达雉堞和女儿墙进行瞭望和防御。洞内宽敞，宽度超过8米，高度达10余米，可供人行走近200米。因为洞内有小股泉水常年渗出，在洞寨内左侧建有数十米排水沟，沟上铺有石板。

洞寨脚下即为一条峡谷形成的狭长的小河，丰水季节流水潺潺，清可见底；枯水季节，溪流时断时续。峡谷两岸古树参天，名木繁茂，浓荫蔽日，奇花异草香气四溢，四季芬芳。清脆的鸟鸣声悦耳动听，嬉戏的野生动物随处可见，生机勃勃。

巡检镇龚家坪村李家沟洞寨　　（2007年摄）

滴水岩洞寨

滴水岩洞寨地处北纬 31° 38'08"、东经 111° 06'08"，海拔高度 269.85 米，面积 150 平方米。

滴水岩洞寨位于巡检镇龚家坪村安河（沙河子）左侧 50 多米的半山腰滴水岩，又叫沙河子洞寨。它坐北朝南，由一个天然溶洞打造而成。洞口寨墙全部用天然石块砌成，长 12 米，高约 4 米，设有瞭望口、箭道和枪孔。大门和通道设于寨墙左侧，寨内地面为整块石灰石，呈斜坡状。

巡检镇龚家坪村滴水岩洞寨洞口　（2007 年摄）

洞寨镶嵌在喀斯特地貌的巨型石壁中，洞下安河又叫小漳河，是南漳乃至古代楚国的母亲河——漳河的主要支流，常年流水潺潺，珍稀动物如水獭、大鲵时常出没，冬春季节还能看到野生鸳鸯在这里戏水觅食。

20 世纪 40 年代初，这里曾是中国军队大败日寇的柏木垭伏击战的主战场，洞寨也因此成为了抗战的重要遗址和纪念地。

三　板桥镇

鹰子岩洞寨

鹰子岩洞寨地处北纬 31° 24'59"、东经 111° 31'05"，海拔高度 813 米，面积 95 平方米。

鹰子岩洞寨位于板桥镇雷坪村双庙自然村境内，因其悬空的自然洞穴形似苍鹰而得名。洞寨依悬崖而建，一道寨墙南北横卧，直抵崖边，使洞穴形成一个封闭的半圆形。寨墙高、厚 1.1 米，门居中间。寨墙外南端保留有一间房屋残墙，应是哨卡，寨内房屋已遭破坏，现被村民改为牛栏圈牛，北部残留房屋遗址。另有一眼泉水，已近干涸。

鹰子岩洞寨坐东朝西，背靠武峰山，面对黑林坡，原有小溪从洞内流出，现已断流。自然环境较好，空气温暖湿润，保留有植被，洞外杂树丛生，野猪、野羊活动频繁。

鹰子岩洞寨已无人居住，正对面山下自上而下有大片荒芜梯田，有一条山间小路通往山寨，山下双庙村住有 30 多户人家，以种植玉米、小麦为主，培育香菇、种桑养蚕是村民收入的主要来源。

洞寨建于清代（原有碑记后遭破坏），是村民为抵御匪患而建的藏身之处。

熊洞寨

熊洞寨地处北纬 31° 29'27"、东经 111° 37'06"，海拔高度 844 米，面积为 390 平方米。

熊洞寨位于板桥镇青龙寨瓦屋自然村境内的南坡山的半山腰，坐东朝西，地形险峻。洞穴有 3 处，南北排列，中间为主洞，洞内空旷，为便于居住，修建有两级平台，可容百人。洞中还有一个小洞，洞顶有钟乳石，洞门较高，需攀爬才能进入。门墙宽厚，有瞭望孔。主洞两侧小洞可能为哨穴，砌有矮墙可容数人，洞北有寨门遗迹。

熊洞寨位于南坡山的半山腰，地势险要，对面为山冲，冲下有一条小溪，溪水从东向西流淌。这里四季分明，洞外灌木杂树丛生，常有野猪、野羊活动。

板桥镇青龙寨村熊洞寨寨墙 （2007年摄）

熊洞寨地处偏僻，几乎没有道路通往洞寨，偶有山民砍柴在此小憩。洞南为瓦屋自然村，住有几十户人家，人口相对稠密，村民主要种植玉米、小麦以及放牧牛羊。洞东2000米处，有一条由板桥镇通往边家湾村（经过瓦屋村）的村级公路。

据洞内碑文记载，熊洞寨建于清嘉庆二年（1797），村民在当地大户牵头下捐资修寨，作为避难之处。

喇叭洞寨

喇叭洞寨地处北纬31° 34'08"、东经111° 28'26"，海拔高度1054米，面积150平方米。

喇叭洞寨位于板桥镇北边龙埫村圈岩悬崖之上，北边与保康县龙坪镇交界。洞寨为天然石洞，于洞口叠砌石墙形成避难之所，因整体呈喇叭状而得名。寨内地面平整，洞口处有人工堆砌的两级石驳岸，第一级石驳岸最高处有1.2米，下方是悬崖，第二级驳岸最高处有2.3米。洞口宽约7.1米，高约7.5米，右侧有人工雕刻的石孔，应为安放梁枋所用，这表明当年洞寨内建有楼板，将洞口分为上下两层。

喇叭洞寨地势险峻，寨外杂树灌木丛生，寨内地面多青苔，夹杂着部分杂草，两侧有较小的钟乳石和石笋。此寨距村镇较远，地理位置偏僻，仅有一条羊肠小道可供通行，交通极为不便。

据当地村民周善爱介绍，洞寨建于清代前，清代中晚期曾作为当地村民的临时住处。

干洞洞寨（白云庵村）

干洞洞寨地处北纬31° 31'48"、东经111° 30'55"，海拔1185米，面积1100平方米。

干洞洞寨位于板桥镇白云庵村北岩半山之中。因该洞在明清时期是两户穷人的居住之地，故又叫奴仆洞。洞寨坐北朝南，洞口高约6米，宽5米，洞中最高处约16米。洞寨门前的石墙厚1.5米，寨门在左侧，已损坏。洞内分内外两部分，靠里面一部分有一间半房子大小，中间有隔墙，洞壁上有檩条悬挂的痕迹，外部面积有20平方米。洞口只有供一人攀爬的石坎通行。洞寨内干燥不潮湿，适合居住。

板桥镇白云庵村干洞洞寨内门口 （2007年摄）

该洞寨和观音洞寨相隔数十米，东侧是断河坪村，南面是断河坪阳坡，北面是祖师山。

洞寨居高临下，周围陡峭险峻，寨墙因风雨侵蚀、人为破坏等原因损坏。附近为喀斯特地貌，天坑众多，溶洞也不少，岩石遍布，山高林密，灌木丛生。

洞寨所在区域较为偏僻，人口稀少，交通不发达，经济相对落后。但分布有不少保存较好的古民居和明清时期的逻围，部分还是省级文物保护单位。

观音洞寨

观音洞寨地处北纬 31° 30'47"、东经 111° 30'49"，海拔 1180 米，面积 500 平方米。

观音洞寨位于板桥镇白云庵村二组祖师山岩半山之中，坐西朝东。洞寨口高约 5 米，宽 15 米，洞里最高处约 13 米。洞寨蜿蜒曲折，最深处约 55 米，局部有钟乳石。洞内干燥不潮湿，适合居住。该洞寨遗址在陡峭的岩石之中，地形险峻，洞寨门前的石墙厚 1.3 米，中间的寨门高约 1.5 米。

板桥镇白云庵村观音洞寨正面 （2007 年摄）

洞寨寨庙合一，洞口左侧约 30 米处，是一个保存较好的观音庙。有碑文记载，观音庙建于光绪年间，和洞寨同时建成，是历史上大户人家防御土匪的躲难之地。观音庙供奉有观音菩萨等神像，历史上香火旺盛一直延续至今。

洞寨周边为喀斯特地貌，洞穴多，天坑（漏斗）多，岩石突兀，灌木丛生，山高林密。周围经济不发达，交通不便。

上家坡洞寨

上家坡洞寨地处北纬 31° 31'32"、东经 111° 30'52"，海拔 1256 米，面积 169 平方米。

上家坡洞寨遗址位于板桥镇白云庵村，该洞寨建在陡峭的悬崖之上。洞寨坐北朝南，东侧为梨树垴，南面是祖师山，西侧为断河坪阳坡，北朝上家坡。洞寨为天然石洞打造而成，洞口砌筑石墙成为避难之所。石墙原高 2 米，宽 6 米，已毁。该洞寨地势险要，洞口为悬崖。洞寨内地面较平整，洞口宽约 7 米，高约 2.5 米，洞深 30 余米，洞寨内干燥。

板桥镇白云庵村上家坡洞寨内门口 （2007 年摄）

上家坡洞寨周围杂树灌木丛生，动植物种类繁多，植被状况良好。洞寨离集镇较远，地处边远高山，人烟稀少，有一条村道通往县道，交通不便。该地区古寨、古墓、古寺庙遗址较多，现存古建筑颇有特色。

洞寨建于清代晚期，是当地大户躲避匪患侵扰时的临时住处。

白龙洞寨

白龙洞寨地处北纬 31° 31'53"、东经 111° 31'57"，海拔 892 米，面积 70 平方米。

白龙洞寨位于板桥镇断河坪村一组，因紧靠白龙潭，故名“白龙洞”。该洞寨坐东朝西，东靠白龙山，西靠断河坪，北靠白龙滩。这个洞寨是一个单独的天然溶洞，洞高约 8 米，洞门宽 4 米，洞深 18 米。洞寨内地面较平整，有少量钟乳石，洞口砌筑石墙成为避难之所，石墙被人为拆除，如今已成为放牛娃和采药人纳凉、休息的场所。寨外杂树灌木丛生，寨内地面多青苔。

白龙洞寨周边为喀斯特地貌，多山峰与溶洞。附近植被较茂密，动植物种类多。日照充分，雨量充沛。洞寨周围人口稀少，交通不便，经济不发达，附近多山寨、古墓遗址。

洞寨建于清代晚期，曾是当地大户人家躲避匪患侵扰的临时居所。

狮子洞寨

狮子洞寨地处北纬 31° 27'41"、东经 111° 31'39"，海拔高度 1075 米，洞寨面积约 80 平方米。

狮子洞寨位于板桥镇断河坪村二组狮子山，西靠椰树岗。洞寨高约 8 米，洞门宽 5 米，洞深 13 米以上，洞口形似狮子，故名“狮子洞寨”。洞寨为天然石洞，洞内有少量钟乳石，地面较平整，洞口砌筑石墙成为避难之所，石墙后被人为改造，成为牲畜的住所。洞内有手磨一副，是当时避难村民磨米面的用具。洞寨地势险峻，寨内地面多青苔，较潮湿。

洞寨所处山峰植被茂密，自然生态环境好。山上多栎树、松柏、楸树，也有泡桐。附近为深山老林，相对偏僻，人口不多，自然村落较少，交通不便。土地为旱地，种植玉米、大豆、小麦，经济不够发达。文物古迹不少，多古寨、乡土建筑。

狮子洞寨的寨墙建于清代晚期，曾是当地大户村民躲避匪患侵扰时的临时住所。

憋虎洞寨

憋虎洞寨地处北纬 31° 33'51"、东经 111° 32'54"，海拔 838 米，面积 300 平方米。

憋虎洞寨位于板桥镇冯家湾村潮水河自然村谢家沟，坐南朝北。洞寨内高约 7 米，宽 12 米，洞最深处约 32 米。洞体前宽后窄，洞前有寨墙，寨墙高约 2 米。洞内还有钟乳石和泉眼。洞寨围墙修路时被拆除，目前只有部分痕迹。

洞寨周围山环水绕，绿树成荫，气候适宜，四季分明，自然风景秀丽多姿。尽管地处沟壑之中，但交通方便，周围人文景点众多，如冯氏民居、祠堂保存较好，多数已被列为省级文物保护单位。

板桥镇冯家湾村憋虎洞寨外门口　（2007 年摄）

传说历史上曾有一只老虎跑到洞里喝水，被村民发现了，他们在洞口燃起火堆，轮流看守，老虎没有东西吃，又跑不出去，结果饿死在洞里，因此洞寨得名“憋虎洞寨”。该洞处在交通要道处，易守难攻，加之洞内有水源，有利于人们生存，所以在战乱中成为人们躲避战祸、防御盗匪的避难所。

棺材洞寨

棺材洞寨地处北纬 31° 33'44"、东经 111° 32'35"，海拔高度 772 米，面积 500 平方米。

棺材洞寨位于板桥镇冯家湾村潮水河自然村。该洞寨坐南朝北，高约5米，宽9米，洞最深处约56米。洞口为正方形，洞前有寨墙，寨墙高约1.5米，洞内有钟乳石。其中一块巨石状如棺材，在当地民俗文化中，棺材谐音"官财"，洞寨因此得名。进入洞口，往前走20米，转一个弯，进入一个大洞，大洞约有75平方米，地势较平坦。

洞寨自然环境较好，空气温暖湿润，洞外植被丰富，灌木丛生，长有大片银杏树，风光秀丽。该洞处在靳家河的悬崖之上，易守难攻。20世纪60年代还有人在洞内居住，是人们理想的避难场所。

洞寨离板桥街道不远，周围交通便利。村民既务农，又经商。附近有湖北省级文物保护单位冯家老屋，乡公所碉楼为2008年国家文物考古年度重要新发现。

板桥镇冯家湾村棺材洞寨外门口　　（2007年摄）

红岩洞寨

红岩洞寨地处北纬31° 33'44"、东经111° 32'35"，海拔772米，面积500平方米。

红岩洞寨位于板桥镇冯家湾村潮水河自然村靳家河悬崖之上，地势十分险峻，常人无法攀登。该洞寨坐南朝北，洞口高约5米，宽9米，洞最深处约50米。洞口为圆形，洞前有寨墙，寨墙高约1.5米。洞内地势较平坦，内有钟乳石。20世纪60年代还有人在洞内居住。

洞寨围墙被放牛娃拆除，如今只剩下部分痕迹。红岩洞寨地处悬崖，山势险峻，但风景优美。这里树木高大，灌木丛生，满山皆绿。周边地区不仅是植物的天堂，也是各种动物的乐园。

红岩洞寨周边交通条件一般，但离集镇不远，周围人口密集，村民从事第三产业者居多。附近还有不少人文景点如古墓、老屋等。

黑龙洞寨（甘沟村）

黑龙洞寨地处北纬31° 28'34"、东经111° 33'30"，海拔高度1087米，面积300平方米。

黑龙洞寨位于板桥镇甘沟村二组大垭山顶下的悬崖下方。洞寨坐北朝南，宽约30米，洞最深处约14米。洞寨前宽后窄，洞口有两道寨墙，寨墙高约2～3米，长约8米。其中一道寨墙由南向北，直抵崖边，门居中间，洞寨墙外南端保留有几间房屋残墙。现存两段寨墙，有数间房屋仅存房基。洞内别有洞天，从底洞可攀越到二洞，二洞有用木枋、厚木板搭成的阁楼。洞寨底部有泉水，附近村民至今天旱时还在此处取水。

板桥镇甘沟村黑龙洞寨二洞寨中的木板楼
（2007年摄）

板桥镇甘沟村黑龙洞寨洞口 （2007年摄）

洞寨自然环境较好，空气温暖湿润，洞外植被丰富，灌木杂树丛生，还有大片银杏树，风光秀丽。时有小型动物活动。

洞寨离村民较远，交通不便，周边屋场较少，但清朝前的乡土建筑及古墓葬保存不少，其中坎上陶氏民居为湖北省人民政府公布的文物保护单位。

该洞寨建于清代以前，原有碑记，后遭破坏，是当地大户村民为抵御匪患而建的藏身之处。

石人怀洞寨

石人怀洞寨地处北纬31°31'54"、东经111°34'44"，海拔高度997米，面积150平方米。

石人怀洞寨位于板桥镇九龙观村谢家川自然村大垭山顶下100米处，坐西朝东。石人怀洞寨在九龙观旁边的山头上，山势险峻。山顶有岩石好似一排石人，洞寨在石人的怀里，所以取名石人怀洞寨，又叫石人洞寨。洞高约12米，宽9米，洞深约14米。洞子前宽后窄，洞前有寨墙，寨墙高约2米，长约8米，后被放牛娃拆毁。洞内有钟乳石，环境比较干燥。“文化大革命”时期，中武当的大量神像被搬到这里，人们到这里烧香拜佛，祈福免灾。

板桥镇九龙观村石人怀洞寨洞口 （2007年摄）

石人怀洞寨地处山脊，四周群山环抱，极目远眺，树木高大，灌木丛生，满山遍野都是郁郁葱葱的翠绿。

石人怀洞寨所在的九龙观村，文化厚重，村因九龙观闻名，有众多石寨和乡土建筑。清代古墓众多，保存较好，还分布有寺庙道观遗址。九龙观寨现为省级文物保护单位。

摩天岭洞寨

摩天岭洞寨地处北纬 31° 27'11"、东经 111° 33'43"，海拔高度 1034 米，面积约 4000 平方米。

摩天岭洞寨位于板桥镇老湾村，坐东朝西，东为李家湾，北侧为邓家沟，南为雷坪街道。洞寨为天然石洞，洞口砌筑石墙成为避难之所。洞寨坐落于高耸入云的摩天岭山顶上，因此得名摩天岭洞寨。洞寨内地面不平，上下起伏，洞口宽约 7.5 米，高约 2.5 米，深 500 米以上。洞内有少量钟乳石。洞外砌有寨墙，寨墙毁坏严重。“文化大革命”时期，曾把此寨作为防空洞使用。寨内地面多青苔，两边有较小连片石笋。

板桥镇老湾村摩天岭洞寨内洞口　（2007 年摄）

洞寨外杂树灌木丛生，地面乱石嶙峋，气候干燥，水源稀缺。洞寨离集镇较远，人烟稀少，交通不便，仅一条羊肠小道通往县道。这里民风淳朴，保护较好的老屋、古祠堂、古寺庙、古墓葬遗址分布多。

摩天岭洞寨建于清代晚期，是当地村民躲避匪患时的临时住处。

扁壶洞寨

扁壶洞寨地处北纬 31° 21'06"、东经 111° 33'34"，海拔高度 772 米，面积约 80 平方米。

扁壶洞寨位于板桥镇雷坪村一组东岗半山，坐西朝东，东朝东岗，南靠雷坪村委会，西靠西坡，北靠北岩，地势险峻。洞寨高约 6 米，宽 12 米，洞最深处约 17 米。洞寨前宽后窄，洞中地势平坦，洞前有寨墙，寨墙高约 2 米，宽 5 米，中间有门。洞内有钟乳石，有形似石桌、石床的石块。

板桥镇雷坪村扁壶洞寨洞口　（2007 年摄）

洞内形状似喝水的扁壶，故叫“扁壶洞寨”。洞寨易守难攻，在战乱中成为了人们寻求庇护、抵御盗匪的理想避难所。

扁壶洞寨四周群山环抱，山势陡峭，极目远眺满山皆翠，树木高大，灌木丛生。

黄龙洞寨

黄龙洞寨地处北纬 31° 26'13"、东经 111° 33'35"，海拔高度 745 米，面积约 800 平方米。

黄龙洞寨位于板桥镇雷坪村一组洞岗山脚下。洞寨坐西朝东，北靠北岩，南靠雷坪村委会，西靠西坡。洞高约 30 米，宽 35 米，洞最深约 27 米。洞口宽大，洞中地势平坦，还有形态各异的钟乳石和石笋，似石鼓、石凳、螃蟹夹鸡蛋、张果老坟等，还有惟妙惟肖的七块“水田”。洞前有坚固的寨墙，寨墙高约 3.5 米，宽 15 米，中间有门。洞内有常年不干涸的泉水，供雷坪村民饮用。洞内的钟乳石呈金黄色，

板桥镇雷坪村黄龙洞寨寨门 （2007 年摄）

又有长年不断的泉水，故叫“黄龙洞”。

黄龙洞寨背依高山，俯瞰雷家坪，位于盆地的北方边沿。周围多灌木，少乔木，喀斯特地貌形成的溶洞怪石自成一体，相映成趣。

黄龙洞周边文化荟萃，既有古建筑（山寨）文化，又有特色鲜明的民俗文化，还有红色文化。其中古建筑文化绚丽多彩，陶氏民居系列中保存较好的五栋老屋均为湖北省公布的省级文物保护单位。

洞寨因其地势险要而易守难攻，特别是背靠着险峻的山峦，使其在战乱时期成为了人们躲避灾难、防范匪徒的避难所。无论是防御白莲教，还是躲避国民党军队，亦或是建立苏维埃政权，黄龙洞寨都留下了历史的印记。

风龙洞寨

风龙洞寨地处北纬 31° 33'29"、东经 111° 31'39"，海拔高度 708 米，面积约 180 平方米。

风龙洞寨位于板桥镇木桥村一组潮水河边，坐西朝东，东朝三岔河，南靠木桥一组，西靠陈家河，北靠峡门口。风龙洞寨洞内较平坦，洞口约 6 米宽，高 5 米，洞深约 35 米。寨墙厚约 2 米，新中国成立后被人为拆走建河道。洞寨建在水流湍急的潮水河和三岔河交接处陡峭的绝壁之下，四面都无法进攻。道路崎岖险峻，不易通行，这使得洞寨在战乱时期成为了绝佳的避难所。

板桥镇木桥村风龙洞寨内景 （2007 年摄）

风龙洞寨四周常有野猪、野羊、兔子出没，这里四季分明，气候宜人。附近的村庄交通不便，但村民安居乐业。周围清朝逻围随处可见，古寨伫立山头，古民居隐于深山。

洞寨建于清代，当时为抵御匪患侵扰，当地村民在此修寨避难。

谢家洞寨

谢家洞寨地处北纬 31° 33'17"、东经 111° 32'38"，海拔高度 804 米，面积约 230 平方米。

谢家洞寨位于板桥镇木桥村一组，坐北朝南。洞寨东靠周家河，南面山木桥一组，西靠三岔河，北靠阳坡。谢家洞寨洞内较平坦，洞口约 5 米宽，高 4 米，洞深约 50 米。该洞寨墙厚约 1.5 米，墙上设有瞭望孔，寨门厚实，门高 2 米，上方有约 27 厘米厚的木料，新中国成立后被人为拆走。洞寨建在陡峭的阳坡半山之中，地势险要，这里长满灌木丛，不易通行。洞下有潮水河，河水从东向西流淌，俗称

“西流水”。

洞寨边50米处，有一石洞，名曰“天鼓洞”，洞内有水流出，约80平方米空间，原也是当地村民躲避战乱之处。

洞寨地处亚热带季风气候，四季分明，洞外灌木杂树丛生，常有野猪、野羊活动。

洞寨所在的木桥村文化遗存丰富，冯氏大屋（古民居）颇具鄂西北地方建筑特色。10多座冯氏逻围保存完整，其中冯文远逻围系省级文物保护单位。

洞寨建于清代，由当地大户为防匪患组织村民捐资修寨，作为藏身之处。

板桥镇木桥村谢家洞寨洞口　（2007年摄）

安家洞寨

安家洞寨地处北纬31° 30'52"、东经111° 34'40"，海拔高度1072米，面积约1万平方米。

安家洞寨位于板桥镇青龙寨村冯家沟自然村东岭山上，坐南朝北，右为冯家沟，左为小荆山，背靠东岭，面对廖家岭。洞寨外形特别，从外面看是一个凹下去的天坑，原有寨墙，后被拆除，成为“农业学大寨”中垒砌梯田的墙坎。外洞口直立深约8米，下去后是一道寨墙，内洞口高约5米，宽约10米，洞深约千米。洞里最高处约16米，有相当壮观的钟乳石，形态各异、大小不一、丰富多彩，布满整个洞壁。洞内有数百只蝙蝠。洞内底部有水，战乱时，有当地的村民在洞内安身躲避战乱，故此得名“安家洞寨”。

板桥镇青龙寨村安家洞寨外门口　（2007年摄）

该洞寨四面环山，山上植被茂密，以花栎树为主。靠东边百米处有一个山洞，叫“水洞子”，洞内有小股泉水流出，周围动植物种类繁多。洞寨地处边远高山，人口稀少，但古山寨、古民居、古寺庙、古墓葬保存较好。

安家洞寨不仅是当地村民在战乱时的避难所，也曾是他们躲避匪患侵扰的栖身之地。据当地老人介绍，洞内曾有两块石碑，后来这两块石碑被取出砌墙。

老虎洞寨

老虎洞寨地处北纬31° 30'38"、东经111° 35'44"，海拔高度909米，面积约880平方米。

老虎洞寨位于板桥镇青龙寨村彭家河旁一个陡峭的石槽中，位置十分险峻，常人无法攀登。洞寨洞口像一个老虎张开的大口，所以名为老虎洞寨。洞寨坐北朝南，洞高约6～9米，宽5～6米，洞寨大体为圆形。洞内有三层长台阶，把洞寨分为四部分，每一长方形台阶上砌有石墙。洞内可容纳数百人，

板桥镇青龙寨村老虎洞寨洞口寨门 （2007 年摄）

现存 5 个灶台。

这座洞寨的寨墙工艺精湛，用长方形的青石块砌成，石块打磨非常规整，石缝用石灰勾嵌。寨墙厚 0.32 ～ 1.25 米，洞内有钟乳石。寨门的精致设计更是表明了当初建设者的身份非同一般，很可能是一位富有的乡绅。

老虎洞寨隐藏在山脚河畔，四周绿树成荫，植被茂盛，为众多动植物提供了理想的栖息地。山上遍布松树、栎树、杉树、柏树以及楸树等多种树木，各种小动物随处可见。

洞寨所在的村落，以国家级文物保护单位青龙寨命名，这里文化厚重，民风淳朴。村中古山寨和传统民居众多，交通方便。

寨内没有碑刻，据老人回忆，洞寨重建于清代中期，用于防御匪患。洞门外是彭家河，常年有水。洞寨离河床 10 米左右，地势险要，易守难攻，所以在战乱中成为人们躲乱、防匪的避难所，直到 20 世纪 60—70 年代还有人在洞内居住。

金缸洞寨

金缸洞寨地处北纬 31 ° 28'52"、东经 111° 39'25"，海拔高度 640 米，面积约 1080 平方米。

板桥镇任家庄村金缸洞寨寨门 （2007 年摄）

金缸洞寨位于板桥镇任家庄村二组老岭岩半山之中，坐西朝东。金缸洞洞口高约 8 米，宽 6.5 米，洞里最高处约 25 米，有金色的钟乳石，形态各异。整个洞顶犹如一口倒扣的金缸，平坦光滑，四周形似圆弧，周围缸身呈金黄色，故此得名“金缸洞”。该洞寨为寨寺合一的遗址。

该洞寨外有一个约 800 平方米的平坦场地，用于人们朝拜祭祀、庙会、演唱、商贸活动。外墙用条石垒成，坚固耐用。金缸洞内砌有三个长方形台子，正中供奉佛祖石刻雕像，两侧供奉有十八罗汉石雕像。所有石雕后遭破坏，现存部分残损雕像。寨墙外有石碑两块，一块“阿弥陀佛”碑；另外一块“功德无量”碑。由于年代久远，字迹不清，无法确定具体年月。

板桥镇任家庄村金缸洞寨内景 （2007 年摄）

该洞寨四面环山，山上植被茂密，以花栎树为主，东边山脚下有河流，河水已干枯，河底布满山石。

洞寨周边喀斯特地貌明显，洞寨较密集，附

近清朝逻围存量不少，石寨耸立于山头，其中精巧玲珑的点子寨更是被列为省级文物保护单位。

洞寨建于明代前，遗址保存较完整。历史上这里香火旺盛，每逢佳节，庙会活动热闹非凡，可以卖杂货、玩杂要，还有小旅店、小饭店等。洞寨也是当地村民躲避战乱的栖身之地。

毛狗洞寨

毛狗洞寨地处北纬 31° 27'39"、东经 111° 39'23"，海拔高度 576 米，面积约 80 平方米。

毛狗洞寨位于板桥镇任家庄村杨树垴自然村。该洞寨遗址建在陡峭的悬崖之上，坐西朝东，南侧为巡检镇甘溪村。洞寨为天然石洞扩建而成，洞口砌筑石墙成为避难之所，石墙高 6 米，宽 8.5 米，设有 7 个瞭望孔，以方便观察外面情景。该洞寨地势险要，常有狐狸（当地人叫毛狗）出没，故该洞寨叫“毛狗洞寨”。洞寨内地面较平整，洞口宽约 7.1 米，高约 2.5 米，洞内有钟乳石。洞外有保存较为完整的寨墙。

洞寨地处圈岩悬崖，地势险峻，寨外杂树灌木丛生，寨内地面多青苔，还生长着部分杂草，两边有较小石笋。周围山寨遗址多，老屋、古墓、古寺庙遗址不少。洞寨建于清代晚期，是当地村民躲避匪患时的临时住处。

苦人洞寨

苦人洞寨地处北纬 31° 29'16"、东经 111° 33'37"，海拔高度 1133 米，面积约 380 平方米。

苦人洞寨位于板桥镇宋家坪村三组，该洞寨坐北朝南。该洞寨左靠王家垭，右靠王家湾，洞口不大，地形险峻。洞宽 20 多米，内高 3～9 米，深 12 米，洞内地面平整。洞穴内又有 2 个洞，南北排列，其中主洞洞内空旷，为方便住人，修有平台，可容纳数十人。洞顶有钟乳石，门墙宽厚，有瞭望孔，洞寨门墙后被拆除。苦人洞寨周围山高林密，植被生长良好，虽为旱地，却不乏水源，洞内深处有清清的泉水，利于动植物生长。

板桥镇宋家坪村苦人洞寨外门口　（2007 年摄）

洞寨虽隐于深山，但周围屋场不少，村民重视文化教育，交通条件一般，有文字记载的历史可追溯到宋朝以前。

在历史上，洞寨不但是群众避难的地方，也是无家可归的穷人栖身的场所，故此洞名为“苦人洞”。新中国成立后，这里变成了学校进行勤俭教育的地方。该洞寨始建于清代，是山下大户牵头，联合村民为防匪患侵害而兴建的藏身之所。

仙米洞寨

仙米洞寨地处北纬 31° 28'33"、东经 111° 31'43"，海拔高度 1149 米，面积约 1380 平方米。

仙米洞寨位于板桥镇竹坪村一组，洞寨背靠大山，坐北朝南。东边是土垭，西边是樊家寨，南边是南冲，地势险要，洞寨建在山顶下方 200 米处。该洞寨重建于乾隆四十五年（1780），洞寨深约 50 米，宽约 30 米，洞内最高约 16 米。洞寨前宽后窄，洞前有寨墙两道，寨墙高约 3 米以上，洞寨寨门在中间，有防御用的抵门石。

洞寨所在地区山高岩陡，植被茂盛，虽然水源不足，但气候湿润，降雨量大，动植物种类丰富。

板桥镇竹坪村仙米洞寨内乾隆四十五年（1780）立的碑刻 （2007年摄）

洞寨附近村民崇礼尚文，重教兴学，民风淳朴。周边乡土建筑存量丰富，山头古寨林立，交通便利。

洞内有6通石碑，分别为乾隆、同治年代3通，民国年间3通，目前完整的有4通，其余为残碑。洞寨除防御避难外，还是佛教信徒宗教活动场所。从碑文的内容看，这里是佛教的圣地，历史上香火旺盛，现在仍有香客在此烧香拜佛。

仙米洞寨又叫燕子洞寨，其名源自一则古老的传说：相传在遥远的古代，洞寨附近村民家里来了客人，便会到这个洞里来。洞内有一神奇的小孔，它会根据客人的人数，准确地流出相应数量的米粒。当地有一个贪心的人，想把洞口凿大一点，让米多流些出来，以此谋取不义之财。于是，他就把洞口凿大了，不料从此以后小孔里再也没有流出过一粒米。由于无米可求，加上村民偏安一隅，便少有人光顾，洞内便成了燕子的天堂，因此人们又叫它“燕子洞”。这个故事在当地代代相传，成为警示世人的寓言，提醒人们要知足常乐，不可贪得无厌。

板桥镇竹坪村仙米洞寨内门口 （2007年摄）

板桥镇竹坪村仙米洞寨外全景 （2007年摄）

朝阳洞寨

朝阳洞寨地处北纬31°29'16"、东经111°35'37"，海拔高度992米，面积约180平方米。

朝阳洞寨位于板桥镇天鹅池村三组金鸡岭半山腰。该洞寨坐西朝东，背靠金鸡垭，右靠瓦子岭，左靠天鹅池，面山是回音壁，洞内深处有清清的泉水。更具特色的是，该洞寨有三层的寨墙。洞寨门墙厚2米，有数个瞭望孔和射击孔。

洞寨地势险要，对面为山冲，冲下有一条小溪，从东向西流淌。这里四季分明，洞

板桥镇天鹅池村朝阳洞寨寨内第二层寨墙 （2007年摄）

外灌木杂树丛生，不易通行，常有野猪、野羊活动。

洞寨周边山峰林立，村庄地处边远山区，现今荒无人烟，但这里山寨遍布，洞寨连绵，边家老屋闻名遐迩。

在历史上，这个地方不仅是附近村民的避难场所，也是干旱时节祈佛求雨的地方。洞寨重建于清代，是当地村民为防御匪患捐资修建的藏身之处。

倒座洞寨

倒座洞寨地处北纬 31° 29'57"、东经 111° 34'53"，海拔高度 1032 米，面积约 1280 平方米。

倒座洞寨位于板桥镇天鹅池村二组的半山腰上，坐东朝西。倒座洞寨门前为 1000 多平方米的空地，这个地方在历史上是道教举行大型活动的地方。门前的悬崖上，供奉着道教祖师爷等十几个神像，这里香火旺盛。洞寨内部宽敞，其中一条通道蜿蜒深入，曲折幽深，很少有人进去。

板桥镇天鹅池村倒座洞寨内景　（2007 年摄）

洞寨所在地区山高水长，沟壑纵横，拥有众多溶洞和奇石，系典型的喀斯特地貌。附近的岩石如“城墙岩”，长千米，高数十米，形成奇特的自然景观。

洞寨所在地区历史文物资源丰富，如造型美、保存好的九泉寨，雕龙画栋、体量较大的边家老屋。此外，还有长达数千米的巨型洞寨金牛洞，现已打造成人文景点，吸引众多游客来此观光旅游。

打铁洞寨

打铁洞寨地处北纬 31° 31'44"、东经 111° 34'40"，海拔高度 857 米，面积约 150 平方米。

打铁洞寨位于板桥镇新集村井查沟自然村一山腰之中，该洞寨坐东朝西。洞寨左靠新集街，右面是石桥，背后是梁家寨。洞高约 4.5 米，宽 8 米，洞深处约 16 米。洞前有寨墙，寨墙高约 1.5 米，洞内干燥。洞寨围墙大部分损毁，目前只有部分痕迹。

板桥镇新集村打铁洞寨洞口　（2007 年摄）

打铁洞寨地处丛林之中，山势险峻，满山皆翠，树木高大，灌木丛生。野生动物活动频繁。

洞寨距板桥集镇不足 1000 米，人口密集，商贸繁荣，古寨遍布周围山头，邻近的冯氏民居可与乔家大院媲美，民国初期建筑的五层干打垒碉楼，曾被评为 2008 年全国文物考古重要新发现之一。

传说，清代前曾有人在洞内设铁匠铺，在里面打铁制造冷兵器，故称打铁洞。洞内地势较平坦，适于居住，并有一个天窗，为洞内带来光亮。该洞位于井查沟山上，易守难攻，极为隐秘，所以在战乱中成为人们躲避战祸、防范盗匪的理想避难所。

干洞洞寨（新集村）

干洞洞寨地处北纬 31° 32'40"、东经 111° 34'23"，海拔高度 972 米，面积约 800 平方米。

干洞洞寨位于板桥镇新集村西头岭半山之中，坐东朝西。洞高约 20 米，宽 25 米，洞最深约 30 米。

板桥镇新集村干洞洞寨内洞口　（2007 年摄）

洞寨前宽后窄，洞前有结实的寨墙，寨墙现存高约 2 米，长约 20 米。干洞洞寨和西羊洞寨相距仅几十米，被当地人称为“姊妹洞”。干洞内部环境干燥，是休息、居住的好地方，洞内甚至有石制的舂米设施——石碓。

干洞洞寨地处山脊，四周群山环抱，山势陡峭，极目远眺，满山皆绿，树木高大，灌木丛生。

洞寨距板桥集镇不远，周边古山寨、古墓葬遗址众多，老屋、老井间杂，交通便捷，商贸繁荣，村民家境较殷实。

西羊洞寨

西羊洞寨地处北纬 31° 31'54"、东经 111° 34'39"，海拔高度 1010 米，面积约 380 平方米。

西羊洞寨位于板桥镇新集村西头岭半山之中，坐北朝南。洞高约 18 米，宽 15 米，洞最深处约 25 米。洞内前宽后窄，洞前有非常精美的寨墙，系用人工打磨的条石砌筑而成，石缝用桐油加白灰勾芡，条石打磨规范，寨墙现存高约 2 米，长约 11 米。洞内有一泉眼，泉水常年不断，水质甘甜，现有数十户村民在此饮水。

板桥镇新集村西羊洞寨洞口寨墙　（2007 年摄）

洞寨地处山脊，四周群山环抱，灌木丛生。周边即为集镇，附近村民大多既务农又经商，积极从事第三产业，经济活跃，生活富裕，交通方便。

关于西羊洞的命名，流传着许多神秘的传说。其中一个较为广泛的说法是：古代有一个叫西羊的道士先生，在此修道，因而得名。历史上西羊洞寨既是道教圣地，又是防范土匪的避难场所，为寨观合一的遗址。

豹子洞寨

豹子洞寨地处北纬 31° 32'37"、东经 111° 31'58"，海拔高度 881 米，面积约 580 平方米。

豹子洞寨位于板桥镇晏山村四组，该洞寨修建在郁郁葱葱的山峦之中。洞寨由连环溶洞打造而成，共 8 个洞穴，每个 60 ～ 80 平方米，地形曲折通幽，洞口形似豹子，故名“豹子洞”。洞中有水流入地下。洞寨坐东朝西，西面是木桥陈家河，东面是晏山四方坪。洞寨为天然石洞，洞口砌筑石墙成为避难之所，石墙高 2.5 米，宽 6.5 米。该洞寨地势险要，洞寨内地面较平整，洞外砌有寨墙，现保存完整。洞寨保存较好。寨内地面多青苔，部分地带杂草丛生，洞壁两边有较小钟乳石与石笋。

板桥镇晏山村豹子洞寨正门 （2007 年摄）

洞寨地处圈岩悬崖，地势险峻，寨外杂树灌木丛生，动物时有出没。

洞寨周围既有山寨屹立山头，还有保存完好的民国初期建的碉堡，民居老屋遗存不少，清朝前的古墓葬众多。所在晏山村交通便利，村民历来兴文重教，民风淳朴。

洞寨建于清代晚期，历史上是当地大户村民为躲避匪患修建的临时住处。

阳洞洞寨

阳洞洞寨地处北纬 31° 29'40"、东经 111° 38'17"，海拔高度 618 米，面积约 3 万平方米。

阳洞洞寨位于板桥镇长冲村三组。洞寨坐西朝东，南临刘家河，西靠马草坑，东朝西冲，北邻狗耳朵垭，四周山势陡峭。洞寨建在独立的还家寨主峰下 100 多米处的陡峭绝壁中间，攀爬十分危险。因洞寨地处阳坡，常年阳光普照，故名阳洞寨。

洞寨洞口有寨墙，局部有少量钟乳石。洞高约 10 米，宽 30 米，蜿蜒曲折，一直连接山后的阴洞，构成山洞的独特风光。洞深约千米，无人敢于涉足。洞内宽敞，可容纳上千人。阳洞、阴洞、还家寨，三个洞寨建在一个主峰之上，十分独特。

板桥镇长冲村阳洞洞寨正面 （2007 年摄）

洞寨周围系喀斯特地貌，树木成林，其中不乏古树名木，周围全为旱田，小动物种类多，时常出没。

古寨遗址众多，大多保存较好，乡土建筑随处可见，清朝前的古墓碑刻尚存，分布密集。地处偏僻，交通不便。村民外出务工多，移民多。

阴洞洞寨

阴洞洞寨地处北纬 31° 29'49"、东经 111° 38'07"，海拔 601 米，面积约 800 平方米。

阴洞洞寨位于板桥镇长冲村三组山崖中部。洞寨坐北朝南，南临刘家河，西望马草坑，北邻狗耳朵垭。四周群山环绕，风景秀丽，山势陡峭。洞寨建在独立的还家寨主峰下 100 米处的陡峭绝壁中间，攀爬十分危险。洞寨下边是绝壁，有几个突出的石块供人攀越，洞寨上面是白色的岩石。由于地处阴坡，故名阴洞寨。洞寨外的寨门是木料做的，由于洞寨干燥，没有雨水浸湿，木门至今保存完好。洞寨的围墙上有两个瞭望孔，便于观察。

洞寨内房屋众多，现有房屋遗址达数十间，可见当时避难百姓众多；洞寨深约千米，连接山后的阳洞，地形独特。洞寨上面是还家寨，相距仅百米，便于山寨间相互支援。

洞寨周围山高林密，植被生长较好，喀斯特地貌造就了陡峭山势与较多的溶洞。附近古寨、老屋等人文景点较多。村民重教兴文，民风淳朴。

板桥镇河口村阴洞洞寨内洞口　　（2007 年摄）

黑龙洞寨（双龙寺村）

黑龙洞寨地处北纬 31° 29'36"、东经 111° 31'39"，海拔高度 780 米，面积 650 平方米。

黑龙洞寨位于板桥镇双龙寺村东南方向，东与板桥镇甘沟村接壤，西靠黄柏垭。洞口高约 6 米，宽约 8 米，与雷坪黄龙洞遥相呼应。洞口筑有两米多高的寨墙，寨墙厚约 1 米，宽度超过 8 米。洞内有约 80 平方米的圆形开阔地，往里走，洞穴越来越小。洞深百余米，内部有泉水，常年不干涸。在洞内开阔地带，洞壁上排列有方形孔洞，应是历史上放梁枋铺楼板所用，据此推测当年洞内为两层，设有二楼。洞内地面有清朝前的瓷器与陶器残片。

洞寨周边为喀斯特地貌，山高谷深，沟壑纵横。气候干燥，水源不足，土地多为旱地，主产玉米、小麦。山上多栎树、松树、柏树、杉树，小动物活动频繁。

洞寨所在村地处南漳、保康两县交界处，虽地处偏远，但由于该村为烟叶基地，交通条件便利，家家户户都通有村道，路面均为水泥铺设。而且户户有蓄水池，用的是自来水。附近文化底蕴深厚，有国家级文物保护单位樊家寨，还有多座湖北省人民政府列为文物保护单位的逻围（古墓葬）。

此洞寨历史悠久，建成时间当在明朝以前。洞外地势陡峭，易守难攻，所以该洞成为当地村民躲避战乱和防范土匪的避难之所。

卧虎洞寨

板桥镇竹坪村卧虎洞寨（2023 年摄）

卧虎洞寨地处北纬 31° 29'21"、东经 111° 31'20"，海拔高度 1056 米，面积约 1.5 万平方米。

卧虎洞寨位于板桥镇竹坪村卧虎山脚南麓的边家沟，寨因山而得名。卧虎洞是一个巨大的地下溶洞，洞道幽邃，洞中有洞，洞洞相连，成串珠状。洞内遍布形状各异的钟乳石、石笋和石瀑石幔，有的拔地而起，有的奔泻而下，栩栩如生，千姿百态，聚神、奇、幽、险于一身，一步一景，步移景换，如临仙境。洞口原建有洞门，洞内宽敞之处能容纳上千人，可供人安全行走的深度达 2000 多米。

卧虎洞寨曾是古人用来避难的洞穴。洞寨前有大片良田，山坡上松栎成林，周围古寨老屋遍布。

四 东巩镇

铁甲洞寨

铁甲洞寨地处北纬 31° 24'14"、东经 111° 57'02"，海拔高度 280 米，面积 112 平方米。

铁甲洞寨位于东巩镇杜家坪村西南的五泉山山腰处，是利用一自然山洞略加修整而成的洞寨。洞口南壁上刻有“铁甲洞”三字，落款“大清嘉庆二十四年，生员禄”字样；洞口呈“门”形，洞内拱顶，平面呈长条形，洞长约 24 米，最宽处约 6 米；洞南北壁上凿有榫眼，应是当年放置梁枋处。此洞寨历史上为两层建筑，为了便于上下，两侧洞壁凿有石阶。在洞口 5 米处南侧壁上，有一个通往洞外的小洞，长约 7 米，出口处为陡岩。洞内南部有利用山势用石块垒砌的长方形掩体，上有瞭望孔，洞内最深处是人工垒砌的平台。

东巩镇杜家坪村铁甲洞寨洞口洞名石刻（2007 年摄）

茅坪河自西向东从洞寨前缓缓流过，洞寨下地势平坦，林木茂盛，气候湿润，空气清新。

铁甲洞寨东 50 米处有 10 多户人家，村民以种田和种植香菇为主，洞前有一条小路通向杜家坪村，距 250 省道 1500 米。

铁甲洞寨曾被当地老百姓在动荡时期利用自然山洞修整后作为避难之所，新中国成立前，本地杜家地主曾在此办过私塾学堂。

关爷洞寨

关爷洞寨地处北纬 31° 20'26"、东经 111° 50'42"，海拔高度 715 米，面积 300 平方米。

关爷洞寨位于东巩镇上泉坪村上岭。该洞寨由天然溶洞改造而成，坐西朝东，两岸峡谷陡峭险峻。在洞口处曾有人工建筑，洞内宽敞，可容纳数百人。洞内现存两通残碑，其中一块碑文记载着 20 世纪 40 年代当地村民为抗击日寇自发集资修缮洞寨的事迹。洞外为半圆形台地。

东巩镇上泉坪村关爷洞寨正面　（2007 年摄）

洞内钟乳石和石笋形态各异，状如莲花台、香炉、石鼓、石钟、龙凤成彩，自然天成，数股泉水长流，水中含各种矿物质。洞外峡谷地势险峻，植被茂密，风景优美。

该洞寨自古以来香火不断，人们在此祈求关帝显灵，保佑百姓平安，祈愿五谷丰登。双河村的村道直达 250 省道，周围巨型古寨较多，如廖家寨、张家寨、闫家寨等，还有古老的圆通寺，但由于远离集市，人烟稀少。

此洞寨清朝前就是当地村民的避难场所，当年洞内还供奉有关帝神像，现已不存。

戴家垛子洞寨

戴家垛子洞寨地处北纬 31° 21'05"、东经 111° 51'41"，海拔高度 250 米，面积 300 平方米。

戴家垛子洞寨位于东巩镇陆坪村，呈南北走向。洞寨镶嵌于山崖中上部，为春秋寨的外围防护附属设施，始建于明清时期，东临悬崖，寨墙长 150 米，东西最宽不足 6 米，在洞外垒筑石墙。寨依山取势，布局严谨，高低错落，井然有序。

洞寨脚下是漳河的主要支流茅坪河，河水流至古寨东侧后形成一个 U 形在寨前蜿蜒而过，从寨西缓缓流走。

洞寨脚下河对岸当年是一条通往宜昌的古驿道，驿道边文物景点众多，有春秋寨、仙人洞、飞石洞寨等，人口密集，交通便利。戴家垛子洞寨已与春秋寨景区一道被打造成为国家 AAAA 级旅游景区。

东巩镇陆坪村戴家垛子洞寨外景　（2007 年摄）

李家山洞寨

李家山洞寨地处北纬 31° 29'34"、东经 111° 52'00"，海拔高度 550 米，面积 2000 平方米。

李家山洞寨位于东巩镇水坑村李家山北山腰上，由稍加改造的自然溶洞和洞外寨墙两部分组成。入洞大门是由精雕细凿的石条构成，整体呈长方形，进入洞内下行 30 多级石台阶到达主洞室，洞顶悬挂有数根钟乳石，地面较为平坦。洞内最高处约 20 米，最低仅 0.5 米。洞门外有一片约 40 平方米的平坦场地，四周围砌着半圆形寨墙，墙体宽约 1 米，高 1 ～ 1.5 米。

东巩镇水坑村李家山洞寨寨口　　（2007 年摄）

李家山洞寨周围低山环绕，山体反复褶皱，岩石呈碎屑状，山上除了零星生长的松树和栎树外，更多的是杂草和野生灌木。土地贫瘠，经济相对落后。

李家山村偏居一隅，有一条羊肠小道通向山寨，这里人烟稀少，随着年轻劳动力的外出务工，村里多为老弱病残的留守人员。周边地区散布着众多的古山寨和古民居。

李家山洞寨是清朝时期李姓家族为躲避土匪侵扰，利用天然洞穴捐资修筑而成。

仙人洞寨

仙人洞寨地处北纬 31° 21'03"、东经 111° 51'40"，海拔高度 205 米，面积 3200 平方米。

仙人洞寨位于东巩镇陆坪村茅坪河七里水峡北岸，传说八仙曾在此修道，因此得名。该洞寨原有大门高 2.5 米，长 6.5 米，洞内前宽后窄，最宽处约 8 米，最窄处约 1 米。经湖北大学洞穴探险队探测，洞穴长 500 米以上，方便人们行走、活动的约 400 米。因地处河畔，洞内常年有积水。

洞寨前 50 米处即为水流湍急的茅坪河，河对面为笔架山，山上灌木丛生。洞寨后为月亮山，植被茂密。此地为喀斯特地貌，山岩陡峭，溶洞较多。

洞寨对面有一条通往东巩镇远至宜昌的古驿道。驿道边的茅坪河是《左传・哀公六年》提及的“江汉沮漳，楚之望也”中的漳河的重要支流。周围文化景点丰富，有忠义寨、飞石洞寨、戴家垛子洞寨等。附近人口密集，交通便利，250 省道穿境而过。寨下的陆坪村已经发展成为一个繁华的集镇，商贸网点较多。春秋寨景区开发后，极大地带动了周边第三产业的繁荣，村民们的生活水平也随之提高，大多数家庭生活富足。

仙人洞寨是过去是附近村民的避难之所，洞寨所在区域现为春秋寨景区核心部分。

飞石洞寨

飞石洞寨地处北纬 31° 21'08"、东经 111° 51'40"，海拔高度 212 米，面积 350 平方米。

飞石洞寨位于东巩镇陆坪村与上泉坪村交界处的茅坪河水峡北岸，离河岸约 20 米，坐北朝南。因洞寨门口横卧一块巨型岩石，状若飞来之石而得名。洞寨因形就势，将巨石左上方与右下方自然形成的两个洞口改造成两座大门。门面为石墙，面积超过 20 平方米。因门面墙体不在一个平面，右下墙体后移 1 米多，与左墙通过一处坡面衔接，右大门便巧妙地设置在凹进的坡面上，极为隐蔽，不到跟前很难发现此门。门框用打磨过的条石筑成，现保存完好。墙体依托巨石厚薄不一，上部有箭垛遗迹。左大门已损坏，右大门后有一间约 15 平方米石房，应是值班门房。洞寨内空间宏大，宽 3 ～ 8 米，高在 10 米以上，最高处达 30 多米，主洞深 50 多米。洞中有洞，中部有一个斜洞可达山顶。洞内有数间石房遗址，

东巩镇陆坪村、上泉坪村飞石洞寨寨口　（2007 年摄）

其中一间墙体高 2 米以上，地面上有许多陶片，还有青花瓷片。

洞寨脚下是茅坪河，碧绿的河水缓缓流过，岸边曾是通往宜昌的古驿道，沿途文物景点众多，如春秋寨、仙人洞寨、戴家垛子洞寨等。人口密集，交通发达。附近的春秋寨景区已经被打造成国家 AAAA 级旅游景区，游客熙熙攘攘，络绎不绝。

据志书记载与村民介绍，飞石洞寨为古寨，建筑时间在明朝以前。

十姑洞寨

十姑洞寨地处北纬 31° 24'14"、东经 111° 57'02"，海拔高度 270 米，面积为 3.6 万平方米。

十姑洞寨位于东巩镇双坪村，由天然溶洞改造而成，系明朝前的洞寨。洞长 1500 米以上，有水旱两个出口，洞深 300 米处有一直径达 20 米的天眼，洞宽 8 ～ 15 米，高 5 ～ 20 米，可容纳数万人。洞寨内密布钟乳石与石笋，它们奇形怪状，千姿百态，有飞禽走兽，花鸟虫草，玉佛祥云，凤翔龙舞……令人目不暇接，眼花缭乱。上层的旱洞，时宽时窄，游人行动自如。下面的水洞，流水潺潺，波光粼粼，或浅滩，或深潭，虾跳鱼跃，美不胜收。因传说玉帝十女曾在此洞修炼而得名。

东巩镇双坪村十姑洞寨洞口　（2007 年摄）

周围为喀斯特地貌，泉眼多，溶洞多。因地处低山地带，气候适宜，四季分明，雨量充沛，植被繁茂。山上灌木丛生，乔木成林。动植物种类多。

附近村庄密布，人口众多，物阜民丰，交通便捷。古山寨遗址众多，是高跷、花鼓戏之乡，文化底蕴深厚。

此洞寨不仅是历史上人民祖辈避难之地，而且是一些穷人的栖身之所。1948 年，地方反动武装还曾盘踞洞内，解放军曾经与之激战，一位团级干部在这里英勇献身。现在此洞经过开发利用，既是旅游观光地，又是矿泉水生产与大鲵养殖基地、影视拍摄基地。

五　肖堰镇

太平洞寨

太平洞寨地处北纬 31° 27'55"、东经 111° 46'18"，海拔高度 511 米，面积 95 平方米。

太平洞寨位于肖堰镇斑竹坪村狮子山山腰上，洞口朝南与闵家山相望，西北山下距宝湾自然村约 400 米，与聂家寨相望。山洞隐藏于狮子山半山腰，属天然山洞改造而成。洞口能容一人弓身进入，行走 2 米后到达宽阔地带，此处可容 10 多人藏身。面对洞口的洞壁上有三位人物雕像，雕刻工艺粗犷，人物特征不太明显。中间造像较大两边较小，姿态均为抱臂而坐。人物的下方雕刻有石台，似“神台”，在下方台基上雕琢有多个大小不等的圆窝，似“灶台”。山洞的左侧有一个洞口，由此下滑近 2 米到达另一个洞穴，此洞比上洞更为开阔，能容纳几十人。

肖堰镇斑竹坪村太平洞寨内石刻人物像　　（2008 年摄）

洞口下面是悬崖，悬崖上生长的灌木杂树掩护着山洞。狮子山上生长有花栎树及松树，山洞因远离人家而显得十分安宁。

太平洞西北的宝湾居住着多户人家，以种植小麦、玉米为主要农作物，由村庄的崎岖小路可以通往 251 省道，交通较为便利。

在此发现破碎为大小四块的石碑，拼整后通高 48 厘米，宽 35 厘米，厚 6 厘米。碑文记载居洞人闵相嘉庆三年（1798）携一家大小为避难而迁此洞居住，嘉庆七年（1802）刻碑，有诗为证：“圣皇二年起贼戎，全身避难居洞中，操心劳力苦修事，命匠刊碑使后通。”

古墙洞寨

古墙洞寨地处北纬 31 ° 30'45"、东经 111° 43'06"，海拔高度 445 米，面积 1000 平方米。

古墙洞寨位于肖堰镇四垭村境内的秦王寨山腰，东为林河中段，坐西朝东。因洞口处垒有厚厚的石墙而得名，原为天然溶洞。山下村民为躲避匪难而利用天然空间垒石为寨，保一方平安。

南北两边用厚厚的石墙连接，牢不可破，北端留有石门，墙上有巡道垛口、瞭望孔，洞内宽敞，可容数百人，靠近墙边有 3 间房屋略低于洞内平面，洞南壁上有三道人工凿孔，分别为 16、13、

肖堰镇四垭村古墙洞寨正面　　（2008 年摄）

10孔，可能当时筑有三层木楼。洞内有小洞，据当地百姓讲可直通山顶。进洞口处有一眼井，常年不干，主洞外北10米处另有2间石屋，墙体保存较好。此外无其他遗迹。

古墙洞寨地处山腰，地势险峻，东面林河，与火口崖相望，自然环境清新宜人。气候适宜，空气湿润，土壤肥沃，加上林河湍急流淌，经年不息，为原始植被的生长提供了良好的条件，稀有树种茂盛生长，野猪、蟒蛇等野生动物不时出没。

洞外居民因交通闭塞，全部搬迁，此处成为林地。每到农闲，洞内便热闹起来，打鱼、放牧等人来人往，歇脚于此。仅有一条羊肠小道从洞下通过，交通不便。洞前不远处有一处古学堂遗址，山顶为秦王寨。

国公洞寨

国公洞寨地处北纬31° 31'55"、东经111° 40'59"，海拔高度852米，面积1530平方米。

国公洞寨位于肖堰镇境内的峰山村桃树仓山岩半腰。当地俗称“锅盖洞”，后因抗战和解放战争期间国共两党军队均在此驻扎过，因此又叫“国共洞”。

肖堰镇峰山村国公洞寨大门　（2008年摄）

洞口处垒有一条长30多米、宽约1米的石墙，墙中设门，洞内分两级台阶，宽敞明亮，可容数百人。国公洞寨坐北朝南，背靠松树包山，面向漳河支流林河，东望大包寨，自然环境非常优美，洞居半山腰，崎岖险峻。岩顶迎客松高大挺拔，洞内宽敞明亮，空气湿润，原始植被及许多珍稀树种均保存较好，满坡均有动物活动的痕迹。

国公洞虽已无人居住，但常有探险者前来探访。因洞内比较宽敞，入冬后此处曾是狩猎者的栖身之地。山上为松林，林边牡丹花开沁香扑鼻。但交通不便，仅有羊肠小道通往洞中。由于该洞曾有国共两军先后在此抗日，在当地传为佳话，成为爱国主义教育基地。

该洞寨重建于清嘉庆年间，当时社会动乱，以王、都大姓为首，捐资重修洞寨，以保全百姓平安。民国28年（1939），国民党军队在此驻扎，洞内竖有“永绥咸宁”阳刻四字石碑，墙外设有窗口，有对联曰：“古木逢春发，地球绕日行”，横批为“社稷日新”，洞右侧50米处有关庙一间，墙体保存完好。

肖堰镇峰山村国公洞寨洞内“永绥咸宁”石刻
（2008年摄）

碑刻　肖堰峰山村国公洞寨碑文

永远清泰

盖闻天地之间惟有善心为尊世间之事最有德行为重但自古以来天地气脉所生国公洞一所下民所避乱居处前者众姓各捐资财重修关庙关圣满堂圣像宝洞城墙功成圆满祈保合寨人等清吉平安事

今以领修信士都玉金都宗元所发善心管石匠饮食费用引领众姓修建殿前保墙一维永保万事兴隆勒石为记万古传流而矣

头人　王相寿　王登旭　唐士聪　都玉贵　都应琢　幸冬兴　王开国（以下众姓捐款者略）

大清嘉庆七年壬戌之岁孟秋月吉日立

周家洞寨

周家洞寨地处北纬 31° 32'35"、东经 111° 39'00"，海拔高度 445 米，面积为 1600 平方米。

周家洞寨位于肖堰镇观音堂村三组周家老屋的西侧半山腰上（当地叫洞子坡），隐藏在山坡竹林之中，不易被外人发觉。周家洞寨利用天然洞穴打造而成，洞寨口十分隐蔽。洞口外用石块修砌寨墙，墙体部分已损毁坍塌，平面呈弧形，长约 16 米，残高 0.5 ～ 2 米。洞寨内部外宽内窄，砌有两道石墙，将洞穴分隔为 3 部分，空间高 3 ～ 5 米，深不可测。

肖堰镇观音堂村周家洞寨内洞口　（2008 年摄）

周围山峰连绵，植被茂密，灌木丛生，松、柏、栎树成林，小动物随处可见。村民以种植小麦、玉米为主，也培植木耳、香菇。

古寨位于屋场附近，常年人来人往，有条村道直通寨边，百米外住有 10 多户人家。附近的周家老屋保存较好，古山寨存量多，还有寺庙遗址。

周家洞寨曾是附近村民的避难场所。因为洞内温度低且稳定，还被当地居民用来保存肉类食品。

星辰洞寨

星辰洞寨地处北纬 31° 33'18"、东经 111° 43'36"，海拔高度 735 米，面积为 1600 平方米。

星辰洞寨位于肖堰镇王家井村北约 3 千米处，为一处利用天然岩洞修建的庙寨合一的洞寨，新中国成立初已废弃，现存基址。洞坐西向东，口呈半圆形，高约 5 米，阔 6.8 米，口大内小，深度不详。洞前是一块开阔场地，长约 40 米、宽约 40 米，为星辰庙旧址。墙基均为石块垒砌，主殿面阔 19 米，进深 8 米，门前有一长 25 米、宽 5.5 米的平台，其上散置有 11 块石碑，由于常年风雨侵蚀，碑文大部分模糊不清。

该洞寨地处半山腰，四面群山环绕，气候适宜，寨内灌木丛生，山上植被以松树、花栎树为主。

该洞寨西边山脚下有一自然村，30 余户人家在此居住，以种植香菇、木耳、银杏为经济作物，寨北山下有一条村级公路可通往 251 省道，交通十分便利。

佛爷洞寨（峰山村）

佛爷洞寨地处北纬 31° 31'30"、东经 111° 42'12"，海拔高度 792 米，面积为 690 平方米。

佛爷洞寨位于肖堰镇峰山村竹园坑自然村，北距竹园坑自然村约 1 千米，下游即为五家沟，对面遥望秦王寨。洞为天然石灰岩溶洞改造而成，口宽 27 米，进深 15 米。洞前经过平整，现存有石砌台阶、石踏步、石墙基遗迹。洞口墙基前立有石碑 6 块，洞内台阶部分有开凿痕迹，其上竖立石碑 2 块，木造

肖堰镇峰山村佛爷洞寨正面　　（2008 年摄）

像 2 个。另外洞内还有残碑 8 块，大多无法拼对。此处石窟寺及碑刻为研究庙宇提供了重要的文献价值。

寨山上气候温暖适宜，广生竹木、松木，植被茂盛。远古时代造山运动遗留下石灰岩地貌，洞泉百出。山陡路险，花草芳菲，奇石林立，环境古幽。一条曲折小路通向山顶，山边即为竹园坑自然村，村边即是村级公路。

洞内碑刻分前后两个时期，圆首碑均为明正德元年（1506）开山立庙时石刻；圭首方首均为清代碑刻，时间分别为乾隆 13、14、19、30 年。前者记录了建庙时间、建庙人、供养人、供养佛名、供养佛尊数；后者记录了几次修缮庙宇事迹。

佛爷洞寨（观音岩村）

佛爷洞寨地处北纬 31° 54'44"、东经 111° 63'47"，海拔高度 830 米，面积为 650 平方米。

佛爷洞寨位于肖堰镇观音岩村楼子湾佛爷洞坡田边，东临桃园垭，南望任家山，西眺板桥镇九龙观。寨左边约 100 米处住有一户都姓村民，南面任家山上分散住着十几户村民。洞寨门口立有一通清光绪三年（1877）的石碑，属于记事功德碑。从遗迹可以辨认出，洞口修建有一间约 28 平方米的大厅，大门为石门，设在中心位置，门高 2 米，宽 1 米，厚 0.5 米。洞内呈半圆形，有一尊天然石佛，是洞顶滴水过程中形成的水锈石。

肖堰镇观音岩村佛爷洞寨寨门　　（2008 年摄）

古洞寨周围草木葱茏，茂林修竹，野生动物时常出没。地处高山峡谷，风景优美，空气清新，有人间桃源之美誉。此处人文景观不少，古寨屹立山头，老屋隐于村中，古墓田边可见。

天坑湾洞寨

天坑湾洞寨地处北纬 31° 31'32"、东经 111° 48'28"，海拔 457 米，面积 700 平方米。

天坑湾洞寨位于肖堰镇观音堂村彭家沟周家老屋右面，有东门和西门，都已坍塌，寨内平坦，墙体毁坏较严重。东临彭家沟，西面王家井村，南朝曲阳坪村，北与苗家沟村交接。据村民介绍，洞寨建于清朝前。

洞寨所在的观音堂村，为交通要冲，自古以来交通便捷，历史上的古驿道和现在的 251 省道都穿境而过。山水景观迷人，文化底蕴厚重。村中分布着 10 多座古山寨，还有保存较好的清朝以前的多栋古民居。

六 李庙镇

庞龙洞寨

庞龙洞寨地处北纬 31° 47'41"、东经 111° 38'18"，海拔高度 289 米，面积为 3500 平方米。

庞龙洞寨位于李庙镇北沟村与长坪镇黄潭村交界处的鹰子石。洞寨坐西朝东，洞口高约 20 米、宽 15 米以上。进洞口有石凳、石坎、石门，建有石砌围墙一道，围墙高 2.5 米，长 10 米以上，用打磨过的石条砌成。洞寨内高约 10 米，最高在 15 米以上。洞内深不可测，面积数千平方米，可以容纳数百人。

洞寨内中部的两边石壁上凿有两排石窝，是放梁枋的地方。据当地老年村民介绍，洞寨当年上面还铺有木板，以备避难时住宿生活所用。

此洞寨洞庙合一，历史上曾有上百尊石雕神像，现尚存数十尊，为不同年代打造，但塑像损坏严重，大多有身无头。此洞寨还有一大特点，因内有泉眼，排水系统健全，一条水渠（排水沟）由内直通沟外，常年流水潺潺。洞口外还建有青石板桥。

洞寨周围为深山老林，杂草灌木丛生。洞寨南部有一片荒地，东、西、北面有山围绕。洞南有一条羊肠小道可行，距北沟村委会约 4 千米，距黄潭村月亮湾约 3 千米。

洞寨虽地处两镇交界的偏僻之地，人烟稀少，交通不便，但周边古石寨、洞寨、寺庙、古墓葬、古造纸作坊遗址等人文景点众多。

洞寨文化底蕴深厚，有多处碑刻题字。洞外石壁上方约 7 米处，有 2 处毛笔楷书墨迹，年代为清嘉庆七年（1802）。洞内外现存石碑刻 9 块，其中洞寨门外有座巨型碑，为乾隆二十年（1755）仲冬月所立。由于年代久远、风雨剥蚀及人为原因，最早的碑刻已看不清年月。其中有 2 块碑刻损坏，能辨别的除乾隆年间碑刻外，还有同治七年（1868）、光绪二十年（1894），最晚的碑刻为民国 7 年（1918）所立。由此可知，此洞寨历史久远，先后经过多个朝代的维修改造。

李庙镇北沟村、长坪镇黄潭村庞龙洞寨内景

（2008 年摄）

古佛洞寨

古佛洞寨地处北纬 31° 46'50"、东经 111° 41'23"，海拔高度 252 米，面积为 250 平方米。

古佛洞寨位于李庙镇鱼泉河村杨家坪洞坡，系寨寺合一的洞寨。该洞寨坐北朝南，平面呈长方形，南北长 30 米，东西宽 8 米，洞高 7 米。原为天然溶洞，洞东部有偏洞，洞前为悬崖峭壁，有砖砌围墙，洞内佛像 24 尊，大多已损坏，完好无损的仅 9 尊。

古佛洞位于杨家坪洞坡半山腰，东部山脚下为鱼泉河，当地旅游资源十分丰富，村民以种植水稻、小麦为主，兼种玉米等经济作物。

洞寨东南 200 米处为 305 省道，麻竹高速公路穿境而过，交通十分便利。该村为旅游名村，开发有鱼泉河漂流等旅游项目，村民半农半旅，生活较为富裕。洞寨内经常有人前来烧香拜佛。

据碑文记载，古佛洞寨建于清道光十一年（1831）。

碑刻　古佛洞碑文

万善同归

大清国湖北省襄阳府南漳县苓芝乡永丰都大河五盘山四维上下各分□□盖闻佛祖年代以远古佛合洞朽坏众神金像一不全首士众等共捐资财装塑合洞诸神□□□

首士　杨正秀　鲁朝文（共 189 人名略）

匠师　张大书

皇上道光十一年□月十六日

干洞寨

干洞寨地处北纬 31° 46'59"、东经 111° 41'29"，海拔高度 174 米，面积为 70 平方米。

干洞寨位于李庙镇鱼泉河村干洞坪大岭山脚，东连羊圈，南为 305 省道，西北为彭家营，北靠大岭主峰，坐北朝南。洞寨原为天然溶洞，平面呈长方形，南北长 10 米，东西最宽处为 8 米，洞口高 7 米。洞口用条石垒砌成墙，洞内用条石砌成排水沟，进洞寨的道路原有木梯相连，方便通行。

干洞寨洞前为悬崖峭壁，种植有大片白杨树，洞口前 500 米处有移动发射塔。南部山下为鱼泉河中游，100 米处为 305 省道，麻竹高速公路穿境而过，交通十分便利。当地村民以种植水稻、玉米、小麦为主，兼种玉米。鱼泉河村为旅游名村，开发有鱼泉河漂流等旅游项目，村民还发展旅游业，生活较为富裕。

干洞寨建于清朝前，是当时附近村民为躲避土匪而修建。

蝙蝠洞寨

蝙蝠洞寨地处北纬 31° 57'58"、东经 111° 35'11"，海拔高度 483 米，面积 1600 平方米。

蝙蝠洞寨位于李庙镇胡家坪村蝙蝠洞崖半山腰，东临韩家坡，西连罗前崖，南为马牛洞山，北距大前沟 500 米。洞寨平面呈长方形，洞寨深 250 米，宽 2 ～ 8 米，洞寨口高 3.8 米。洞前用条石垒砌成墙，残高 1.1 米。洞寨坐西朝东，险峻幽深，洞两边石壁上凿有榫窝痕迹，洞内最高处约 15 米，洞顶部有一根檩条，据当地村民介绍，原来洞中有用木板铺成的三层房屋，洞口中间顶部刻有“由二”字样。

洞寨山上竹林茂盛，东部山下为南北走向的洞沟，东部山脚 500 米处住着 2 户村民，当地村民以种植小麦、玉米为主，兼种油菜等经济作物。周围多为古寨和乡土建筑。

蝙蝠洞寨建于清朝以前，是当时附近村民为防止土匪侵犯而修建。

风洞寨

李庙镇老君村风洞寨洞口
（2008年摄）

风洞寨地处北纬31° 56'22"、东经111° 34'14"，海拔高度924米，面积1000平方米。

风洞寨位于李庙镇老君村风洞半山腰，东距向子湾沟1千米，南对阳坡，西连枣树屋场，北是黄莲沟，该寨原为天然大溶洞，坐北朝南，洞寨长250米，洞寨口宽约8米，用条石垒成墙，洞内险峻幽深，两边石壁上凿有榫窝，洞口高约3米，堵有一石块，洞内最高处约25米，洞前为悬崖绝壁，设南门。

风洞寨周围山势陡峭，洞前为悬崖绝壁，山上灌木成林，山下东西走向洞沟，当地村民以种植小麦、玉米为主，兼种油菜、培植香菇等经济作物。

洞寨东部500米处仰天洼住有几户村民，西距沙坪公路约4千米，山下建有土地庙，常有附近村民前来烧香。

石花洞寨

石花洞寨地处北纬31° 50'15"、东经111° 40'25"，海拔高度357米，面积1300平方米。

石花洞寨位于李庙镇全家湾村南沟石花沟半山腰，东靠龙王山，南望闫坪，西为三道河支流，北距李庙镇政府1千米。石花洞原为天然溶洞，现洞深300米，洞口宽8米，洞口向西。寨墙用条石垒砌成双层，内层有行道，城墙上建垛口，在洞口南壁上有一通石碑。

石花洞寨山势险峻，山下灌木丛生，山脚下有一条小水沟，常年水流不断，镇政府在此建有引水管道。

石花洞寨内现有当地村民在此建庙，附近村民前来拜祭。村民以种植油菜、小麦为主，培植香菇等经济作物。周围洞寨较多，寺庙遗址多。

石花洞寨是当时为防止土匪侵犯，附近村民共同修建的。据碑文记载，石花洞寨在光绪十八年（1892）六月间受旱，众姓诚心祈告龙女降雨，于是请师刻石。

李庙镇全家湾村石花洞寨内石碑　　（2008年摄）

碑刻　石花洞碑文

从来阴阳之修和自天之而非人力之所致也天寒不雨人亦无所恃矣世有石花神洞龙女匿迹在斯每逢天旱求之无不喜应焉今光绪壬辰年六月之间禾苗受旱瞻彼南亩则民不胜疾苦请命之词于是众姓人等诚心祈告龙女位前蒙神默佑一雨雨三日自东自西有田畴其皆及自南自北无仟陌之不需民乃易忧为喜以豕羊祭祀

答神之洪恩然恐显之于一时究不能显之碑万世也随请师刻石神灵于碑而著碑与神灵并传不朽耳

众姓首士　王绍为　全家存　刘扶标　李元敏（共29人名略）

刘扶成撰文兼丹书

铁笔　王尔文　张宗化

大清光绪十八年季同立

（另在南石壁刻有“天下太平”四字）

龙骨洞寨

龙骨洞寨地处北纬31° 49'54"、东经111° 40'32"，海拔高度489米，面积1200平方米。

龙骨洞寨位于李庙镇全家湾村龙骨山脖子，东与大寨相望，南临石梁子洼，北靠龙王山，西和石花洞相距500米。山寨依山势而建，坐南朝北，用条石错缝垒砌，平面呈长椭圆形，南北最长35米，东西最宽15米。山寨南低北高，西城墙建射击口，设有南门，门口原有石碑，已毁。

龙骨洞寨山势为南北走向，东西部为悬崖绝壁，南北地势较缓，山上灌木丛生。当地村民以种植小麦、玉米为主，兼种油菜、培植香菇等经济作物。

洞寨内当地村民在此建庙，附近村民前来拜祭。东部山脚下1千米处为李庙镇街道，人口密集，商贸业较为发达。

龙骨寨内石壁上现存摩崖石刻一块。碑文记载，龙骨寨是邹姓村民在嘉庆五年（1800）所修。

大龙洞寨

大龙洞寨地处北纬31° 49'45"、东经111° 38'09"，海拔高度467.5米，面积1500平方米。

大龙洞寨位于李庙镇北沟村二组，该洞气势壮观，洞口高约7米，宽约6米，洞内宽敞，高约8米，宽约10米，内有蓄水，分主潭、二潭和三潭，上有天眼通向山顶。距大龙洞800米处修建有15间大龙庙宇，始建于清朝年间，香火十分旺盛。

现已探明洞深约400米（但不是尽头），洞中藏有水锈莲花盆及众多奇形怪状的钟乳石和雷声洞等。

洞外山清水秀，环境优美，气候宜人，奇花异草满山遍野，一年四季竞相绽放，苗木花鸟争奇斗艳。

白龙洞寨

白龙洞寨地处北纬31° 40'32"、东经111° 58'45"，海拔高度791米，面积1500平方米。

白龙洞寨位于李庙镇南沟村一组白龙山顶上，坐西北朝东南，洞寨全长约410米，洞寨外墙东南长约150米，西北宽约100米。在寨尾修了一座关帝庙，是用干打垒的土墙建成，早已倒塌，但底部基脚保存完好。寨上现存两通石碑，碑身相距百米，因年代久远，石碑自然风化，碑文已不清晰，其中一通石碑大致能看清“在南邑西山豫城镇贞纯乡时期”部分字迹，其他一概模糊不清。另外一通石碑，碑文铭刻郑永强、郑永刚、全尚志、熊维甫、冯仕长等多位人名，现保存完好。

李庙镇南沟村白龙洞寨洞口　（2008年摄）

白龙洞外寨最初四周都是用石头垒砌而成，墙高2～3米，厚度1～2米，寨南面有洞有水，还有一座泰山庙（已毁），此寨建有东、西、北门，东门下留有通道。传说历史上土匪曾多次围攻都未能攻下此寨，因此地险要、易守难攻，又有百余人驻守，固若金汤。

洞寨外生长着多株白皮松、樟树，洞内有龙眼、龙床、蝙蝠洞、穿山洞等自然景观，洞中的泉水源源不断，为当地百姓生产、生活用水提供了充足的水源。白龙山有200多平方米的悬崖绝壁。

山水洞寨

山水洞寨地处北纬31° 53'53"、东经111° 54'15"，海拔高度1300米，面积500平方米。

山水洞寨位于李庙镇栎桦寨村二组西南山顶上的麒麟寨中。东有凤凰寨，此寨建于麒麟寨悬崖峭壁之上，寨内可屯兵百余人，这里地理位置偏远，山势险峻，易守难攻。周围植被繁茂，树木成荫，森林覆盖率达90%以上。此地山清水秀，环境优美，四季分明，气候宜人，被誉为现代版的原始森林和天然氧吧。

山水洞寨口宽约10米，高约8米，洞深约50米，洞口上方有一尊天然佛像，洞中右侧有一高约5米的转运洞，左进右出，洞内白玉石柱上下相连，洞中香火不断，经常有远客慕名前来进香参拜，观赏周围风景，客源东至干河、西至鲁家河，全长10千米。

传说当年武当山祖师出家修仙游历西北，想在钟游顶修行，可山体不实，山顶一年内矮了三尺三寸。祖师爷见此地不禁坐，急转到“山水洞”居住，静修佛道。祖师将一口钟悬挂在钟游顶，而他本人则常常骑乘麒麟在两寨之间巡游，常有凤凰送来仙果美味，几年之后祖师爷在武当山修成正果。临行前就把东寨赐给了凤凰，取名凤凰寨，麒麟就守在“山水洞”洞口，取名麒麟寨，而神钟就挂在“山水洞”北边最高山顶上并取名钟游顶。山水洞至今香火旺盛，常有慕名而来的信徒进洞敬神。

憨虎洞寨

憨虎洞寨地处北纬31° 54'50"、东经111° 31'32"，海拔高度647米，面积500平方米。

憨虎洞寨位于李庙镇沙坪村一组，坐南朝北。传说盘古开天辟地时就有此洞，洞口高约1.5米，宽约1.2米。洞内高约5米，宽约3.5米。洞穴深不可测，传说此洞直通四川。在民国时期，当地有7位年长者带着灯笼、火把，到洞中走了几个时辰都没有走到尽头，火把即将用完才被迫退了回来。洞内遍布着奇形怪状的水锈石，它们大小粗细、高矮长短各不相同，用手触摸光滑圆润，晶莹剔透。

憨虎洞寨洞口较为隐蔽，不易被人发现。洞外山清水秀，四季分明，气候宜人。山林植被保护良好，树木成荫，森林覆盖率达95%以上。

李庙镇沙坪村憨虎洞寨洞口（2008年摄）

老龙洞寨

老龙洞寨地处北纬31° 56'32"、东经111° 36'03"，海拔高度543米，面积1100平方米。

老龙洞寨，又名西溪洞或斜溪洞，位于李庙镇茅坪村一组龙洞山坡的半山腰上，坐北朝南。洞口宽约10米，高约6米，呈人字形，上窄下宽。这是个口大内小的斜洞，洞内有三个水潭，一潭较小，水也较浅，潭边有民国前设的拜台、香炉和碑刻，还有龙王爷和龙王奶奶的两尊塑像，逢年过节常有人来此祭拜。二潭略比一潭水深，是椭圆形水潭，旁边墙上有奇形怪状的水锈石，还有几个斜洞口。三潭也是椭圆形的，最大最深，水深约 8 米，清如明镜，潭水是从潭底涌出来的。

此处非常宁静，走进洞中只能听到滴水的叮咚声。历史上每逢大旱，就有很多老百姓翻山越岭来到此处，用观音梅瓶到三潭灌满水，再到一潭处烧香祭拜，求龙王爷开恩降雨解旱，保佑庄稼苗壮成长，田农五谷丰登。然后把取来的水带回住处，放在事先设好的祭坛上供奉，全村人都会前来跪拜祈求龙神快快显灵，降下甘霖。据说若龙神显灵，必须在三天内将水归还至龙潭。

老龙洞寨洞口处树木茂盛，四季常青。这里绿水长流，东南两侧为千米绝壁，具有雄、险、秀、静、奇五大特点，是人们集游山玩水、休闲娱乐于一体的天然避暑胜地。

李庙镇茅坪村老龙洞寨洞口　（2008 年摄）

黄龙洞寨

黄龙洞寨地处北纬 31° 47'13"、东经 111° 42'30"，海拔高度 211.68 米，面积 126 平方米。

黄龙洞寨位于李庙镇鱼泉河村二组，距 305 省道约 500 米，坐北朝南。其洞生于绝壁之中，洞口高 8 米，宽 3 ～ 4 米，洞腹较大。当年洞外垒有石寨墙，已毁。洞口被巨石堵塞，水从洞口内涌出形成小溪，下大雨时，水如喷泉从洞口急射而出，射距可达 3 米以上。天旱时村民们则会到此汲水抗旱。洞口岩壁上有几处神龛，龛内有石佛，有香火供奉，后石佛被盗。洞口旁有一棵直径 1.5 米的古楠树，洞口上部洞内为干石瀑布，雨天就有瀑布显现，可与黄龙洞口喷泉景观相媲美。洞寨曾经是村民们在社会动荡时期的避难所。

七　薛坪镇

鱼泉洞寨

鱼泉洞寨地处北纬 31° 37'59"、东经 111° 36'21"，海拔高度 778 米，面积 200 平方米。

鱼泉洞寨位于薛坪镇石桥村朱家湾南部半山腰，东临漳水河，是一处由自然溶洞改造而成的洞寨。洞穴的平面类似卧倒的锤形结构，最长处 20 米，最宽处 10 米。洞口用石块垒砌封住，中间留一个门，墙上留有射击孔，内有巡道。进入洞口后下一个小坡方来到洞内平地，这里有一处小洞，据当地村民闫德洲介绍，这是一个地下河，深不可测。洞内另有多个小洞。

洞寨位于半山腰，洞前为陡坡，地势较险，洞口四周植被茂密，有灌木、杂树，杂草丛生，荆棘遍布，山泉潺潺。洞前山下为人工开辟的一片田地，原种庄稼，现已荒废，并种植有杉树。周围人烟稀少，交通不便。

当年贺龙领导的红三军曾在此地建立根据地，并在此洞居住了数十天。

龙泉洞寨

龙泉洞寨地处北纬 31° 36'55"、东经 111° 37'27"，海拔高度 823 米，面积 60 平方米。

龙泉洞寨位于薛坪镇古树垭村境内的刘霄岩山（俗称佛爷山）上，洞口坐东南朝西北，由一座天然形成的洞穴改造而成。洞口高约 3.6 米，宽 3.5 米，进深 6 米多。洞顶悬挂着一块形如人手的天然钟乳石，泉水从其上缓缓流下。

龙泉洞寨位于漳河源头的深山中，洞口对面为杏山，通往洞口的路途崎岖险要。山下遍植桂树、楠树以及栎树，野生动物时常出没。仅西湾村有一条通往山背后的小路，交通不便。附近人烟稀少，山寨遗址较多。

洞口西侧立有一通明弘治八年（1495）的“重修龙泉洞禅林碑记”石碑。碑文正文 7 行，为阴刻楷书，记载了洞寨由众善男信女捐资修建而成。此洞寨寨寺合一，历史上周围群众在此求神拜佛、祈福消灾，并于兵荒马乱时期在洞寨内避难。

碑刻　薛坪镇古树垭村龙泉洞碑文

重修龙泉洞禅林碑记

天碑唐以古至今流传为乾记自古刹刘霄岩龙泉洞净业庵果太虚此时云游四方到拎明山洞府观□山景熙熙幽雅静纳修心此洞顶灌槽溪圣水昼夜周流润泽山林树木左右深潭古洞前面砚山迭翠虎狼往来径行吼声不绝比丘道业全提祖印大阐宗风龙天推出得镇名山开化人天恢弘祖德隐山三年法社增辉四惟善男信女诚心供给喜舍资财请诸良虚开造玉石像一堂以为供养立此碑记流传后世永作道场上报

皇帝万万岁三宫皇后襄王殿下皇太子千秋

襄阳府南漳县僧会司第十三都龙泉洞净庵开山住持果太虚使者洪才

弘治八年九月八良旦吉日立

金台郡云游释子道明书枣阳县唐紫山魏兴才镌

山主陈□□

耆老

舍佛（名略）

施主

修行僧法藏

薛坪镇古树垭村刘霄岩山

佛爷洞寨

佛爷洞寨地处北纬 31° 35'44"、东经 111° 38'38"，海拔高度 935 米，面积 95 平方米。

佛爷洞寨位于薛坪镇泉湾村境内的陟洼山上，坐西朝东，属自然溶洞改造而成，极目远眺，可观蒋家山寨的雄伟，俯视泉湾秀丽的田园风光。洞寨内顶为拱形。洞中现存 2 通碑刻，中间有一个人工供台，台上有一条长约 1 米的钟乳石柱，洞口用石块垒墙封住，靠南壁留有 1 米宽的门，以便进出。石墙中间上端有一个窗口，可以看清洞外情况，窗下有类似巡道一样的窄墙，此外无其他遗迹。

佛爷洞位居山腰，洞外地形空旷，气候温暖湿润，空气清新，自然环境优美。尤其是在深秋时节，灌木枯萎，落叶满地，更显得宁静而美丽。山下泉湾自然村住有 20 余户村民，民风淳朴，村民勤劳，主要种植小麦、玉米、油菜等，仅有一条土路通往村中。

据村中尹姓老人介绍，洞中原供有许多佛像及娘娘像，佛像为汉白玉石料。香火鼎盛时期，来往香客络绎不绝，然而，后来大部分佛像被砸毁，仅有两尊幸存，现放置在村民尹本富的责任田埂边。其余的佛像则被沉入原洞下的一个水堰中，该堰现已改造成农田。此洞寨作为远近闻名的寨寺合一的建筑遗址，建于明朝之前，不仅平日供远近香客烧香拜佛、祈福求财，动乱岁月里也成为附近村民的避难之所。

碑刻　薛坪镇泉湾村佛爷洞碑文

碑刻一　功垂千秋

湖北省襄阳府南漳县维新都瓦屋场卢家庄司土地居住

从来名山洞府乃神仙所居禅林深院而浮屠为之住持如此地虽号禅林深院却别有洞天足以栖西来之神阅岩石则玲珑嵌空观形势则崇山峻岭其中为佛爷仙洞神灵赫濯保兹万方迄今法像尘封不堪目睹逾有领神务民生而敬鬼神爰邀众姓各捐资赀装严金身功成告竣刊石朗志其事地生郝连坤

领袖　尹可富

首士（名略）

捐款（名略）

大清道光十年阳月下旬吉日立

碑刻二　（残碑）

今据湖北省襄阳府南漳县维新都瓦屋场卢家庄司土地居住尝闻山不在高有仙则名水不在深有龙则灵吾境佛爷仙洞自亘古以来慈悲广大文人有杰应叩之沐圣像颓朽下□□□时□□

首士（名略）

丙戌十二年四月初八日立

老龙洞寨

老龙洞寨地处北纬 31° 29'20"、东经 111° 33'55"，海拔高度 859 米，面积 2340 平方米。

老龙洞寨位于薛坪镇三景庄村，原为天然洞穴，明朝前即建为洞寨，清嘉庆三年（1798）重修。洞穴本身险峻而坚固，内部幽深。20 世纪 80 年代当地政府在里面筑有拦水坝，现洞东西长 90 米，洞口南北宽 26 米，高约 30 米。洞口向东，有明清时用条石垒砌的城墙，现已拆除，北壁上立有 1 通石碑，洞中部用条石垒砌有平台。

薛坪镇三景庄村老龙洞寨内景
（2008 年摄）

老龙洞寨所处山脉山势为东西走向，东部险峻，山上灌木茂盛，洞外千米处即为三景庄街道，20 世纪 80 年代曾为乡镇政府所在地。当地村民主要种植小麦、玉米，兼种油菜、豆类等经济作物。

该洞与周围的自生桥、蓬莱观合称为“三景”。历史上多有文人题吟，留下诸多诗文，洞内泉眼不小，泉流不断，系南方漳河的发源地。

据碑文记载，老龙洞寨由地主李口周在嘉庆三年冬月为避鄂、豫、陕、川等匪贼而修建的。

冥阳洞寨

冥阳洞寨地处北纬 31° 38'00"、东经 111° 38'33"，海拔高度 734 米，面积 352 平方米。

冥阳洞寨位于薛坪镇冥阳洞村，坐北朝南，洞口由石墙半围，石墙高 2.5 米，厚 0.5 米，长 10 余米，保存较好。洞门在西边，门口外侧石墙嵌有一座高 44.3 厘米、宽 36 厘米的石碑，上刻有“永垂不朽”字样。

冥阳洞为天然石洞加人工开凿而成，系寨寺合一建筑遗址。洞寨内呈外扩内敛的喇叭状，底部有石阶，洞寨内壁凿刻一块石碑，为咸丰年间“叶公芳心碑序”，石碑以外有一个佛龛，现存 6 尊石雕。洞东西壁均有大小石凿痕，用于横置木枋。冥阳洞寨高悬于冥阳山的半山腰间，山体被茂密的树木所覆盖，南面与松树包遥遥相望。

洞寨位于 020 县道 42 千米处（现已扩修为 305 省道），从省道到冥阳洞有一条人工开凿的崎岖陡峭路。洞寨脚下即为冥阳洞河，系漳河源头，周围有老龙洞、自生桥、蓬莱观等人文与自然景观。1 千米外即三景街道，村民主要种植小麦、油菜等农作物。

据碑刻记载，当年冥阳洞寨还是一座石窟寺，建于明万历四十八年（1620）5 月，内有 10 余座雕像，当年香火十分旺盛。洞窟坐落于 20 多米高的悬崖半腰，位置十分险峻。清朝以前洞寨还是附近村民避难的场所。

星辰洞寨

星辰洞寨地处北纬 31° 33'29"、东经 111° 43'45"，海拔高度 629 米，面积 1012 平方米。

星辰洞寨位于薛坪镇果坪村星辰河北狮子山半山腰处。为一巨型自然溶洞改造而成，呈拱形，当年洞口有墙，现存遗址，洞内东南角有一人工搭建的求雨台。洞外平地现存两栋房屋基址，是曾经的祖师殿、龙王殿及印房，曾经香火旺盛，新中国成立前已拆毁。洞寨为清代建筑，历史上碑刻如林，现尚存

10多块残碑。

星辰洞顶至狮子山顶为悬崖绝壁，洞顶部岩石如同墨色，洞口高而洞内低，顶部垂挂的钟乳石，形状各异，水滴声清脆悦耳，洞底积水清澈见底。洞内有洞且深不可测。洞口外地势南高北低，灌木茂盛，杂草丛生，山上荆棘密布，多花栎木、杂木等。

洞外西部有一条山间小道可通山外，南部有通往星辰洞的小路。周围人烟稀少。该洞寨为寨寺合一的建筑遗址，在动乱时期，周围的村民常常躲入洞寨内避难。

潮源洞寨

潮源洞寨地处北纬31° 36'57"、东经111° 33'15"，海拔高度850米，面积28.5平方米。

潮源洞寨位于薛坪镇西北寺冲村赵家山脚下，东边为东西走向山冲，地势较为平坦。洞口呈椭圆形，东西长5米，南北宽2.5米。寨墙用条石垒砌，有石阶由上至下，内有石碑一通，还有一口天然井泉。

洞寨周围人烟稀少，南部有一堰塘，东边100米处住有一户朱姓村民，种植小麦、玉米，兼种烟叶、豆类。交通不便。

虎头山洞寨

虎头山洞寨地处北纬31° 53'16"、东经111° 28'40"，海拔高度851米，面积260平方米。

虎头山洞寨位于薛坪镇杜冲村冯家湾屋后的虎头山东面半山腰，坐西朝东。洞寨正面宽5米以上，用天然石块垒砌的石墙宽约5米，厚1.5米，现存残墙高约1米。洞寨内部有多个洞穴，主洞深度约20米，高度在2至5米之间。洞寨中部地面有一块直径超过1米、高度近2米的大型石笋。洞顶和洞壁布满了形态多样的钟乳石，具有较高的观赏价值。历史上，洞寨内曾有近20尊木雕神像，但在20世纪被毁坏，洞寨内现已无其他遗迹。

洞寨周围植被茂盛，杂草和灌木丛生，乔木成林，绿荫覆地。洞寨隐于树林之中，难以被人发现。山上生长着大量的栎树、松树、杉树，也有楸树、泡桐和银杏树。

洞寨所处地域为革命老区，经爆发过震惊鄂西北的荆山农民起义，并留下了许多红色遗址。周围古寨、老屋存量较多。离集镇近，人口密集。当地村民多从事商业活动或外出务工。交通便利，省道、县道穿境而过，村民生活富裕。

薛坪镇杜冲村虎头山洞寨　　（2008年摄）

大鱼泉洞寨

大鱼泉洞寨地处北纬 31° 35'42"、东经 111° 33'18"，海拔 385 米，面积 680 平方米。

大鱼泉洞寨位于薛坪镇龙王冲村陈家老屋夏家场，距陈家老屋 1200 米。洞口高 9 米，宽 12 米。洞寨内左边为旱洞，右侧建有寨门和寨墙，寨墙长度超过 6 米，高 2 ～ 3 米，中间砌有寨门，所用石料大多数经过打磨，砌筑得相当整齐。进门后洞内曲折幽深，能够容纳人行走的部分大约在 100 米以上。旱洞内分布有奇形怪状的钟乳石和石笋。洞寨外有一个水深超过 2 米的水潭，水流四季不断，洞内流水潺潺，形成了一道天然的防御壕沟。

大鱼泉洞寨因春汛秋汛到来之时，洞内成群的泉鱼涌出洞口而得名。在距离洞寨大约 1500 米的地方，还有一个小洞，与大洞相似，因此此洞又有大鱼泉洞之称。

洞寨所在的漳河源周围植被覆盖率高，拥有 50 种以上的珍稀植物，动物种类繁多，其中包括水獭、林麝、大鲵等珍稀动物，是动植物的乐园和天堂。由于漳河源地区自然资源丰富，文化底蕴深厚，目前已被国家批准为自然保护区。

薛坪镇龙王冲村大鱼泉洞寨寨口（2008 年摄）

薛坪镇龙王冲村大鱼泉洞寨（2018 年摄）

洞寨所在区域民国以前的古建筑存量不少，其中夏家场和方家场的古民居保存完好，砖雕、木雕、石雕等装饰工艺精湛。此地古寨、造纸作坊分布较为密集，在 10 千米的范围内有数十座古造纸作坊遗址。

据陈家老屋 80 多岁的陈廷彬老人介绍，大鱼泉洞寨历史悠久，始建年代应在清朝以前，是陈家老屋中场在战乱时期避难的场所。

甘景洞寨

甘景洞寨地处北纬 31° 34'50"、东经 111° 43'16"，海拔高度 643.4 米，面积为 8000 平方米。

甘景洞寨位于薛坪镇果坪村、黑河上游果庄河峡谷中，在国家 AAAA 级旅游景区香水河范围内。地处高山峡谷，喀斯特地貌，洞寨依天然溶洞改造而成，坐南朝北，规模宏大，属于南漳特大型洞寨之一。洞内有地下暗河喷涌，系果庄河源头，属于黑河主要水系之一。

甘景洞寨四周绝壁陡峭，洞口悬挂在半山腰的峭壁中央，十分隐蔽，洞外有石头打磨的台阶，抬升 15 米左右通往洞内，两扇寨墙紧贴岩壁，采用大小规则的方块石垒砌而成，宽 1.5 米，高 3 米左右，洞门上还有木质门框，没有完全腐朽。洞内由洞厅、左右洞组成，高约40米，宽约25米。洞顶呈拱形状，缓坡向内延伸。洞寨遗址轮廓十分清晰，人类活动遗迹明显，岩壁上人工开凿有石孔，为避难搭建住所之用。进洞厅50米，左右并列着两个洞门。左洞体量庞大，深不可测，灯光照射，四周宽大无比，看不到尽头。洞顶挂满了形态各异的钟乳石，地上长满着高矮不等的石笋。从洞顶掉落下来的巨石横七竖八，呈透明晶体状，犹如玉石。其中，一块巨石横卧，状如一头醒狮首尾相连，十分逼真。右洞比较狭小，有地下暗河喷涌，穿过地下岩层，在洞外100多米汇入黑河。

薛坪镇果坪村甘景洞寨洞口 （2023年摄）

洞厅内有一块清同治二年（1863）“万善同归”古碑，碑文为“湖北省襄阳府南漳县漳水乡维新都黑河上甘景洞仙山老龙威灵显应，有求则灵……祈晴祈雨……天下太平……”，记载着当地群众祈晴祈雨的习俗。洞寨传说故事较多，相传有人举着火把，背着干粮七天七夜未能探明出口。1928年，中共南漳县委领导的荆山农民起义中，许多绝密会议曾在此洞寨内召开。

甘景洞寨区位优势十分明显，距离香水河风景区仅几百米，距正在开发的星辰洞仅3千米，离春秋寨风景区30千米。这里有厚重的历史文化底蕴，颇具旅游开发价值。

周家洞寨

周家洞寨地处北纬31° 36'24"、东经111° 42'26"，海拔高度656.6米，面积约2300平方米。

周家洞寨位于薛坪镇普陀庵村香水河内。洞寨依天然溶洞改造而成，地处香水河峡谷半山腰，喀斯特地貌，坐南朝北。洞寨内能行走百余米，宽3～12米，高约6米，终端为一高大呈椭圆形的大厅。外有寨门、场地与多级台阶。洞寨位于国家AAAA级旅游景区内，山水灵秀，自然风光旖旎。洞寨前对“赤、澄、黄、绿”的“七彩瀑布”群，后枕周家坡高耸山脊，左为扁洞泉溪水奔流，右飞鹰瀑游人如织。位置较险要，一条小径拾级而上通往洞寨内。洞寨呈狭窄的长方形向内延伸，可容纳上百人。洞顶钟乳石形态各异，地上石笋高矮不等，有溪水从洞内流出。洞门较高，洞口二级小平台呈阶梯状分布，东西有人工垒砌的石头寨墙，下依河谷，上接山体。

薛坪镇普陀庵村周家洞寨洞口 （2023年摄）

周家洞寨原来比较狭窄，游人侧身才能进入，有的地方甚至需要攀爬且比较危险。2022年，香水河风景区报请批准，投入巨资，邀请专家论证，聘请专业队伍对该洞寨进行了保护性维修扩建。重新修造二级寨门，实现洞内下沉延伸开挖，由原来的 50 米延伸至近百米长，高度由原来的 2 ～ 4 米，增至 5 ～ 8 米，清理渣土淤泥，除险加固，增设照明射灯，消除岩层中的安全隐患，建有旅游厕所，配套完善护栏、挡墙、台阶等安全设施。

景区内发现洞寨，在南漳尚属首例。修缮后的周家洞寨，已于 2023 年 5 月 1 日正式对游客开放，已经成为香水河风景区内又一新景点。

穿山洞寨

穿山洞寨地处北纬 31° 36'20"、东经 111° 41'20"，海拔高度 771.3 米。

穿山洞寨位于薛坪镇普陀庵村以西 300 米处，即 471 省道香水河景区入口处。穿山洞寨是由一座长达近千米的溶洞改造而成，洞寨有东西两个出口，毛山河穿洞而过。历史上曾垒有石门。洞寨内空间开阔，宽 6 ～ 10 米，高 6 ～ 15 米，西门口凿有安置梁枋的 20 多个榫窝。洞寨中段有一个直径达 10 余米的漏斗（天坑）。洞寨东门内 30 多米处，有一座状若莲花台的石幔，十分壮观。东门外 10 米处有一个流量较大的泉眼，终年流水潺潺，可供数百人饮水。洞寨周围文化底蕴深厚，有一座清朝前的普陀庵，民国时即改办为私塾学堂，培养出不少中高级人才。周围山清水秀。洞门外即是储蓄 10 万立方米水量的两座小水库。洞寨不远处即是国家 AAAA 级旅游景区——香水河风景区。

薛坪镇普陀庵村穿山洞寨洞口　　（2023 年摄）

钳口洞寨

钳口洞寨地处北纬 31° 36'37"、东经 111° 42'42"，海拔高度 526.6 米。

钳口洞寨位于薛坪镇杜冲村张家老屋对面的周家山上、香水河风景区内。周家山坡度极陡，进入该洞寨需爬近 2 千米的 60 度陡坡。洞寨在两座陡岩之间，洞口十分隐蔽。设有石门，外有两级台地。石门高约 2 米。洞寨深 20 多米，宽 2 ～ 8 米、高 3 ～ 6 米。当年由峡谷中的张家和周家建造而成，以作避难场所。此洞寨还是红色遗址，当年新四军五师大别山南路突围部队两位伤员—— 一位营长和一位指导员，在地方党组织的安排下，在此养伤两个多月，直到伤愈归队。新中国成立后，在此养过伤的营长，还两度故地重游，来答谢当年为他们送饭的房东。洞寨周围山清水秀，鸟语花香。所在的香水河景区，已是国家 AAAA 级旅游景区，成为南漳乃至襄阳的一张旅游名片。

八　长坪镇

民安洞寨

民安洞寨地处北纬 31° 48'05"、东经 111° 34'01"，海拔高度 468 米，面积 142 平方米。

民安洞寨被当地人称为熊洞，位于长坪镇孔家畈村北洛自然村境内的风洞岩中。洞寨面向西北，背靠风洞岩，邻近风洞沟与范家岭，左右为连绵高峻的山峰，地势十分险要。洞口离地近 3 米，需凭借树干才可攀缘而进。洞寨不大，属自然溶洞改造而成，人工凿痕明显。洞里空间有限，需弯腰才可在洞内行走。洞南有一人工过道，外面有狭窄走道，一通石碑立在步道靠近岩壁的一侧，在洞外清晰可见。此外无其他遗迹。

民安洞寨所处位置较好，地处山底，风洞沟常年流水不断，空气湿润，气候适中。保留有较好的原始植被。许多动物以此为栖息地。洞外生长灌木荆棘，也有许多野樱桃树点缀其中，自然环境优美。

民安洞寨早已不适合居住，洞外山林已归个人所有。林中常传来清脆的牛铃声和牧人的吆喝声。洞旁住有四五户人家，以种植小麦、油菜、玉米为主，生活贫困，交通不便，仅有一条羊肠小道通往山顶新修的土路。

穿山洞寨

穿山洞寨地处北纬 31° 49'30"、东经 111° 32'20"，海拔高度 757 米，面积 95 平方米。

穿山洞寨位于长坪镇中岭村境内的小白岩山的山腰，地理位置非常险峻，原为一大一小两洞，小洞口面东，大洞口向南，后因不明原因凿穿相连，当地人称之为“穿洞”。洞原名“活人洞”。

穿山洞位于绝壁之上，东临小寨沟，南面土城望牛头包，上有小白岩寨，地理位置和自然环境相当优越。空气清新，气候适宜，土地贫瘠，洞上绝壁寸草不生，洞下荆棘杂树丛生，自然风光优美。

穿山洞虽不大但明亮平坦，进入秋季，有采药人在此歇脚、避寒，山下住有四五户人家，主要种植小麦、玉米，兼种木耳、香菇等维持生计，仅有一条小路从山腰盘绕通过，交通不便。

穿山洞寨属自然洞改造而成，两洞相接处有人工凿痕，清嘉庆年间附近村民避难于此，乡绅们不惜耗巨资铸造“神炮”以阻击匪患。直至民国时期，此洞仍属杜家所有。洞两边有刻槽，当时洞内有建筑，现已无存，洞中奇石及石乳自然天成，相当美观，现存一碑，系民国时期所刻。碑中记载了杜家祖上与李家历史上曾有过节，后来前嫌尽释，化干戈为玉帛，共同立碑以示后世的美好故事。

紫阳洞寨

紫阳洞寨地处北纬 31° 49'31"、东经 111° 26'43"，海拔高度 781 米，面积 160 平方米。

紫阳洞寨位于长坪镇青林村境内的青峰山腰，坐北朝南。所处位置较险要，属自然溶洞改造而成，洞内留有许多人工凿痕。洞寨可容纳数十人。洞寨有东门、西门，洞口有一小平台，东西砌有石门及人工便道。洞寨内仅剩几间房屋墙基。寨的南面依山势垒砌有两道寨墙，长数十米。由于长期风化和人为破坏，寨墙毁坏严重。此外未见其他遗迹。

紫阳洞地处山腰，背风朝阳，自然环境很好，背靠青峰山，猫寨沟常年水流湍急，空气湿润，土地肥沃，原始植被保存较好，洞外空气清新，树林茂密。

因地处偏僻，周围人口不多，多数人选择外出打工。交通不便，经济活动也不够活跃。周围有许多传统的乡土建筑，包括古寨和古寺庙，它们散布在高山密林之中。

据当地村民李运辅老人介绍，此洞早年是山下罗姓等村民躲避土匪的藏身之所。后来有人认为此洞乃福地，便供奉道德真君，祈求一方平安，造福乡民，并起名为紫阳洞，香火红极一时。

九 武安镇

十姑洞寨

十姑洞寨地处北纬 31° 33'46"、东经 111° 52'25"，海拔高度 236 米，面积 1.5 万平方米。

十姑洞寨位于武安镇刘集社区云台山水库工管局辖区报信坡与肖堰镇响水洞村附近。该洞坐南朝北，洞口略窄，洞高 20 米，宽 18 ～ 24 米，长 650 余米。第一道大门门框用整个石条做成，门楣石已断裂。步行约 10 米是第二道大门，石门已损。下行 5 ～ 10 米有石屋，还有数十级人造阶梯。门口及洞寨中部有数十间房屋遗址，目前残存墙体高度大多不到 2 米，仅剩残垣断壁。过去这些房屋为石头建筑，石墙垒砌规整。洞内地面遍布灰坑，明清时期陶器、瓷器残片俯拾即是。此洞的民间传说较多。此洞寨上古时即为避难场所。

洞寨周围为云台山水库库区，水源充足，草木茂盛，灌木丛生。动物种类繁多，水生动物尤为丰富。气候温暖，四季分明，适应多种农作物生长。人工湖面开阔，风光旖旎。

洞寨附近陆路不便，但水路畅通。由于地处云台山水库库区，住户多为渔民或水利工作者。附近有古寨、古渠、古堰遗址，还有红色遗址报信坡，贺龙领导的红三军曾在报信坡一带活动并召开过重要会议。

武安镇刘集社区十姑洞寨 （2008 年摄）

穿山洞寨

穿山洞寨地处北纬 31° 27'05"、东经 111° 57'01"，海拔高度 288 米，面积 1428 平方米。

穿山洞寨位于武安镇三股泉村的穿山洞山上部，因该寨建于一天然穿山石洞而得名。山寨依山就势而建，形状不规则，东西最长 42 米，最宽 34 米，寨墙由青石块砌筑，宽约 1 米。因年久失修，大部分墙体已经破损。唯一的出入口是西门，残高 3.5 米，宽 1.3 米。寨西南角有一天然穿山洞，与寨相通，洞深 10 米，有人工砌筑的三级台阶，每级高 1 米。洞壁为石灰岩构成，石笋、钟乳石数量众多，形态各异。

洞寨周围山峰林立，沟壑纵横，终年绿荫覆盖。山下即为三股泉河，常年流水潺潺。当地村民以种植水稻、小麦、玉米、大豆为主，并培植木耳、香菇等。

洞寨所处村落为襄阳、荆门、宜昌三市交界之处，民风淳朴，政通人和。一条通往宜城的省道从寨坡下 800 米处经过，交通便利。由于地处偏远，许多人文景观如古寨、民居得以较好保存，周围还有 20 世纪 70 年代国防建设的军工洞遗址。

洞寨为寨寺合一建筑，洞内现存一块立于民国 5 年（1916）的功德碑，记载着百姓以洞建庙的事迹。

新山洞寨

新山洞寨地处北纬 31° 25'33"、东经 111° 56'46"，海拔高度 328 米，面积为 1.2 万平方米。

新山洞寨位于武安镇三股泉村的新山洞沟，寨庙合一，洞口有一座明清时代的庙宇，现存石砌房屋 1 间，清咸丰年间功德碑 3 块，洞内探明深度约 2 千米。洞寨往里 2 米处有一个 1 平方米似人类咽喉状的洞口，通过这个洞口后，洞内空间豁然开朗，洞高 5 ～ 15 米，宽为 3 ～ 16 米，有一间可以容纳 100 余人的大厅。洞内深 2 千多米处有一处水潭挡住去路。洞内有涓涓细流，山泉水常年流淌。洞顶处分布有通往山顶的穹隆形天眼，便于通风。洞中钟乳石、石笋形态各异，千姿百态；石瀑、石幔遍布，美丽壮观。除了大门的碑刻外，洞内还有多处人工改造的痕迹。

据碑文记载，洞寨建于明朝前，经过多次修缮。以前居住在附近的村民在遇到战事或匪患时会在此避难。

仙人洞寨

仙人洞寨地处北纬 31° 27'03"、东经 111° 55'54"，海拔高度 328 米，面积 1560 平方米。

仙人洞寨位于武安镇三股泉村至东巩镇石佛寺村的仙人洞沟山坡处，洞口用青石块砌筑，离河面 30 余米，较为陡峭。洞口高约 5 米、宽约 4 米。洞门有所损毁。洞内分布有石笋和钟乳石，两旁石壁上布满石幔，还残存当年放置梁枋的 20 多个对称孔穴。据当地老人介绍，民国年间，梁枋上还铺有楼板。在匪患年月，可容纳上百人在此洞寨中避难。

洞寨地处南漳、宜城、荆门三县、市交界处，环境优美。这里山水生态原始，文化底蕴厚重。所在三股泉村古树名木遍布，老屋、私塾、庙宇和古造纸作坊保存较好，特别是古山寨富集，一村多达 14 座。

秦家湾洞寨

秦家湾洞寨地处北纬 31° 27'35"、东经 111° 34'03"，海拔高度 207 米，面积为 1800 平方米。

秦家湾洞寨位于武安镇三股泉村 250 省道旁，当地人称洞湾。洞寨由左右对称的两个山洞组成，原有大门，现已不存。洞口高约 3 米，宽约 2.5 米，深数百米。洞寨右上方，当年建有 3 层碉楼，现已不存。洞内两个山泉口流水潺潺，终年不断，被人们形象地称为“两只龙眼睛”。其中右侧山洞内有一个约 10 平方米的大厅，大厅深处是一个未探明深度的水潭。洞寨外有一处水塘，可蓄存水源，附近村民常在此处洗衣、洗菜。

洞寨周围环境优美，山清水秀，古树名木众多。山泉水至今仍灌溉着下游百余亩农田。周围文化底蕴深厚，山寨富集，尚存多栋老屋、祠堂、私塾和庙宇。历史上，它曾是附近村民的避难场所。

南漳县古山寨群洞寨遗址一览表

表 11

序号	名称	海拔（米）	面积（平方米）	时代	地址
一、城关镇（2）					
1	水镜庄	106	3000	清乾隆七年（1742）	水镜庄社区
2	仙姑洞寨	342	15000	—	王山村、黄娅村交界
二、巡检镇（39）					
1	虎洞寨	610	3000	清咸丰三年（1853）前	胎坪村
2	风洞寨	462	600	—	通城河村
3	柜子洞寨	458	1300	—	通城河村
4	杨家洞寨	297	50000	清光绪	通城河村
5	老虎洞寨	447	600	清	黄家坡村
6	张家洞寨	253	760	明代前	峡口村
7	简家洞寨	279	1200	清咸丰	甘河村
8	老寨	380	1620	—	指山坪村
9	鬼谷子（起居）洞寨	439	365	春秋战国	指山坪村
10	寨湾洞寨	422	250	清代前	白鹤船村
11	孔家洞寨	927	927	清嘉庆元年（1796）	安山村
12	太平洞寨	449	265	清嘉庆三年（1798）	安山村
13	杨家洞寨	459	365	清代前	指山坪村
14	周家洞寨	465	270	清代前	指山坪村
15	石板沟洞寨	381	1370	—	白鹤船村
16	肖家沟洞寨	590	1100	清代前	胎坪村
17	蝙蝠洞寨	552	550	明代前	胎坪村
18	官岩洞寨	728.4	870	—	胎坪村
19	井下洞寨	715.1	650	—	胎坪村
20	天眼洞寨	468	3800	明代前	胎坪村、汉三村交界
21	阴岩咀洞寨	529.5	190	—	胎坪村
22	甘泉洞寨	785	5000	清咸丰	不二坪村
23	滴水洞洞寨	345	150	明代前	漫云村
24	马鬃岭洞寨	609	850	明代前	漫云村
25	彭溪洞寨	358	3000	明代前	漫云村
26	指山岩系列洞寨	598	—	—	指山坪村
27	龙凤洞寨	598	1650	—	指山坪村
28	邹家洞寨	358	3500	—	指山坪村
29	双狮洞寨	358	1600	—	指山坪村

续表 11

序号	名称	海拔（米）	面积（平方米）	时代	地址
30	猿人洞寨	358	1000	—	指山坪村
31	罗汉洞寨	358	1800	清代前	指山坪村
32	水帘洞寨	358	1700	明代前	指山坪村
33	马洞寨	358	1400	明代前	指山坪村
34	鲍家洞寨	390	400	—	通城河村
35	牛鼻孔洞寨	580	600	—	胎坪村
36	任家洞寨	280	600	清	甘河村
37	玉印岩洞寨	287.26	450	明代前	金镶坪村
38	李家沟洞寨	287.26	1500	—	龚家坪村
39	滴水岩洞寨	269.85	150	—	龚家坪村
三、板桥镇（34）					
1	鹰子岩洞寨	813	95	清	雷坪村
2	熊洞寨	844	390	清嘉庆二年（1797）	青龙寨村
3	喇叭洞寨	1054	150	清代前	龙埫村
4	干洞洞寨	1185	1100	—	白云庵村
5	观音洞寨	1180	500	清光绪	白云庵村
6	上家坡洞寨	1256	169	清	白云庵村
7	白龙洞寨	892	70	清	断河坪村
8	狮子洞寨	1075	80	清晚期	断河坪村
9	憋虎洞寨	838	300	—	冯家湾村
10	棺材洞寨	772	500	—	冯家湾村
11	红岩洞寨	772	500	—	冯家湾村
12	黑龙洞寨	1087	300	清代前	甘沟村
13	石人怀洞寨	997	150	—	九龙观村
14	摩天岭洞寨	1034	4000	清	老湾村
15	扁壶洞寨	772	80	—	雷坪村
16	黄龙洞寨	745	800	—	雷坪村
17	风龙洞寨	708	180	清	木桥村
18	谢家洞寨	804	230	清	木桥村
19	安家洞寨	1072	10000	—	青龙寨村
20	老虎洞寨	909	880	清	青龙寨村
21	金缸洞寨	640	1080	明代前	任家庄村
22	毛狗洞寨	576	80	清晚期	任家庄村
23	苦人洞寨	1133	380	清	宋家坪村
24	仙米洞寨	1149	1380	清乾隆四十五年（1780）	竹坪村

续表 11

序号	名称	海拔（米）	面积（平方米）	时代	地址
25	朝阳洞寨	992	180	清	天鹅池村
26	倒座洞寨	1032	1280	—	天鹅池村
27	打铁洞寨	857	150	清代前	新集村
28	干洞洞寨	972	800	—	新集村
29	西羊洞寨	1010	380	—	新集村
30	豹子洞寨	881	580	清晚期	晏山村
31	阳洞洞寨	618	30000	清代前	长冲村
32	阴洞洞寨	601	800	—	长冲村
33	黑龙洞寨	780	650	明代前	双龙寺村
34	卧虎洞寨	1056	15000	—	竹坪村
四、东巩镇（7）					
1	铁甲洞寨	280	112	清	杜家坪村
2	关爷洞寨	715	300	清代前	上泉坪村
3	戴家垛子洞寨	250	300	—	陆坪村
4	李家山洞寨	550	2000	清	水坑村
5	仙人洞寨	205	3200	—	陆坪村
6	飞石洞寨	212	350	明代前	陆坪村、上泉坪村交界
7	十姑洞寨	270	36000	明代前	双坪村
五、肖堰镇（8）					
1	太平洞寨	511	95	清嘉庆三年（1798）	斑竹坪村
2	古墙洞寨	445	1000	—	四垭村
3	国公洞寨	852	1530	清嘉庆七年（1802）	峰山村
4	周家洞寨	445	1600	—	观音堂村
5	星辰洞寨	735	1600	—	王家井村
6	佛爷洞寨	792	690	明	峰山村
7	佛爷洞寨	830	650	清光绪三年（1877）	观音岩村
8	天坑湾洞寨	457	700	清代前	观音堂村
六、李庙镇（13）					
1	庞龙洞寨	289	3500	清	李庙镇北沟村、长坪镇黄潭村交界
2	古佛洞寨	252	250	清道光十一年（1831）	鱼泉河村
3	干洞寨	174	70	清代前	鱼泉河村
4	蝙蝠洞寨	483	1600	清代前	胡家坪村
5	风洞寨	924	1000	—	老君村
6	石花洞寨	357	1300	—	全家湾村

续表 11

序号	名称	海拔（米）	面积（平方米）	时代	地址
7	龙骨洞寨	489	1200	清嘉庆五年（1800）	全家湾村
8	大龙洞寨	467.5	1500	清	北沟村
9	白龙洞寨	791	1500	—	南沟村
10	山水洞寨	1300	500	—	栎桦寨村
11	憋虎洞寨	647	500	—	沙坪村
12	老龙洞寨	543	1100	—	茅坪村
13	黄龙洞寨	211.68	126	—	鱼泉河村
七、薛坪镇（13）					
1	鱼泉洞寨	778	200	—	石桥村
2	龙泉洞寨	823	60	明弘治八年（1495）	古树垭村
3	佛爷洞寨	935	95	明代前	泉湾村
4	老龙洞寨	859	2340	明代前	三景庄村
5	冥阳洞寨	734	352	明万历四十八年（1620）	冥阳洞村
6	星辰洞寨	629	1012	清	果坪村
7	潮源洞寨	850	28.5	—	寺冲村
8	虎头山洞寨	851	260	—	杜冲村
9	大鱼泉洞寨	385	680	清代前	龙王冲村
10	甘景洞寨	643.4	8000	清同治二年（1863）前	果坪村
11	周家洞寨	656.6	2300	—	普陀庵村
12	穿山洞寨	771.3	—	—	普陀庵村
13	钳口洞寨	526.6	—	—	杜冲村
八、长坪镇（3）					
1	民安洞寨	468	142	—	孔家畈村
2	穿山洞寨	757	95	清嘉庆	中岭村
3	紫阳洞寨	781	160	—	青林村
九、武安镇（5）					
1	十姑洞寨	236	15000	—	刘集社区
2	穿山洞寨	288	1428	民国 5 年（1916）	三股泉村
3	新山洞寨	328	12000	明代前	三股泉村
4	仙人洞寨	328	1560	—	三股泉村
5	秦家湾洞寨	207	1800	—	三股泉村

土城（碉堡、营子）

南漳县土城（碉堡、营子）有20个，大多位于蛮河滩（渭）河两岸，这类土城一般称为营子，也有称其为寨子的。因为无山可居，无险可守，无隐蔽处避难，遂夯土为城，外修壕沟，内建村庄。土城一般高达4～5米，城墙一般下宽上窄呈梯形，壕沟一般宽5～8米，深2米以上。土城是现代城市的雏形，一般在南北两面设有大门，东西设有侧门，门外置有吊桥。此外，在荆山山区豪门大户还建有少量的碉楼，用以自保和防卫，这些碉楼防御功能俱全，附有瞭望孔或枪眼，当年配置有武器如罐子炮（一种土炮）等。

一　板桥镇

板桥乡公所碉楼

板桥乡公所碉楼地处北纬31° 31'56"、东经111° 37'52"，海拔高度838米，面积2000平方米。

板桥乡公所碉楼位于板桥镇新集村二组（靳家岗），现为镇完小校址。乡公所旧址为一处四合院式群体建筑，由前厅屋、后正厅屋和两侧围屋及西南角碉堡组成。整组建筑为土木结构，除碉堡为五层外，楼宇均为二层建筑。

板桥镇新集村板桥乡公所土木结构五层碉楼（2016年摄）

碉楼旧址初为冯伯元（留日学生，曾任国民党孙中山先生领导的国民革命军第一军旅长）于1911年建造的住房，即后正厅五开间建筑；1937年其子冯达孚担任板桥乡长期间在原建筑前加盖厅屋、围屋，并修建碉堡一座，作为乡公所办公地点。碉楼由前厅1个四开间房屋，1个碉堡，东、西2个三开间围屋，正厅1个五开间房屋组成，共有大小房屋49间。所有建筑由石条奠基，上用黏土干打垒筑成，围屋2层外设站檐，碉楼每层铺设木质楼板，土墙四面留有内大外小的射击、瞭望孔。五楼外设吊楼以做哨位站岗值班用。整组建筑保存完整。旧址在新中国成立后作为学堂使用，碉堡上部分瞭望孔被改造成方窗洞，建筑屋上的木质结构如檩条、楼板、隔板等部分被人为改变。后因新建教学楼而闲置。这组乡公所碉楼旧址，结构完整，集日常使用、防御功能于一体，极具地方特色。解放战争时期，从大别山突围的新四军南路部队伤兵连曾在此处养伤数月。乡公所碉楼系国家文物局2008年度评选的重要新发现之一，现为湖北省人民政府公布的文物保护单位。

旧址处南漳县西南山区的盆地间，冬暖夏凉，气候宜人。建筑物背依山岗，前有一眼甘泉，四季不枯，至今仍供百余民户饮用。

旧址处集镇的西北部，周围环绕机关和民户，南部约300米处即为镇街道，街道为西北东南走向。附近文化底蕴深厚，人文景观荟萃，冯氏古民居闻名遐迩，堪比乔家大院，古山寨山头林立。

河口碉楼

河口碉楼地处北纬31° 31'56"、东经111° 37'42"，海拔高度828米，面积350平方米。

河口碉楼位于板桥镇河口村苏家湾自然村，当地又称老屋。该碉楼建在四合院的左角，四合院是土木结构的两层建筑，内有雕刻精美的木、石刻，该四合院是李世衣的住宅。碉楼是一座方形土碉楼，碉楼长为5.2米，宽为4.1米。碉楼共四层，设有瞭望孔和射击孔。瞭望孔和射击孔独特，内大外小。内部为15×18厘米，外部仅8×8厘米。防御功能突出。

碉楼为土木石结构。除房屋基础铺以条石外，墙体全部是用黏土以干打垒的方式层层夯筑而成，墙体厚度每向上一层递减一寸。堡高四层，层层置梁枋，梁枋上铺以木板，内置楼梯。从第二层起，每层四面各设有内大外小的射击孔两个，楼顶为深深悬出的两面坡式盖瓦屋顶，以防外墙被雨雪侵蚀。坐北朝南，大门坚固厚实，用厚十余厘米栎木板制作。作为墙基的土墙外砌有坚固的条石，牢固而安全。

该碉楼为民国中期地主李世衣同儿子李永耀等倚山而建。李世衣为该乡国民党党部书记，该碉楼是为了保护李氏自己的产业和人身安全，抵御匪患侵袭而建。2008年，河口碉楼被湖北省人民政府列为文物保护单位。

碉楼周边交通便利，村道畅通，人口密集。乡土建筑众多，古墓葬遗址保护较好。

板桥镇河口村河口碉楼　　（2011年摄）

晏山碉楼

晏山碉楼地处北纬31° 32'02"、东经111° 32'32"，海拔高度907米，面积200平方米。

晏山碉楼位于板桥镇晏山村四方坪自然村石廊，是民国初期刘孝中、刘孝悌兄弟为保护家族经商，

板桥镇晏山村晏山碉楼　（2011 年摄）

抵御匪患侵袭倚山而建。该碉楼建在小四合院的左角，是一座四层方形土碉楼。碉楼长宽均为 4.1 米，碉楼地面上三层，地下一层。设有瞭望孔和射击孔，形成了一个具有防御功能的区域。

碉楼为土木结构，屋顶悬小青瓦顶，采用当地传统工艺干打垒法筑造而成。除房屋基础铺以条石外，墙体全部是用黏土以干打垒的方式层层夯筑而成，墙体厚度每上一层则递减一寸，堡高四层，层层置梁枋，梁枋上铺以木板，内置楼梯。里面每层碉楼之间空间矮小，楼道狭窄陡直。从第二层起，每层四面各设有两个内大外小的倒八字形射击孔。楼顶为深深悬出的两面坡式盖瓦屋顶，以防外墙被雨雪侵蚀。地下一层用于储藏贵重东西，也可以躲避匪患。

碉堡周边有山有树，良田环绕，气候适宜，雨量充沛，四季分明。

民国初年，木桥地主刘德聪，家住毛家垭，和其子刘孝中、刘孝悌一起做生意，在四方坪开有“易行昌”商号，成为当地的大户。为了防御土匪的侵扰，刘德聪在毛家垭家中建起一个碉楼，并购买了两支步枪。刘氏两兄弟和土匪曾发生过两次枪战，同乡武装人员冯举耿带枪跑来支援，时任乡长的冯应才也经常来此巡查。

2008 年，晏山碉楼被湖北省人民政府列入湖北省文物保护单位。周边古寨、老屋、古墓葬遗存较多，人口较密集，以刘氏、冯氏人家居多，村民自古至今尊师重教，兴文重学，民风淳朴。

二　武安镇

罗国城遗址

罗国城遗址地处北纬 31° 24'28"、东经 111° 36'29"，海拔高度 135 米，核心区面积 6 万多平方米。

罗国城遗址位于武安镇洪山寺村（罗家营），东为蛮河支流柳河，北为柳河西源黑河，南面为人造护城河，遗址即坐落在三面环水的台地之上。遗址上平面呈葫芦形，高出河面 4 ～ 5 米，东面长约 300 米，南北宽 100 米以上，现有的文化层厚 1 米以上。

罗国城遗址地处江汉平原边沿的丘陵平原地带，周围一马平川，水网密集，阡陌纵横。四季分明，气候适宜，适宜多种动植物生长。

周围文化繁荣，人文荟萃。古聚落遗址、水利遗址分布密集。村庄居多，离集镇近，交通发达，物阜民丰。

罗国是春秋时期的邦国，史籍记载：“罗国城在南漳县东南 80 里，春秋楚使莫敖伐罗国，罗国徙枝江。”公元前 699 年，罗国、卢戎国联军拒楚，大败楚师，使楚师主帅莫敖自缢于荒谷。罗国与卢戎国一起创造了古罗文化，直到公元前 693 年被楚灭国，并被并其国，迁其民。

据当地的罗克勤老人介绍，罗国城遗址又名罗国土城，20 世纪 60 年代东、西、南、北 4 座城门尚在，其核心区内古碑刻、古墓葬众多，后平整土地时全部被推平填入地下。遗址西南部尚存明清以前的百多米土城墙。据专家调查，这些土城墙是在古遗址上建起来的，故在其中经常可以挖到汉朝以前的绳纹砖和楚国时代表器物楚式鬲。周围村民在壕沟边挖出过汉朝以前的瓮棺和陶制井圈，还在建房挖地基时，挖出过明清时守卫土城的土炮。

武安镇洪山寺村古罗国城遗址　（2018 年摄）

该遗址现在常有韩国专家到此访问。2014 年 10 月 4 日，全国政协原副主席罗豪才及开国元勋罗瑞卿大将长子罗箭将军曾专程来此考察寻根问祖。该遗址现为湖北省人民政府公布的文物保护单位。

武安堡堡寨

民国版《南漳县志》载，武安堡明崇祯时督师杨嗣昌建。清嘉庆五年（1800）始甃以砖，周三里八分。门七，东曰迎旭、文明；西曰宁清；南曰朝阳、拥翠；北曰拱辰、保定。

黄泥岗土城

黄泥岗土城地处北纬 31° 41'31"、东经 112° 03'56"，海拔高度 74 米，面积 5000 平方米。

黄泥岗土城位于马家营村南侧，呈圆形，分别有南门、西门，外围有壕沟相隔，东靠村级公路，北为马家营，南临孙家嘴，西至闫家营，寨墙原有高度 7 米，后因修路工程取土，遭到破坏，现残留高度 3 米，残长百余米。泥土呈黄色，夹有白色土，土城直径 80 米，现住有张士云等 5 户人家，西门有“奉示永禁”碑一通，西侧有古井一口。

黄泥岗土城地处蛮河流域，江汉平原边缘，水网密集，一马平川。自然林稀少，人工林居多。村民以种植水稻、小麦为主要农作物，同时种藕、养鱼。

村庄密集，住户集中，周围人文景观不少，古水利设施如渠堰众多，白起渠相距较近，古井亦有遗存。附近阡陌纵横，交通便利，省道穿境而过，村道四通八达，楼房林立，物阜民丰。

徐家土城

徐家土城地处北纬 31° 42'01"、东经 112° 02'55"，海拔高度 68.7 米，面积 5 万多平方米。

徐家土城位于武安镇马家营村北侧，又名徐家寨、徐家营，寨南北长 180 米，东西宽 250 米，寨墙残高 3 米、长 30 米、宽 13 米，外有壕沟，宽 10 米，坐北朝南，南门在历史上是正门，外有吊桥，东西南北各有城门。南北城门直到 20 世纪 60 年代尚存，后因学大寨活动被毁，城墙也大多毁于当时。现东、北、西方有残留城墙，寨内地势平坦，正中有一条村级公路，北部有两座现代桥梁。东靠安乐堰、李家岗，南临杨家营，西至雷家营，北为白起渠（战国遗址）。寨内现有住户较多，历史上曾是一个生产队，空地大多辟为农田，植有树木，壕沟也改造为堰塘养鱼植藕。

武安镇马家营村徐家土城遗址　（2008 年摄）

徐家土城地处蛮河流域，现该村有 36 户人家，共 140 人，村民种植稻子、小麦、玉米、棉花，现村中多是平房和楼房。土地肥沃，一马平川，水源流通，自然林地较少，但人工林遍布，地理环境优越。

因土城为当年本地大族徐氏集资所修，故称徐家土城。历史上此寨曾助徐氏村民度过许多战乱，抗战时期张自忠将军所属 33 集团军一个高炮营曾在此驻扎。

徐家土城地处襄汉平原的集镇武安镇近郊，该镇为历史上鄂西北三大古镇之一，历史悠久，人文资源雄厚，周围土城营子较多，2000 多年前的伟大军事水利工程白起渠穿境而过，一千多米处即 246 国道，寨周围阡陌纵横，村级公路四通八达，交通便捷，村民生活富裕。

三　九集镇

斗城遗址

斗城遗址地处北纬 31° 51'25"、东经 111° 49'43"，面积为 2 万平方米。

斗城遗址位于九集镇清龙山清凉河南部的二级台地上，历史上系土城，呈扇形分布，东西长约 200 米，南北宽约 100 米，20 世纪 90 年代采集的陶片以泥质灰陶为主，泥质黑陶次之，纹饰有绳纹、弦纹、方格纹，器形有豆、罐、盆、瓮、缸及筒瓦、板瓦等。现地表及断层未发现文化层，仅见少量陶、瓷器物残片，与过去时代特征吻合。土城周围已是良田沃野，基本农田。较远处为坡地山林，树木成荫。清凉河波浪不兴，从不远处流过，风光迷人。

土城离龙门集镇不远，附近屋场多，人口密集。路网伸至家家户户，村民出行十分方便。

九集镇斗城村斗城遗址　（2008 年摄）

黄家营遗址

黄家营遗址地处北纬 31° 30'22"、东经 111° 40'25"，面积为 6 万平方米。

黄家营遗址位于九集镇彭家营村西南侧。地处清凉河东岸的冲积平原上，东西部为较高的岗地，中部低平，历史上为一土城。其南北长约 300 米，东西宽约 200 米。由于河水的冲刷，临岸处不断崩塌，加上河道偏移、农田改造，遗址受到严重破坏。从河岸断面处可见地层堆积情况：表层为灰褐色耕土，厚 30 ～ 40 厘米；中层为黄褐色土层，质硬，厚 20 ～ 30 厘米；下层为灰黑色文化层，厚 20 ～ 30 厘米，内夹有部分残陶片，大部分标本即从该层中采集；最下层为沙石淤积层，在断面处发现灰坑一处，平面呈圆形，开口长约 1.5 米，深约 1 米，斜壁锅底，填土中夹有较多的草木灰和少量的陶器残片。采集标本中泥质陶与夹砂陶比例相当；陶色以灰陶为主，红陶次之，偶见黄褐陶；器表多素面，少量饰绳纹；可辨器类有鬲、钵、罐、盆。

土城周围已是良田沃野，基本农田。较远处为坡地山林，树木成荫。清凉河波浪不兴，从不远处流过，风光迷人。

土城离集镇较远，但地处平原丘陵，附近屋场多，人口密集。路网延伸至家家户户，村民出行十分方便。

卢戎国城遗址

卢戎国城遗址地处北纬 31° 42'58"、东经 111° 34'30"，面积为 9 万平方米。

卢戎国城遗址位于九集镇旧县铺村叶家土城村庄内，为丘陵平畈地，其北临 305 省道，西靠老公路，东至渭（潍）水水库。遗址平面近方形，边长约 300 米，原有夯土城垣大多被平，现地表遗存有少量东周时期的筒瓦等陶器残片，汉代陶盆口沿、罐壁，唐代白瓷壶柄、硬陶盆底等。

此地相传为周代卢戎国城池，是古卢罗文化的发源地。明朝时期叶家大户又进行了扩修。遗址现为南漳县文物保护单位。此地较长年代为南漳的政治中心，如宋时的县城也在周围。因此，地上营子（土城）较多，地下文物丰富，文化底蕴深厚。

土城周围已是良田沃野，基本农田。较远处为坡地山林，但多为人造林，树木成荫。渭（潍）水水库位于土城东面，风光旖旎多姿。

土城地处交通要冲，交通发达，305 省道擦身而过。户户通村道。周围自然村落居多，人口密集，工商户不少，农民生活富裕。

九集镇旧县铺村卢戎国城遗址　　（2020 年摄）

周家土城

周家土城遗址地处北纬 31° 30'08"、东经 111° 42'12"，面积为 3000 平方米。

周家土城遗址位于九集镇白马山村北约 1.1 千米处的清凉河东岸，原为土城。采集陶片均为泥质灰陶，纹饰有绳纹，器形有罐、盆、缸及筒瓦、板瓦等。未发现文化层。现地表为菜地和农田，暴露物较少，从中仅采集到部分砖、瓦，陶鼎足、盆口沿、罐口沿和瓷碗底等器物残片，多存在于近代遗存的堆积物中。该遗址的发现为研究本区的历史遗存及文化内涵提供了实物资料。

土城周围已是良田沃野，基本农田。较远处为坡地人造林，已树木成荫。清凉河波浪不兴，从不远处流过，风光旖旎。

土城周围交通发达，305 省道擦身而过。户户通村道。土城附近近年已发展为南漳县新型工业开发区，工厂遍布，楼房鳞次栉比。

四　清河管理区

叶家土城

叶家土城地处北纬 31° 46'12"、东经 111° 52'12"，海拔高度 93.3 米，面积约 12 万平方米。

叶家土城位于清河管理区北雷家巷村 1 组，清凉河东岸 350 米处，黄涌公路从北向南擦身而过。土城坐北朝南，南北长约 400 米，东西宽约 300 米。土城共设有东、西、南、北 4 个门。南门为正门，其他三门均为侧门。正门宽 3 米、高 2.5 米，侧门高 2 米、宽 1.5 米。民国年间，正门、侧门均已毁。整个土城城墙高 6.5 米，底部宽 7.5 米，顶部 6.5 米，墙体为泥沙夹杂碎石砖瓦夯实。城墙外四周有护城河，宽 15 米，深度 3 米。民国年间，西边城墙和护城河已不存在，仅剩东、南、北三面城墙和护城河残缺不堪地横卧在荒野的土地上。

清河管理区雷家巷村叶家土城遗址处　（2008 年摄）

新中国成立后，叶家土城的城墙和护城河仍依稀可见。1968 年清河农场平整土地，将南北城墙推平填了护城河。1975 年新农村建设，叶家土城被列为新农村建设试点，又将东面未推平的城墙全部推平，在城墙的地基上盖起一座座砖瓦房。至此叶家土城已面目全非，无任何痕迹，但“叶家土城”这个地名一直沿用至今。

叶家土城地处清凉河东岸，属于河畈地，土地平坦，这里盛产水稻和小麦，其次是棉花、芝麻等农作物，人们称之为旱涝保收的宝地。

叶家土城经数百年的历史演变已经发生了翻天覆地的变化，不仅地貌发生了变化，人们的生活习俗、精神追求也随着时代的变迁与时俱进。姓氏的变化给叶家土城注入了新的活力。如今叶家土城已不再是叶氏独姓，现有27个姓氏，57家（其中王姓6户，陈姓5户，叶姓3户）居住在这里。

杜家营

杜家营地处北纬31° 40'12"、东经111° 58'48"，海拔高度76.6米，面积5万平方米。

杜家营位于清河管理区西南黄莲树村9组，因财主姓杜故称杜家营。清凉河流入蛮河拐弯东岸和北岸100米处，南面宜竹公路（现为246国道）与营寨擦身而过。营子坐北朝南，南北长200米，东西宽250米。此寨毁于民国初年，后来由于农田水利建设，这里壕沟、围墙全部被毁，只有“杜家营”这个地名沿用至今。

杜家营地势平坦，西、北有清凉河，西、南有蛮河，农田灌溉面积达百分之百，杜家营已是“涝可排，旱可灌”的风水宝地，小麦、水稻等粮食作物连年丰收，其他农作物也是高产稳产。

如今杜家营居住着60户人家，29个姓氏。其中，杜姓、张姓各6家，位居29个姓氏之首，第二位董姓4户，顾姓、唐姓、秦姓、李姓、徐姓位居第三位，各有3户，其余姓氏为1户、2户。

徐家营

徐家营地处北纬31° 40'12"、东经111° 58'48"，海拔高度71.7米，面积达7万多平方米。

徐家营位于清河管理区西南黄莲树村8组，清凉河与蛮河交汇处500米，清凉河东岸，蛮河北岸，距宜竹公路仅100米。白起渠从营子南流过。地理位置:坐西朝东。营子南北长350米，东西宽200米。

徐家营由当地徐姓大户筑造而成，因此得名。营子东、西、北共有三个门，其中东门为正门，高3米，宽2米；西门、北门为侧门，一般高2米，宽1米。南面有白起渠作为屏障，东、西、北有壕沟。新中国成立后西面壕沟保存较好，宽30米，长150米。1958年“大跃进”平整土地，将壕沟填平改为良田。东、西、北三面用土坯砖（用石磙将土压实在，后裁成砖块形状）垒砌的围墙，高7米，宽2米。三面壕沟，深3米，宽3米。营寨民国年间基本消失，新中国成立后已无痕迹。

清河管理区黄莲树村徐家营遗址　（2008年摄）

道光年间，在营子内建有徐家祠堂、清凉庙一座，民国年间营子围墙及壕沟已被毁坏。20世纪70年代，清河农场进行新农村建设时将营子重新规划，平整土地后盖起了一排排砖瓦房，从此营子原貌已不存在。

徐家营地处清凉河与蛮河交汇处，两河冲积的淤沙聚集在这里使地势平坦开阔，土地肥沃有利于水旱植物生长，加之地理位置优越，既不怕干又不怕淹，旱涝保收。盛产水稻、小麦、玉米、棉花等农作物。

徐家营经过数百年历史的演变，姓氏由原来的徐家独姓现已增加到36个姓氏75户，徐姓7户位居36个姓氏之首，李姓6户位居第二位，周姓5户位居第三位，苏姓4户位居第四位，谢姓、陈姓、余姓各有3户，其余姓氏一户、两户居多，共有28户。周围阡陌纵横，交通发达。

张家营

张家营地处北纬 31° 39'36"、东经 111° 58'12"，海拔高度 71.7 米，面积约 6 万平方米。

张家营位于清河管理区北黄莲树村 7 组蛮河北岸 200 米处。白起渠从营子北边流过，距宜竹公路仅 20 米。营子坐西朝东，南北长约 200 米，东西宽约 300 米，东大门为正门，宽 3 米、高 2.5 米，南、北各有一侧门，高 2 米、宽 1 米，西边有一小门高 1.5 米、宽约 1 米。东、西、南有围墙保护，高 7 米，宽度均为 2 米，顶部为三角斜坡，宽度为 3 米，墙体为土坯砖（在平场和稻田里用石磙压实，后裁成砖块形状）垒砌而成。三面有壕沟，宽 10 米、深 3 米，北面有白起渠和渠堤作为自然屏障。在白起渠上架设有一座简易的木桥，桥宽约 2 米，桥离水面约 5 米，两边有护栏，桥面用木板铺设而成。民国年间，张家营已破旧不堪，三面围墙已变成土埂。1975 年，清河农场建设新农村时将北面的渠堤全部推平作为宅基地，建起了 5 间为一栋的砖瓦房，共 11 栋。至此张家营原来的模样已不复存在了。

张家营南面因与蛮河近属沙洲地，东面与武安镇接壤，西面也属沙洲田，北面全是水田，地势十分平坦，属小麦、水稻两收的良田。

张家营因过去张姓居多故称之为“张家营”。经过数百年的历史变迁，张家营现有姓氏 29 个 74 户人家。张姓仍有 21 户位居 29 个姓氏之首，李姓 5 户居第二位，朱姓、都姓各 4 户居第三位，刘姓 3 户居第四位，胡姓、许姓、景姓、杨姓、罗姓各 2 户居第五位，其他姓氏各 1 户。

李家营

李家营地处北纬 31° 40'48"、东经 111° 58'12"，海拔高度 76.6 米，面积 5 万平方米。

李家营位于清河管理区西南黄莲树村 10 组清凉河东岸 500 米处，宜竹公路从营子北面擦身而过，西边清凉河环绕，北与何家营毗邻。营子坐北朝南，东西宽 200 米，南北长 250 米，民国年间李家营已荒无人烟，整个营子变成了坟场，只有东面一条壕沟还保存较好，宽 5 米、长 150 米、深 2 米。南面是两口对称的大堰（护城池），宽约 30 米，长百十来米，深约 2 米，两堰中间 3 米宽的路直通营子内。西面与北面有残存的土砖垒砌的痕迹（可能是围墙），墙体高 1.5 米、宽约 2 米、长约 300 米。1958 年水沟、大堰、残存的墙体以及坟场全部毁掉平整成良田。

清河管理区黄莲树村李家营遗址　（2008 年摄）

李家营因李姓居多故被称为“李家营”。民国年间李家营就已荒废。有些人家在李家营北面（距北面城墙 5 米左右）新选宅基地盖房居住，最初只有几户，后来顺着涌武公路西面向北发展了十多户，如今已有几十户人家。这里虽不是原李家营，但与原李家营毗邻，仍以李家营作为此村的地名。

李家营地处清凉河东岸，营子西面为沙洲田，东、南、北为水田，地势平坦，盛产水稻、小麦、玉米、棉花、花生等农作物。

李家营现有30个姓氏59户人家，其中李姓为10户占30个姓氏之首，陶姓、陈姓各4户占第二位，周姓、黄姓、王姓各有3户占第三位，高姓、赵姓、张姓各有2户占第四位，其余姓氏各1户。

何家营

何家营地处北纬31° 40'48"、东经111° 58'12"，海拔高度76.6米，面积6万平方米。

何家营位于清河管理区西南黄莲树村11组清凉河东岸500米处，因原财主姓何，牵头集资建此土城，故名为何家营，黄涌路从东面经过。营子坐北朝南，东西宽约200米，南北长300米，民国年间只有东、南、北三面壕沟残存，宽约3米，深2米。1958年将三面壕沟填平，改造成良田。西面为陡坡，坡边有一座龙王庙，1966年将其作为“四旧”拆毁。现何家营壕沟、围墙已无痕迹。

何家营多数为沙洲田，田地平整，土地肥沃，东、南、西、北为水田，没有旱地，既能种水稻、小麦又能种棉花、玉米、油菜等农作物，全是旱涝保收的良田，粮食连年丰收。

何家营现有姓氏29个59户人家，何姓仅剩1家，而陈姓有6家占首位，张姓、王姓各有5家占第二位，周姓4家占第三位，陶姓、李姓、相姓各3家占第四位，其余姓氏均为一户、两户。

五　城关镇

临沮城遗址

临沮城遗址地处北纬31° 41'49"、东经111° 58'39"，海拔高度89米，面积12万多平方米。

临沮城遗址位于城关镇东20千米处，246国道从遗址上穿过。遗址为一长方形台地，台地北部紧依一条土岗，东临清凉河，南1千米为蛮河，两河并于遗址东南角交汇东流，使遗址形成依岗环水的地理环境。遗址东西长约400米，南北宽约300米，沿台地两侧及两河断面观察，发现文化层厚达2米以上，且包含遗物极为丰富。据当地村民介绍，20世纪50年代平整耕地时曾挖出许多器物残片和多件铜、陶器物，今县博物馆尚收藏有汉代三足铜铣2件。

遗址地面暴露的陶器残片非常明显，主要为泥质灰陶，少量为泥质褐陶，多饰绳纹，素面亦占一定比例，另有部分戳印纹、附加堆纹，偶见云雷纹与回纹相结合的仿铜器纹饰，可辨器类有瓮、缸、罐和瓦类，并且在西南部边沿时有瓮棺发现。

南漳城关镇临沮岗村（原廖家嘴村）临沮城遗址（2020年摄）

从临沮城遗址所见各类器物的形制、特征和纹饰分析，其文化内涵比较丰厚，时代上限可到西汉以前的战国时期，下限可延至宋元之后。

临沮系汉代南漳境内分置的一个县，临沮城的治所设置在古沮水（今蛮河）岸边。《水经注》在沮、漳二水篇中均有提及：“沮水出汉中房陵县东山。东南过临沮县界……”“漳水出临沮县东（北）荆山……” 1992 年 12 月，湖北省人民政府公布临沮土城为第三批重点文物保护单位。2002 年 2 月，此土城编入西安地图出版社《中国文物地图集 · 湖北分册》（下）。

土城位于平原丘陵地带，周围土地肥沃，良田千顷，多人工林，王家河与蛮河河道从两面经过，水源充足，村民以种植水稻、油菜为主。

周围阡陌纵横，人口密集，交通发达，路网连接村村户户。遗址不远处即为战国时期伟大的水利工程白起渠渠首，武安古镇近在咫尺，文化底蕴十分深厚。

田家营

田家营地处北纬 31° 39'32"、东经 110° 41'46"，海拔高度 84.8 米，面积 50 万平方米。

田家营位于城关镇蛮河中游以南的田家营自然村，地处四望山脚下，建于清代以前。田家营规模宏大，南北长 1000 余米，东西宽 500 米，历史上建有东、西、南、北四门。西门内建有吊脚楼，吊脚楼为两层，每层高 4 米，二楼上铺有木板。上层四周墙面都留有观察孔，以观测入侵敌人的动向。营子四周都曾有土垒的城墙，高 3 米多、宽 2 米。城墙外设有壕沟，壕沟宽 5 米，深 2 米，难以跨越。只有正门的外面才有木板桥，而且门内设有专人把守。

因为田家营位于平原丘陵地带，故附近良田较多，素有“粮仓”之称。新中国成立前当地大户刘直成拥有 400 多亩土地，新中国成立后全部分给了贫农。1964 年农业学大寨改造河道时，将属于田家营蛮河以北的 1000 多亩良田划给了现在的姚岗村。

遗址地处平原，蛮河穿境而过，水源丰富，风光宜人。如今的田家营，人口稠密，高楼林立。主产水稻与小麦，物阜民丰，村民生活富裕。交通发达，社会和谐。

据该村 83 岁的廖遵志老人介绍，1944 年日军和土匪扫荡时，他和父母逃难到洛浴，一个月后回来时，土城的房屋都被烧毁，但坚固的土城还在。到了 1952 年，那里仍然残存有城墙壕沟和村落大门。直到 1975 年洪水爆发时，才将土城墙冲毁。

南漳古县城城池

《襄阳府志》乾隆版载，南漳县（城），旧为土城，明成化间，因刘石乱更筑，周三里。后圮，弘治中，知县赵泰新之。高一丈六尺，厚一丈五尺，上施木架覆以瓦，门三，正德十一年（1516），肖浩甃（zhòu）以砖，门有四。嘉靖六年（1527），宋屏因城逼西山，拓其北，广一里，袤二十五丈。高厚如旧制。增小东、小西二门。题东曰：通泰，又名迎恩；南曰：对熏；西曰：望蜀；北曰：北拱。今北门闭，只五门，池阔二丈，深一丈。本朝仍旧。乾隆二十四年（1759），知县刘有洪领帑（tǎng）增修。

南漳县古山寨群土城（碉堡、营子）遗址一览表

表 12

序号	名称	海拔（米）	面积（平方米）	时代	地址
一、板桥镇（3）					
1	板桥乡公所碉楼	838	2000	民国	新集村
2	河口碉楼	828	350	民国	河口村
3	晏山碉楼	907	200	民国	晏山村
二、武安镇（4）					
1	罗国城遗址	135	—	新石器时代—东周	洪山寺村
2	武安堡堡寨	—	—	明	—
3	黄泥岗土城	74	5000	—	马家营村
4	徐家土城	68.7	—	—	马家营村
三、九集镇（4）					
1	斗城遗址	—	20000	—	斗城村
2	黄家营遗址	—	60000	—	彭家营村
3	卢戎国城遗址	—	90000	周	旧县铺村
4	周家土城	—	3000	—	白马山村
四、清河管理区（6）					
1	叶家土城	93.3	120000	—	雷家巷村
2	杜家营	76.6	50000	—	黄莲树村
3	徐家营	71.7	—	—	黄莲树村
4	张家营	71.7	60000	—	黄莲树村
5	李家营	76.6	50000	—	黄莲树村
6	何家营	76.6	60000	—	黄莲树村
五、城关镇（3）					
1	临沮城遗址	89	—	战国	临沮岗村
2	田家营	84.8	500000	清代前	田家营村
3	南漳古县城城池	—	—	明	—

附　录

媒体介绍南漳古山寨（堡）重要文章

南漳惊现古城堡

这是一个典型的冷兵器时代的古城堡，它背依荆山山脉，南望江汉平原，坐落在南漳县东巩镇的卧牛山上。自古以来，这里就是南漳、钟祥、荆门、当阳的交界地，也是古代的战略要地。

自春秋以来，不断有各路枭雄在东巩镇筑寨为城。但是，东巩镇卧牛山上的团山寺古城堡却被历史的烟云尘封多年。直到2000年秋，一个偶然的机会，人们才轻轻地揭开了它神秘的面纱。

面对面积相当于现代南漳县城的古城堡，人们在惊愕的同时，一个又一个疑问接踵而来：它始建于何时？能屯兵上万的城堡是如何解决吃住问题的？按现有的工程量算，需要10万人用三四年才能完成的浩大工程古人是怎样完成的？古城堡在鼎盛时期究竟驻扎有多少士兵？它经历了什么样的战火洗礼……

周长8公里，可屯兵上万的古城堡是关羽收周仓之处，还是李自成所建，尚待考证

南漳惊现古城堡

李德荣　蒋志华　魏祖华

惊人发现

碾米用的石磨盘

（下转第3版）

《襄樊晚报》2002年6月21日一版、三版原文（周长8千米，可屯兵上万的古城堡是关羽收周仓之处，还是李自成所建，尚待考证）

惊人发现

南漳县东巩镇是贫困山区，离镇12

千米的团山寺是县文化局的扶贫点。

2000年秋，在扶贫点扶贫的县文化局副局长庹先沮听村民说村里的卧牛山上有一个很大的寨子，庹先沮喊上镇文化站站长叶经房一起上卧牛山上去看看。

这一看不打紧，两个文化人被山寨的规模震撼了：他们沿着山寨的石砌城墙走了几个小时也没走到尽头。他们意识到这可能是一个可屯兵上万的城堡。

两人下了山，问村里的老人，这山寨是什么时候修的？谁在这里修的？老人们也答不上来。于是两人回去翻县志，县志上也没有这个古城堡的记载。

为了弄清这个古城堡的来龙去脉，两人找到南漳县博物馆工作人员孙义宏。孙义宏是个极爱文物考古的专业人员，他先后五上团山寺古城堡。直到2002年5月底，孙义宏才初步摸清了这个古城堡的基本情况。

城堡依卧牛山而建，因为山上有古团山寺而得名。据初步调查，其城墙周长为8千米，城墙高3至5米、宽3米，全部由石块依山垒砌而成。

城墙上有射箭的垛口、瞭望口、烽火台、火炮座。

城墙四周目前还保存着大西门、小西门、大东门、小东门、南门、北门。城墙内有环城通道，沿城墙每隔50米左右，建有兵营和士兵掩体。大的兵营有房间10间或30间。

更令人叹为观止的是，从这个城堡的规模和建筑格局看，绝不是地方土匪或流寇所居之地。在古城堡中央，建有威武雄壮的点将台。点将台雄踞30米高地。点将台的一边，是一个比足球场还大的圆形石台，直径为80米左右，圆形石台建在五级台阶之上，据推测，这极可能是当年的士兵操练场；它的另一边，是一个与圆形石台同样大小的椭圆形石台，也是建在五级台阶之上。根据椭圆形石台旁的饮马石槽可以断定，它是当年的一个跑马场。

点将台脚下的一块巨石上，有一个直径一尺，深一尺多的石槽孔，这是用来插王旗的。

在古城堡里，两个用来碾米的直径2米多的大石磨盘仍然基本完好，水井里还有尚可饮用的水。

据初步调查，古城堡内保存比较完好的石砌房屋有300多间，且极大部分沿城墙分布，从石砌房屋的风化程度看，越是年代早的房屋，建筑形式越是不规则，但有一些明清时期建的房屋就明显有明清的风格了，少量现存的碑记也印证了这一点。

谁曾是这里的主人

这么大一个城堡，在县志上却没有记载，那么，是谁在什么年代在这深山之中建起了这样一个城堡呢？

人们只能从古城堡现存的遗迹来追寻历史。

从现存的碑记看，有两块碑与1000多年前三国时代的关羽有关，一清代碑记刻有：“山疑古之卧牛山，关圣人收周仓处也，第山之中立寺不知始于何年，相传起自明世，号曰：乌牛，后更名团山……”

另有一碑文记载，团山寺“寺庙祖师关夫子”。

在东巩镇的民间传说中，也有很多与关羽收周仓有关的故事。连东巩镇的一些地名，也与古代战争有着千丝万缕的联系，如跑马岗、捉马岭等。

周仓原是个山寨王，这在历史中有记载，关羽收周仓更是古今人所共知，由此看来，团山寺古城堡极有可能就是周仓当年占山为王时所建。

团山寺古城堡紧邻东巩镇苍坪办事处，苍耳坪原名仓库坪。据民间传说，三国时期周仓在团山寺为王养兵时，将方圆数十里旱涝保收的良田据为军粮基地。关羽欲收周仓，兵士疲劳，屡战不胜，偶食仓库坪的米后，兵士顿感精神大振，体力倍增，一战而收周仓。

此后，关羽带兵征远安，搏当阳，仍将仓库坪一带作为后方军粮基地，并在此建立粮仓，储备军粮，故此地名为仓库坪。

因为仓库坪产好米，此后的一些朝代仍将这里保留为粮库，以奉朝廷，后来不知什么时候，仓库坪又更名为苍耳坪。

根据民间传说和史料记载，南漳县有关人士推测，团山寺古城堡并不是在周仓占山为王时就有了如此大的规模，它是在后来历史战乱中逐步建成的，其中，最有可能在这里大规模修筑城堡的是明朝李自成起义军。

据史料记载，李自成的战将郝摇旗在襄阳征战数十年，当时李自成的农民起义军在襄阳、南漳一带活动范围十分广泛。而在当时，团山寺古城堡是襄阳至荆州、宜昌、远安的交通要塞。它凭借着险要的地势，进可攻，退可守，所以，李自成的农民起义军在这里大规模修筑城堡是有可能的。

亟待开发

研究团山寺古城堡来龙去脉的南漳县有关人士，虽然依据碑记和史料作了一些推测，但还不能作最后的认定。他们认为，目前掌握的关于团山寺的一些资料，是很零碎、很不全面的，要全面研究团山寺的历史，必须由历史专家、文物专家考证有关史实，方可解开团山寺留给人们的疑问。

团山寺的文物和旅游价值被人发现后，当地有人曾提出要把那些损毁的城墙和古城堡内的建筑尽快恢复起来以供人游览参观，但南漳县博物馆的有关人员不同意这样做。

县博物馆的有关人员认为，目前在文物旅游专家没有对其价值进行评估和考察之前，要做的工作就是保护这一古迹，同时修整通往团山寺的公路，为将来的开发做好前期准备工作。

南漳县委、县政府正在努力将这一古城堡申报为湖北省重点文物保护单位。

（2002 年 6 月 21 日，作者：李德荣　蒋志华　魏祖华，原载《襄阳晚报》）

南漳发现中国最大古山寨

襄樊市人民政府近日申报待批的湖北省第四批文物保护单位中，有一座被专家确认为迄今所知中国面积最大的古山寨，这就是南漳卧牛山寨。

卧牛山寨位于襄阳古城西南 110 公里襄樊市南漳县东巩镇团山寺村卧牛山（古名乌牛山）上，地处襄樊市、荆门市、宜昌市交界地带的荆山山脉群山峻岭中，襄樊通往荆门、宜昌的两条古道在此交会，通往荆门的古道现正建为省道公路。

卧牛山寨周长约8000米，废弃的房屋300余间，均为石构。山寨面积约4.9平方公里，是襄阳古城的1.7倍。寨墙及山寨格局保存较好。石寨墙最高处残存约 4 米，从遗存在寨墙上的军事设施判断，卧牛山寨当为军事城寨，但寨内多方清代碑刻又表明山寨内曾有居民。

寨内古碑记载，此寨为三国时周仓所筑，关羽收周仓于此。山下周家大湾居民也自称周仓之后，山上并因此筑有关帝庙（亦名团山寺），未能考证。但据关帝庙内明万历四十六年（公元 1618）第三次重修关帝庙记事碑所记，可判断卧牛山寨至少有 400 年历史。

（2002 年 11 月 1 日，作者：罗亚蒙，原载《中国建设报》）

鄂西惊现山寨群　御敌古堡人称奇

走近南漳民间文化遗存之一

2008年3月28日，新华社湖北分社社长冯诚（前排右一）、副社长杜晓明（后排中）、记者田建军（前排左一）在南漳采访。图为襄樊市文物普查专家叶植（前排中）在介绍南漳县第三次文物普查的成果。

编者按：正在开展的第三次全国文物普查工作中，湖北省普查试点南漳县经过大半年的田野调查，发现大量的古山寨、古民居、古造纸作坊、古墓葬等民间文化遗产。据初步统计，全县共普查登录文物点840处，是1989年第二次文物普查数量的6倍。其中古山寨384处，古民居81处，古造纸作坊33处，古墓葬154处，石刻及其他文物188处。这些文物点分布在全县11个镇（区），276个村。

一次普查出如此多的文物，引起文物界和社会的重视。这说明，我国民间文化遗产非常丰富，迅速开展全面普查登记和保护已刻不容缓。新华社记者前不久在文物普查人员带领下，对南漳的民间文化遗产进行了一次实地探访，让我们领略了民间文化的丰厚与多彩多姿。

这是湖北南漳古山寨（2008 年 3 月摄）。在 2007 年 10 月启动的湖北第三次文物普查试点中，南漳县的古山寨开始首次被文物部门进行系统收录和研究，并作为一种重要的民间文化遗产，列入当地政府的保护范围。2008 年，已有 13 个古山寨列为省级文物保护单位。（新华社记者冯诚 摄）

新华网武汉 9 月 18 日电（新华社记者冯诚、周甲禄、田建军）高山巍巍，古寨森森。随着第三次全国文物普查的深入展开，在鄂西南漳县高山峻岭中"隐居"数百年的500 多座古山寨逐步掀开神秘的面纱，撩起人们探寻当年金戈铁马的历史兴趣。

隐身崇山峻岭

地处鄂西北秦巴山系余脉的湖北省南漳县，是楚文化的发祥地之一，自古为"襄西之屏障，巴蜀之咽喉"，境内崇山峻岭，山高谷深，有"八山半水分半田"之说。

南漳多古寨，在当地几乎无人不知。但这些古山寨大多建在山峰之上，山高林密，道路崎岖，人迹罕至，长期不被外界所知。古山寨就这样静悄悄地隐身在山岭丛林之中，任凭岁月的风雨斫蚀，不少古寨只剩残垣断壁，寨内荒草离离。

去年 10 月，南漳县被湖北省确定为第三次文物普查试点县，启动了文物田野调查工作，古山寨走进了文物工作者的视野。前不久，记者慕名来到南漳县，在文物工作者带领下，走进古山寨，进行了一次零距离接触。

离开县城，驱车向南行约 80 千米，是南漳县东巩镇，这个镇古山寨较多。进入这个镇的地界，沿途就可看到远山上有不少石寨。在杜家坪村，只见远处的高山上，就有一座石寨耸立山顶绿荫丛中，若隐若现。山岭下的一个小山峰上，另一座古寨的高耸寨门清晰可见。

随行的南漳县第三次文物普查领导小组办公室常务副主任庹先沮告诉记者，高山顶的大山寨叫老寨，从山脚攀登到老寨最少得 4 个半小时，因为没有路，在普查时，他们是带着镰刀砍出一条小路上去的，这个山寨很大，里面还建有庙。半山腰的山寨则叫新寨，其规模小于老寨。

据庹先沮介绍，在此次文物普查试点中，南漳县共发现大大小小古山寨500多处，被文物部门收录了380多处。最大的山寨是东巩镇卧牛山上的古山寨，被专家称为“华夏第一大寨”，据初步考证，卧牛山寨始建于东汉末年，三国将领周仓曾在此筑寨屯兵，明末李自成部下郝摇旗也在此继续筑寨。卧牛山寨依山势而建，跨越三个山头，面积1.1平方千米，分设五个寨门，沿寨墙垒筑掩体85个，瞭望台7个，炮台20个，寺庙建筑和石垒房屋375间，规模之大令人叹为观止！

湖北南漳古山寨（2008年3月摄）。南漳多古寨，在当地几乎无人不知。但这些古山寨大多建在山峰之上，山高林密，道路崎岖，人迹罕至，长期不被外界所知。古山寨就这样静悄悄地隐身在山岭丛林之中，任凭岁月的风雨斫蚀，不少古寨只剩残垣断壁，寨内荒草离离。（新华社记者冯诚　摄）

揭开神秘面纱

在文物普查人员带领下，我们实地踏勘了两个山寨：东巩镇陆坪村的春秋寨和板桥镇的樊家寨。

春秋寨是南漳县一个具有代表性的古山寨。远远看去，山寨建在一座呈南北走向的山脊上，宛如一段长城横亘于山顶之上。一条河绕山而流，使这座山东、西、北三面环水，犹如一个半岛，只留下南面与陆地接壤。山的西面是斧削一般的悬崖绝壁，直入河中，形成一道天然屏障。春秋寨依山就势，建在这个易守难攻的山脊上。

由于人迹罕至，以前通往山寨的羊肠小路已被丛生的灌木湮没，我们只能踩着当地向导的脚印，边开路边前进。上到山顶，只见这座南北纵向而卧的山脉，顶部东西宽度最宽处也就50米左右，山寨沿这个东西窄南北长的山脊呈“一字形”布局。山寨只有南门和北门两个门，西面寨墙直接依绝壁而建，东、北面在寨外还垒起了高高的石墙。有敌来犯时，只要派人扼守住南门和北门两个进口，便可一夫当关，万夫莫开，十分牢固。

进入山寨，穿行于山脊上南北两排石屋中间的街巷式通道，大大小小的150余间石屋赫然矗立，高高的炮台、瞭望台煞是森严。石屋都没有屋顶，地上到处是破碎的石块，石缝里荒草丛生，很多石屋四壁已残缺不全，看不出有人居住的迹象。站在西面寨墙上往下看，六七十米高的石崖犹如刀削斧劈，令人不寒而栗！

整个山寨南北长1200米，东西宽20米至40米，建筑面积3万多平方米。山寨的寨墙全部由当地特有的片石砌成，厚度40到60公分。

据当地文物工作人员介绍考证，春秋寨又称“邓家寨”，是邓家一个名叫邓九公的祖先为防匪患带人修建的，距今已有400多年的历史。因传说三国时关羽曾在此地夜读《春秋》，该寨又名春秋寨。目前，山寨主体结构保存较好，具有极高的研究和观赏价值。

住在山脚下的66岁的邓鸣荣老人告诉记者，小时候他家还在山寨里住过，最多时山寨住了100多户人家，直到20世纪50年代新中国成立后，他们才慢慢搬下山来。

樊家寨是一个城堡式的古山寨，与春秋寨风格迥异。山寨建在群峰中一个位置较高的山峰顶部，峰顶已经被削平，地势不及春秋寨险峻。但登临此寨便有一览众山小之感。

樊家寨坐西朝东，呈长方形布局，南北长约百米，东西宽约60米，总面积近6000平方米，可以容纳数千人。全部用当地片石砌成的围墙东、西面各有一道大门，是这个寨子仅有的两个进出口。寨墙厚实，高耸峙立，寨中有堡，寨外有郭，多重防护，十分严密。

沿镶嵌在寨墙内的石梯攀上5米多高的墙顶，只见山寨西南和西北两角分别建有堡楼，呈“八”字形向外伸出，堡楼下部两侧建有瞭望孔或射击孔，互为掎角之势。除了东面大门，寨墙西、南、北三面有外郭环绕，是山寨遇袭时的第一道防线，郭现大都已毁损，只剩下孤零零的墙脚。

20世纪70年代，樊家寨曾被作为村部办公场所，后来村部搬出，辟为农田，现在山寨内长满了绿油油的庄稼。今年70岁的杨才玉老人的家离山寨不远，他告诉记者，当年村民拆山寨的石头盖房子时，曾发现了一块石碑，上面记载了山寨的修建过程，时间大约是清朝中期，目的是当地民众为了抵御白莲教教徒及一些土匪的袭扰。

古代“人防工程”

采访中，南漳县文体局局长郭永金告诉记者，南漳县的古山寨早已有之，但一直没有受到重视，谁也说不清其数量、兴建年代等真实情况。在去年10月启动的湖北第三次文物普查试点中，南漳县的古山寨首次被文物部门进行系统收录和研究，并作为一种重要的民间文化遗产，列入当地政府的保护范围。目前，已有13个古山寨列为省级文物保护单位，我们看到的春秋寨和樊家寨均在其中。

南漳为何有这么多古山寨？文物工作者的解释是，由于历史上这里战事频仍，匪患猖獗，尤其是明清以来的农民战争、流民起义以及民间土匪在这一带活动很多，很多山寨就是这个时期的产物。

据庹先沮介绍，经过初步考证，这些山寨有的是政府出资修建的，但多数是民间自行出资修建。少数山寨是军事设施，多数山寨实际上是当地村民的避难所，遇到战火或匪盗来袭，当地村民就搬入山寨以避难。

目前，南漳县古山寨已引起了外界人士的浓厚兴趣，逐渐兴起了一股以古山寨为对象的历史研究、文学创作和旅游热潮。

（2008年9月23日，作者：冯成　周甲禄　田建军，原载新华社《每日电讯报》）

南漳古山寨

“不知有汉，无论魏晋”，在莽莽苍苍的荆山山脉里，湖北省南漳县的近 200 座古山寨已在漫长的历史烟云中沉睡多年。这些山寨雄踞在群峰之巅，扼守着兵家必争之地。它们全部由石材构建，寨子里鳞次栉比的石屋全没有屋顶。它们是谁、为何而修建？为什么密布在南漳山区？走近它们，神秘的气息扑面而来。

“打记事起，我就听老辈人说三国故事，关云长千里走单骑，还带刘备的夫人在这里避过难呢。”在南漳县东巩镇春秋寨下柳廷权的家里，因为我们的来访，这个 70 岁的老汉慷慨地打开了尘封的记忆。

南漳位于襄樊市的西南侧，荆山山脉的余脉就在南漳结束，汉江三面环绕“铁打的襄阳”，在南漳这一侧才被大山拱卫。荆楚大地历史悠久，几乎当地每个老人心中都有半部三国。也是因为三国，传说关公曾在这山顶上的寨子里苦读《春秋》，它才得名“春秋寨”。

春秋寨是我考察的第一个南漳古寨。近年来，襄樊周边谷城、保康、南漳等县许多古山寨的陆续“发现”引起了人们越来越多的关注。不过，谷城、保康古寨仅有零星遗存，保存完好的并不多。相较之下，处于鄂西山区、秦巴走廊向江汉平原核心过渡区域的南漳，古寨分布密集、规模巨大而且风貌犹存。为此，我和几个同道中人，数次深入南漳境内的荆山山脉。

春秋寨矗立山巅，巍峨壮观

第一次去春秋寨是 2005 年的暮春时节。在南漳，东巩镇的古寨最多。该镇文化站站长叶经房一直在研究古寨，几年间已基本摸清了镇里 70 多个古寨的分布情况。老叶为人爽朗，首先带着我们拜访了柳廷权。

柳廷权老人曾当过村支书，说起寨子来眉飞色舞，“当年红军打过守在寨子上的土匪，日本人在这里打过国民党，一直攻打了七天七夜。后来新四军打国民党，用了 21 天呐，那可是我亲眼见过的。”南漳多山，山上多石，当地老百姓很善于就地取材，柳家的住宅、猪栏和牛圈也是用当地石灰岩的石块垒砌而成的。

许久没有人造访这个山寨了。过了老柳家，荆棘便封住了继续上山的小路。老叶拿着柴刀，一路披荆斩棘。我们终于站到了山巅之上。只见绝壁之下茅坪河（沮漳河支流）的一湾碧水刚好把春秋寨抱在怀中。山寨就筑在南北向的山脊之上，东、西、北三面临水，南面一道断崖，刀劈斧削一般，让人心惊胆战。

然而这个季节油菜花开得正艳。山寨南侧断崖之下，大地色块鲜明，农舍炊烟袅袅，田园如诗似画。遥远的楚人“辟于荆山，筚路蓝缕”，就是在这一带了。寨子里高大的寨墙布满了爬山虎。在那些长满青苔的人工切割条石的缝隙里，还有一朵朵金银花在寂寂开放。古老的山寨也有柔美、祥和的另一面。

春秋寨计有大小石屋 153 间。其中大的石屋有 20 多平方米，小的不到 10 平方米。让人诧异的是，所有的石屋都没有用过一丝木材或者砖瓦的痕迹，而且全都没有屋顶。想来，在兵荒马乱年月，人们只能以茅草、树叶搭建屋顶——经过风吹雨打，“屋顶”都荡然无存了。石屋一间接着一间，仅在危崖处，才由坚固、宽阔的石头寨墙代替。

相传，早年春秋寨上建有春秋楼，关公曾在此活动。后人为了纪念关公，还在这山寨上重修了春秋楼，并建起关帝庙。然而，传说毕竟只是传说，这个山寨的修筑历史迄今无据可考，春秋楼不见踪影，关帝庙也只剩下了一块残碑。残碑旁边，还有几根被雨打湿而没有燃完的供香。看来，无论如何，当地人还是相信这一传说的。

因地处陆坪，邓姓人较多，春秋寨也称陆坪寨、邓家寨。迄今，陆坪一带仍有盔甲湾、隐甲峡、铁甲洞等小地名，据说均与关云长当年行军路过此地有关。寨子西侧的仙人洞顶上，还保留着行军锅留下的一些大小不等的圆坑。从它附近几个古寨的格局来看，更容易得出结论：它属于一个完整的军事防御体系。隔着茅坪河正对春秋寨的那座山名曰望月山，望月山的绝壁上有三处类似北京延庆古崖居的小山寨，应该是春秋寨的后卫；而东南方向的一座山峰上，建有卧牛寨；目光顺着茅坪河流动，不远处下游的一片山崖上依稀还能看到阎家寨的方形构筑物……

望月山比春秋寨的海拔略高。在望月山顶俯瞰春秋寨，不由得再一次为它的地势而赞叹：两山对峙，绝壁万仞，河谷深切，它巍然屹立于一个状如鲸鱼的脊背上，傲视着茅坪河水，制约着四方。

那天晚上，我们就在春秋寨脚下的茅坪河畔宿营，夜色深沉时，群山如黛，它又在空中划出了一道雄伟、壮观的剪影，让我浮想联翩。

历史上春秋寨历经兵燹，但多已无据可考。及至抗战，这个古老的山寨还发挥过作用。1940年10月初，著名爱国将领何基沣率179师从南漳移师远安前线。日军侦察机沿途进行了跟踪轰炸。陆坪也未能幸免，当地村民们只好躲进了春秋寨。春秋寨的险要地势形成了屏障。敌机袭来，投下的一枚枚炸弹全落在环绕山寨的茅坪河里，炸起了一道道冲天水柱，好不容易有一颗炸弹落到了寨沿上，却一转身也滚入了茅坪河。敌机见状，只有悻悻地离开。

南漳的古寨和湘西的南方长城、四川的丹巴碉楼一样，都是就地取材的石头构筑物，都与军事防御有关，实际上都属于军事防御工事。从地理环境看，古寨和绵延了200多千米的南方长城最相像，但长城重的是长、是连续、是一条线；古寨虽然也相互呼应，但从形制上看却是一个个独立单元、是点状的。

今年我再去春秋寨时，已是夏季。涉水渡过茅坪河登望月山拍摄山寨全景，不想半个小时后返程时，水已经涨了一尺多，河中间水已齐腰深。雨季中的河水是那种土地般的浑黄，而葱绿之中的古寨若隐若现，又是另外一番景致。

屯兵演武的卧牛寨，规模宏大

卧牛寨的东寨门外就是今荆门市管辖地界了，而北门距离茅坪河不远。两人高的类似哨卡的堡垒，镇守着北门的进寨要道。站在堡垒上向南望去，寨墙确如长城般在山顶蜿蜒起伏，直达卧牛山海拔600米的顶峰。

武汉大学历史学家石泉曾在《古代荆楚地理新探》一书中论述，卧牛寨所处位置乃北上古襄阳、南下古荆州唯一的便捷的陆路通道，如果屯兵，进则可出兵驰援他地，退则可长期坚守、拒敌进攻。这，至少能从一个方面解释这个山寨规模为何如此庞大——它是南漳甚至全国规模最大的一个古山寨。

卧牛寨曾经驻扎多少兵马？寨里两个用来碾米的大石磨直径超过了2米。山寨中央、卧牛山主峰之上建有团山寺。寺门前的中央高地上有一个威武犹存的点将台。点将台脚下的一块巨石上，还能看到曾经插过山寨大王旗的大孔。点将台左边有一个4000多平方米的演武场，大约能容纳3000名步兵在此操练；右边是一个直径约80米的圆形阅马场，周围设有3层看台。如果从西门进寨子，还能看见一个能容纳500人操练的中小型操场徜徉在团山寺中。那一片残墙和四块断碑恍如历史的碎片。这个一进两殿结构的寺庙已倾圮多年，从碑文上可看出重建于明代万历四十六年（1618），而始建年代不得而知。

我不明了卧牛寨血雨腥风的过去，但可以感受它强烈的军事目的。寨墙高5米、宽3米，长足有6千米，全部由石块随地势起伏垒砌而成。设有东门、西门、南门、北门四个重要关口，内有环寨通道和石屋375间！进古寨的大门也构筑于地势险要之处，山门与寨墙错位呈L形，不能直进直出，可谓巧妙。

城墙上，每隔一段距离还留有放置照明物的一尺见方的孔洞，每隔 20 米左右有一个掩体（是岗哨的位置），每隔 50 米则有一个瞭望台或炮台。

让我吃惊的是，如此巨大的山寨，在《南漳县志》上竟然没有相关记载。幸亏老叶在团山寺前拓下的 5 段碑文，帮助他在《钟祥县志》上查到了对卧牛寨的记述。“金鸡寺相传梁武帝（公元 373）时建在李家垱北五里，又有团山寺在李家垱东。”这样事实就清楚了，在 1936 年以前，团山寺、卧牛寨一带是属于安陆府钟祥县管辖的。那么卧牛寨的修筑时间至少已有 1600 多年了。

如此巨大的山寨是谁、为何建成的呢？传说卧牛寨就是关公收周仓的地方。周仓是一个虚构的人物，但这个传说也有一些历史依据：关羽在樊城、新野一带驻防 7 年，建安二十四年（公元 219），曾在樊城“水淹七军”，后来，他又从襄樊败退当阳、麦城，他到过卧牛山寨是完全可能的。当然，也没有任何证据能够证明，卧牛寨就是关羽修的。

襄樊市党校晋宏忠教授曾仔细研究南漳古山寨的修筑历史。根据大量史料，他认为在《后汉书·臧宫传》里，刘秀的手下臧宫（云台二十八将之一）用环车计收复的“骆越之地”很可能就是卧牛山寨。环车计和诸葛亮的空城计本质一样，都是“虚张声势”。建武十一年（公元 35 年），臧宫驻中庐（今南漳），而骆越人谋划叛汉从蜀。臧宫兵力不足，乘运粮车进城时，令士兵把各城门的门槛锯断，再令粮车不停地穿梭于城中。这样车声彻夜不断，骆越士兵以为汉军大至，战战兢兢地归顺了臧宫，“驻地遂安”。如果这个推论正确，那么卧牛寨的修筑历史则近两千年了。

晋教授还认为，卧牛寨规模宏大，修筑需要大量财力、物力，应是一种“政府行为”。这个山寨很可能先用于军事目的，后来又为历代“流民”所用，是各个朝代不断加筑完成的。史书上的“流民”，是指因战乱、荒灾或不堪赋役而流亡到荆襄的百姓。明清两代，荆襄地区位于湖广、河南、四川三省之间，“流民”特别多。外来人口需要侵占当地资源才能存活，当“流民”越来越多，甚至超过百万之众时，保卫资源、镇压“流民”的政策直接导致了“流民起义”，于是“流民”变成了“流寇”。“流寇”在南漳一带凭山据险，占山为王，大肆兴建堡垒、山寨。

山寨的兴起也与防御这些暴动、起义有关。如在谷城县志的记载，“（清）嘉庆初，教匪（教即白莲教——编者注）窟穴南山，汉南蹂躏尤甚。制流寇之法宜坚壁清野，故汉东利用土堡……汉西南利用山寨，如山内石寨林立是也。”

考察证实，南漳古山寨的确多建于明清两代，并多与嘉庆元年爆发的白莲教起义和咸丰元年开始的太平天国运动有关。实际上，无论是“进剿”还是“反进剿”，在冷兵器为主要作战武器的年代，这些石筑“山寨”确实具有可靠的防御作用。

密林深处的青龙寨，阴阳相对

据南漳博物馆申报第六批全国重点文物保护单位的有关资料，南漳的古山寨约有 200 座，乃全国之数量最多、分布最密集的古山寨群落。我在考察的同时，在各乡镇对古寨进行统计，近两年过去，现在有迹可考的山寨已“增长”到了 191 个，接近 200 个了。不过，还没有一个人能宣称自己走完了南漳所有的山寨。因此，191 肯定不是最后的数字。

南漳的山寨分布为何如此密集？在《中国历代战争年表》中，我发现在南漳发生的大规模战争计有 26 次之多。南漳的地理位置与襄阳相辅相成，历史也与襄阳并存、与荆州相随。在王朝更替时，它曾多次被选择为进攻和防守的重点区域，较著名的有秦汉之争、蒙宋之争、元宋之争，在国家相对统一之时，又有蛮、流民起义，也选择了川楚交接的特殊地理区域同统治阶级进行抗争。因此，有学者认为，“从各方面来看，历史上这一区域都是必争之地，在这一区域留下众多关于战乱的遗存也就不足为奇了”。

板桥镇的青龙寨以布局巧妙闻名，也在我的重点考察计划之列。板桥距离东巩不远。汽车沿漳河（沮漳河流域）行驶，在20世纪60年代修建“小北”公路（小漳河至北峰）前，一条古道蜿蜒在崇山峻岭之中，古老的山道是板桥通向西南山区的唯一途径。在湍急的猛洞河上，一座颤巍巍的小木桥是古道的咽喉所在。顺着小桥延伸的方向眺望对岸，一抬头，在身披浓荫的山巅，一圆一方的两个寨子出现了。

那就是青龙寨。它背靠大山，除了面对猛洞河的这一侧，三面均为悬崖峭壁，绝难攀登。它就这样扼守着古道，扼守着小木桥，可谓是“一夫当关、万夫莫开”。它的建筑也别具一格，实际上由两座山寨组成。两寨一圆一方，象征着天地合一，阴阳相配；间距仅3米，高低错落有致；又一大一小，大寨为长方形，东西分设寨门，小寨建筑为圆形，南北分设寨门。据说青龙寨是按照阴阳八卦设计的，寨的长度、宽度、房屋间数、门窗等有关数据均与八卦相符。大寨保存有大部分寨墙，石屋和箭堡、寨门也完好无损。不过，青龙寨的规模远不及卧牛寨、春秋寨等，其大小寨内石屋总共不过32间。

今天，小北公路就从青龙山的半腰通过，在数里之外就可以看到青龙两寨的雄姿。沿着山间小径漫步五六百米，经过一座近年修复的山神庙，青龙的大寨便呈现在眼前了。大寨西墙高4米，寨门高2米，宽1米，墙厚1米，寨门上方有3米高的箭楼。门后为指挥台，正方设有一排炮孔。

青龙寨建于清朝嘉庆元年（公元1796），是因白莲教而建的。政府组建地方团练武装，把百姓赶到寨堡，坚壁清野，对白莲教实行分割包围的战略。当时，还派有徐总兵驻扎板桥的总兵寨（位于新集）。徐总兵组织地方联防，共筑有山寨48座，现在仍有包括青龙寨在内的36座山寨在风雨中屹立。

去年春天，在青龙寨旁生活了一辈子的老人陈相府，一边抽着旱烟，一边给我们讲述青龙寨史。陈家祖上曾有人在徐总兵手下服役，“听长辈们说，守山寨的徐总兵是一个有本事的人。有一次，一个土匪牵一匹红马经过寨下的猛洞河，徐总兵不让通行。土匪打赌说，你若击中我坐骑要害，我就将马送你。臂力过人的徐总兵在寨上奋力抛出三块石头，分别击中了马腿、马眼、马耳朵，那土匪为之折服，弃马逃窜。后来，徐总兵就把俘虏的红马连同马鞍送给了我们陈家。”说完，老人让儿媳妇从屋里面搬出一个木制的马鞍。马鞍子上落满灰尘，却基本完好。这应该就是那匹红马的马具吧。这个真实的历史传奇，让人为之感慨。

今年夏天，我再次考察板桥青龙寨的时候，陈相府老人已去世。亲历山寨历史的人也不多了。然而关于南漳的古山寨，迄今还有许多未解之谜。

《南漳文史》上曾有记载：秦昭襄王年间，大将白起曾在南漳一带驻防，为了攻打楚国，他一路依险要山势筑寨，可进可退。秦王寨筑于鸡冠山上，昭襄王拥兵坐镇指挥。白起实施凿渠引水破鄢的战略决策，深得秦王器重，于是被赐封为武安君。

去年初冬的一天，我去东巩镇的石峡坪村寻访“武安君”的足迹，得知白起渠仍然发挥着作用，然而当年白起修筑的大包寨、秦王寨、鸡冠寨等，却只剩下轮廓了。在相对保存最好的秦王寨石屋外，我发现了筑寨人取石材留下的粗糙却笔直的人工线条，那是人工斧凿的痕迹。

秦王寨内存有尺寸不一的记事石碑7块，其一刻有“刘朝纲、刘朝栋、刘朝楹、刘朝柱，大清咸丰柒年季春月立”字样，而另一块碑则是“光绪年间修建”……众说纷纭，其实无论咸丰还是光绪，距离传说中的“秦王”都太遥远了。

那么，白起的秦王寨究竟在哪里？

古山寨的前世今生让人感到扑朔迷离，而这石头铸成的史诗，就像南漳山区缭绕的晨雾一般，依然萦绕在我心中。

（作者：李秀桦 邵爱民，原载《中国国家地理》2006年第11期））

那一出正史之外的山寨传奇

第三次全国文物普查中，385 处南漳古山寨被记载入册，“是全国数量最多、分布最密集的古山寨群落”，其修筑年代远至秦汉、近至明清。

“不知有汉，无论魏晋”。苍莽连绵的荆山山脉里，这些古山寨已在漫长的历史烟云中沉睡多年。它们扼兵家必争之地，雄踞群峰之巅。它们是什么人、为何而修建？为什么如此多而密集地散布南漳山区？它们背后有着怎样的兵戈传奇？

两千多年世代变迁，到今日，战事远去、典籍难寻。僵硬的正史无法给出我们一幅关于过去的鲜活画面，反倒是这些神秘山寨的残垣断壁间，封存了荆楚大地曾经的金戈铁马、豪气干云——那被当地人以浓重方言打磨出的野史传奇、枭雄成败，流转于空荡的寨门山墙间，激荡反馈而成一声高亢花腔。细听，有滋有味、有血有泪、有性情义气也有野心背叛几抑扬顿挫间，一地风采。

环山皆贼，坚壁清野

从地理上看，南漳位于襄樊西南侧，荆山余脉在这里结束，汉江三面环绕着“铁打的襄阳”在南漳这一侧才被大山拱卫。东守汉江、西扼巴蜀，南漳成为“北上古襄阳、南下古荆州”唯一的陆路通道。秦汉、蒙宋、元宋王朝迭替时，这里是攻防重区；流民起义，也多选择这里安营扎寨、招兵买马。动荡与干戈，在烟云流散、斗转星移后，变身南漳这一已名不见经传的小县城最显赫的财富——古山寨。

南漳古山寨大多建于明清，与流民暴动、农民起义密切相关。所谓“流民”不过是因战乱、荒灾或不堪赋役而流亡到荆襄的百姓。荆襄地区位于湖广、河南、四川三省之间。明清两代，“湖广填四川”形成大量“流民”。这些外来人口自然要与当地人“分享”资源。而当“流民”的数量越来越多、超过百万之时（据史载自明宣德至成化四十多年，到荆襄的“流民”已多达 150 万人），男耕女织的生产方式再也无法承担，当地人起而保卫自己的资源，政府出台镇压流民。但几重挤压下，起义频仍；白莲教起义、荆襄流民起义、李自成起义、太平天国运动……良民变流民，流民再变流寇。天高皇帝远，流寇们在南漳凭山据险、架木垒石，建起了“反进剿”的堡垒、古寨。公元 1634 年（崇祯七年）李自成大军从河南入襄樊枣阳，张献忠部“一斗粟”“蝎子块”等多支义军从郧阳、邓州、新野涌入襄阳，两支义军深入南漳、保康、谷城山中，襄阳境内一度“环山皆贼”。

正所谓“以战去战，以杀去杀”。朝廷要防御、压制这些暴动、起义，也得靠山寨。《谷城县志》上曾有记载：“（清）嘉庆初，教匪窟穴南山，汉南蹂躏尤甚。制流寇之法宜坚壁清野，故汉东利用土堡……汉西南利用山寨，如山内石寨林立是也。”位于南漳板桥镇的青龙寨就是当时清廷的徐总兵为镇压白莲教而筑。在青龙寨采访时，73 岁的老人陈相府饶有兴致地告诉我们他父亲曾在徐总兵手下当差亲见徐总兵的骁勇。“有一次土匪牵红马经过寨下的猛洞河，徐总兵据守寨道，土匪打赌说，你若击中我坐骑要害，就将马送你，否则放行。臂力过人的徐总兵在寨上奋力抛出三块石头，分别击中了马腿、马眼、马耳朵，那土匪为之折服弃马逃窜。后来，徐总兵就把俘虏的红马连同马鞍送给了我们陈家。”老人让儿媳妇从箱底搬出一具木制马鞍。"这就是当年俘获的红马马鞍。"……无须考证这马鞍和它背后传奇细节的真伪，在正史里难觅踪迹的古山寨本身就是一段"野史"，刘鹗曾在《老残游记》说"野史者，补正史之缺也。名可托诸子虚，事虚证诸实在。"至少山寨是实在，坚壁清野也是实在。

无论是"进剿"或"反进剿"，也无论是朝廷所筑或流民所用，南漳古山寨确凿地记载着一段失落的明清战事。其实，南漳自秦汉以来就有修筑寨堡的传统。名头最响的"华夏第一大寨"卧牛寨，传说是三国时代关羽收周仓之地；春秋寨据说是关羽夜读《春秋》之地；秦王寨被推测为秦国大将白起在南漳一带驻防时修建……古山寨在无数朝代更迭中不断被不同的主人加筑。至明清乱世，数量猛增达到顶峰。南漳寨堡由零散的点形成了如今的群落分布。随着地方团练寨堡的大规模兴建和"坚壁清野"政策，义军与群众的联系，给养被切断，战事不断溃败。那一段山寨传奇也随之消散更被剔除在史书之外，徒留座座寨体，孤踞山头林障，引后人读解破译。

探秘山寨，打一曲"野狐禅"

虽然南漳古山寨大多为"流寇"所筑，但观其建筑却绝非草芥之作，山寨的修筑算尽了天时地利，集结了两千多年的民间智慧，玄机处处，在全国寨堡中独具特色——是"集防御与居住于一体"的寨堡聚落。

张兴亮在多次田野调查后，对山寨的防御结构进行了概括："南漳山寨的防御性能有三个层次，外围防御、运兵道防御、巷道防御。每一防御层级都有自己的空间塑造。堡寨内部、功能建筑结合不同的防御层级，产生哨楼、门楼、事堂、宗祠和居住屋等类型。寨堡修建时采用统一的构筑方式，于材料上充分发挥了南漳石材的功用，朴实、自然使得兵戈四起的山寨充满了人情味道。"

南漳山寨，门类齐全。有军事堡寨，受兵要地理影响，寨体多呈攻守兼备的一线形，如春秋寨、青龙寨；有家族堡寨，因地制宜，形成一线形、新月形、巨字状等丰富的布局形态，如张家寨；有奉神敬灵的观寨，与自然、山体和谐贴合，营造了一种神灵居于其中的空间氛围，如玉龙观寨。选址上，除了数量众多的山寨，各种灵活、巧妙地运用地形地貌的洞寨、岩寨、夯土寨等也十分丰富。南漳丛林莽山，堪称一部中国寨堡百科全书，无奈时光流转，昔日固若金汤的大寨，今天多已是残垣断壁，盛时的情景难以再现，唯有在蛛丝马迹间悉心读解，点滴破译，方能品出妙绝。

探秘1号——屯兵演武卧牛寨

卧牛寨所踞的卧牛山古为南漳、钟祥、荆门、当阳四县交接地，地理位置重要，如若屯兵，进可出兵驰援他地，退可长期坚守、拒敌进攻。这或许能解释卧牛寨规模为何如此宏大——它是南漳乃至全国规模最大的一个古山寨，素称"华夏第一大寨"。

这座典型的军事寨堡在攻防结构上非常经典：山寨坐落的卧牛山，山势奇险，五条山脉之脊团聚于此，突起于群山而独立，东面山有6处寨堡，南面山有3处寨堡，北面山有4处寨堡，西南的荆门九里岗还有300米的石垒古城垣，形成了众星捧月、护卫之势。于山底的哨卡望山寨，寨墙确如长城般在山顶蜿蜒起伏，直达卧牛山海拔600米的顶峰。

山寨本身更"大"得当之无愧：整个山寨有1.1平方千米；寨墙高5米、宽3米，长足有6000米，上有箭垛口、瞭望口，每隔50米筑有烽火台和炮台；东西南北均设寨门，且构筑于地势险要之处，山门与寨墙错位呈L形，不能直进直出，可谓精巧；寨内有环寨马道、街道每隔20米建有一个岗哨亭，并留有一尺见方的烛台洞，石屋竟达375间之多!

如此大寨，究竟曾驻扎过多少兵马？山寨制高点建有团山寺，寺门前的中央高地上是威武犹存的"点将台"，上面还有着直径1尺的旗杆座，成为古战场的见证；"点将台"左边是能容纳4000步兵操练的"演武场"，右边是一直径80米的圆形"阅马场"，周围设3层看台，每层足有2米宽；若从西门进寨，还能看见一个能容 500 人操练的“小校场”，寨里两个用来碾米的大石磨直径超过了 2 米，饮马槽、拴马石俱在……

“山疑古之卧牛山，关圣人收周仓处也”，这是卧牛寨内一清康熙二十三年的碑刻所载。虽难以考证，心中有着半部三国的南漳人仍深信这山寨是关羽征战之地。至今仍有百姓供奉香火，对外来的探秘者来说，只需凭栏而立，大气恢宏的演武场似乎重附当年的兵火之气，而那位大军统帅，即便不是关羽，也定是乱世之枭雄了。

探秘 2 号——刀削斧劈春秋寨

春秋寨是南漳所有古山寨中最“惊艳”的！

登上正对春秋寨的望月山山顶俯瞰春秋寨，不由得惊叹：两山对峙，绝壁万仞，河谷深切，它巍然屹立于一个状如鲸鱼的脊背上，呈一字形延伸绝壁下，茅坪河（沮漳河支流）的一湾碧水将其环抱怀中。这奇美之景，当仁不让地成为了南漳的“形象代言”。

然而，这样的一线形构筑，并非只为制造视觉奇观。在古时，它是一个考究精密的完整军事防御体系——山寨东、西、北三面由茅坪河环绕，且东、西两面石壁陡峭，犹如刀削斧劈垂直几十米，即便无人防守，敌人也难以攀爬上寨。唯南面与山相接却又恰在相接之处出现一道天然裂缝，将山寨与主山脉陡然切断，形成一道奇险绝妙的天然防御屏障，正所谓“西边是断崖，北临月亮峡，东方悬岩陡，南险难攻下。”

在与它对峙的望月山上，能清晰看到三处岩寨，当地的文物专家庹先沮揭秘道：“这种小山寨相当于春秋寨的后卫，可通风报信；而春秋寨东南方，能远眺卧牛寨，再往后还能依稀看到阎家寨的方形筑墙……所有山寨并非独立据守，而是讲究地势配合和战略战术，在更大的地理范围上形成了一个‘立体阵势图’。”

除了利用兵要地形，春秋寨本身的构筑也很精妙。山寨依山势迂迴而建，由南至北长达 490 米，南门和北门皆可进入山寨，北门为双层望楼，视野开阔，南门则厚似城，墙固若金汤，在南门左侧就能看见那道天然“断崖”。大小石屋共有 153 间，无一雷同，三五间联体式、单门独院式、并排相通式，有顺斜坡而筑也有平地拔起，更有甚者，外墙壁与悬崖峭壁浑然一体……所有石屋没用过一根木材或一片砖瓦。经历了兵荒马乱的年月，那些茅草树叶编搭的屋顶已不复存在，徒留无数箭状石墙巍然成势。

70 岁的柳老汉就住在山寨脚下，随口便能说书般地讲出“关云长千里走单骑、落马南漳”的故事，对春秋寨是因当年关二爷不得明主、潜入寨子苦读《春秋》而得名的典故更是深信不疑：“过去寨子上还修有春秋楼、关帝庙呢！”而这个古代的军事防御工事，在近代也起过大作用，“日本人在这里攻打国民党，用了 7 天 7 夜，后来新四军在这里剿灭国民党，用了 21 天，那可是我亲眼见过的！”

探秘 3 号——宜居古村张家寨

已记录在册的 385 座南漳古山寨中，东巩镇就占了 72 座。东巩古寨非但多，类型也全。几乎囊括了南漳所有的山寨类型，其中张家寨就是“家族寨堡”的典型代表。

山寨旁住着张姓人家，站在张家老屋场院就能看到约 100 米的寨墙，心里不免暗叹这张家老屋的风水之好，背有山寨庇护，屋前地势平阔。老屋的后门直通山寨寨门，取道登寨绵延近 300 米长的山岭上，寨墙、石屋连绵层高错综复杂，虽不及春秋寨构筑犀利，却更显层次感和结构感，对探秘者来说诱惑力十足！

家族寨堡区别于军事寨堡的最大特色，在于它非常宜居。张家寨的屋脊沿山脊而建，三条石屋（每条 30 ～ 40 间）延伸又形成多条平行街道（约 15 米宽），自然地构筑了开放空间，山寨两头的石屋则构成闭合空间，整体上有开有合，公私分明；同时三条石屋层级递降，每一台的视野都很开阔；而最外围的城墙顺山势而筑，矮于墙内的建筑，丝毫不遮挡山脊房间的视线。如此精工的“古村落气质”竟然为一座用来临时避难的山寨所有！眼前顿生出当年寨民们拖家带口忙于御敌又精于生活的热闹场面。

山寨上的功德碑上，载满了密密麻麻的人名，以张姓居多。立有功德碑的房间位于视野开阔的制高点，正是议事厅所在，开间6米多，进深3米多，唯一进出的正门高达近2米，石条门框规整可见当年气派。石屋门上刻着“坐以待清”及“咸丰年仲春吉曰”字样，河山成一统，兵戈已消散。

山寨西面尽头还有惊奇发现，城中有瓮城，城门厚达3米，形成一狭长的门洞甬道，城门墙高5米，门上石刻“险赛函关”并写着“不得居住”，显然是东门军事之地，门外的平地，或许就是当年的演武场——在张家寨演武场被挤到了瓮城旁，舒坦的地方都辟作了生活区，看来这山寨上百姓的“寨匪生活”也相当滋润呢！

探秘4号——绝壁悬空出“洞寨”

南漳古山寨通常都位于群山之巅，居高临下，但也有例外——由于河流和天然洞穴的存在，这里的山寨多了一个新类型：洞寨，或曰岩寨。从军事上看，江河水道可以流通的地方容易形成战略要地。南漳有大小河流170多条，加上多山的地形，形成众多关口要地，洞寨便修筑在这种地方。它们的优点是位于河边悬崖绝壁之上，借自然天堑易守难攻；缺点却也致命，只能消极防御，后方无法增援，一旦封闭道路，军事给养很难接续。

巡检镇峡口，迎接我们的是一座雄伟壮观的曲面水坝——峡门口水电站。远方的山崖即鬼谷子当年隐居讲学的“指山岩”，悬崖绝壁成了天然屏风。我们要寻找的两个洞寨就在峡口水库中，当地百姓称其为张家洞和简家洞。大坝修后水库水位提高了80米，我们也得于舟楫之便轻松抵达洞寨口，而走水路也增添了探秘之趣。

兴许是巧合，水库的水平面刚好与张家洞的洞口平齐，不致于淹没。翻入洞内，兴奋异常：这是一个穹窿状溶洞，洞口有一段约10米长，用石条垒起的寨墙，略微发红，为砂质岩。洞口崖壁上开凿有方形孔洞和石槽，孔洞足有20厘米见方，估计是当年为扩大容纳空间而架设房梁所用。可惜寨门已没入水中。“没蓄水前，这洞寨在绝壁之上，山民只能从山腰的秘密小径进入。”巡检镇文化站站长王世荣对这一带的洞寨可谓门清儿，带着我们往蝙蝠扑腾的洞寨深处探，洞庭也越显狭窄。

溯水而上约一千米，小船折向一处隐秘的山坳，简家洞就藏匿其间。上简家洞几乎无路可走，大家手脚并用玩起了“攀岩”，沿峭壁奋力向上攀登约10米后洞口出现。比起张家洞，简家洞完整许多：洞分上下两层寨门，上有1米宽的箭道，沿河面有4米高、石块砌筑的寨墙，为了增强防御能力，还修筑了垛口；寨的上下皆为绝壁，左翼也无前路，在冷兵器时代，要攻破这里并非易事，一块刻有“大清咸丰二年（1852）”的石碑将这洞寨的历史推至150多年前……王站长带路，我们向更深处进发，洞中空间开阔，高约15米，能容纳四五百人，零星的钟乳石倒挂，阴凉而神秘。而从洞内透过寨墙和瞭望孔，远眺外面又是一番景致。先人们用以逃生避难的百年洞寨，无意中为现代人成就了一个绝佳的旅游点。

探秘5号——天地谐和“风水寨”

1. 青龙寨，阴阳相配。板桥镇的青龙寨，在规模上无法与春秋卧牛匹敌（石屋不过32间），但其“阴阳相配、天人合一”的巧妙布局，使其成为难得的“风水寨”。整个寨堡由大小两座山寨构成，大寨为长方形，小寨为圆形，四面分设寨门，是根据先天八卦设计而成，寨的长度、宽度、房屋间数、门窗等数据均与八卦相符。如今大寨存有大部分城墙，房舍、箭堡、寨门完好无损。除了布局的考究青龙寨也坐拥了地势险要之利。背倚大山，除了对着前方的猛洞河一侧，三面均为悬崖峭壁。如此般扼守着古道，可谓是“一夫当关、万夫莫开”。

2. 玉龙观，祭祀神灵。楚人近天，自古便有祈天地以求平安的朴素心理，在山寨构筑中神庙、道观与山寨的结合就很自然了。东巩镇的玉龙观，名为观，实则是寨中立观、寨观相融。

玉龙观寨的半弯月形，正如“玉龙”。“玉龙”首朝北、尾朝东，寨门东西分设，“观”则位于“玉龙”的首部，坐北朝南。从东门进入寨内，为一片开阔之地，往前沿布置的弧形神道直至观下，神道中部开始起坡，到观下时已抬高了5米，左右观庙就建在一个台地之上——这是民间典型的“筑台祭祀”手法，将观庙布置在高处，与天近寻求神的庇佑。观寨外围的寨墙作为防御功能已有所弱化，更多的是作为单纯的空间围合元素，追求的是一种整体形象的象征意义，只是为防止这种神性空间被外界干扰，是为神灵场所防御。

龙是中国传统文化中的神性之物，山民们构筑龙体寨堡的祭祀空间，最大限度地与神交流，“防御”在这里幻化为了精神。

3. 皇陵寨，天圆地方。对探秘者来说，一线形的山寨远观更显奇绝，而回字形、环形山寨的门道，则需深入内里探究。东巩镇的皇陵寨正是这样一处外圆内方、构筑工整寨堡。

皇陵寨所在山势并不险峻，周围低山河谷相围。无险可凭的皇陵寨在冷兵器时代要固若金汤，靠的是宽厚的环形城墙——环形寨墙高6米，最厚处3.3米，最窄处也有1.8米，是南漳古山寨中最为敦厚的寨墙。墙厚的山寨，门洞最有看头：皇陵寨的西门门洞呈宝瓶状，按三节环扣形式建造，外小内大，最外一门为过梁式，最里面为叠涩式，侧门框还有用于固定门轴的圆形孔洞，十分精工。山寨中间则是规整的正方形高台，作祭祀神灵或是族人议事之用。整个皇陵寨以其状若铜钱、天圆地方的向心式格局，与天接与地通。

探索“民遗廊道”

“民间文化遗产廊道”包含了数百处古山寨、古民居、古墓葬，零散地分布在南漳各镇，从南漳县城出发，8天行程能较深入地感受“金南漳”的魅力。沿以下路线行驶，每站车程1小时左右，适合自驾游，全程700多千米。

D1：薛坪觅纸坊。从县城抵达薛坪镇，第一站可探访陈家老屋，此屋不单是一处有着百年历史的精妙宅子，更是“古法造纸”作坊的所在地，十分罕见，可在镇上租“摩的”前往龙王冲村，徒步3千米即到；随后可前往香水河景区，观瀑听涛。

D2：板桥访民居。板桥镇有多处明清古民居，王氏民居、冯氏民居、陶氏民居、刘家民居等，最有名的当属冯氏民居，位于离板桥镇约一千米的冯家湾4组，民居始建于明朝崇祯年间，辛亥革命时期为国民临时政府内务部长、国务总监、清朝留日学士冯哲夫所有。整个民居呈庄园式建筑，严格对称，为三进三出结构，前墙最有特色，中为马头墙，两边屋正面砌封火山墙，造型美观，内部木窗、木架、檐角等都有精致的吉祥图案装饰。晚上可在民居留宿，5～20元/晚，一定别忘了品尝农家的熏腊肉、土鸡火锅。此外，板桥镇的九龙观、青龙寨、乡公所碉楼也值得一访。

D3：巡检逛古街。巡检甘溪村古街曾是明清时的商路驿站，街道两旁民居皆留有当年的铺面、售货窗口，饶有趣味；两处洞寨张家洞、简家洞位于峡口水库，可在水库乘机动船前往，需跟当地文化站提前预约；由板桥至巡检，会途经“玉印岩”，乃卞和得“和氏璧”之处。

D4～D5：东巩寻山寨。东巩镇拥有72座古山寨，名头最响的春秋寨、卧牛寨、张家寨、皇陵寨等都位于该镇，可用2天探访3～4座主要山寨。由于山寨均未开发为景点，最好请当地百姓作向导，自驾车或租车较方便，胡家嘴到桂竹园村可租“摩的”。卧牛寨山高林密，易迷路，不宜露营，可住山下任修寿家，提供农家饭；春秋寨山路极陡，有多处悬崖，当心失足，山下茅坪河畔风光宜人，露营极佳。

D6：肖堰穿峡谷。到肖堰镇不能错过龙王峡漂流，而当地的古山寨在数量和质量上都不输东巩，从曲阳坪的天门寨到西流尖峰岭的嵩华山寨，10 千米内有 24 座之多，仅肖家堰和斑竹两个村就有 11 座，最近的两寨相距 1.5 千米，保存较好。

D7：武安探古墓。上午前往安乐堰古墓群，位于武安镇安乐堰村，墓葬分布在两座相距 1.5 千米南北走向的土岗上，约 5 平方千米的面积有墓葬 200 余座，考古专家认为该墓群为“楚夷陵”，“蔡侯朱之缶”即出土于此；下午可造访“白起渠”，全长 49.5 千米，是我国修筑最早、里程最长的人工渠，公元前 278 年，秦昭王带兵伐楚，久攻不下，秦将白起在此扩渠，以蛮水淹没楚鄢城，故称白起渠。该渠至今仍在使用中。

D8：县城忆三国。最后一天返回县城，探访三国故地，即司马徽隐居之处“水镜庄”、徐庶故里、水镜湖等，结束“三遗廊道”之旅。走之前，别忘到街头小店吃一碗“南漳牛肉面”，是为留念。

山水之间玩什么？

龙王峡：漂流见过很多，但像龙王峡这般一漂 2 小时，冲滩 8 千米的，实在刺激。借势 7000 万年前形成的的漳河大峡谷，龙王峡漂流一路既有伸手可触的浅滩，又有阶梯型瀑布，时而狭窄，时而开阔，是漂流的精品河道。若还嫌不过瘾，有 8 小时的漂程，中途累了随时停下，在沿途的烧烤摊吃根烤包谷，爽到心里。票价 90 元 / 人。

香水河：有“楚天九寨沟”之称，位于薛坪镇境内，3 千米的峡谷中移步换景，分布着七彩瀑、三叠瀑、雄鹰瀑、一线天、鳄鱼岛等 50 多处妙趣之景，最为奇特的七彩瀑，若在晴日上午前往，瀑布与阳光相会呈“七彩珠帘”。门票 30 元 / 人。景区旁的“七彩山庄”仿徽派建筑而建，独栋的园林庭院式标间完全脱离了宾馆的呆板感，再加上山庄特别准备的山野土菜，入住的游人绝对能体会到南漳这个多出隐士之地的意境。标间 180 元 / 天。

水镜庄：东汉末年名士司马徽隐居地，是三国旅游热线源头，现为国家 AAA 级旅游景区。庄内保留有巨大山洞“白马洞”，洞内玉石雕像让时光倒回近两千年；司马徽、庞德公对谈，弟子诸葛亮、徐庶、庞统侧听，惟妙惟肖。草庐、水镜祠、碑廊、幽居斋等遗址，处处皆三国。此外，景区内还有利用天然石壁开发的室外攀岩场，是湖北省最大的。门票 30 元 / 人。

金牛洞：板桥镇的金牛洞是形成于数千万年前的天然溶洞，其洞穴之长、之大，千奇百怪的钟乳石之多，省内罕见。共有 5 个洞厅。长 5188 米，洞内空间最高处 100 米左右，最宽处 50 米左右，200 余个景点分布在洞顶、洞壁、地面，应接不暇，且洞内空气清新，进入洞内犹如仙境。门票 30 元 / 人。

买回什么土特产？

杜仲茶：野生杜仲是我国中部地区独有的“中国神树”，树皮是上等的中药材。南漳的杜仲茶目前已有杜仲精粉、杜仲雄花茶、杜仲红茶、杜仲绿茶等多个系列，“老龙洞”出产的最为正宗。

天露葛粉：湖北的藕粉很出名，但在南漳尝了葛粉，感觉更胜一筹。葛粉含丰富的蛋白、淀粉、全糖和具有防癌功效的“硒”等微量元素，《本草纲目》中也记录了其“解肌退热、生津止渴”等功效。“天露”和“黄氏”最为正宗。

金江根艺：金江是南漳有名的“根雕大王”，他创作的根雕取材于南漳大山的树根、树蔸、树杆，造型结合了楚地文化，粗犷细腻兼具。布置得如同根艺博物馆的店铺就开在南漳著名的“水镜庄”内。

如何到南漳？

襄樊是我国中部的铁路枢纽，七省通衡，抵达的列车班次甚多；飞机方面，北京、上海、深圳、广州均有直飞襄樊的航班（每周 3 班）。抵达襄樊后，可乘坐快速巴士前往南漳县城（每 10 ～ 20 分钟 1 班），自驾车可沿荆襄高速公路，约20分钟车程即到南漳县城。也可从武汉、荆州等方向前往，汉口有大巴直达南漳（8:00发车）。在南漳县城的客运站，有抵达各镇景区的旅游专车（如鱼泉河、龙王峡、金牛洞、香水河等），每小时一班。

（作者：李秀桦 邵爱民 陈祯，原载《旅行家》2008年第11期）

走进南漳古山寨

高山巍巍，古寨森森。随着第三次全国文物普查的深入展开，在湖北省南漳县高山峻岭中“隐居”数百年的500多座古山寨逐步掀开神秘面纱，撩起人们探寻当年金戈铁马历史的兴趣。

地处鄂西北秦巴山系余脉的湖北省南漳县，是楚文化发祥地之一，自古为“襄西之屏，巴蜀之喉”，境内崇山峻岭，山高谷深，有“八山半水分半田”之说。由于这些古山寨大多建在山高密林、人迹罕至之处，因而其真面目长期不被外界所知。风雨侵蚀，岁月飘摇，不少古寨如今已荒草离离，只剩残垣断壁。

7月上旬，记者慕名来到南漳县，在文物工作者的带领下，走进了神秘的古山寨。

位于东巩镇陆坪村的春秋寨，是南漳县一个具有代表性的古山寨。我们快到春秋寨山脚下时，天空淅淅沥沥下起小雨。远远望去，山寨建在南北走向的山脊上，宛如一段长城横亘。由于人迹罕至，以前通往山寨的羊肠小路已被丛生的灌木湮没，我们只能踩着当地向导的脚印，边开路边前进。随着我们艰难的行进，道路两旁一人多高、沾满雨滴的灌木打开又合拢，一行人的衣服很快就被打湿了。

上到山顶，只见这座山的顶部最宽处也就50米左右，山寨沿着窄而长的山脊“一字形”铺展。山脚下，一条河绕山而流，使得这座山东、西、北三面环水，只留下南面与陆地接壤。尤其是山的西面，斧削一般的悬崖绝壁直入河中，形成一道天然屏障。山寨只有南北两个寨门，东、北面在寨外还垒起了高高的石墙。有敌来犯时，只要派人扼守住南北两个进口，便可形成一夫当关、万夫莫开之势。

当地文物工作者告诉记者，春秋寨是为防匪患而修建的，距今400多年历史。整个山寨南北长1200米，东西宽20米至40米，建筑面积有3万多平方米，有150余间大大小小的石屋及炮台等。

我们出了北门，下得山来，只见山脚下住着一户人家。66岁的邓鸣荣与老伴正在房屋边的苞谷地里施肥。看到有人来，老人停下手中的活，与我们攀谈起来。老人说，这个山寨很早就有，小时候他家还在山寨里住过，主要是为了防土匪抢粮食。直到新中国成立后，他们才慢慢搬下来。

次日，我们又来到了南漳县板桥镇的樊家寨。这是一个城堡式的古山寨，总面积近6000平方米，寨中有堡，寨外有郭，与春秋寨风格迥异。

我们沿镶嵌在寨墙内的石梯攀上高高的寨墙，在一米多厚的寨墙上环行一周，只见除了东面大门，寨墙西、南、北三面都有外郭环绕，是山寨遇袭时的第一道防线，郭虽大都损毁，只剩下孤零零的墙角，但旧日的模样依稀可见。山寨西南和西北两角分别建有堡楼，堡楼下部两侧建有瞭望孔或射击孔。这座山寨建筑极为精致，虽然所有寨墙与当地其他山寨一样均是用片石砌成，但这些片石大多经过了加工，大小相当，使寨墙显得非常整齐美观。

据介绍，在此次文物普查中，南漳县发现大大小小古山寨500多处，被文物部门收录了300多处。其中，规模最大的是东巩镇卧牛山上的古山寨，被专家誉为“华夏第一大寨”。它跨越三个山头，总面积1.1平方千米，分设5个寨门，沿寨墙垒筑掩体85个、瞭望台7个、炮台20个，寺庙建筑和石垒房屋375间，规模之大，令人叹为观止！

南漳为何有这么多古山寨？文物工作者告诉记者，这主要是由于历史上这里战事频仍，匪患猖獗。据南漳县第三次文物普查领导小组办公室常务副主任庹先沮介绍，经过初步考证，这些山寨有的是政府出资修建的，但多数是民间自行出资修建。少数山寨是军事设施，多数山寨实际上是当地村民的避难所，一遇战火或匪患来袭，村民们就搬入山寨以避难。

目前，南漳县古山寨已引起了各界人士的浓厚兴趣，一股以古山寨为对象的研究、创作和旅游热潮正在逐步兴起。

（作者：冯 诚 周甲禄 田建军，原载《半月谈》2008 年第 15 期）

走进南漳古寨

按语：4 个人加一台车，走进了南漳，走进了南漳古寨，走进了历史深处……

古寨是南漳一大景观，怎么判定这些不同历史时期的古寨的不同的历史作用？怎样发掘这些古寨历史底蕴和文化内涵？作为《文化湖北》这样的省域文化大刊，如何做好对这些古寨的文化宣传？为此，编辑部特别策划了本次采风活动。南漳县委宣传部对本次活动给予了大力支持，使得采风活动顺利进行并取得了圆满成功。这让我们深深感到政府的文化自觉是我们办好文化期刊的基础。下面一组文章是参加采风活动的 4 个人从不同的侧面所写的采风手记。真实的历程、切身的感受，会令读者如身临其境，与我们一起品味南漳古寨的遗风与古韵，探究南漳古寨的历史底蕴与文化内涵。

一个美丽景观与一个古寨群的保护开发

目光探向车窗外，只见晨光熹微，群山逶迤，秀水萦绕。重峦叠嶂匿于氤氲雾气之中，如伪装在茂密丛林里的兽脊，高低起伏、欲现还隐。极目远眺初阳抚照下的湖面，仿佛洒上了一层闪闪发光的碎银，又像揉皱了的蓝缎，一直铺向远方山水一色。此时是我们《文化湖北》采风一行人抵达南漳采风的清晨，汽车正颠簸在砂石相间的崎岖山路上。日照越来越明朗，从高处流泻而下，在周围随处可见的方解石上洒下熠熠光辉，山里的雾气也逐渐稀薄。我对此刻薄雾下的南漳极为好奇，迫不及待想清晰地探知它的全貌，而被历史迷雾层层覆盖的南漳古寨，一行人更是心驰神往已久。

素闻南漳集古寨之大成，星罗棋布，大略有 500 座，目前收录的共 390 座，八成分布在群山耸立、沟壑纵横的中山地带。如今虽已烽火不存，但古战场刀光剑影犹在眼前，因为久负盛名的卧牛山已近在咫尺。从入口处沿羊肠小径往上行走，随处可见石碑等各种古寨遗迹，如散落的历史符号，蕴藏着不朽的历史传奇。古寨依山而建，乱石整齐的堆砌而成，山门为堡垒型，登之远望，视野十分开阔。远处山峦起伏，山下村落散居其间。而宽厚的石头寨墙，如巨龙般蜿蜒起伏，消失在山巅的丛林里，不见尽头。偶尔碰上一位牧羊的大叔，本想和他聊上几句，可他纯朴羞赧，看到记者的摄像机连连摆手。之后我们考察的是春秋寨。春秋寨三面环水，一面临山，与相邻的望月山及茅坪河构成了“两山夹一水”的八卦图案，令人叹为观止。山寨依山势迂回而建，自南向北呈条形布局，东、西、北三面由茅坪河环绕，且东西两面石壁陡峭，犹如刀削斧劈，垂直几十米，即使猕猴也无法攀爬，而南面与笔架山陡然切断，出现一道天然的裂缝——断崖，成为天然的屏障。当地仍流传着对春秋寨的描述：“西边是断崖，北临月亮峡，东方悬岩陡，南险难攻下”。

南漳县委、县政府正在加强古寨的保护与开发。为此我们特地采访了南漳三特古山寨旅游开发有限公司的刘清文副总经理。这是个仪态儒雅、有学识有魄力的人。可以看出，关于古寨的开发，他心中有个大战略。他告诉我们，在古寨的开发中，最重要的是寻找到文化与旅游结合的一个平衡点。卧牛寨为兵寨，是古战场遗址，以保护为主，适当修复，要保留基本历史原貌，可供专家学者进行历史研究，同时丰富景区的文化内涵。春秋寨的开发作为一期工程目前已经基本完成，还剩下部分辅助工程，如复制望月山上的春秋楼，恢复古河道，建农庄式田园风情酒店，以及完善配套服务功能。此外，古山寨文化博物馆、银杏谷等已经在建。交谈中，我深感刘清文副总经理在对古山寨的旅游开发中，始终准确地把握开发与保护的关系，做到保护性开发和开发性保护的辩证统一。

次日，我们则来到了风景奇秀的漫云古村落，水作青罗带，山如碧玉簪。据文字记载，400年前，这里曾是一个繁华的街镇。古时，战乱频繁，因该地易守难攻，战略位置十分重要，故该地成为人们生息繁衍的首选之处。历经岁月沧桑斗转星移，至今仍完整保留着众多古迹和古村风貌。漫云古村落，既有徽派印记，更有当地民居质朴自然的特质。我感叹这古朴美丽的人文景观之余，不时抬头仰视着山势峥嵘、乱石嶙峋的峭壁。那峭壁之上的甘溪洞寨，正是我们下一个要考察的目标。

洞寨因山而生，因洞而成，即以天然溶洞为主体，筑以寨门寨墙，内有石砌或土垒的住房，人工修筑的水井、水池等。漫云村四周都是山寨，难免遭受寨中土匪侵袭，峭壁之上的洞寨，正是村里居民的避难之所，千百年来也未曾凿山劈石开荒修路，因此攀登极为困难。

有关此行对南漳的考察与探寻，几日以来的走访可谓管中窥豹，于一斑知其全貌。而这神奇古寨千年来的历史变迁及蕴含的文化内涵，则仁智各见，耐人寻味。

（作者：《文化湖北》记者吴 楠，原载2013年《文化湖北》第二期）

一个故乡人与一个古寨群的别样情结

我就是南漳人，出生在一座叫野猫子寨的大山脚下。古山寨是我儿时的天堂，那里有我数不清的脚印，有我数不清的笑声。直到离开家乡上大学了、参加工作了，甚至退休了，也还是垂垂暮年少时梦，梦中依旧是童年的古寨。但是，这都是儿时的古寨情结，只是一种乡土之情，对古寨并没有太多的历史和文化的了解。直至去年，南漳县政府为了打造文化旅游品牌，创建文化南漳、生态南漳，保护和利用南漳的古山寨资源。在申报南漳为全国“古山寨之乡”的过程中，我被邀请成为专家组的成员之一，实地考察了樊家寨、山家寨、青龙寨、卧牛寨、春秋寨、鬼谷子洞寨等数十个古寨，这才对古寨有了历史的和文化的认知。

南漳古山寨历史久远，数量众多，除了具备军事防御、宗教活动功能之外，更多的是古时候村民生存避难之所。南漳属古荆山山脉，古荆山居民生产力水平低下，为防野兽伤害，避风雪、洪水等天灾，利用天然石洞或用石块建寨躲避，逐渐形成了为适应荆山自然环境而建寨而居的习俗。

听先辈们说，我们家族祖先就是从河南迁徙来到南漳的。明代荆襄地区位于湖广、河南、四川之间，彼时从河南、山西、山东、北直隶等地因战乱、灾荒或不堪赋役而流亡到荆襄的民户特别多，史称“流民”。南漳是扼守古时襄阳通往宜昌、当阳、远安、荆门的咽喉，历来为兵家必争之地。据记载发生在南漳的大规模战争有26次，在王朝更替之时，曾多次被选择为进攻和防御的重点区域；在国家相对统一之时，又有流民起义，也选择了这川楚交接的特殊地理区域同统治阶级进行抗争，如明清之际，当地政府大力提倡为防止农民起义军以及民间土匪，建寨用于民众避难自保，官府则用来据守战略隘口。

南漳古寨在建筑形态上依山取势、错落有致；布局上千变万化、规整有序。而且艺术气息浓厚，塑像、碑刻、石刻、彩绘丰富多彩，民间传说故事也非常多。如4700年前轩辕铸鼎于黄林寨；三国时期关羽于春秋寨读《春秋》，卧牛寨中收周仓；春秋战国时期纵横家鼻祖鬼谷子在鬼谷子洞寨隐居讲学，洞深处一张石床就是其卧榻，洞下方另有一洞，面积宽敞，称之为校场，据说是鬼谷子与其弟子操习武艺、演练阵法之地。

南漳独特的古山寨历史遗迹和文化资源在全国罕见，是南漳县一笔宝贵财富，南漳县政府高度重视古山寨资源的保护和开发利用。不仅出台了古山寨保护措施，科学制定了开发建设规划，并于2009年引进南漳三特古山寨旅游开发有限公司，投资1.2亿元，启动了以“山寨兵戈传奇·荆楚民俗神韵”为主旨的古山寨开发项目，势必将南漳古山寨文化旅游品牌打造成鄂西生态文化旅游圈上新的亮点，也为中国旅游版图上添加浓墨重彩的一笔。

（作者：《文化湖北》特约记者王安刚，原载2013年《文化湖北》第二期）

一个文化工作者与一个古寨群的故事

要认识南漳古寨，必须先认识一个人。这个人就是南漳文化局副局长庹先沮。

庹先沮是南漳古寨的发现者、推介者，也是南漳古寨文化研究者。他是我这次采风活动的向导，全程陪同我们的活动。通过他，我们更全面更深刻地认识了南漳古寨；通过南漳古寨，我们也更深刻地了解了他。

谈起南漳古寨，他喜欢话说从头，首先介绍南漳。南漳县地处江汉平原的北缘，南阳平原的南缘，境内多崇山峻岭，高山峡谷，素有“八山半水分半田”之说，历史上的南漳曾被称为“襄西之屏障，巴蜀之咽喉”，战略位置非常重要。南漳的文化遗产也很丰富，这里不但是和氏璧的发现地，还是楚国先祖筚路蓝缕，以启山林的地方，是楚文化发祥地之一。三国时期水镜先生司马徽为避北方战乱，南迁南漳白马洞隐居，聚众讲学，诸葛亮就是其高足。后来，刘备三顾茅庐，诸葛亮“隆中对”，阐述三足鼎立的观点，不但为刘备指明了方向，也预言了魏蜀吴三国鼎立的局面。

发现南漳的古寨，是他人生中最值得提及的事情。他几乎走遍了南漳的各类山寨，并进行了深入的研究和考证。他告诉我们，南漳古山寨入选第三次全国文化普查“百大新发现”，被誉为中国最美山寨、最大的古山寨遗址群落等，新华社、中央电视台、《中国国家地理》、《旅行家》等媒体曾做过报道。

庹先沮，不仅是最早发现古山寨的人，也是最早对古山寨价值做出判定的人。他将南漳现存的古山寨分为三类，第一类是普通的山寨（石寨），大多因山而立，位于悬崖峭壁之上，就地取材，大多用石料建成，同时拥有坚固高大的寨墙。比如卧牛山寨、廖家寨、沉坡寨、东坑寨等。

第二类是洞寨，大多位于山麓或者山腰，因山而生，因洞而成，在天然洞穴的基础上修筑寨门寨墙，外有哨卡、栈道、云梯等。比如老龙洞寨、虎洞寨等。

第三类则为土寨，位于平原之上，夯土筑城，用高大坚固的土城墙将整个村子或者家族保护起来，现遗存的有胡家营子、罗家营子、马家营子以及郭家土城、叶家土城、罗家土城等。

为了更深入地了解和感受山寨文化，记者一行实地考察了作为山寨的卧牛寨、春秋寨，以及甘溪洞寨。

卧牛寨规模庞大，面积1平方千米，曾作为兵寨使用，扼守着山下的古驿道。它雄踞在卧牛岭之上，视野开阔，上山之路只有一条羊肠小道，顺着山势修建而成的寨墙绵延起伏，远远望去有万里长城的气势。卧牛寨现存7个瞭望塔，20个炮塔，寨墙每个百米左右设有哨卡，寨内则修建有水池、营房、练兵场、庙宇等，不但军事防御强大，而且生活功能完备。

春秋寨地势险峻，而且三面环水，易守难攻，负阴抱阳，风景绝佳。相传关羽曾率兵驻扎于此，夜读《春秋》于山上。现存的春秋寨遗址为邓家私寨，他们平时居住在山下村落，遇到兵匪战乱则躲入山上的寨子。山寨现有各式石房150多间，不仅有住房、仓库、还有大小学堂、演兵场等，体现了浓郁的生活气息。

甘溪洞寨位于甘溪古村落后山的半山腰，以天然洞穴为基础，外围筑有宽厚的石墙，上面建有寨门、垛口等，洞内则为村民临时躲避之用，地方虽不大，但可以满足基本的生活需要。此寨地势极其险要，上下的道路非常陡峭艰险，很有一夫当关、万夫莫开的气势。

如今，南漳的古山寨不但吸引了各路媒体关注，省内外爱好旅游探险的人们也络绎不绝地来到这里，感受和体验古山寨文化的特有魅力。

（作者：《文化湖北》记者韩景明，原载2013年《文化湖北》第二期）

一个历史谜底与一个古寨群的沧桑岁月

南漳古寨有许多谜团没有被解开，因而影响了对古寨文化底蕴的认知与发掘。这也是我力主《文化湖北》的记者应到南漳古寨实地采风的初衷。

南漳古寨就规模而言，堪称荆楚第一寨、中国最大古石寨群落。如此一大笔文化遗产，不在文化学和历史学上给出界定，当是文化失察。我做鄂西北地域文化研究多年，深切感到荆襄山区历史文化底蕴丰厚。历史上的南漳并没有因为是大山区而人迹罕至，反而因为国家的某些大事变而成为多个朝代的流民聚集地。

公元291年西晋王朝的“八王之乱”，持续了16年的内战，先后有近10万北方流民流落到鄂西北，大部进入荆襄山区；唐朝“安史之乱”造成大量北方流民南下，有相当一部分落户荆襄山区；宋末金初宋金交战，流民潮一直持续到元朝，连年有流民进入荆襄山区；明朝正统年间的“土木之变”之后，大量农民失去了土地，其中数十万流民流落到鄂西北，多数进入荆襄山区；明成化年间因土地兼并、赋税徭役，湖广、中原等地流民进入鄂西北，荆襄山区集聚流民达150万之众。荆襄山区在适宜农作的温度带上，有水陆之利，南方人到此可以水耕，北方人在此可以陆种，粟作稻作兼备，加之长期被朝廷封禁，犹如世外桃源。所以，一旦发生流民潮，四面八方的流民都往这里聚集。这种现象就像流民潮的一个大旋涡，令朝廷惶恐不安，驱赶和杀戮接连发生。特别是明朝，朝廷采取极致手段清剿荆襄山区里的流民，导致了房县大木厂刘通起义，被镇压后余部在南漳再次起义。

寨，古字为“砦”，意为石围子，是一个兵事符号。古今中外的寨都与兵事有关。寨是聚匪之处、屯兵之处，对于百姓而言是防匪防兵之处。所以，寨分匪寨、兵寨和民寨三大类。民寨因匪因兵而修，故而也与兵事有关。以这样的对寨的界定分析南漳古寨，再从文化学、历史学进行探究，就容易把握南漳古寨生成、演变和发展的历史轨迹，也容易发现南漳古寨与历史大事变的对应关系，从而发现其历史底蕴与文化内涵。在荆襄山区几乎到处都有山寨，但是其中哪一个区域的山寨也没有南漳的山寨数量大、规模大、历史跨度大。有一个数字似乎可以给我们某些启示：明万历年间，南漳人口在荆襄山区居第一位，约5300户、5.5万人，而保康县、宜城县、房县、竹山县、均州县等周边县的人口都只有1万人左右，与襄阳府相连的襄阳县也不足4万人。这既说明由于南漳良好的自然环境原本人丁兴旺，又说明由于南漳地处荆襄山区腹地，正是流民躲避朝廷驱赶和追杀的理想藏身之地。于是，依稀显现出这样一种逻辑：乱世荒年，人多则匪多、匪多则兵多、匪多兵多则寨多。

卧牛寨既是匪寨又是兵寨。荒败的寨子里散落着残碑断碣，其中一块有关羽收周仓处的字样。相传周仓曾在卧牛山为匪，关羽寻刘备路经这里收了周仓。此卧牛寨是否就是周仓的卧牛寨，尚不可妄断。周仓此人也有两说，一说是虚构人物，一说是真实人物。然而不管此寨是否就是彼寨，不管人物是虚构的还是真实的，都是历史的索引，都是这座山寨的文化。

春秋寨是一个民寨，据史料记载为邓姓家族所修。修此寨的目的是防匪而短期居住，寨子里有寺庙、学堂，生活设施一应俱全，是一个完整的村落。整个寨子修在一条窄窄的山脊上，两面悬崖峭壁，在寨子两端各修一座高大的山门，山门一关，固若金汤。

许多山寨都是历经千年风雨，或屡毁屡建，或不断扩展，功能也不断变换。卧牛寨最初是匪寨，后来成了兵寨，再后来又有了民居。这个历史过程从最初的山门，到后来的炮台，再到最后的民居石门，历史脉络看得非常清晰。但是无论它在历史上怎么变换，都没有超越兵事范畴。当那段历史翻过最后一页时，山寨的使命走向了终结，留下了饱经风霜的残垣断壁，留下了许多被历史风尘锁住的信息，成为难以破译或者终究无法破译的密码。

本次南漳行，主旨是实地探究南漳古寨的历史底蕴和文化内涵，从而做好宣传工作，同时也体现了我们的办刊理念、办刊精神和办刊作风，是对记者队伍的一次练兵。脚下山高水险，眼前迷雾重重。登攀，一览众山小；执着，万重迷雾开。其苦心在于达成《卷首语》之意：知之修炼，酿好自己的酒。

（作者：《文化湖北》记者 傅广典，原载2013年《文化湖北》第二期）

荆山楚水话山寨

南漳有着悠久的历史和灿烂的文化，是中华民族的发祥地之一。春秋战国时，南漳为楚国都城“丹阳”所在地，汉时属荆州。隋朝开皇十八年（公元598）置南漳县，沿袭至今。因此，南漳历史遗迹甚多，文物分布之广，且保存相对完好。20世纪80年代后，国内外、海内外高端新闻媒体做过一些宣传报道。2002年以来，对山寨文化的推介宣传掀起了热潮，国内一些知名专家、教授、学者及民间文化人士，多次实地采访撰文等，因此，南漳的文化遗产廊道倍受中央领导，省、市、县领导及社会各界的广泛关注。

为了进一步探讨、研究南漳众多古山寨的文化奇观，笔者经搜检史料典籍，查阅相关资料，并结合从事文物工作多年的经历，对山寨建筑年代、历史地理、功能价值等进行撰述，以供山寨文化爱好者和广大读者参考。

一、南漳县古人类文化遗址与地理环境

古人类文化遗址的形成是和当时各地较为优越的地理环境分不开的。根据对南漳古文化遗址伴生的动植物化石和古地理的分析，适于古人类生活的地方大多水草丰美，气候适宜。从蛮河两岸的文物考古发掘证明，早在三、四千年前，我们的祖先就在这里繁衍、开拓、生息，并逐步成为湖北荆山地带的部落——荆楚（又名“荆蛮”）的一个分支。据《襄阳府志》记载：春秋时，南漳为“罗与庐戎旧境”，“荆山南峙，沮水东来，蛮水西环，凤凰（山名）北翼，作襄西之屏障，乃巴蜀之咽喉”。历史地位十分重要，

为兵家所争。其后，疆域时分时合，名称多次更改，直到隋朝开皇十八年（公元598），始称南漳县至今（古时因境内有南漳河）。

南漳位于湖北省西北部（简称鄂西北），长江中游以北，汉水中游以南，荆山山脉东麓。东临宜城，西接保康，东北与襄阳为邻，西北同谷城接壤，南依远安，东南与荆门毗连。地理坐标为东经111° 26' ～ 112° 09'，北纬31° 13' ～ 32° 01'。县界实际周长373千米，东西横距66千米，南北纵距81千米，总面积3859平方千米。

南漳系山地丘陵地区，地势西高东低，呈阶梯状分布。荆山主脉的一部分雄峙西南边境，古称“九州之险”，“自西来而东迤”，峰峦起伏，向东缓减，一般海拔为800米左右；中部、东部都属丘陵地形，低岗浅谷，交错分布，大部海拔200 ～ 300米；东北部为平原低丘区，起伏平缓，如微波细浪，海拔一般在100米上下。最高峰为长坪镇过风垭，海拔1570米，最低点在蛮河与柳河的交汇处，海拔62米，高差约1400米。次高峰为李庙镇主山寨，海拔1438米，人称“高与天齐主山寨，观赏风光好站台”。龙潭顶、大山坡、仙女山、天池岭……，千沟万壑，山峦起伏，群峰争秀。山隘、山口、山峡、山洞错落镶嵌，风光绮丽。

南漳境内水资源丰富。古有“四十八大泉、七十二河堰”之称。全境共有大小河流187条。河流总长1960.1千米。流域面积为3832平方千米。其河流分布比较均匀，河网结构呈树枝状。自北向南，有潍水、蛮河、漳河、沮河四大河流，均属长江水系，为山溪性河。因地势西高东低，四大河流均呈西北往东南流向。河水补给来源主要是雨水，也有少量地下水。

南漳地处北亚热带季风性气候区。气候温和，雨热同期；四季分明，夏短冬长；日照充足；雨量充沛。年平均气温15.4℃，最冷月一月平均气温2.3℃，最热月七月平均气温26.9℃。无霜期为239天。年平均降雨量为916毫米。

南漳山区为典型的喀斯特地貌。国家文物局主编《中国文物地图集·湖北分册》（西安地图出版社，2002年12月）标注：南漳地质为震旦系，属白云岩、页岩、磷块岩、砂砾岩、碳酸盐岩结构，山上有许多自然溶洞。鄂西北处于中国地势第二级阶梯向第三阶梯的过渡地带，西及西南、北、东及东南为武陵山、巫山、大巴山、武当山、桐柏山、大别山、幕阜山等山地环绕，山前广布丘陵岗地，中南部为江汉平原，呈向南敞开的马蹄形不完整盆地。南漳正处在第二阶梯和第三阶梯之间，长江中游以北，汉水中游以南，又有荆山、睢山作屏障，因此，环境优美，物产丰富，自成体系，所以其地理位置十分重要，是古今人类繁衍生息，开拓创新的好地方，也是官府和山民开山凿石修筑寨堡的有利条件。

二、古山寨词组简索

“古山寨”或“山寨”、“寨堡”一词，笔者查阅了《辞海》（上海辞书出版社出版1979版）。“山寨”是单字词。

“古”字词组共有155组，如：古人、古文、古史、古代、古老、古诗、古经、古迹、古董、古调、古人类等等。古就是早已过去的年代，与“今”相对。《韩非子·五蠹》：“夫古今异俗，新故异备”。历时久远的。如：古树；古画。旧；原来。《诗·邶风·日月》：“乃如之人兮，逝不古处”。郑玄笺：“其所以接及我者，不以故处”。古体诗的简称。如：五古；七古。谓不同时俗。牛弘《献书表》：“五经子史才四千卷，皆赤轴青纸，文字古拙。”姓。东汉有古霸。

“山”字词组共有169组，如：山庄、山羊、山谷、山系、山河、山房、山茶、山药、山腰、山歌、山羊绒、山字镜、山顶洞人等等。山就是地面上由土石构成的隆起部分。亦指形状像山的东西。如：山墙；

鳌山。地理学名词。陆地表面高度较大、坡度较陡的隆起地貌。自上而下分为山顶、山坡和山麓。它以较小的峰顶面积区别于高原，又以较大的高度区别于丘陵。高大的山称为山岳。一般的概念，也把山岳、丘陵通称为山。按成因分为褶皱山、断块山、侵蚀山、火山等。蚕簇。如：蚕上山了。形容大声。如：山响；山嚷怪叫。姓。晋代有山涛。

“寨”字是单词，寨是防卫所用的木栅。引申为军营。如：安营扎寨。《三国演义》第四十五回：“今当先立水寨，令青徐军在中，荆州军在外，每日教习精熟，方可用之”。宋代设置在边区的军事行政单位，隶属于州或县。

“寨堡”的解释，堡是土筑的小城。《晋书·苻登载记》:“徐嵩、胡空各聚众五千，据险筑堡以自固”。现泛指军事上的防御建筑。如：碉堡；桥头堡。亦作“堢”。虽然古山寨或山寨不是词组，但在中国古典四大名著之一《水浒传》第十九回中有“山寨”的故事。所以在后来的一些电影、电视等作品中就有“山寨”的称谓。

三、南漳县古山寨分布区域和调查数量及保护级别

南漳众多古山寨，大多建在山峰之上，山高林密，道路崎岖，人迹罕至，长期不被外界所知。古山寨就这样静悄悄地隐身在山岭丛林中，任凭岁月的风雨侵蚀，不少山寨只剩残垣断壁，寨内荒草离离。《南漳文物古迹分布图》标注：境内山寨主要分布在西南的肖堰、东巩、巡检、板桥四个镇，西北的长坪、李庙两个镇，薛坪、城关、武安镇也有少量山寨。

南漳有各类古山寨近千座，《南漳县志》收录5座、《南漳县地名志》收录84座。2007—2008年，南漳县第三次全国文物普查田野调查收录389座，其中：古山寨346座、洞寨42座、平原地区的寨堡遗址1座。南漳县人民政府公布为县级文物保护单位2处（主山寨、南山人活寨），湖北省人民政府公布为省级文物保护单位16处（卧牛寨、春秋寨、青龙寨、樊家寨、张家寨、黄林寨、阎家寨、关帝寨、虎洞寨、沉坡寨、不二寨、九龙山寨、雷公寨、新寨、山家寨、点子寨）。2008年，从东巩、板桥、肖堰三个镇遴选了最具代表性的卧牛寨、春秋寨、青龙寨、樊家寨、尖峰岭寨、张家寨，申报为第七批全国重点文物保护单位。

四、南漳县古山寨的建筑类型与地域文化特色

南漳县的古山寨群饱经岁月的风霜雪雨，沉睡于寂静的群山之中，现在走近它们，就好像走进一个个神秘的石器部落。每座山寨都是烽火战乱的产物，传承着古山寨文化，诉说着往日的酸楚事，见证着今日新时代繁荣、国泰民安，每座山寨文化都是一部史诗。他们数量众多，景观奇特，气势宏伟，以石寨墙、石房屋为主件而构筑的山寨。都充分发挥了地域石材的特性，创造了南漳的地域特色。具有丰富的文化价值、经济价值和社会价值。

南漳古山寨共有三种类型，即：石砌墙的山寨、溶（岩）洞石块砌成墙的洞寨、筑土垣外包青砖寨堡。石砌寨墙的山寨最多、各具特色，一般都建于险峻、隐蔽、相对近便又有一片开阔地的高山之巅，其大小依据需要入寨作战和避难的人数多少而定，本着节约够用、不丰不杀的原则。如东巩镇杜家坪原先建的老寨就是因为离村子过远而不得不重新就近建筑更小的新寨，当地老百姓习称“老寨”和“新寨”（两座寨都保存完好）。

古山寨都依地形择险处建成长方形、圆形、椭圆形、条形、不规则形等，寨墙一般高约5米、宽1.50米，寨墙内侧为1米左右的环形巡道，外侧为0.50米高的雉墙，上堆砌垛堞，垛堞中有的设有小方形射击孔，寨墙上有瞭望孔和枪眼；寨门的数量和方位并不固定，完全根据山寨下村庄的位置和行军及村民上下寨

方便、隐蔽而设置，都有二层高大的门楼，上有瞭望孔、枪眼等防卫设施，实际上是一个重点防守的碉堡；在寨门前必经之路上一定的距离内，往往选择隐蔽、险要处建筑寨卡，以保卫山寨；寨内大多挤满一家一间的或单元式的石砌房屋，屋顶早已无存，大一点山寨都建有关帝庙，供奉关帝神像；部分寨内还能见到舂米的碓窝和碾盘，当年的记事碑多已不存。

总之，南漳县古山寨群是中华文明的重要组成部分，是人类共有的财富，具有很高的历史价值、科学价值和独特的文化艺术价值。

全国罕见，华夏一绝。在崇山峻岭之中保存着近千座从东汉末年到明清时期规模不同、特色各异的古山寨，是迄今荆楚乃至华夏大地发现的最为集中，数量最多，历史风貌和生态环境保护比较完好的山寨文化奇观。以卧牛山寨、春秋寨、青龙寨、樊家寨等为代表的山寨建筑，有的蜿蜒起伏，气势磅礴，有的层层叠叠，固若金汤，有的扼守咽喉，万夫莫开。不仅有形地展示了鬼斧神工的寨垒风采和古人的勤劳与智慧，而且为后人留下了不可多得的珍贵文化遗产。

功能齐全，风韵别具。山寨分别设置有寨墙、箭垛、掩体、哨位、兵营等设施，形成一个十分完备的攻防、屯兵体系。这种寥若晨星、别具风格的兵寨文化，无疑为军事史的研究提供了最为直观、最为生动的教材。

寨教合一，自成体系。卧牛山寨内建有“关帝庙”。据明清时期的碑文记述，该建筑可溯源到魏、晋。千百年间“关帝庙”与山寨共存，曾吸引众多的本地和异地信徒前往朝拜。这种山寨文化与民俗文化长期共存融合的文化现象，很大程度上丰富了山寨文化蕴涵，扩展了研究内容。

巧夺天工，奇妙融合。山寨大多依山取势，布局严谨，高低错落，井然有序，集雄、险、奇、秀于一体，使山寨建筑与自然环境相辉映，相得益彰，充分展现了古代人们的聪明才智和高超的建筑艺术水平，为建筑史研究提供了极为完善的实物资料。

南漳山寨遗址群，犹如一座集历史、军事、建筑、生态、宗教、艺术于一体的遗址博物馆，对推动山寨文化的研究，将起到不可低估的作用。

五、南漳县古山寨的建筑年代与用途

鄂西北是南北文化的交叉地带，自古以来就是兵家的必争之地。南漳东守汉江，北接襄阳，南望荆州，西抵巴蜀，在位置上更有自己的特殊性。南漳的寨堡聚落受到军事地理因素、楚文化和三国文化的影响，逐渐形成了军事寨堡、家族寨堡和观寨结合的类型。古山寨建筑采用了统一的构筑方式，朴实、自然，具有一种自然美。

如卧牛山寨在历史上所处的位置是古代北上襄阳、南下荆州的唯一便捷的陆路通道（出自《古代荆楚地理新探》，石泉著），所以它是古代的战略要地。登上规模宏大的卧牛山寨，你会看见在它的周围还有许多山寨隐在山梁之中。卧牛山寨内有一清代碑刻：“山疑古之卧牛山，关圣人收周仓处也……”，当年关羽走麦城时的那个麦城即在现在的当阳境内。而许多大山寨上都有关帝庙，虽不排除关羽因是武圣人而被后人在山寨中建庙祭拜的可能，但结合当地大量流传的关羽传说以及当地在三国时期的地理位置，关羽曾在此屯兵的可能性极大。

襄阳市委党校教授晋宏忠的《南漳“山寨”初探》一文中指出：“据《后汉书》记载，建武十一年（公元35），刘秀二十八年（宿）将之一的臧官率兵至中庐（治今南漳），驻守骆越（盖骆越人徙于此，因以为名）。”笔者认为，这个骆越之地，从地理方位上看，很可能就是卧牛山寨这个地方。

至于说此地是不是关羽收周仓处，不见史载。因为周仓是个《三国演义》中塑造的人物，又是民间“相

传”，又是“疑是”，故不足为信。但是，关羽作为一个军事人物，他在樊城、新野一带驻军 7 年，建安二十四年（公元 219），又曾在樊城“水淹七军”，擒于禁，斩庞德。后来又从樊城败退当阳、麦城，他到过卧牛山寨是完全可能的。

但就大多数古山寨来说，其用场则是为了避御“流寇”而修筑的，且始筑于明清。明代荆襄地区位于湖广、河南、四川三省间。那个期间，从河南、山西、山东、北直隶等地，因战乱、灾荒或不堪赋役而流亡到荆襄的农户（史称“流民”）特别多。仅明代成化年间（公元 1465—1487），即多达数十万。自明代宣德至成化四十多年，到荆襄的“流民”已多达 150 万人。明朝廷对“流民”采取的是驱赶、散遣的政策，结果激起了“流民起义”，明朝廷又派兵前来镇压流民起义。据史载，成化二年（公元 1466）明朝廷曾派白圭督兵进至南漳，分路攻击，起义军凭山据险，顽强抵抗。成化六年（公元 1470），又爆发了流民起义，由河南新郑人李原组织领导，称平王，与小王洪、王彪等攻掠南漳等县，流民附者多达百万。明朝廷再次派兵入山进剿。到了明朝末年，李自成、张献忠领导的农民起义军也曾在荆襄这一带活动过。所以南漳（包括谷城、保康等地）“山寨”与流民起义、农民起义有关，无论是“进剿”或反“进剿”，在以冷兵器为主要作战武器的时代，这些石筑“山寨”都是很管用的。

襄樊学院三国历史文化研究所所长、文物专家叶植的《概说南漳古山寨》一文中指出：南漳的山寨大多建于清朝嘉庆年间（公元 1796—1820）对付白莲教的“建寨运动”中。尔后的道光、咸丰、同治年间多次进行扩建、补葺、维修。在《清史》中，可以看到白莲教首领姚之富一次、张汉潮两次率军进入南漳，清军多次从宜城、荆门、房县、保康等地将白莲教撵入南漳山中，在峡口、巡检、东巩、长坪、菩提河等地有与白莲教作战的记载。

春秋寨抵御了白莲教七天七夜的进攻，磨盘寨是白莲教对当地居民肆意烧杀后被迫兴建的，连营十余里的白莲教对险固的神峰寨放弃了攻击等，说明山寨在对付农民起义军方面确实发挥了重大作用。

晚清民国时期的南漳板桥著名绅士冯哲夫在《徐总兵墓志铭》中写道：“唯嘉庆时，白莲教匪倡乱，由川而楚，余孽往往窜入傲肆扰害，乡人多于山顶筑砦以相守御，迄今山间石砦累累相望者，咸旧日避乱处也”。

据新发现的山寨碑文记载，现存山寨中，一部分山寨可能建于明末清初，如：东巩镇莲花池村大岭子寨、垄子寨，肖堰镇天门寨、兰山寨、鸡公寨、永定寨，薛坪镇柏木寨等等。

古山寨的使用下限在民国年间，春秋寨立于民国十六年（公元 1927）的残碑、天门寨民国二十年（公元 1931）的碑记、大岭子寨民国二十九年（公元 1940）的碑记就是最好的证明。

襄阳市楚国历史文化学会会长陈心忠在《主山寨——古楚熊丽始讨之雎山遗址》一文中指出：“主山寨不是一座普通的山峰，它是一座被许多历史学家、地理学家、楚文化专家魂牵梦绕的古代名山。”王光镐《楚文化源流新征》、张正明《楚文化史》专著写道：“熊绎的国都也叫丹阳，但已不在丹水之阳，而在雎山与荆山之间，今蛮河中游近上游之处，即今南漳县域附近。楚人怀旧念祖，国都虽迁，其名不改。在《左传·昭公十二年》记楚灵王时右尹子革说：‘昔我先王熊绎，辟在荆山。筚路蓝缕，以处草莽。跋涉山林，以事天子。’丹阳，名为国都，然而没有城池，只是一个寨子，类似后世所称的‘棘国’。北有雎山，即今主山寨；南有荆山，即今荆山。丹阳这个地方，西有连叠的山岭，东有开阔的河谷。今称蛮河的古雎水，自西向东，流贯其间。”

南漳保存着上千座从东汉末年到明清时期的古山寨，很显然，大型山寨不可能是一个人、一个时期修筑的，而是各个朝代的“政府行为”，不断修筑完成的。因无史料记载，又无考古发掘资料，凭借现存碑文及民间相传，大多数古山寨是明清时期建造的。其主要用途是作军事要塞、防匪患之地及宗教场所。现在让我们看一看清朝同治年间襄阳县（现襄州区）著名知县方大湜发布的《团练条规·建寨堡》中的内容便能复原其大概："寨堡之大小以人数之多少为定，堡身高二丈或一丈八尺，脚宽四丈，顶宽一丈五尺，垛高五丈，中间一孔以便瞭望，垛身之内用砖砌台基一层，宽二尺、高二尺，便于垛勇登台杀贼；濠宜宽，宽则难越；宜深，深则难填；不能开濠之处，应于墙外修敌台，敌台后一面靠堡，前一面用砖石厚砌，左右两面多开炮眼，以便施放枪炮；眼之高低，以平打贼身为定；台之远近，以彼台此台炮子枪子可以相接为定；中分两层，以木板为楼，用梯上下，上盖瓦。贼逼墙下，则两台左右夹击，虽无濠亦可确保无虞"。

笔者在走访调查中发现，有古道就有古山寨，有河流就有洞寨，如卧牛山寨扼守的是北上襄阳，南下巴蜀的一条重要古道；春秋寨山脚下穿过茅坪河是一条从东巩经肖堰到南漳的古道；九龙观寨、青龙寨山下是从板桥到甘溪、小漳河的一条古道。流经南漳的几条大河，如：沮河、漳河、茅坪河、潮水河沿岸都有洞寨，说明有的是军事要塞，有的是防流寇和匪患。但有的是为了民众信仰自由的安全，在寨中修建寺庙、道观、楼阁。春秋寨就是一座集"楼""庙"政教合一的古山寨，是非常有特色的古山寨。

六、南漳县古山寨与楚长城的探索

在鄂西北与河南省边境上有宋长城、楚长城之说。笔者查阅资料认为，因鄂西北和豫南一带，在南宋时期是宋金的一段分界线，这里有一座"三尖山"。《说岳全传》和《正德光化县志》上记载，岳飞和金兀术统帅的两国大军,曾在这里进行过一场"三尖山战役"。得胜班师之际,岳飞觉得这里"上接关陇、旁通巴蜀、界连邓淅、屏蔽襄阳",为兵家必争之地，遂令部将修筑边防墙及营盘，派兵据险守之。之后，这道长城数度成功抵御了金兵南侵。

老河口市袁冲乡与河南省邓州市、淅川县的交界处，三尖山、严寨和禹家寨毗邻的大山寨（湖北）和朱连山（河南），是民族英雄岳飞下令修建的长城。这 5 座山头上城堡遗址清晰可辨，一条长约 30 千米的山间"游龙"将这些山头的城堡串连起来。

历经 870 多年风雨，宋长城气势依然。它随山就势，由薄层灰岩砌筑而成。石缝整齐交吻，墙面笔直坚固，残存墙面最高处约 3 米，低处仅辨踪迹，城墙宽约 1.20~1.50 米，每到转角处便筑有战台、烽火台。

相关历史链接，楚长城是我国历史上修筑最早的一条长城，始名方城。文献记载，公元前 688 年（楚文王十年）楚灭申国（今南阳市北部）后筑楚王行宫督修方城；公元前 656 年（楚成王十六年），齐桓公与管仲率八国联军伐楚，楚国大将屈完率军迎战，奉劝齐桓公"楚国方城以为城，汉水以为池，虽众天所用之"（《春秋左传》）。齐候率军不战而退，并与楚在召陵会盟。楚长城自湖北竹山县跨汉水至河南邓州市，往北经内乡、镇平、南召，折而东抵鲁山、叶县，往南经方城县直达泌阳县，总长 800 多千米。

2000 年 8 月，中国长城学会秘书长董耀会、副秘书长吉人考察南召周家寨等多处遗址后，分别题词"长城之父"、"祖赐楚城，无价之宝"。2002 年 5 月，著名长城学家、文物专家罗哲文考察南召楚长城遗址时，即兴赋诗三篇，称其"万里长城等一篇"、"依旧奔腾壮南天"。楚长城究竟是什么样子？南漳作为楚文化的发祥地之一，又有如此众多的古山寨，能否从专家对楚长城的评价中找到一些关联？

中国长城学会会员、南召县楚长城研究会副会长兼秘书长艾廷和称，南漳和南召同属楚文化圈，同根同源，楚长城与古山寨有诸多相同点，合作研究的空间很大。古山寨文化与楚文化应展开多领域的研究，笔者猜测，鄂西北的古山寨会不会是中国南方楚长城的烽火台？让我们继续探寻古山寨与楚长城的奥秘。

七、保护古山寨与利用古山寨的关系

南漳县第三次全国文物普查，发现了大量的古山寨、古民居、古造纸作坊、古墓葬以及石雕、砖雕和木刻等民间文化遗产，其数量之多，文物点之集中，令人惊叹！引起文物界和社会的广泛关注，眼下最重要的是保护好廊道内的文化资源，因为文物是不可再生的资源，也是人类文明进步的见证物，所以要把祖国优秀文化世代相传。

一是制定文化遗产保护地方性规章，按照《文物保护法》的规定，文物工作贯彻保护为主、抢救第一、合理利用、加强管理的方针，使文物保护走上法制化轨道。

二是建立联运协调机制，县文化（文物）、公安、国土、林业、环保、交通、财政、镇（区），定期召开联系会议并组织文物安全检查，发现问题及时整改，切实保护物体的原始风貌，保护自然生态环境，在镇区文化站可加挂文化遗产保护工作室，实行责权挂钩，纳入年度考核内容。

三是高起点制定保护规划，加大财政投入，整合文化资源，进入鄂西文化旅游圈，突出古山寨、古民居特色，充分展示荆楚文化、三国文化、乡土文化、民俗文化，选择具有代表性的古山寨、民居、碉楼、造纸作坊，在文化资源丰富的镇，兴建一个民俗文化园，用高科技手段集中展示地域特色和本土文化，把历史拉近到游客面前，让观众穿越历史时空，体验多元文化魅力。

四是打造文化廊道明信片，开发旅游产品，注册商标，印制外包装产品（如米袋、水泥袋、土特产、酒箱等），南漳电视台天气预报各镇背景画面就可更换成该镇文化特色画面，如薛坪“七彩瀑布”、东巩“春秋寨”、板桥“古民居”、武安镇“百里长渠”、九集“丁兰桥”、城关“文峰塔”、巡检“玉印岩”等等。

（作者：陈易　陈选保，原载2013年7月《三国文化与地域社会学术研讨会论文集》）

重要文献选编

文件辑录

南漳县人民政府办公室文件

南政办发〔2007〕27号

县人民政府办公室
转发县文体局市楚国历史文化学会关于
《南漳县古山寨保护工作实施方案》的
通　　知

各镇人民政府，清河区管委会，经济开发区管委会，县政府各部门：

经县人民政府同意，现将县文体局、市楚国历史文化学会制定的《南漳县古山寨保护工作实施方案》转发给你们，请结合实际，认真遵照执行。

古山寨保护工作是一项功在当代、利在千秋的大事，各地、各部门一定要贯彻“保护为主、抢救第一、合理利用、加强管理”的文物工作方针，并结合实际，为子孙后代保护好这笔十分丰富、特别珍贵的历史文化

·1·

遗产，达到永久保护、永续利用的功效，切实打造“文化南漳”品牌。

南漳县人民政府办公室

二〇〇七年四月六日

·2·

2007年4月6日，《南漳县人民政府办公室转发县文体局市楚国历史文化学会关于〈南漳县古山寨保护工作实施方案〉的通知》文件

湖北省人民政府文件

鄂政发〔2008〕16号

省人民政府关于
公布第五批湖北省文物保护单位
和与现有文物保护单位合并项目的通知

各市、州、县人民政府，省政府各部门：

根据《中华人民共和国文物保护法》有关规定，省人民政府同意省文化厅提出的第五批湖北省文物保护单位368处、与现有湖北省文物保护单位合并的项目6处（名单附后），现予公布。

各地、各有关部门要按照《国务院关于加强文化遗产保护的通知》（国发〔2005〕42号）要求，认真贯彻“保护为主、抢救第一、合理利用、加强管理”的文物工作方针，进一步落实文物保护单位的各项保护、管理措施、科学规划，合理利用，维护文

— 1 —

化安全，促进经济社会又好又快发展。

湖北省人民政府

二〇〇八年三月二十七日

— 2 —

2008年3月27日，《湖北省人民政府关于公布第五批湖北省文物保护单位和与现有文物保护单位合并项目的通知》文件

第五批湖北省文物保护单位名单

（共计 368 处）

（一）古遗址（85 处）

序号	分类号	名称	年代	地
1	1	铁门坎遗址	新石器时代一宋	武汉
2	2	龙王尖遗址	明、清	武汉
3	3	大谷垴遗址	新石器时代一商	大冶
4	4	太婆山遗址	新石器时代一东周	大冶
5	5	宝下洞遗址	旧石器时代	阳新
6	6	和尚垴遗址	新石器时代一周	阳新
7	7	岳家岭遗址	新石器时代一西周	阳新
8	8	观音垴遗址	新石器时代一西周	阳新
9	9	石清垴遗址	新石器时代一西周	阳新
10	10	大路铺遗址	新石器时代一东周	阳新
11	11	辽瓦店子遗址	新石器时代一汉	郧县
12	12	七里河遗址	新石器时代	房县
13	13	黄龙洞遗址	旧石器时代	郧西
14	14	关垭遗址	明、清	竹溪
15	15	圆山遗址	新石器时代	洪湖

45	45	罗国城遗址	新石器时代一东周	南漳县
46	46	樊家寨遗址	清	南漳县
47	47	张家寨遗址	清	南漳县
48	48	黄林寨遗址	清	南漳县
49	49	阎家寨遗址	清	南漳县
50	50	关帝寨遗址	清	南漳县
51	51	虎洞寨遗址	清	南漳县
52	52	沉坡寨遗址	清	南漳县
53	53	不二寨遗址	清	南漳县
54	54	九龙山寨遗址	清	南漳县
55	55	雷公寨遗址	清	南漳县
56	56	新寨遗址	清	南漳县
57	57	山家寨遗址	清	南漳县
58	58	点子寨遗址	清	南漳县
182	47	水镜庄	清	南漳县
183	48	东巩民居	清	南漳县

— 10 —

第五批湖北省文物保护名单节选

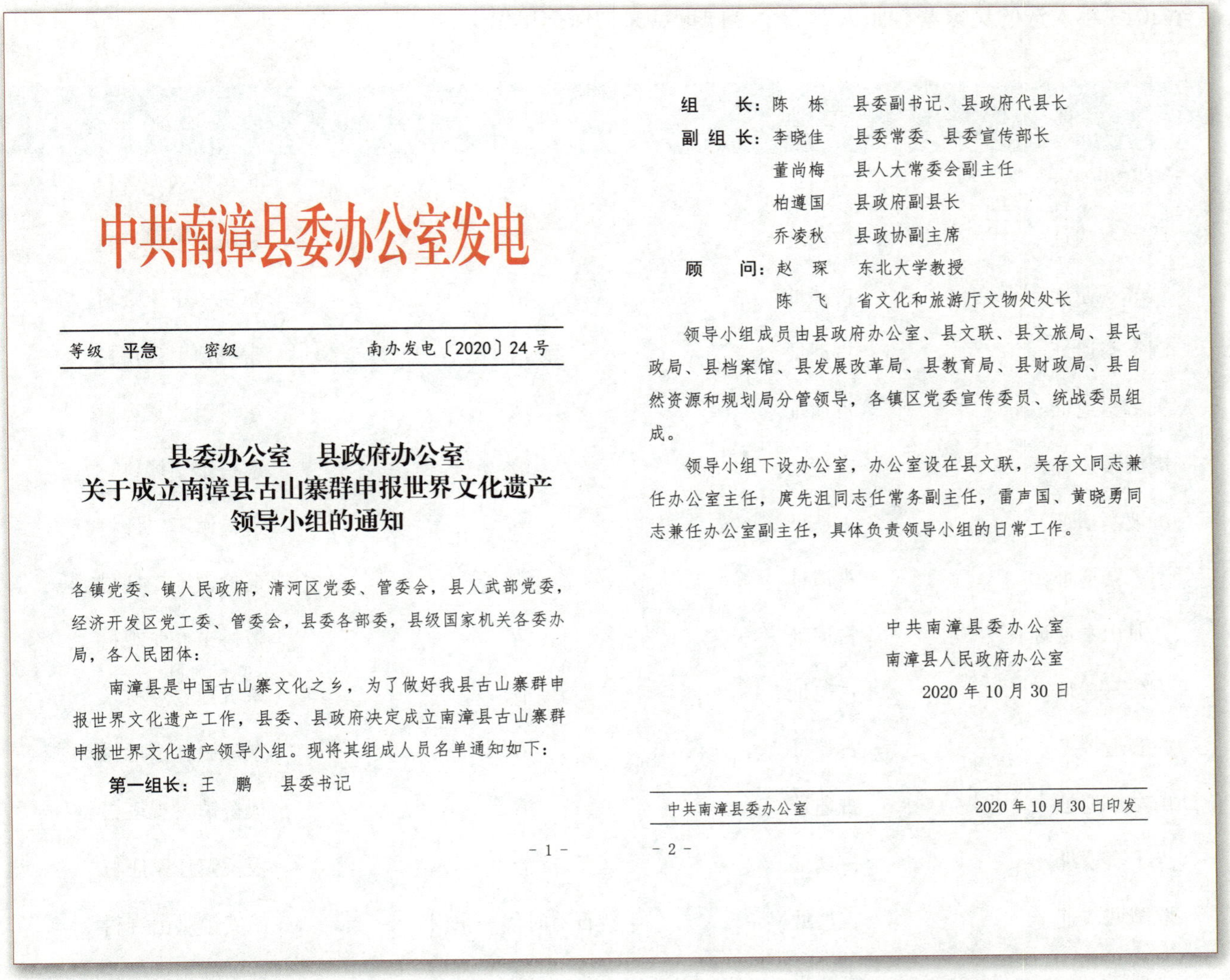

中共南漳县委办公室发电

等级 平急	密级	南办发电〔2020〕24号

县委办公室　县政府办公室
关于成立南漳县古山寨群申报世界文化遗产
领导小组的通知

各镇党委、镇人民政府，清河区党委、管委会，县人武部党委，经济开发区党工委、管委会，县委各部委，县级国家机关各委办局，各人民团体：

南漳县是中国古山寨文化之乡，为了做好我县古山寨群申报世界文化遗产工作，县委、县政府决定成立南漳县古山寨群申报世界文化遗产领导小组。现将其组成人员名单通知如下：

第一组长：王　鹏　　县委书记

－1－

组　　长：陈　栋　　县委副书记、县政府代县长

副 组 长：李晓佳　　县委常委、县委宣传部长

董尚梅　　县人大常委会副主任

柏遵国　　县政府副县长

乔凌秋　　县政协副主席

顾　　问：赵　琛　　东北大学教授

陈　飞　　省文化和旅游厅文物处处长

领导小组成员由县政府办公室、县文联、县文旅局、县民政局、县档案馆、县发展改革局、县教育局、县财政局、县自然资源和规划局分管领导，各镇区党委宣传委员、统战委员组成。

领导小组下设办公室，办公室设在县文联，吴存文同志兼任办公室主任，庹先沮同志任常务副主任，雷声国、黄晓勇同志兼任办公室副主任，具体负责领导小组的日常工作。

中共南漳县委办公室
南漳县人民政府办公室
2020年10月30日

中共南漳县委办公室　　2020年10月30日印发

－2－

2020年10月30日，《中共南漳县委办公室、南漳县人民政府办公室关于成立南漳县古山寨群申报世界文化遗产领导小组的通知》文件

湖北省文物保护单位的南漳古山寨（堡）

2008 年 4 月 3 日印发的鄂政发〔2008〕16 号《省人民政府关于公布第五批湖北省文物保护单位和与现有文物保护单位合并项目的通知》,南漳古山寨（堡）共 18 个单位被命名为“湖北省文物保护单位”（含 2013 年入选的樊家寨、张家寨 2 个全国重点文物保护单位）。

名 称	类 别	时 代	地 址
樊家寨遗址	古遗址	清	板桥镇双龙寺村
张家寨遗址	古遗址	清	东巩镇上泉坪村
黄林寨遗址	古遗址	清	东巩镇王家畈村
阎家寨遗址	古遗址	清	东巩镇上泉坪村
关帝寨遗址	古遗址	清	东巩镇杜家坪村
虎洞寨遗址	古遗址	清	巡检镇胎坪村
沉坡寨遗址	古遗址	清	巡检镇不二坪村
不二寨遗址	古遗址	清	巡检镇不二坪村
九龙山寨遗址	古遗址	清	板桥镇九龙观村
雷公寨遗址	古遗址	清	东巩镇苍坪村
新寨遗址	古遗址	清	东巩镇杜家坪村
山家寨遗址	古遗址	清	板桥镇灵观垭村
点子寨遗址	古遗址	清	板桥镇任家庄村
罗国城遗址	古遗址	新石器时代—东周	武安镇洪山寺村
水镜庄	古建筑	清	城关镇水镜庄社区
河口碉楼	古建筑	民国	板桥镇河口村
晏山碉楼	古建筑	民国	板桥镇晏山村
板桥乡公所碉楼	近现代建筑	民国	板桥镇新集村

全国重点文物保护单位
“南漳古山寨群”六个典型代表山寨

2013年3月5日国发〔2013〕13号《国务院关于核定并公布第七批全国重点文物保护单位的通知》，南漳古山寨群被命名为“全国重点文物保护单位”。

名　　称：南漳山寨群（编号：7–0353–1–353）

公布时间：2013年3月5日

年　　代：明至清

类　　型：古遗址

所 在 地：湖北省襄阳市南漳县

简　　介：南漳山寨群以卧牛山寨、春秋寨、樊家寨、青龙寨、尖峰岭寨和张家寨这6处山寨为典型代表，它们依山就势，规模宏大，建筑独特，分别建于不同时代，各具特色。

卧牛寨　位于东巩镇桂竹园村一组（原团山寺村）。寨墙依山就势，呈南北走向，跨越三个山头，周长3500米，面积93万平方米，寨墙修筑有马道和步行通道、碉堡、寨门、垛口、炮台、瞭望台、掩体等防御工事，寨内有不同时代建造的石房、庙宇，现存房屋100多间。城内修筑有演兵场、跑马场、校场、点将台等军事设施，还有明、清时期的碑刻、石雕等文物。

春秋寨　位于东巩镇陆坪村三组。依山势而建，自南向北呈条形布局。寨墙周长1150米，南北长505米，东西宽10～50米，面积2.75万平方米，建筑面积9500平方米，石筑房屋160间。其东、西、北三面由茅坪河环绕，临河部位石壁陡峭，形成了一道奇险的防御屏障。

樊家寨　位于板桥镇双龙寺村一组，面积5160平方米。处在一座山峰的顶部，地势较为险峻。系一处石构城堡式建筑，坐西朝东，平面长方形，有内城和郭城。内城面阔79.40米，纵深36.50米，设有东、西大门，门上建城楼，正面南、北城角分别建有碉楼。外城南北长102米，东西宽68米，部分墙体保存较好。

青龙寨　位于板桥镇瓦屋场村二组。始建于清嘉庆元年（1796）。青龙寨和与之相邻的梁家寨、点子寨、九龙山寨共同构成了东南方的防御体系。山寨依山盘旋而建，东西长127米，南北宽20～40米，面积3810平方米。设有东门、西门。寨内有石筑房屋32间，建筑面积680平方米。各房均有观察孔或射击孔。

尖峰岭寨　位于肖堰镇柏树岗村一组。处在嵩华山顶，现有寨墙1880余米，现存石砌房屋160余间，整个山寨占地面积9580平方米。

张家寨　位于东巩镇上泉坪村四组。始建于明清时期，寨建于山脊上，东西长642.50米，南北宽20～25米，面积8500平方米，寨墙周长1352米，寨墙宽0.7～1.5米。山寨规模宏大，寨内建筑保存较好，尚存石房151间，建筑面积4500平方米。东西寨门建有城楼。寨房为东西走向，一字排开立于山脊之上。

南漳山寨群的所有山寨，大多是明清动乱时期当地居民为自保而修建的防卫性堡寨。这些山寨的寨墙和房屋建筑大多为石结构，相当一部分山寨保存较好，对研究明清史有较高价值。

文件选录

南漳县古山寨保护工作实施方案

南政办发〔2007〕27号

南漳县是全省文化先进县、旅游先进县，是全国古山寨大县，县内山寨具有多（目前拥有数量在全国少有）、险（多居地势险要的山岭）、精（建筑结构精致）、奇（造型和外观奇特）、秘（建筑年代以及用途不明）等特征，是南漳县政治、经济、军事和社会进步的缩影，见证古今历史，文化底蕴厚重，在国际国内影响较大，已引起了全社会的广泛关注。做好古山寨保护工作，功在当代，利在千秋。为了切实保护好全县古山寨文化遗产，为现代经济建设和社会发展服务，切实打造“文化南漳”，构建和谐社会，达到永久保护和永续利用的目的，特制定本实施方案。

一、南漳县古山寨保护工作的指导思想和基本原则

（一）指导思想。南漳县古山寨保护工作的指导思想是：保护为主，抢救第一，合理利用，加强管理。具体而言，就是要结合建设“金南漳”的奋斗目标，正确处理好保护和利用的关系，坚持古山寨文化遗产保护的真实性和生态化，在有效保护的前提下合理利用，在科学普查的基础上采取有力措施，使古山寨文化在全社会得到普及、尊重和弘扬。

（二）基本原则。南漳县古山寨文化遗产保护工作的基本原则是：政府主导，社会参与；明确职责，齐抓共管；长远规划，永久实施；全面发展，标本兼治。坚持做到在科学保护的基础上合理利用，在适当利用的同时更好地永续保护。

二、南漳县古山寨保护工作的具体措施和有效手段

南漳县古山寨文化遗产保护和利用可采取下列措施与手段：

（一）普查分类。南漳县古山寨主要分布在西南、西北山区，大多处在人迹罕至、海拔较高的深山地区，因其地势险要，许多古山寨并不为外人所知。因此，认真开展古山寨普查工作十分必要。主要普查古山寨四个方面内容：一是古山寨数量。据有关部门初步统计已近300座，据本县文化系统权威人士估计，全县现存较为完整的古山寨可能有近千座（且不含仅存的地面遗址遗迹），但具体数量必须以普查数据为准；二是古山寨用途。就山寨用途而言，有“防土匪说”、“战争堡垒说”、“囤积居奇说”以及“流民迁徙说”等多种说法，无论何种说法，只有通过详细的普查方可明辨；三是古山寨年代。因南漳县历史上的志书、档案并无古山寨的有关记载，即使民间传说也不甚丰富，只有通过实地踏勘，方可逐一鉴别；四是古山寨结构。就是调查古山寨构造的类型，本县内古山寨大多为“城堡型”，石砌结构，也有夯土结构，因年代久远，风蚀严重，亟待专业化调查分析。通过较翔实的普查，并对全县古山寨进行分类，建立详明的坐标图（详细分布图），为今后科学、合理地保护与适度、有效地利用古山寨打下良好基础。

（二）建立档案。对已探明的古山寨逐一登记造册，建立详细的档案资料（含文字档案、电子文档等）。古山寨档案的内容包括：古山寨的地理位置、古山寨的结构、古山寨的兴建年代、古山寨的规模、古山寨的用途、古山寨的现状以及变化等情况，使古山寨的保护与利用工作有的放矢，避免盲目性。

（三）划定范围。就是划定古山寨的保护范围、设立保护区，在古山寨所在地按照国家级重点文物保护单位的标准，划出四至保护范围。古山寨在一定辐射半径内要成为“禁区”，使古山寨文化遗产的

生存环境得到进一步优化和原生态化。

（四）明确管理。要明确古山寨保护工作的具体责任单位和直接责任人。因县内古山寨有部分已分别属于省级文物保护单位（有的已申报为国家级重点文物保护单位）和市、县级文物保护单位以及文物保护点，可根据古山寨普查情况，按照国家文物政策和实际要求，分门别类地逐一明确直接管理单位（县直部门或镇、村组）、直接责任人（通常是以古山寨所在地农户为主，也可以是与古山寨有关联的人员）以及协管单位和协管人员，地方政府或县政府主管部门与责任单位和责任人签订目标管理责任状，并及时进行跟踪检查和督办，发现问题及时整改。

（五）综合整治。县、镇（区）、村三级组织要对古山寨的所在地环境进行综合治理。主要途径有：一是封山育林，严禁乱砍滥伐、烧炭毁林，切实保护生态环境；二是治理水土流失以及山体滑坡，巩固古山寨地质结构；三是杜绝乱挖滥采和私搭乱建，严禁在保护区内开矿、炸石、取土、办企业和兴建建筑物，破坏地质环境；四是禁止打猎，严禁污染河流和水体；五是原状化地维修通往古山寨的道路，确保安全通行；六是取缔与古山寨文化遗产不相协调的一切人为活动，净化古山寨文化遗址的生存环境。

（六）依法监管。充分利用国家和省、市、县关于文物保护工作的法律法规和政策规定以及生态、地质、建筑、宗教等相关政策规定，对古山寨资源进行依法监管。本县可结合实际，制定出有地方特色的管理规定（如《南漳县古山寨保护暂行规定》等），使古山寨保护工作迅速步入法制化轨道。

（七）合理开发。在原生态抢救和保护古山寨的前提下，科学、有序地进行古山寨资源的开发和利用工作，县政府有关部门和各镇（区）政府（管委会）可结合旅游业发展实情，确保古山寨文化遗产安全有效承传，适度开发运用，直接服务于当地旅游业发展、经济建设和社会事业进步。

（八）广泛宣传。南漳县古山寨资源已由相关部门和团体、有关专家学者和社会有识之士，特别是襄樊市“拾穗者民间文化工作群”，通过撰写专文、拍摄照片、制作光碟等形式，在《中国国家地理》《湖北旅游》《名城报》以及《襄樊日报》《襄樊晚报》等国家、省、市级权威报刊上发表，引起了轰动效应，国家建设部、中国社科院、清华大学、武汉大学、华中科技大学、省政协、省社科院、省文联、湖北电影制片厂等部门和高校专家、学者兴趣浓厚，并多次实地考察，已对部分古山寨进行了科学定位。以后，应在此基础上，进一步组织有关专家学者、新闻记者和业余爱好者继续深入地进行广泛宣传，使“养在深闺无人识”的珍稀文化遗产得以面向世人、走向世界，使全社会的广大公众能“识荆山真面目”，把“南漳古山寨”打造成为一个十分响亮的文化品牌。

三、南漳县古山寨保护工作的主要目标和最终宗旨

（一）古山寨保护原生态化。使全县古山寨在不破坏原状、不改变本来面貌、不发生商业行为的情况下，实行“活态化”生存和永续化利用，充分显现古山寨文化遗产的“原汁原味”特色，“原原本本”地弘扬民间文化遗产的“活化石”功能。

（二）古山寨管理制度化。通过各级政府和主管部门以及社会组织（团体）制定一系列管理制度，“约法三章”，使古山寨保护工作有法可依、有章可循，循序渐进，平衡发展，并成为全县人民的一种自觉行为。

（三）古山寨利用可持续化。通过有效保护和科学管理，使古山寨得到适度开发、永久利用，按照有关保护规划，将部分古山寨资源适度转化成为旅游资源，坚持安全承传，做到“吃祖宗饭、造子孙福”，既为当代人服务，又为历史和后人预留一份丰厚的财富。

四、南漳县古山寨保护工作的领导职责和督办奖惩

为了把南漳县古山寨保护工作开展得有声有色、如火如荼，加强领导是关键，社会力量是中坚，明确责任是基础，严格督查是核心，赏罚分明是手段。具体可从以下五个方面进行：

（一）切实加强领导。按照国家有关文物政策规定，各级政府是实施古山寨保护的主导力量，承担着实施古山寨保护工作的科学决策、统筹实施与督办检查的重任，因此，加强领导是关键。鉴于古山寨是文物的重要组成部分，建议县政府成立南漳县古山寨保护工作领导小组，与县文物管理委员会实行两块牌子、一套班子，领导小组办公室设在县文化体育局，与县文物管理委员会办公室合署办公，由县文化体育局主要负责人兼办公室主任，县城建、旅游、文体部门负责人兼办公室副主任，全县古山寨保护与开发实行分管文物工作的副县长“一支笔”审批制。同时，成立“南漳县古建筑保护中心”，与县博物馆合署办公，一套班子、两块牌子。各镇（区）要成立相应机构，各职能部门要组建专班，确保古山寨保护工作落在实处。

（二）强化部门职责。“南政办发［2006］71号”文件已明确规定了南漳县文物管理委员会成员单位职责，符合全县古山寨保护工作的实际，继续适用于推动古山寨保护工作的顺利开展。在此，结合古山寨的特色，对相关部门的古山寨保护职能再进行细化和补充：

1．县文体部门是全县古山寨保护工作的执法主体。主要负责全县古山寨资源普查、分类以及建档工作；成立古山寨课题调研组，并邀请国内外专家学者帮助做好古山寨遗址勘测和考古以及古山寨文化研究、推介和项目申报工作，挖掘山寨文化内涵；制定古山寨保护工作的中长期规划以及相关管理制度，拟定古山寨保护工作的有关管理规定或暂行办法，并按程序送交有关部门依法审查备案后，提请县人大常委会或县政府批准执行；审查各镇（区）政府（管委会）制定的古山寨旅游开发规划，指导各镇（区）政府（管委会）做好古山寨保护的业务工作，会同县公安等相关部门依法处理破坏古山寨的违法事件；做好与古山寨有关的民间文物的征集和馆藏保护工作，收集、整理与古山寨有关的民间故事传说和方言俚语；积极有效、多渠道向上申报文物保护项目，并努力申报世界文化遗产和国家级重点文物保护单位；负责协调、解决古山寨保护工作中的有关问题；办理内部简报，及时交流古山寨保护的有关资料以及经验做法；出版专著，编写歌曲，创作影视作品，多方位宣传古山寨文化。

2．县建设部门要协助县文体部门科学地编制古山寨保护规划；会同有关部门积极申报历史文化名镇、名村、名建（建筑物）项目；会同有关部门和地方政府做好古山寨保护的建筑技术培训和普及工作，培养古山寨维修（修复）工作的民间能工巧匠；将古山寨保护与开发纳入全县城乡建设总体规划统一管理。

3．县旅游局要配合县文化体育局等有关部门和地方政府制定古山寨旅游资源开发规划，做好古山寨的科学开发、合理利用工作，禁止改变、破坏古山寨的历史风貌；监督各地禁止随意开发古山寨资源，并坚持落实古山寨旅游开发审批制度，严禁出现“家家点火，村村冒烟”的无序开发状态；做好古山寨旅游开发项目的申报、促销工作；做好古山寨旅游容量的预测工作，限定游客的容量，防止因“旅游热”而“淘空”古山寨、破坏遗址环境；编写古山寨旅游导游词，并做好导游培训工作；将古山寨旅游与楚文化旅游、三国文化旅游、荆山生态旅游、乡村旅游、红色旅游、休闲旅游融为一体，有序开发和科学管理，提高古山寨旅游品位。

4．县林业局要做好全县古山寨所在地的封山育林、退耕还林和植树造林以及古树名木、野生动物保护工作，确保古山寨保护区具有良好的生态环境；严禁乱砍滥伐和偷猎珍稀动物、过度采挖中草药等违法行为，依法打击破坏生态环境的违法行为。

5．县国土资源局要做好古山寨保护区内的山体滑坡、水土流失等地质灾害防治工作；依法打击随意占用土地等违法行为；禁止在古山寨保护区内开矿、炸石、取土、挖砂等活动。

6．县水务局要做好古山寨保护区内的水土保持工作，防治水体污染；在做好古山寨遗址保护工作的前提下，有效地开发水能资源和水生动植物资源。

7．县民族宗教局要配合县文化体育局等部门依法做好“寨教合一”类古山寨的宗教活动管理工作。

8．县交通局要会同各镇（区）政府（管委会）做好兴修县、镇（区）、村级公路中的古山寨保护工作，对通往重点古山寨的主道路修建进行政策倾斜，提高古山寨的可进入性。

9．县发展和改革局、财政局要会同有关部门将古山寨保护与开发计划纳入国民经济和社会发展的年度计划和中长期计划，并积极向上申报项目，多方提供资金保障；发挥县财政投资的主渠道作用，多方聚集资金投入古山寨保护。

10．县农办（县新农村建设办公室）要做好社会主义新农村规划与建设中的古山寨文化遗产保护工作。

11．县供电部门要协助地方政府做好古山寨景区的通电工作，确保安全游览。

12．县政府信息研究中心要在《南漳县党政信息网》上开办“南漳古山寨”专页，通过网络对外宣传古山寨资源。

13．县广播电视台要设立“南漳古山寨”专栏，会同县文体部门摄制古山寨专题片，在县内面向广大公众宣传古山寨，普及古山寨有关知识，并多方组稿向上、向外推介，全面提高“南漳古山寨”的知名度。

14．各镇（区）政府（管委会）应结合本地实际，科学制定古山寨保护方案，并明确相关部门的职责，确定古山寨保护工作的直接责任单位和责任人；禁止在古山寨保护区内兴办企业和污染项目；坚持“属地管理”的原则，在县有关部门的密切配合下，指导古山寨所在村组和农户、公民依法做好保护工作，并及时制止对古山寨遗址的一切破坏行为，恢复生态环境；配合县有关执法部门依法处理破坏古山寨的违法案件；做好古山寨范围内防火、防盗和游览、探险、科考的安全引导工作。

（三）动员社会力量。古山寨保护工作首先是一种社会行为，公众是实施古山寨保护的基本力量，民间力量在古山寨保护工作中具有独特优势。各级政府和相关部门要鼓励民间组织、乡土人才在古山寨保护工作中发挥更大的作用。继续动员和鼓励社会各界（包括县外民间力量）的有识之士、业余爱好者做好以下四个方面的工作：

1．提供信息。运用民间资源，通过信函、电子邮件、电话等有效形式，为县文化体育局、县博物馆等有关部门提供古山寨信息资源和相关资料。

2．宣传舆论。以撰写专文、摄影录像等艺术作品、新闻稿件等形式，向县以上新闻媒体、报刊杂志、影视网络等机构供稿，全面宣传南漳县古山寨资源的文化价值，进一步提高南漳县古山寨的美誉度和影响力。

3．义务保护。南漳县古山寨点多面广，实施保护工作难度大、代价高，仅仅依靠各级政府投资保护势必杯水车薪。必须动员社会有胆识、有能力者将闲散资金和传统技术以及业余力量用于古山寨保护工作，奉献于文化遗产保护事业。

4．投资开发。在国家文物政策和全县古山寨旅游规划许可的情况下，创造环境，吸引外地客商科学、合理地投资开发古山寨旅游资源。在开发利用过程中，必须坚持做到保持原貌、修旧如旧、景观协调，古山寨周边一定范围内不得开发人工建筑。古山寨可以发挥其旅游作用，但必须保持古寨风貌和特色，一律不得“景区化”、“商业化”、“市场化”和“低俗化”，禁止破坏性开发，开发利用古山寨的所有权属于国家所有，任何单位和个人都不得随意侵占。

（四）严格检查督办。南漳县古山寨保护工作办公室代表县文物管理委员会和县古山寨保护工作领导小组行使古山寨保护与管理的检查督办职能，县文体、公安等职能部门代表县政府行使古山寨保护与管理的行政执法职能；各镇（区）政府（管委会）依法管理好本辖区的古山寨资源，组织和协调村组以及农户、公民保护好古山寨资源，配合县有关部门开展普查工作。县镇（区）两级政府（管委会）及执法部门对古山寨保护工作督查和考核的重点：一是各地制定古山寨的年度保护计划、中长期保护规划以及落实情况；二是各地古山寨管护直接责任单位以及直接责任人履行职责情况；三是相关部门对古山寨保护工作措施落实情况；四是国家文物政策在各地、各部门的落实情况。

（五）实行奖励惩罚。

1．县政府对古山寨保护工作贡献较大的团体（个人），通过召开座谈会、颁发荣誉证书、授予荣誉称号、赠送纪念品（礼品）、发放奖品（奖金）、总结和推广先进典型等多种形式予以表彰和奖励，充分调动古山寨保护工作者的积极性和创造性。

2．对古山寨保护工作中的重大活动以及有关人士的突出事迹，由县广播电视台进行专访，并制作专题片进行广泛宣传，弘扬古山寨保护工作者的优良作风，在全社会形成良好的文物保护舆论氛围。

3．凡在古山寨保护工作中因措施不力或造成不良影响的单位和个人，由县政府在全县通报批评；情节严重、性质恶劣或构成犯罪者，按有关程序分别移交县纪检、监察部门及司法机关依法予以处理。

附件：南漳县古山寨保护工作近期主要任务

一、全面开展全县古山寨的普查工作，划定具体保护范围；摄制全县古山寨专题片。

二、发布《南漳县人民政府关于加强古山寨保护工作的通告》。

三、县直有关部门和各镇（区）政府（管委会）制定近期以及中长期保护工作方案或规划，并报送县古山寨保护工作办公室备案。

四、由县古山寨保护工作办公室同有关部门拟制古山寨保护与利用工作的优惠政策，并报县政府批准实施。

五、充分运用湖北省影视创作基地等优势，邀请名人、名家赴漳创作古山寨的歌曲、影视作品以及其他文学作品、论文和新闻稿件，叫响“南漳古山寨”品牌。

六、召开南漳县古山寨理论研讨会，探索古山寨的成因、用途、兴建年代和结构特征，全面挖掘古山寨文化底蕴。

南漳县人民政府办公室
2007年4月6日

襄阳市古山寨保护条例

（2023年10月27日襄阳市第十八届人民代表大会常务委员会第十一次会议通过，2023年12月1日湖北省第十四届人民代表大会常务委员会第六次会议批准）

第一条 为了加强古山寨保护，传承和弘扬优秀历史文化，根据《中华人民共和国文物保护法》《湖北省实施〈中华人民共和国文物保护法〉办法》等有关法律、法规规定，结合本市实际，制定本条例。

第二条 本市行政区域内的古山寨保护、管理和利用活动适用本条例。其中涉及文物，法律、法规已有规定的，从其规定。

第三条 本条例所称古山寨，是指本市行政区域内历史上形成的，依山而建，具有居住、屯兵、防守、避难等民用、军事功能，能够反映历史风貌和地方特色，具有历史进步意义和保护价值的古建筑、古遗址及其附属建（构）筑物，包括寨墙、寨房、寨门、碉楼、碉堡、巡道、关隘、哨卡、烽火台、牌匾、碑刻、题记、图腾标志、古井、古道等。

古山寨的认定标准和办法由市人民政府文化和旅游主管部门制定，报市人民政府批准。

第四条 古山寨保护应当遵循保护第一、加强管理、挖掘价值、有效利用的原则。

第五条 市人民政府应当加强对古山寨保护工作的领导，组织编制古山寨保护规划，并将其纳入国民经济和社会发展规划。

县（市、区）人民政府负责本行政区域内古山寨保护、管理和利用工作，制定古山寨保护工作计划，加强保护机构和人才队伍建设，建立工作协调机制，统筹解决相关问题。

乡镇人民政府、街道办事处具体负责辖区内古山寨日常保护、管理和利用工作。

村（居）民委员会协助做好古山寨保护工作，可以将古山寨保护内容纳入村规民约、居民公约。

第六条 市、县（市、区）人民政府应当将古山寨保护经费列入本级财政预算，加大对古山寨密集地区财政支持力度。古山寨保护经费用于古山寨的巡查、看护、修缮、抢险加固等工作。

第七条 文化和旅游主管部门负责对本行政区域内古山寨保护实施监督管理，并对相关部门和单位的古山寨保护工作予以指导。

发展和改革、财政、公安、住房和城乡建设、自然资源和规划、林业、农业农村、交通运输、生态环境、民族宗教、应急管理等相关部门，按照各自职责做好古山寨保护工作。

第八条 市、县（市、区）人民政府应当加强对古山寨保护工作的宣传引导，提高全社会的保护意识。

鼓励单位和个人以捐赠、资助、投资、提供文化产品和服务等方式，参与古山寨保护、管理和利用活动。

鼓励和支持高等院校、科研机构、社会组织和专家学者等开展古山寨资源调查、考古研究、传承利用、学术交流、宣传推广等活动。

第九条 鼓励和支持符合条件的古山寨（群）申报世界文化遗产。

第十条 任何单位和个人都有保护古山寨义务，有权对破坏、侵害古山寨的行为进行劝阻、举报。

对在古山寨保护、管理和利用工作中做出突出贡献的单位和个人，按照相关规定给予奖励。

第十一条 市人民政府应当设立由文物、建筑、历史、文化、旅游、法律等方面专家组成的古山寨保护专家委员会，开展古山寨保护、管理和利用的研究、咨询、指导、评审等工作。古山寨资源密集的县（市、区）人民政府可以根据需要设立古山寨保护专家委员会。

第十二条 县（市、区）人民政府文化和旅游主管部门应当定期组织开展古山寨资源普查，及时认定和登记公布新发现的古山寨。

第十三条 县（市、区）人民政府应当建立古山寨保护名录制度。

县（市、区）人民政府文化和旅游主管部门负责组织专家进行评审，将具有保护价值的古山寨纳入保护名录，报县（市、区）人民政府批准后公布，并报市人民政府文化和旅游主管部门备案。

县（市、区）人民政府文化和旅游主管部门应当组织专家对保护名录内的古山寨进行定期评估，并根据评估结果对保护名录进行调整，报县（市、区）人民政府批准后公布。

第十四条 古山寨实行分类保护：

（一）纳入保护名录符合不可移动文物认定标准的，应当依照程序分别申请核定公布为全国重点文物保护单位，省级文物保护单位，市、县级文物保护单位或者登记公布为一般不可移动文物，并按照文物保护的相关规定予以重点保护；

（二）纳入保护名录未核定公布为不可移动文物的，自保护名录公布之日起一年内，由县（市、区）人民政府文化和旅游主管部门建立记录档案，设置保护标志，明确保护责任主体，制定具体保护措施，并公布施行。

第十五条 乡镇人民政府、街道办事处为辖区内古山寨保护管理责任人，可以聘请保护员开展古山寨巡查、看护等工作，并对保护员给予适当补助。

第十六条 古山寨应当实施原址保护、整体保护，维护古山寨的真实性和完整性。

确需修缮、抢险加固的，应当制定实施方案，报所在地县（市、区）人民政府文化和旅游主管部门同意后实施。修缮、抢险加固的古山寨属于文物的，按照文物保护的相关法律、法规规定实施。

第十七条 禁止下列破坏古山寨的行为：

（一）刻划、涂污；

（二）损毁保护标志；

（三）擅自占用；

（四）擅自架设、安装与古山寨保护无关的设施、设备；

（五）擅自拆毁、迁移；

（六）其他破坏古山寨的行为。

第十八条 在条件具备、保障安全等前提下，可以适度开发利用古山寨，挖掘其历史文化价值，促进古山寨资源和文旅产业融合发展。

开发利用古山寨，应当符合古山寨保护规划，制定实施方案，征得古山寨所在地县（市、区）人民政府文化和旅游主管部门同意后，按照程序依法实施。开发利用的古山寨属于文物的，按照文物保护的相关法律、法规规定实施。

第十九条 鼓励通过以下方式依法有效利用古山寨：

（一）开辟参观游览场所；

（二）开办博物馆、美术馆、纪念馆、非物质文化遗产馆等；

（三）开设民间艺术、传统工艺、民俗展示场所等；

（四）开办爱国主义教育基地、文化创意基地，举办文化体验活动等；

（五）开展影视拍摄和文艺创作等；

（六）其他不危害古山寨安全的利用方式。

鼓励和支持运用互联网、大数据等信息技术，推动古山寨展示利用方式融合创新。

第二十条 利用古山寨开展参观游览、影视拍摄等活动，组织单位应当制定并落实安全保护措施，接受文化和旅游等相关部门监管，保障公众安全和古山寨安全。

第二十一条 违反本条例规定，法律、法规有处罚规定的，从其规定；造成损失的，依法承担民事责任；构成犯罪的，依法追究刑事责任。

对破坏、侵害古山寨及相关设施，致使国家利益或者社会公共利益受到损害的行为，检察机关可以依法提起公益诉讼。

第二十二条 违反本条例第十六条、第十八条规定，对未核定公布为不可移动文物的古山寨修缮、抢险加固、开发利用不符合规定要求的，由古山寨所在地县（市、区）人民政府文化和旅游主管部门责令改正，限期恢复原状，逾期未恢复的，可以处一千元以上一万元以下罚款；造成严重后果的，处一万元以上十万元以下罚款。

第二十三条 有下列情形之一的，由古山寨所在地县（市、区）人民政府文化和旅游主管部门按照以下规定处罚：

（一）违反本条例第十七条第一项规定，刻划、涂污未核定公布为不可移动文物的古山寨的，给予警告，可以并处二百元以下罚款；情节较重的，处二百元以上五百元以下罚款。

（二）违反本条例第十七条第二项规定，损毁未核定公布为不可移动文物的古山寨保护标志的，责令改正，限期恢复原状，可以并处二百元以下罚款。

（三）违反本条例第十七条第三项规定，擅自占用古山寨的，责令停止违法行为，限期恢复原状，可以并处二百元以上二千元以下罚款。

（四）违反本条例第十七条第四项规定，擅自架设、安装与未核定公布为不可移动文物的古山寨保护无关的设施、设备的，责令改正，限期恢复原状；造成严重后果的，处二千元以上二万元以下罚款。

（五）违反本条例第十七条第五项规定，擅自拆毁、迁移未核定公布为不可移动文物的古山寨的，责令改正，限期恢复原状，可以并处一千元以上一万元以下罚款；造成严重后果的，处一万元以上十万元以下罚款。

第二十四条 国家机关及其工作人员在古山寨保护和管理中玩忽职守、滥用职权、徇私舞弊的，依法给予处分；构成犯罪的，依法追究刑事责任。

第二十五条 本条例自 2024 年 3 月 1 日起施行。

后　记

《南漳古山寨志》终于和大家见面了。此书是县委、县政府重视历史文化传承，打造文化南漳的又一成果。它凝聚了广大文物、史志工作者多年的心血和汗水。他们以楚先民“筚路蓝缕”的精神，披荆斩棘、跋山涉水，含辛茹苦，呕心沥血，冒酷暑，战严寒，野外作业，登录了数百座古山寨，撰写了数十万字的文稿，拍摄了数以千计的照片，终于才有了这本《古山寨志》的问世。正是因为他们的努力，才使南漳古山寨群，这一世界罕见而极为珍贵的文化遗产得以名满天下。也正是因为他们的艰辛努力，编写此书，才能够让古山寨文化这一弥足珍贵的优秀文化遗产得以传承，进而流芳百世。作为编者，向为此书做出贡献的专家、学者与基层文物工作者致以崇高的敬意和衷心的感谢！

南漳古山寨群是石头铸就的史诗。它承载了数千年的历史文化，见证并记载了楚地先民及其后裔，漫长的生生不息的创造璀璨文化的奋斗历程和社会变迁，讴歌了荆山楚源劳动者无与伦比的聪明才智和高超智慧。南漳古山寨文化博大精深，源远流长。它涵盖了政治、经济、社会、军事、宗教和建筑等多方面的文化。古山寨分布区域内的端公舞、巫音喇叭，是楚文化的活化石，从中能见到屈原《九歌》的影子；山寨中的众多寺庙道观和民居建筑，是“南船北马”文化交汇、官方宗教与民间信仰融合的产物。古山寨建筑文化中的天人合一、人与自然和谐共生共存的理念，无不折射出老庄哲学的光辉！总之，古山寨群的诸多文化元素，是对中华民族优秀传统文化的兼收并蓄、继承和发展的结晶，是中国乃至全人类的共同文化遗产和宝贵财富。

正是基于上述认识，我们才持之以恒、克服困难编写了这本《南漳古山寨志》，就是希望通过它，把古山寨文化客观真实地记载下来、传承下去、发扬光大，并能对促进地方的经济建设和社会发展有所裨益。同时，也给古山寨文化爱好者与研究者提供一份史料。

在编写此书的过程中，得到了县委、县政府领导的高度重视和亲切关怀，得到了县史志、档案部门的全力支持，县委宣传部、县文旅局、县文联、各镇（区）相关领导，南漳古山寨旅游开发有限公司，县博物馆，县第三次全国文物普查办公室（含县外普查队员）及各镇文化站也倾力相助。特别是踊跃提供文字及图片资料的文化界诸多同仁与社会各界朋友，还有参与编辑设计以及从事此书文字摄影工作人员付出了辛勤的劳动和汗水，在此一并表示衷心的感谢！

由于此书编辑时间紧、任务重、工作量大，加之此书涉及多门学科，编者能力所限，疏漏在所难免，敬请广大读者不吝指正！

编　者

2023 年 9 月